괴짜의사 Dr. Araw의
쉽고 바르게 읽는 창세기 장편(掌篇) 강의

태초에 하나님이 천지를 창조하시니라
제1권 창세기의 파도타기(Surfing)

태초에 하나님이 천지를 창조하시니라

2023년 3월 2일 1판 1쇄 발행

지은이 이선일, 최용민, 이상욱
펴낸이 조금현
펴낸곳 도서출판 산지
전화 02-6954-1272
팩스 0504-134-1294
이메일 sanjibook@hanmail.net
등록번호 제309-251002018000148호

@ 이선일 2023
ISBN 979-11-91714-32-6 03230

이 책은 저작권법에 따라 보호받는 저작물이므로 무단전재와 무단복제를 금지합니다.
이 책의 전부 또는 일부 내용을 재사용하려면 저작권자와 도서출판 산지의 동의를 받아야 합니다.
잘못된 책은 구입한 곳에서 바꿔드립니다.

D. M. Lloyd Jones를 꿈꾸는 괴짜의사 Dr. Araw의
쉽고 바르게 읽는 장편(掌篇) 강해서 6 – 창세기

태초에 하나님이 천지를 창조하시니라

제1권 창세기의 파도타기

이선일 · 최용민 · 이상욱 지음

산지

공저자 **최용민**

공저자는 저자의 멘티로서 감리교 목원대학교 신학과와 신학대학원을 졸업했다. 그는 목원대 성경연구모임 카리스팀의 리더이기도 하다.

그는 일찍이 음악에 대한 남다른 열정과 재능이 있어 신학과에 들어가기 전, 8년 정도 보컬트레이너로 활동했다. 당시 보컬뿐만 아니라 작곡에도 재능이 있어 가스펠 가수 박찬미 1집 앨범 중 <보혈>, <이 노래>, <위대하신 주>를 작사, 작곡하기도 했다. 2021년도에는 박찬미 싱글앨범 Heaven을 작사, 작곡했다.

이처럼 찬양으로 세상에 복음과 십자가를 전하고자 하는 뜻을 품고 2017년 목원대 신학과에 입학하면서 본격적으로 신학공부를 시작했다. 그러다가 2018년에 멘토인 저자를 만나 바른 관계와 친밀한 교제를 시작하면서부터 조직신학과 성경신학을 통한 31,173구절의 성경을 읽고 암송하고 연구하기 시작했다. 약간 늦었던 만큼 열정에 더하여 집중과 반복을 계속하며 지금까지 달려왔다. 멘토인 저자의 영향력으로 그 또한 청년사역을 하고 있으며 찬양사역도 아울러 하고 있다.

그런 그에게는 3가지의 비전이 있다. 첫 번째는 성경교사로서의 말씀사역, 두 번째는 찬양사역, 세 번째는 청년사역이다. 결국 그 역시 멘토의 뒤를 이어 성경교사(성경과 교리모임), 청년사역자(청년 전임), 찬양사역자(헤븐 미니스트리)가 되었고 장차 청출어람이기를 바라고 있다.

그의 장점은 한 번 도전한 일에는 포기하지 않고 끝을 본다는 것이다. 지금까지의 모든 날들이 거의 그랬다. 자신의 상황과 환경을 뛰어넘어 영성과 전문성을 계발해왔다. 그리고 멘토를 만났다. 그리하여 지금 기쁨과 감사함으로 사역을 알차게 누리고 있다.

멘토인 저자로부터 바른 교리를 통한 성경의 깊이와 재미를 깨닫고 저자처럼 청년들을 향해 성경말씀을 풀어주고 가르치는 성경교사, 청년사역자의 길을 가게 하신 하나님을 찬양한다.

할렐루야!

cym1141@naver.com

공저자 **이상욱**

공저자는 저자의 멘티로서 기독교한국침례회 한국침례신학대학교 신학과를 졸업했으며 신학대학원 MDiv 과정 졸업과 신약학 박사과정 진학을 앞두고 있다. 그는 침신대 성경연구모임 레마팀의 리더이기도 하다.

신약학 박사 이후에는 성서언어학을 공부하고자하는 바람이 있다. 이를 위해 미국이나 독일로 가고픈 소망도 있어 기도하며 그 길이 열리기를 간절히 소망하고 있다. 하나님의 응답을 기다리고 있기도 하다.

그는 처음 신학을 공부하기로 결단하고 마음먹었을 때에 주셨던 그분의 음성을 잊지 않고 늘 기억해왔다. 그리하여 지금까지 누구보다도 열심히 말씀을 읽고 묵상하고 암송하며 연구한다. 구약과 신약을 읽어갈 때에는 한 단어도 놓치지 않고 히브리어(히브리 정경), 헬라어(LXX헬라어 성경)를 통해 하나씩 하나씩 깊이 파고 들어가 아버지 하나님의 마음을 이해하려고 애를 쓴다. 그러다 보면 밤을 지새우는 일도 흔하다. 그만큼 말씀에의 갈망과 즐거움을 누리며 살아가게 된 것이다. 이 부분에 저자인 멘토를 만나게 하신 하나님께 감사하며 신실하신 하나님을 찬양하지 않을 수 없다.

그는 2018년에 멘토인 저자를 처음 만났다. 이후 함께 조직신학과 성경신학을 통한 성경과 교리를 공부하며 정경 66권에 관한, 특히 7,959구절인 신약정경 27권의 헬라어에 대한 관심을 키웠다. 만남이 거듭될수록 그는 원어 성경에 대한 뜨거운 열정을 삭이지 못했다. 그에게 있어 당시부터 지금까지 멘토와의 성경연구모임은 흡사 지난날의 오고 오는 후배들에게 신앙적 귀감이 되었던 존 웨슬리(John Westley)의 경건회(Holy Club)와도 같았다.

신학과에서 공부하던 지난날에 하나님은 물으셨다. '너를 향한 나의 기대치를 아느냐'라는 것이었다. 처음에는 어리둥절했다. 사실은 너무나 당연한 질문이었기에 하나님께 즉각적으로 반응할 수 없었던 것이다. 그런 와중에 저자인 멘토를 만났다. 어느 날 멘토는 "너는 목양보다는 학자의 길로 가라"고 했다. 이는 지난날 하나님께서 너는 말씀이 더 좋으냐 찬양이 더 좋으냐를 물으실 때 '말씀'이라고 대답했던 것과 정확히게 일치했다. 좋으신 하나님께서는 당신의 응답으로 저자인 멘토를 허락하셨던 것이다. 그저 하나님께 감사할 뿐이다.

그는 여생에 간증(나의 이야기, 사람들의 이야기)이 아닌 His-story(하나님 곧 예수 그리스도의 이야기)를 전하는 것이 유일한 소망이다. 이런 부분은 멘토인 저자를 닮고자 하는 공저자의 간절한 바람이기도 하다.

jesuselpis@kakao.com

추천사

이땅의 젊은이들과 열방의 예수쟁이들의 기도가 되길

하상선 목사 마성침례교회 담임 GEM세계교육선교회 대표

"태초에 하나님이 천지를 창조하시니라"_창 1:1

성경에서 예수님의 비유와 함께 우리에게 친숙한 이야기들이 가장 많이 기록된 정경을 꼽으라면 창세기가 아닐까 싶다. 그런 만큼 논란 또한 많았다. 먼저는 '신화 혹은 꾸며낸 이야기'라고 하며 창세기는 비신앙적이요 비과학적일 뿐만 아니라 아예 역사는 아니라고 떠들어댔다.

그러나 창세기야말로 가장 진실된 비과학이고 진실된 비역사이다. 태초부터 존재하셨던 삼위하나님께서 때가 되매 태초에 천지를 공동으로 창조하셨다. 이를 믿지 않으면 정경은 이미 아무 소용이 없다.

창세기는 스토리가 있어 재미는 있다. 그러나 그 흐름을 정확하게 알기란 사실 만만치가 않다. 이선일 박사와 공저자는 뛰어난 영성과 특유의 재치있는 필력으로 이번에 창세기 장편(掌篇) 주석 〈태초에 하나님이 천지를 창조하시니라〉를 펴냈다. 접근하기 쉽게 창세기를 풀어주어 이시대의 청년들과 평신도들에게 도움이 될 것으로 생각된다. 땀과 눈물로 그 진리의 신비를 잘 드러내주어 감사드린다.

 나는 그리스도인들이 믿음으로 바로 살아가기 위해 5가지의 확고한 신앙고백을 강조해왔는데 곧 창조 신앙, 십자가 신앙, 부활 신앙, 재림 신앙, 그리고 청지기 신앙이다.

 첫째, 창조 신앙이란 우리 믿음의 가장 원초적이고도 기초가 되는 뿌리이다. 그러다 보니 오랫동안 얼토당토 않게 진화론자들의 집중적인 공격을 받아왔다. 사실 창조시대의 원역사인 창세기 1장-11장의 말씀을 있는 그대로 믿고 받아들인다면 나머지 구약정경이나 신약정경을 이해하는데 조금도 어려움을 느끼지 않게 될 것이다. 한편 창조시대의 중요한 세 사람이 아담, 에녹, 노아라면 네 가지 중요한 사건은 창조, 타락, 홍수, 그리고 바벨탑이라 생각된다. 이를 정확하게 이해하면 올바른 신앙에로의 방향이 쉽게 설정되리라 여겨진다.

 저자 이선일 박사는 지금까지 출간했던 5권의 장편(掌篇) 주석을 통해서도 많은 젊은이들로 하여금 도전과 결단을 주었다. 처음에 이선일 박사께서 7권의 장편(掌篇) 주석을 말씀하셨을 때 나는 창세기가 제일 먼저 출판될 것이라 생각했다. 그랬는데 6번째 출판이었다. 그런 와중에 이번에도 내게 창세기의 원고를 보내 주었는데 상당히 기뻤다. 여러가지 면에서 나는 동역자 된 이선일 박사에게 고마움을 많이 간직하고 있다.

 참고로 이스라엘의 유대 기독교인(Jewish Christians, Judeo-Christians)들은 토라(모세오경)와 장로들의 유전인 탈무드와 미드라쉬를 통해 신앙의 뿌리를 찾고 신앙의 중심을 지켜나간다고 한다. 그 미드라쉬에는 창조 사실과 족장들 이야기가 기록되어 있어 창세기를 이해하는데 큰 도움이 된다.

거기에 더해 금번 저자와 공저자의 〈태초에 하나님이 천지를 창조하시니라, 창세기 파도타기〉가 창세기의 전반적 흐름을 더욱더 확실히 알게 한다. 그렇기에 나는 모든 그리스도인들에게 이 책을 강력히 추천하고 싶다.

창조주 하나님, 역사의 주관자 하나님은 전지, 전능하시며 무소부재하시다. 특별히 이곳 창세기에는 하나님의 거룩, 공의, 진실, 선하심이 더욱 많이 묻어 나올 뿐 아니라 예수 그리스도의 죽으심과 부활 그리고 재림까지도 말씀하고 있다.

금번 저자와 공저자의 〈태초에 하나님이 천지를 창조하시니라, 창세기의 파도타기〉는 구속사적 성경해석 원리를 근거로 문자적, 역사적, 원어적 해석과 함께 배경적 해석을 통해 광대한 창세기의 스토리를 흥미있게 풀어내고 있다. 그렇기 때문에 이 책을 이미 오래전부터 진화론에 세뇌된 우리 젊은이들에게 꼭 들려주고픈 책 중의 하나로 꼽고 싶다.

이 책은 마치 물질하는 해녀들의 막혔던 숨을 회복하고자 내는 반가운 숨비 소리와 같다. 그렇게 본서가 답답하게 막혔던 우리 젊은이들의 영적 호흡을 다시 찾는 영적 숨비 소리가 되길 소망한다.

유대인들은 '성경공부도 기도다'라고 했다. 본서 〈태초에 하나님이 천지를 창조하시니라, 창세기의 파도타기〉를 묵상하고 공부함으로 이땅의 젊은이들과 열방의 예수쟁이들의 기도가 되길 바란다.

본서를 읽음으로 이스라엘 백성들이 절기 때에 낭독했던 씸하트 토라(Simchat Tora, 토라의 기쁨)가 이땅에도 일어나길 소원하며…….

소망을 붙들고 살아가는 디딤돌이 될 창세기 장편(掌篇) 주석

이 현희 목사 유엔NGO 사)세계가나안운동본부(WCM) 총재
재)가나안농군학교(영남) 설립자 샤론교회(양산) 목사.

작금의 세계적인 정세는 한치 앞을 내다볼 수 없을 정도로 불안하다. 세계의 경제는 러시아와 우크라이나의 오랜 전쟁으로 불안을 넘어 위험 수위에 도달하고 있다. 거기에 더하여 고물가, 고임금, 고금리로 인해 한 치 앞도 예측할 수 없는 위기의 시대다. 영적으로 보면 말세지말이다.

얼마 전 이선일 박사는 〈예수 그리스도 복음의 계시라〉는 요한계시록 장편(掌篇) 주석(개정판)을 집필해 종말시대를 살아가는 우리 그리스도인들에게 믿음을 지켜야 한다고, 닥쳐온 환난에 굴하지 않고 소망을 바라보고 살아야 한다고, 매사 매 순간 성령충만함으로 살아야 한다고, 그래서 하늘나라에서 영생을 누리는 그리스도인이 되어야 한다고 외쳤다. 그런 그가 이번에는 〈태초에 하나님이 천지를 창조하시니라, 창세기의 파도타기〉를 출간했다.

그리스도인들을 향한 그의 변치 않는 바람은 단 한 가지 오직 말씀으로 살기를 바라는 것이다. 또한 다음 세대를 이끌어갈 청년 리더들이 '하나님의 계명과 예수 믿음'을 붙잡고 인내함으로 예수님이 오시는 그날까지 당당하게 영적 싸움에 임하기를 바라는 것이다.

이선일 박사는 몸도 마음도 제법 힘든 상황이다. 그럼에도 불구하고 그는 지금까지 하나님에 대한 약속과 성령님의 이끄심에 순종하는 길을 전혀 주저하지 않았다.

그는 특별히 멘티인 공저자 최용민 전도사, 이상욱 전도사와 함께하며 그들을 세우고 그들의 성장과 성숙을 돕는 일에 섬세함을 보이고 있다. 그런 그의 모습을 보노라면 크리스천 리더의 참모습을 보는 것 같아서 기분이 좋다. 또한 그의 나라사랑에서 나오는 확고한 국가관과 가치관은 나라와 민족의 미래와 복음의 중요성을 동시에 일깨우고 있어 그 깊이와 넓이를 바라보노라면 존경스럽기까지 하다.

이선일 박사를 지근거리에서 지켜보며 인생 선배인 나는 그로부터 많은 것들을 배운다. 그는 한 번 시작한 일은 반드시 해내는 끈기와 열정을 가졌다. 하나님의 음성을 들으면 즉시 순종하는 삶을 보인다. 그런 그의 삶은 늘 내게 도전이 되고 어느새 나는 감탄하고 만다. 동시에 늘 그의 건강이 걱정되어 형으로서 그를 위해 기도를 그칠 수가 없다.

창세기는 저자와 공저자의 말처럼 '인간과 만물의 시작, 인간의 타락과 실패, 예수 그리스도를 통한 성부하나님의 구원 계획과 이후 주어질 하나님나라의 완성〉에 관한 이야기다. 그러므로 창세기를 모르고는 하나님의 역사를 이야기할 수가 없다. 저자 이선일 박사는 이런 중요성을 일찍부터 알고 있었기에 그가 운영하는 울산 소망정형외과 병원 진료실에서 늦은 밤까지 많은 참고도서들을 읽고 또 읽으며 자신의 생각을 다시 조정하고 또 연구하며 말씀에 귀를 기울이는데 혼신을 다해왔다. 더 나아가 성령님의 음성을 민감하게 들었던 많은 부분들을 다듬고 또 다듬어 정성을 다해 집필해왔다. 그리하여 이번에도 〈태초에 하나님이 천지를 창조하시니라〉는 창세기의 방대한 분량이 장편(掌篇) 주석으로 탄생한 것이다.

이 책은 어느 누구나 읽을 수 있도록 알기 쉽게 스토리로 엮었으나 '오직 말씀(Sola Scriptura)'을 강조하는 이선일 박사이기에 늘 '6 Sola'를 붙들며 가장 복음적인, 동시에 구속사의 핵심을 글의 저변에 깔고 저술했다.

우리가 그날까지 '오직 믿음'으로 승리하려면 '오직 말씀'을 붙들어야 한다. 그렇지 않으면 도도히 흐르는 탁류에 흘러 떠내려갈 수밖에 없다.

이선일 박사는 공저자의 도움을 받아 이번에도 그의 모든 것을 쏟으며 창세기 장편(掌篇) 주석을 집필했다. 이 책을 통해 하나님이 영광을 받으셨으리라 확신한다. 동시에 저자와 공저자들에게 하나님의 크신 사랑, 크신 위로가 임하셨기를 간절히 소망한다.

나는 이 책을 통해 많은 영혼들이 주님을 뜨겁게 만나는 놀라운 역사가 일어날 것을 믿는다. 하나님의 말씀을 사모하는 모든 이들이 소망을 붙들고 살아가는 디딤돌이 될 창세기 장편(掌篇) 주석 〈태초에 하나님이 천지를 창조하시니라〉를 강력히 추천하는 바이다.

역사 속에서 생생하게 인도해가시는 하나님의 통치

김철민 대표/ CMF선교원

저자 이선일 선교사는 의학박사이시며 성경교사이고 작가이십니다. 성경교사로 그는 성경말씀과 그를 바르게 주해하는 교리를 가르칩니다. 바쁘게 많은 환자들을 돌보는 시간 속에서 틈틈이 자투리 시간을 내어 주석을 출간해왔습니다. 그는 특히 청년들을 사랑하시어 멘토로서 많은 멘티들에게 말씀을 가르치며 다음 세대의 리더가 될 수 있도록 최선을 다해왔습니다.

지난날에는 청년들과 다음 세대를 위하여 열정을 다해 섬기며 집회를 많이 하셨습니다. 그렇기에 복음을 듣고 간절히 훈련받기 원하는 청년이 한 사람이라도 있으면 지역과 장소와 환경에 관계없이 전 세계 어디든지 자비량으로 달려가셨습니다. 미국의 CMF에도 오셔서 복음의 열정으로 청년들에게 성경말씀을 전하셨던 때가 엊그제 같습니다.

저자 이선일 박사는 글을 쓸 때마다 '성부 하나님의 인도하심, 성자 하나님의 함께하심, 성령 하나님의 강권하심과 동행하심'에 그저 감사할 뿐이다라고 고백하면서 집필해왔습니다. 그동안 집필한 장편 주석책만 해도 요한계시록, 갈라디아서, 히브리서, 로마서, 요한복음, 요한계시록 개정판 등등이 있습니다. 이번에는 창세기 장편(掌篇) 주석 〈태초에 하나님이 천지를 창조하시니라〉를 출간하게 되었습니다. 이 주석은 공저자인 그의 멘티와 더불어 출간하게 되었습니다.

이선일 박사와 공저자는 창세기를 통해 신론과 인간론을 정립할 수 있게끔 집필하였고 인간 존재의 기원, 하나님의 형상으로 지음받은 인간의 타락, 예수그리스도를 통한 구원 역사, 하나님 나라의 완성에 대해서 잘 기록하고 있습니다. 특히 예수그리스도 십자가 보혈의 필연성과 더불어 각자를 향하신 하나님의 뜻을 발견함으로 읽는 독자들로 하여금 진정한 복음을 느끼도록 하였습니다.

2023년은 팬데믹 후 전 세계적으로 경제적 위기가 닥쳐온다고 전망하고 있습니다. 우리는 이미 이선일 박사가 썼던 요한계시록 개정판 〈예수그리스도 복음의 계시라〉는 책을 통하여 일곱재앙에 대해 잘 알고 있습니다. 그러므로 믿는 자들에게 다가오는 환란은 하나님의 뜻(3가지)이 있음을 다시 상기해야 할 것입니다.

종말시대 동안 일곱재앙을 통해 '거룩함에의 훈련'과 '마라나타 신앙', '소망'을 붙들고 "예수 믿음과 하나님의 계명"을 통해 인내함으로 그날까지 잘 견뎌내는 우리 모두가 되길 바랍니다.

아울러 이번에 출간되는 창세기 장편(掌篇) 주석 〈태초에 하나님이 천지를 창조하시니라〉를 통해 역사 속에서 생생하게 인도해가시는 하나님의 통치 하에서 믿음으로 승리하는 모든 성도 특히 청년들이 되길 바랍니다. 아울러 모든 그리스도인들에게 이 책을 강추하고 싶습니다.

본문을 쉽게 그리고 매우 적절하게 절제된 언어로 전달

김형남/ 멜번 한마음장로교회 대표목사

이선일 박사의 여러 권의 주석들 가운데서 이번 창세기 장편(掌篇) 주석 〈태초에 하나님이 천지를 창조하시니라〉를 다시 한번 더 접하게 되어 개인적으로 감사를 드리고 싶다.

내가 아는 이선일 박사는 의사이면서도 조직신학 즉 교리의 전문성을 지닌 신학자이며 히브리어와 헬라어에도 뛰어난 학자이다.

그는 이번에도 공저자인 자신의 멘티 최용민 전도사, 이상욱 전도사와 함께 주석을 출간함으로 '나는 없고 우리 안에 중보자 그리스도만이 계심을', '그 결과 형제가 연합하여 동거함이 어찌 즐겁고 유익한고'를 여지없이 보여주었다.

친구인 나는 그가 성경 본문을 깊이 들여다보고 해석하고 묵상한 후, 목회자의 마음으로 본문을 풀어가는 것을 그의 주석들을 볼 때마다 느끼곤 한다. 또한 그의 주석은 신학적인 건전함뿐만 아니라 본문을 쉽게 그리고 매우 적절하게 절제된 언어로 전달하고 있다.

그는 그동안 여러 권의 주석을 써 왔다. 그런 그의 모든 주석들은 하나같이 하나님나라와 복음으로 가득 차있다. 또한 그의 주석의 행간에는 그 자신이 먼저 신실한 하나님의 사람이 되기를 갈망하는 마음이 배어있어 글을 읽다 보면 금방 느끼게 된다.

이번에 발간하는 창세기 장편(掌篇) 주석 〈태초에 하나님이 천지를 창조하시니라〉도 하나님의 은혜로 의롭다 함을 받은 성도로서 자신이 얼마나 예수 그리스도를 닮아가기를 소망하고 사랑하는지를 여실히 보여주고 있다. 그의 한결같은 하나님 나라에 대한 열망과 오직 복음으로 거룩함을 추구하는 자세를 통해, 이 책을 읽고 묵상하는 모든 이들에게 선한 영향력이 있을 것이라 믿어 의심치 않는다.

그는 나의 친구로서 한순간도 쉼 없이 믿음의 경주를 해온, 빛의 갑옷을 입으려고 매 순간 하나님께 매달린 사람이다. 그런 그를 나는 너무나 잘 알고 있다.

머나먼 이국 땅 호주 멜번에서 주님의 몸 된 교회를 섬기는 한 목회자로서, 친구로서 이선일 박사와 공저자의 이 창세기 장편(掌篇) 주석 〈태초에 하나님이 천지를 창조하시니라〉를 모든 성도님들께 적극 추천하고 싶다. 왜냐하면 이 책을 읽다보면 하나님께 푹 빠지게 되고 그 책 가운데 역사하시는 성령의 은혜를 경험하는 여정이 될 것이기 때문이다.

한 번 시작한 일은 끝까지 완성하시는 하나님을 소개한 작품

이종삼 목사/ 티엔미션 대표, 꿈의학교 명예교장, 성경통독 강사

"태초에 하나님이 천지를 창조하시니라"

나는 이 세상에 태어나 살아오면서 이보다 더 장엄하고 가슴 떨리는 문장은 들어본 적이 없습니다. 하나님께서 하늘과 땅을 만드셨으니 그분이 온 세상의 주인이시다라는 사실과 우리 인간이 당신의 형상을 입은 하나님의 작품이라는 사실은 살아오면서 제기되었던 수많은 의문들에 답을 주곤 했습니다.

지금까지 나는 이선일 박사가 썼던 여러 권의 장편(掌篇) 주석을 읽고 추천사를 썼습니다. 그런데 이번에는 인류의 시작, 시간의 시작, 죄의 시작, 구원의 시작 등등 수많은 '시작(beginning)'을 알리는 창세기의 장편(掌篇) 주석 〈태초에 하나님이 천지를 창조 하시니라, 창세기의 파도타기〉이기에 더욱더 기대가 큽니다.

창세기 1장부터 11장까지의 원역사를 통하여는 우리가 사는 세상에는 왜 이렇게 언어가 많은지, 인류는 어디로부터 시작하여 전 세계로 흩어졌는지 등등에 대한 답을 알 수 있습니다.

학생들을 지도하다 보면 종종 "우리는 히브리인이 아닌데 아브라함부터 시작되는 역사가 우리와 무슨 상관이 있습니까?"라는 질문을 받곤 합

니다. 이는 창조주 하나님, 역사를 주관하시는 역사의 주관자 하나님의 원역사(창 1-11장)와 선민역사(인류의 보편 역사, 창 12-50장)를 이해하면 금방 의문이 풀립니다.

저자과 공저자는 창조, 타락, 구속, 완성이라는 거대한 파노라마를 '한 분 하나님, 다른 하나님'이신 성부하나님, 성자하나님, 성령하나님이 만들어 가신다고 합니다. 저는 이 구조의 완벽함을 아주 좋아합니다. 비록 이성의 한계로 인해 '한 분 하나님 다른 하나님'이신 삼위일체 하나님에 대한 신비로운 관계를 모두 다 이해하기는 어렵지만 성경을 읽어가다 보면 기막힌 조화를 경험하기도 합니다.

이선일 박사의 창세기 장편(掌篇) 주석을 읽다가 문득 한 가지 궁금증이 생겼습니다. 왜 성경의 처음 책인 창세기보다 〈요한계시록, 갈라디아서, 히브리서, 로마서, 요한복음〉 등 5권의 장편(掌篇) 주석을 먼저 집필했을까라는 것입니다. 분명한 의도가 있으리라 생각하지만 내 생각에는 아마 독자들이 신앙생활을 하다가 마주치게 되는 '믿음'이나 미래에 이루어질 '하나님나라'에 대해 더 많은 관심을 가지고 있기 때문이 아닌가 추측해 봅니다.

나는 이번에 창세기 장편(掌篇) 주석의 원고를 읽으며 매우 유익한 시간을 가졌습니다. 그동안 성경통독을 인도해오며 부족했던 부분에 대한 이해들을 한층 더 깊이 가질 수 있게 되었습니다.

저자 이선일 박사는 평소 모든 인간에게는 3가지 죽음이 있다라고 하며 영적 죽음, 육신적 죽음, 영원한 죽음을 자주 강조했습니다. 이러한 관점은 예수 그리스도를 구주로 영접하여 영생을 누리라고 권면하는 전도

사역에 상당히 큰 도움을 줍니다.

일반적으로 사람들은 죽음을 말할 때 보통 '육신적 죽음'만 생각합니다. 그러나 인간은 동물과 달리 영적인 존재이기에 '영적인 죽음'과 동시에 '영원한 죽음'에 대하여도 깊은 사색을 해야 합니다.

성경은 "한번 죽는 것은 사람에게 정하신 것이요(히 9:27)"라고 말씀하고 있습니다. 소위 '육신적 죽음'입니다. 이선일 박사는 '이동(아날뤼시스, ἀνάλυσις)신학'을 통해 그리스도인의 죽음은 끝이 아니라 현재형 하나님나라에서 미래형 하나님나라에로의 '이동 혹은 옮김'이라고 설명해주었습니다. 이런 해석은 오늘을 살아가는 유한된 인간인 우리에게 소망과 큰 위로를 주는 해석입니다. 이런 개념을 탑재한 이후에 나는 주변의 믿지 않는 가족들이나 친지, 이웃들을 바라볼 때마다 그들이 장차 맞게 될 '둘째 사망, 유황불못 심판, 영원한 죽음'을 떠올리게 됩니다. 동시에 그들이 세세토록 밤낮 괴로움을 당할 것(계 20:10)을 생각하며 답답한 가슴을 부둥켜안고 울부짖는 기도를 하곤 합니다.

이번 창세기 장편(掌篇) 주석 〈태초에 하나님이 천지를 창조하시니라, 창세기의 파도타기〉를 1장부터 11장까지의 원역사와 12-50장까지의 족장사인 아브라함, 이삭, 야곱, 요셉의 이야기를 통독하고 나면 이어지는 출애굽기의 내용이 더 분명하게 이해되어질 수 있습니다. 더 나아가 이선일 박사의 저작들인 이른바 '믿음 3총사'인 갈라디아서 〈예수 믿음과 하나님의 계명을 붙들라〉, 로마서 〈살아도 주를 위하여 죽어도 주를 위하여〉, 히브리서 〈오직 믿음, 믿음, 그리고 믿음〉와 복음과 교리의 집합체인 요한복음 〈은혜 위에 은혜러라〉, 그리고 기독론, 교회론, 종말론의 정립에 도움을 주는 요한계시록 〈예수 그리스도 복음의 계시라〉를 이해하는데 큰 도움이 되리라 확신합니다.

이선일 박사는 삼위일체 하나님에 대한 개념 정립, 죄가 들어오는 과정, 죄를 해결하시기 위한 하나님의 뜻, 노아 홍수 심판, 이후 다시 바벨탑을 쌓아버리는 인간의 죄, 아브라함을 믿음의 조상으로 택하시어 새로운 역사를 만들어 가시는 과정 등등 수많은 기독교의 본질적인 문제를 알아가는데 도움을 주어왔습니다.

이선일 박사는 자신의 장점으로 '한 번 시작하면 반드시 결론을 맺는 것'이라고 말해왔습니다. 나는 곁에서 그런 그를 보아왔습니다. 자신의 힘을 빼고 성령님의 이끌림에 순응하는 것이 아름다운 것이지요. 나 또한 그렇게 성경통독을 인도해 왔습니다. 그동안 말씀을 묵상할 때마다 성부하나님, 성자하나님, 성령하나님이 연합하여 모든 것을 완성해 가시는 것을 수없이 느끼고 목격하였습니다. 하나님을 닮아가는 모든 그리스도인들은 이런 삶을 살아가야 한다고 생각합니다.

삼위 하나님께서는 공동으로 천지를 창조하셨습니다. 지금도 역사의 주관자 하나님은 당신의 섭리 가운데 이 세상을 이끌어가시니 우리에게는 확실한 소망이 있습니다. 비록 주변을 돌아보면 답답한 일들이 훨씬 많지만 역사의 주관자 하나님의 능력으로 우리는 기쁨 충만을 누릴 수 있음을 잊지 말아야 합니다.

여러분이 이번의 창세기 장편(掌篇) 주석 〈태초에 하나님이 천지를 창조하시니라, 창세기의 파도타기〉를 읽게 되면 태초부터 존재하셨던 삼위일체 하나님이 창세부터 천지를 공동으로 창조하신 후 어떻게 역사를 이끌어가시고 장차 완성해 가실지를 분명하게 이해할 수 있을 것입니다. 그 장엄함을 함께 경험하며 동시에 믿음의 근본을 명확하게 알고 싶은 분들께 이 책을 적극 추천합니다.

풍성한 은혜의 감격 속에서 행복함을 누리게 했던 책

이은호 목사/감림산기도원 부원장

나는 몸이 불편할 때면 종종 저자 이선일 박사가 운영하는 소망정형외과에 가서 치료를 받곤 한다. 병원을 방문할 때마다 느끼는 것은 온화한 분위기와 함께 직원들의 진심이 느껴지는 친절함이다. 그러나 그보다 더욱더 나의 마음을 사로잡는 것은 저자 이선일 박사의 진료실 책상에 늘 자리잡고 있는 작은 노트북 컴퓨터와 그득히 쌓인 책들이다.

그가 진료하는 병원에는 정말이지 엄청난 환자들이 모여든다. 미루어 보아 그는 수많은 환자들을 진료하는 일에 몰두해도 감당하기 힘들 정도 일텐데 그러한 중에서도 틈틈이 자투리 시간을 활용하여 글을 쓰며 저술하고 있다. 그런 시간들의 파편이 쌓이고 쌓여 이번에도 또 한 권의 역작 창세기 장편(掌篇) 주석 〈태초에 하나님이 천지를 창조하시니라, 창세기의 파도타기〉가 빛을 보게 되었다.

원고를 받자마자 나 또한 분주한 일상 속에서 틈나는 대로 읽어 내려갔다. 먼저는 술술 쉽게 읽히어졌고 읽는 내내 마음 속으로부터의 즐거움과 그 원고에서 주어지는 알 수 없는 든든함이 내 마음에 들어왔다. 아마도 내가 느꼈던 이런 느낌은 이후 본서를 대하게 될 모든 독자들에게도 마찬가지일 것이라고 생각된다.

창세기 장편(掌篇) 주석 〈태초에 하나님이 천지를 창조하시니라〉를 읽고 나면 가장 먼저는 '행복한 즐거움'일 것이다. 나는 본서를 대하는 내내 성경을 이해하는 새로운 시각들을 발견할 수 있었다. 또한 풍성한 은혜의 감격 속에서 행복함을 누리기도 했다.

사실 창세기는 50장까지 있어 자칫 너무 무겁고 어려울 수도 있다. 그러나 긴 내용들을 합당한 제목으로 먼저 안겨주고 그런 다음에 명료한 문체들로 설명하고 있음이 놀랍다. 아울러 내용 중간중간에 중요한 개념들을 별도로 설명해 주고 있어 흐름을 따라가는 것에 큰 도움을 주고 있다. 이는 마치 언덕을 올라가며 발걸음이 무거울 때에 저자의 부축을 받는 느낌이기도 했다.

둘째, 든든함이다. 쉽게 설명을 한다고 하여 가볍게 넘어가는 것은 아니다. 저자 이선일 박사의 중심에는 언제나 하나님 말씀(원어) 중심의 몸부림이 있어 너무 좋다. 또한 그 설명의 시각이 신구약 성경 전체의 구석구석을 종횡무진하고 있으며 관련 구절들을 선명하게 보여주어 시원하다.

중요한 개념들과 내용들을 균형있고 탄탄하게 받쳐주어 지식의 폭을 넓혀준다. 더욱 든든한 것은 삼위일체 하나님의 역사하심과 그 언약이 어떻게 예수 그리스도를 향하여 달려가고 있는지를 전체의 내용 동안에 놓치지 않고 뚝심있게 질주하고 있어 영적 둥지를 쌓아가는데 든든함을 더해주고 있다.

모쪼록 창세기 장편(掌篇) 주석 〈태초에 하나님이 천지를 창조하시니라,

창세기의 파도타기〉를 읽는 모든 독자들이 본서를 통해서 하나님의 말씀을 대하는 일이 얼마나 즐거운 일인지, 또한 그 말씀 안에 거하는 것이 얼마나 든든한 것인지를 깊이 깨닫기를 간절히 소망한다. 앞으로도 계속하여 이어질 저자 이선일 박사의 저술들을 기대하며 기쁨과 감사의 마음으로 말씀을 사모하는 모든 분들에게 본서를 추천하는 바이다.

진리의 서핑을 누리고 즐겼다

정성철 목사/ 하늘문 교회 담임

지난날부터 높은 파도 위를 타고 서핑하는 영상을 볼 때마다 나는 감탄이 절로 나곤 했다.

서핑을 위해서는 먼저 패들링을 하고 테이크 오프하여 균형을 잡아야 한다. 그런 다음에는 파도의 움직임에 그냥 자신을 맡겨야 한다. 마찬가지로 성경의 풍성한 은혜를 누리기 위해서는 '흐름'을 타야 한다.

성경이라는 파도타기의 그 흐름에 편승하여 전진하려면 가장 먼저는 온 힘을 빼고 성령님의 이끄심에 자신을 온전히 맡겨야 한다. 그런 다음에는 어떤 흐름으로 진행되는지에 대한 자신의 올바른 이해가 선행되어야 한다. 즉 땀과 눈물이 필요하다라는 것이다.

흔히 착각하는 것 중의 하나가 성령님께 맡긴다라는 핑계로 자신은 아무것도 안 하려는 것이다. 성경 지식에의 결여나 잘못된 이해, 더 나아가 오해가 생기면 진리의 물줄기를 타기는 고사하고 제자리에서 허우거리다가 익사하기 일쑤다.

그런 의미에서 공저자와 저자 이선일 박사의 창세기 장편(掌篇) 주석 〈태초에 하나님이 천지를 창조하시니라, 창세기의 파도타기〉는 한 장 한 장이 크고 작은 파도의 물결이자 진리의 물결이다. 나는 이 책의 원고를 읽으며 저자와 공저자는 창세기의 파도타기를 한껏 즐기는 것을 보았다. 나 또한 이 책을 통해 진리의 서핑을 누리고 즐겼다.

저자와 공저자는 창세기 장편(掌篇) 주석 〈태초에 하나님이 천지를 창조하시니라, 창세기의 파도타기〉에서 독자들에게 각 장의 흐름을 가르쳐주고 있다. 더 나아가 각 장의 마무리 즈음에는 그들이 느끼고 감동을 받은 깨달음을 나누고 도전함으로 한껏 다이나믹한 진리의 파도타기로 인도하고 있다.

혹시라도 밀려오는 진리의 파도를 보고 찰싹거리는 작은 파도에 놀랐던 지난날의 그 가슴 때문에 계속 주저하려는가?

"네 주 예수 은혜의 바다로 네 맘껏 저어가라"는 찬송가 가사처럼 멋지게 진리의 파도타기를 누릴 것을 권한다. 이 책은 그 일에 시작과 끝을 제공할 것이라 확신하기에 강력하게 추천하는 바이다.

어떻게 복음을 삶 가운데 접목하고 증거할 것인가를 보여준다

이홍남 목사/ 벨국제학교장

이 시대의 아픔이 무엇인가를 진단할 때 나는 '복음에의 무지 혹은 희미함'이라 생각한다.

　나는 이번에 이선일 박사와 공저자의 창세기 장편(掌篇) 주석 〈태초에 하나님이 천지를 창조하시니라, 창세기의 파도타기〉를 묵상하면서 다시 한 번 더 역사와 문화적 배경, 원어, 맥락 등등 모든 사건을 '예수 그리스도의 복음'에 초점을 맞추고 있는 것을 목격했다.

　그는 언제나 "오직 말씀(Sola Scriptura)"을 외친다. 지속적인 그 외침으로 인한 간절함은 그의 저서들을 읽는 이로 하여금 급하고 빠르게 전염되게 한다.

　멀티미디어 시대에 복음은 무섭도록 외면당하고 있음은 물론이요 교회마저도 반드시 지켜야 할 진리의 길이 막혀있음에도 불구하고 슬그머니 꽁무니를 빼고 있는 듯 보인다. 듣기 좋고 달콤한 좋은 말은 많이 하는 듯 하지만 '예수 그리스도의 복음'과 직결되지 못하기에 교회는 점점 더 정체성을 잃어가고 있다.

　말씀 한 절 한 절에 숨어있는 깊이 있는 해석이 예수 그리스도의 복음으로 귀결될 때에만 비로소 힘이 있고 빛이 나게 된다. 교회가 교회다워지는 것은 좋은 감동의 말을 할 때가 아니다. 이선일 박사가 늘상 입버릇처럼 반복하는 '투박한 복음'을 그대로 힘있게 전할 때 비로소 능력이 되고 살아 움직이게 된다.

　나는 이번에 이선일 박사와 공저자가 쓴 창세기 장편(掌篇) 주석 〈태초에 하나님이 천지를 창조하시니라, 창세기의 파도타기〉를 읽어가며 삶의 현장에서 펼쳐지는 모든 사건을 복음과 연계하여 증거하고 있다는 것에 놀랐다. 그런 의미에서 창세기의 파도타기는 어떻게 복음을 삶 가운데 접목하고 증거할 것인가를 보여주고 있다. 곧 아브라함, 이삭, 야곱, 요셉의 삶을 펼쳐지는 파노라마 같이 보여주면서 역시나 동일한 나그네 인생 길을 살아가는 우리가 어떻게 믿음의 길을 헤쳐나갈 것인가를 잘 보여주고 있다.

아름다운 멘토와 멘티의 만남을 통해서 쓰여진 창세기 장편(掌篇) 주석 〈태초에 하나님이 천지를 창조하시니라, 창세기의 파도타기〉는 비록 삶의 여정 가운데 굴곡진 순간이 다가오더라도 종국적으로는 반드시 승리하게 됨을 잘 보여주고 있다.

이 책은 마지막 시대를 살아가는 오늘의 우리에게 예수님의 말씀을 통해 하루하루를 어떻게 믿음으로 승리할 것인가를 명확하게 제시해주고 있다. 이 책을 읽는 모든 분들이 날마다 영적인 치열한 전투의 현장에서 거뜬히 파도타기를 해내게 될 것을 믿어 의심치 않는다. 그래서 나는 강력하게 이 책을 추천하는 바이다.

그런 나는,

삶이 아무리 힘들다 하더라도 복음의 절대성을 확신하기에…….

···▶ 일러두기

_ 본문에 사용한 성경은 개역한글판으로 현재의 맞춤법을 무시하고 성경의 본문 그대로 인용했습니다.

_ '하나님나라', '하나님언약', '하나님심판', '아버지하나님', '사단나라'는 저자의 의도에 의해 일반적인 띄어쓰기 규칙을 적용하지 않은 하나의 명사로 취급했습니다.

_ '어린 양'과 '어린양' 둘 다 맞는 표현이므로 예수님을 예표할 때 '어린양' 혹은 '어린 양'으로 혼용해서 사용했습니다.

_ 성경이나 학자들의 의견에서 인용한 단어 및 문장은 큰따옴표로 처리하였습니다. 저자가 강조할 때에는 작은따옴표를 사용했습니다.

프·롤·로·그

2022년 3월 10일!

이른 아침에 병원으로 와서 진료실에 앉아있다. 아직도 얼굴의 화끈거림, 가슴의 두근거림이 멈추지 않는다.

48.56%

47.83%

드디어 20대 대한민국의 대통령이 바뀌었다. 얼마나 간절히 원하여 왔는지 모른다. 그렇다고 하여 누가 더 좋은지는 솔직히 모르겠다. 한쪽이 월등하게 나쁘다는 것만 알 뿐…….

그동안 조국 대한민국과 다음 세대를 불쌍히 여겨 달라고 지속적으로 간구해왔다. 한 번만 더 신앙의 자유를, 예수 그리스도 안에서의 진정한 인권을 누릴 자유를 허락해 주시면 조국 대한민국을 '오직 말씀, 오직 복음, 오직 예수' 위에 세우는 그 일에 충성할 것을 결단하기도 했다. 대한민국이 전 세계를 향한 복음의 전진 기지가 됨에 있어 그 괴임돌(굄돌, 지주석, 支柱石, propping stone)이 되겠다고도 약속했다. 함께 성경공부를 해왔던 목회자들, 전도사들, 전문인들, 멘티들에게도 이런 나의 기도에 동역자가 되어 달라고, 여생의 사역에 동역해 달라고 부탁했다.

이른 아침 진료 시작 전, 적막이 흐르는 조용한 진료실에 앉아 흐느끼며 감사기도를 올린다.

왜 자꾸 눈물이 쏟아지는지…….

하나님의 하나님 되심에 그저 감사드릴 뿐이다.

사실 지난 며칠 간은 조마조마 했다. 왜냐하면 간절히 구하기는 했지만 하나님으로부터 응답이 없는 듯했기 때문이다. 그럼에도 불구하고 역사의 주관자 하나님의 응답이 '어떠하든 간에 받아들이겠다'고 했다. 그 결과를 통한 하나님의 뜻을 분별하겠노라고 선포해왔다.

사실 속마음은 그렇지 않았다. 무조건 나의 기도를, 나의 소원을 들어달라고 일방적으로 요구하다시피 했다.

되돌아보면 급작스럽게 힘을 가지게 된, 그러면서 포악하기까지 했던, 거악(巨惡)의 세력들을 맞아 지난 수년간 음으로 양으로 싸우느라 제법 지쳤다. 물론 힘들었던 부류는 비단 나만이 아니었을 것이다. 그동안 상대적으로 소수이자 약자였던, 그리스도인들을 포함한 많은 양심세력들도 알게 모르게 엄청난 고통을 받았을 것이다.

인간이란 환난과 고통이 있다고 하여 쉽사리 공의를 부정하거나 외면해서는 곤란하다. 더 나아가 정의(심판)를 경시해서도 안 된다. 왜냐하면,공의(צְדָקָה, nf, righteousness)가 물같이(like a never-failing stream), 하나님의 심판(מִשְׁפָּט, nm, judgement)이 하수같이(like a river) 흐르기 때문이다(암 5:24).

아무튼 그들의 지나친 편견(偏見, distorted view, bias, prejudice)과 독선(獨善, dogmatic rule), 지독한 좌편향(偏向, left-wing deviationism)됨으로 인해 지난 5년은 매 순간이 아프고 또 아팠다.

프롤로그 · 27

지난날 숨죽이며 자신의 정체성을 숨겨왔던, 무늬만 기독교도였던 교계 지도자들의 정체가 이제는 제법 드러났다. 그러다 보니 지난 세월 그런 유의 교계 지도자들과 교제했던 것이 못내 부끄럽다. 개중에 친밀한 교제까지는 아니었어도 안면을 터놓고 왕래까지 했었던, 교묘한 가면을 썼던 원근(遠近) 각처의 가짜 그리스도인들과 교계 지도자들을 떠올리며 놀람과 더불어 가슴이 많이 저리기도 하다.

간혹 서로에 대한 오해가 생겨 다양한 생각을 가졌던 귀한 그리스도인들이 '그럴 줄 몰랐다'라며 서로를 정죄하다가 종국적으로는 갈라서 버리는 것에도 마음 아팠다. 서로를 향해 거침없이 독설을 퍼부어 대는 것을 들으며 마음이 상하기도 했다. 그 중에 나의 지인들이 제법 있었기에 더 많이 아팠다.

지난날 숨죽이며 거악(巨惡)에 항거하지 못하고 상황만 관찰하던 수동적인 그리스도인들을 바라보며 그들의 비굴에 아파했고 나약한 그들을 직접적으로 격려해주지 못하는 것에 더욱 가슴이 아렸다.

선거 개표가 있던 밤에는 아예 TV를 보지 않았다. 개표 상황에 대해 애써 들으려고도 하지 않았다. 내내 마음 졸이며 떨며 바라보아야 하는 개표 상황보다는 그저 좋으신 하나님께 기도로 간구로 밤새도록 간절함을 올리고 싶었기 때문이다. 그래서 기도하고 또 기도했다. 지금까지의 나와 가정을 위해 드렸던 기도보다 훨씬 더 간절했던 듯하다.

하나님!

이미 자행된 부정선거 앞에서 하나님의 하나님 되심을 '지금'의 때에

'반드시' 보여 주십시오.

인간의 헛된 수고가 하나님의 섭리와 경륜을 대적할 수 없다는 것을 '꼭' 보여 주십시오.

그런 이후 지금 필자는 창세기 1권의 프롤로그를 가벼운 마음으로 시작하고 있다. 필자가 여생에서 반드시 쓰고 싶었던 7권의 장편(掌篇) 주석 중 여섯 번째 창세기의 장편(掌篇) 주석 〈태초에 하나님이 천지를 창조하시니라, 1권 창세기의 파도타기, 2권 창세기의 디테일 누리기(미정)〉이다. 나는 창세기의 장편(掌篇) 주석 1권을 2023년 3월에 출간 후 2권은 기도 후에 출간 여부를 결정하려고 한다. 그동안 5권의 장편(掌篇) 주석을 출간(요한계시록, 갈라디아서, 히브리서, 로마서, 요한복음)했다. 마지막 일곱 번째 사도행전의 장편(掌篇) 주석 〈오직 성령이 너희에게 임하시면〉은 이미 원고를 끝냈다. 2023년 여름에 출간할 예정이다.

창세기는 50장 1,534구절이나 되는 방대한 분량이다. 그러다 보니 그 엄청난 무게에 눌려 한동안 머뭇거렸다. 그러던 필자에게 간절히 기도하며 간구했던 대통령 선거의 결과가 주이지자 곧장 시동을 걸었다. 이번 대선 결과야말로 누가 보더라도 하나님께서 하신 것이다. 물론 해 아래 모든 것이 역사의 주관자 하나님의 허용 하에서 이루어지지만.

대선이 끝나자 곧장 들뜬 기분은 사라지고 이상하리만치 차분해지고 있다. 그렇기에 이제는 하나님이 내게 무엇을 원하실까를 고민하고 있다. 나를 향하신 하나님의 뜻은 무엇일까?

그렇게 창세기는 시작되었다. 상황과 환경, 사건을 통해…….

2022년 3월 10일

이 아침에 기분 좋게, 떨리는 감동으로 프롤로그를 거침없이 쓰고 있다.

나는 한 번 인생을 살며 말씀의 본질에, 복음과 십자가의 본질에 청년들이나 그리스도인들이 접근하기 쉽도록 7권(계, 요, 갈, 히, 롬, 행, 창)의 장편(掌篇) 주석을 쓰겠다고 선포하면서 지난 3년을 줄기차게 달려왔다.

굳이 7권인 이유는 다음과 같다. 요한계시록을 통해 기독론(Christology), 교회론(Ecclesiology), 성경적 종말론(Biblical Eschatology)에 대해 알려주고 싶었다. '믿음 3총사'인 로마서, 히브리서, 갈라디아서를 통하여는 구원론(Soteriology)에 대해 알려주고 싶었다. '역서예(역사서, 서신서, 예언서)'로 구성된 신약 27권 정경을 요약하며 요한복음을 통하여는 복음과 교리를, 사도행전을 통하여는 사복음서와 서신서를 연결시켜 주고 싶었다. 창세기를 통하여는 신론(Theology)과 인간론(Anthropology)을 드러내고 싶었다.

처음 요한계시록 장편(掌篇) 주석 〈예수 그리스도 새언약의 성취와 완성〉을 쓸 때에는 앞이 전혀 보이지 않았고 어떻게 시작해야 할지도 몰랐다. 그럼에도 불구하고 이제 창세기 장편(掌篇) 주석 〈태초에 하나님이 천지를 창조하시니라〉까지 이르게 된 것이다. 성부하나님의 인도하심(나하흐), 성자하나님의 함께하심(에트), 성령하나님의 강권하심과 동행하심(할라크)에 그저 감사할 뿐이다. 모든 것에 일천한 나를 택해주신 신실하시고 고마우신 삼위하나님께 그저 감사와 찬양과 경배를 올려드릴 뿐이다.

Soli Deo Gloria!

결국 창세기의 장편(掌篇) 주석을 시작하도록 몰아가심에는 밖으로의 상황, 곧 대통령 선거와 기도해왔던 후보에의 당선이 동력이 되었다. 동시에 지금까지 하셨던 동일한 말씀도 힘이 되었다.

"너는 기록자이고 내가 저자이다."

나는 상기의 문장이 무척이나 정겹다. 나는 이 말을 가슴과 머리에 새겨왔고 새기고 있으며 앞으로도 계속 새기며 살아갈 것이다. 신명기 6장 4절의 말씀을 따라 '손목'에, '미간'에 붙여 기호를 삼고 표를 삼을 것이다.

필자는 성경교사로서 이 땅 위의 동일한 방향 곧 '오직 말씀(Sola Scriptura)'으로 뛰고 있는, 뛰어가는 성경교사들을 한없이 응원한다. 그들이 자랑스럽고 또 자랑스럽다. 누가 더 잘났느냐 더 뛰어나느냐의 문제는 아무것도 아니다.

누가 더 많이 알던, 누가 더 잘났던 무슨 상관이랴…….

"그러면 무엇이뇨 외모로 하나 참으로 하나 무슨 방도로 하든지 전파되는 것은 그리스도니 이로써 내가 기뻐하고 또한 기뻐하리라"_빌 1:20

사도 바울의 변함없는, 나지막한 그 음성이 쟁쟁하게 늘리는 듯하다. 그렇다. 예수 그리스도만 존귀하게 되면 그만인 것이다.

나는 성경교사로서의 정체성대로 알차게 바르게 살아가기 위해 지금까지도 그래왔고 지금 또한 누구보다도 열심히 지속적으로 말씀을 연구하며 가르치고 있다. 동역자들인 성경교사들과의 '유명' 경쟁은 뒤로 한 채…….

이렇게 말하는 이유는 문득문득 그들(이미 성경교사로 정평이 나 있는)과 비교하고 있는 나 자신을 만나기 때문이다. 이럴 때마다 사단은 나의 틈을 비집고 들어와 그들의 약한 고리와 특별히 나와 그들의 다른 부분들을 자극하곤 한다. 솔직하게 그들을 잠시 동안 지적하고 싶을 때가 있기는 하다. 부족한 부분에 대하여는 '내가 한 수 가르쳐 주어야겠다'라는 생각이 스칠 때도 있다. 그럴 때마다 얼른 기도하며 그런 못된 생각들을 물리쳐왔다. 그리고는 단단히 결심하며 이런 생각들을 사로잡아 예수 그리스도에게만 복종하면서 지금까지 달려왔다. 앞으로도 그럴 것이다. 가만히 보면 이런 옛사람의 모습이 많이 남아있는 나는 여전히 경쟁적이고 하나님과 사람 앞에서 부족하고 또 부족한 사람이다. 그래서 더욱 긴장하고 있다.

나는 하나님 앞에서 자주자주 외치곤 했던 말이 있다. 우리 각자는 주인 되신 하나님께서 주신대로, 허락하신 대로, 부르심을 따라 보내신 그곳에서 자신에게 주어진 역할을 충성되게 감당해야 한다는 것이다.

"하나님이 각 사람을 부르신 그대로 행하라(walk)"

"각 사람이 부르심을 받은 그 부르심 그대로 지내라(abide)"

"각각 부르심을 받은 그대로 하나님과 함께 거하라(abide)"

"우리가 알거니와 하나님을 사랑하는 자 곧 그 뜻대로 부르심을 입은 자에게는 모든 것이 합력하여 선을 이루느니라"_롬 8:28

조석(朝夕)으로 훈풍이 불어온다. 끔찍했던 찬 바람이 어느 새 물러가는 듯하다.

영적으로도, 육적으로도.

정치적으로도 사회적으로도.

계절에도 우리의 삶과 일상에도.

창세기는 가슴벅찬, 놀라운, 흥미진진한 천지창조와 당신의 형상을 따라 지음 받은 인간들의 이야기이다. 그렇기에 창세기는 인간과 만물의 시작, 인간의 타락과 실패, 예수 그리스도를 통한 성부하나님의 구원계획(초림)과 이후 주어질 하나님나라의 완성(재림)에 관한 이야기이다.

"태초에 하나님이 천지를 창조하시니라 땅이 혼돈하고 공허하며 흑암이 깊음 위에 있고 하나님의 신은 수면 위에 운행하시니라"_창 1:1-2

"들으라, 쓰라, 그리고 기록해 나가라"

지금까지 그래왔던 것처럼 그렇게 하나님의 음성을 바르게 듣고 정확하게 쓰고 기록할 예정이다.

나의 장점은 한 번 시작하면 반드시 결론을 맺는다라는 것이다. 일단 시작한 일은 반드시 끝을 보고야 만다. 주인 되신 하나님은 내게 그런 성정(性情)을 주셔서 지금까지 이끌어 오셨다. 매사 매 순간 간섭하시고 함께 하시며 뒤에서 밀어주시고 앞서서 이끌어 가시며 인도하시는 삼위하나님 이 바로 나의 주인이시다.

나하흐(ἐξάγω, נָחָה)의 성부하나님!

에트(אֵת, Ἐμμανουήλ)의 성자하나님!

할라크(הָלַךְ, Πράξεις Πνεύματος)의 성령하나님!

지금까지의 장편(掌篇) 주석들과 마찬가지로 앞서간 신앙 선배들이나 학자들과 나의 생각을 주고받으면서 최종적으로는 주인 되신 성령님의 확인을 받으려 한다.

앞서 잠깐 언급했지만 창세기는 전체 50장 1,534구절로 되어있으며 신론(Theology)과 인간론(Anthropology)의 바른 정립에 도움을 준다.

신론(Theology)에 대하여라 함은 엘로힘(창조주 하나님, 전능주 하나님, 천지의 주인이신 지극히 높으신 하나님)과 야훼 엘로힘(역사의 주관자 하나님, 언약의 하나님, 디테일을 주관하시는 하나님)의 속성을 알게 하며 '다른 하나님, 한 분 하나님'이신 삼위일체론(창 1:26)의 개념을 정립하게 한다라는 것이다.

한편 인간론(Anthropology)에 대하여라 함은 창조주이신 하나님에 대해 인간은 하나님의 형상(쩨렘, 데무트)을 입은 피조물이라는 것을 말한다. 그러므로 피조물인 인간은 하나님과의 바른 관계와 친밀한 교제 속에서만 살아갈 수 있는 것이다.

그러나 인간은 하나님과의 관계와 교제를 깨어버렸다. 이후 죄로 말미암아 타락한 존재가 되어 영 죽을 상태(영적 죽음)에 놓이게 되었다. 그러나 하나님의 은혜로 인간은 다시 살아날 수 있게 되었다. 그리하여 에덴동산에서는 장차 오실 예수 그리스도의 보혈을 예표하는 짐승의 피(무죄한 짐승이 죽임을 당하고 피흘림)를 흘리게 하신 후 가죽옷(그리스도의 의의 옷, 빛의 갑옷, 롬 13:12, 14)을 입혀 주셨다. 이후 인간의 죄는 해결되었고 수치는 가리어지게 되었는데 곧 칭의와 성화이다. 돌이켜보면 인간이 의롭게 되는 그 일에 인간이 한 것은 하나도 없다. 오직 하나님의 은혜(Sola Gratia)로 인한 택정함에 따른 것일 뿐이다. 마치 아브라함, 이삭, 야곱, 유다가 하나님의 주권적 선택이었듯이……. 결국 인간론이란 하나님만이 창조주이시며 역사의 주관자이시고 인간은 피조물이라는 것으로 하나님과의 바른 관계와 친밀한 교제 속에서만 살아야만 한다는 것이다.

사실인즉 404구절의 요한계시록보다, 879구절이나 되는 요한복음이나 433구절의 로마서, 149절의 갈라디아서, 404구절의 히브리서, 1007구절의 사도행전보다 1,534구절의 창세기는 훨씬 분량이 많아 부담스럽기는 하나 최근의 상황이나 환경 등등 하나님께서 강권적으로 역사하셨기에 시작부터 마음이 그리 무겁지만은 않아 감사하다.

지금까지의 요한계시록 장편(掌篇) 주석 〈그리스도 새언약의 성취와 완성〉과 개정판 〈예수 그리스도 복음의 계시라〉, 요한복음 장편(掌篇) 주석 〈은혜 위에 은혜러라〉, 갈라디아서 장편(掌篇) 주석 〈오직 의인은 믿음으로 말미암아 살리라〉와 개정판 〈예수 믿음과 하나님의 계명을 붙들라〉, 히브리서 장편(掌篇) 주석 〈오직 믿음, 믿음, 그리고 믿음〉, 로마서 장편(掌篇) 주석 〈살아도 주를 위하여 죽어도 주를 위하여〉, 사도행전 장편(掌篇) 주석 〈오직 성령이 너희에게 임하시면〉처럼 세미하게 들은 말씀을 예민하게 기록하려 한다.

단, 창세기의 1권 〈창세기의 파도타기〉는 1장에 50장까지 전체의 흐름에 주력하려고 하며 이후 창세기의 2권 〈창세기의 디테일 누리기〉는 허락하신다면 한 구절씩 주석하려고 한다. 분명한 것은 이 글 또한 크리스천 청년들을 대상으로 하는 장편(掌篇) 주석의 성격이라는 것이다.

충실한 디딤돌의 역할!

이미 앞서 반복하여 언급했듯이 손바닥 만한 지식의 '얕고 넓은 강의(장편(掌篇) 주석)'라는 의미이다. 마치 장풍(掌風)의 허풍(虛風)처럼…….

미주에 참고도서 목록을 모두 다 밝혔다. 그러나 주로 참고한 도서는 아더 핑크의 창세기 강해(정충하옮김, 크리스천다이제스트, 2016, p5-430), 그랜드 종합주석(1권, p297-911), 두란노 HOW주석(1권, p6-490), 김남국 목사의 창세기 파헤치기(두란노, 2014, p4-255), 엑스포지멘터리 모세오경개론(송병헌, 국제제자훈련원, 2012, p3-324), 메시지 신약(유진 피터슨, 복 있는 사람, 2009), 토마스 이디노풀로스의 예루살렘(이동진옮김, 그린비, 2005), 게제니우스 히브리어 아람어 사전(생명의 말씀사), 스트롱코드 헬라어사전(로고스), 로고스 스트롱코드 히브리어 헬라어사전(개혁개정4판), 핵심 성경히브리어(김진섭, 황선우 지음, 2012), 핵심 성경히브리어(크리스찬출판사, 2013), 직독직해를 위한 히브리어 400 단어장(솔로몬), 직독직해를 위한 헬라어 400 단어장(솔로몬), 성경 히브리어(크리스찬출판사), 신약성경 헬라어 문법(크리스찬출판사) 등등이다.

이들을 토대로 진료실에 파묻혀 나의 생각을 다시 조정하고 주시는 말씀(요 14:26)에 귀를 기울이려 한다. 그리고 성령님의 음성에 민감함으로 많은 부분을 다듬고 첨삭하며 써내려가려 한다.

매번 장편(掌篇) 주석을 쓸 때마다 정해 놓은 대원칙을 다시 반복하고자 한다.

가장 먼저는 문자를 면밀하게 세심히 살피는 일이다. 한글번역과 영어, 헬라어, 히브리어를 모두 다 찾아 비교해보고 어려서부터 익숙한 개혁한 글판 성경을 이용할 것이다. 그렇다고 하여 개혁개정이나 공동번역을 터부시하겠다는 것은 아니다. 더하여 표준 새번역성경, 킹 제임스성경, 유진 피터슨의 메시지성경도 참고할 것이다.

둘째는 단락을 떼어 읽지 않고 전후 맥락을 늘 함께 읽을 것이다. 그리고는 왜 지금 이 사건을 그 부분에 기록했는지를 고민하며 이전 사건과 이후 사건의 연결고리를 파악하려고 애쓸 것이다. 동시에 이 부분을 해석하기 위해 성경의 다른 부분을 찾아 연결시키려고 최대한 노력할 것이다.

셋째는 말씀이 상징하고 의미하는 바나 예표하는 바가 무엇인지를 살필 것이다.

넷째는 배경(background)을 면밀히 살피는데 특히 역사적 배경(Historical background)이나 문화적 배경(Cultural background)을 찾아 성경의 원저자이신 성령님께서 당시의 기록자들을 통해(유기영감, 완전영감, 축자영감) 하시고자 했던 말씀의 원 뜻을 파악하려고 노력할 것이다. 더 나아가 오늘의 나에게 주시는 말씀에 귀를 기울일 것이다.

종국적으로는 성경의 원저자이신 성령님께 무릎 꿇고 가르쳐 주시고 깨닫게 해주시라(요 14:26)고 조용히 듣는 기도를 올릴 것이다. 아버지 하나님의 마음을 정확하게 알게 해달라고 간구할 것이다.

창세기(베레쉬트, 70인역에는 게네시스, '시작, 기원, 발생')는 존재의 기원(起源)과 구원 역사의 여명(黎明)을 밝히는 정경이다. 먼저 신론과 인간론에 대해 잘 말씀해 주고 있는 창세기를 통하여는 창조주 하나님(엘로힘), 역사의 주관자 하나님(야훼 엘로힘), 심판주 하나님(재림하실 예수 그리스도)에 관해 기술하고자 한다. 동시에 말씀으로 창조하신 우주 만물, 세상의 시작과 기원, 하나님의 형상으로 지음 받았으나 "하나님과 같이 되려" 하다가 타락해버린 인간의 죄(타락)의 근원, 하나님의 구속 역사의 시작(아담언약)을 통한 예수 그리스도의 구원역사(초림), 하나님나라의 완성(재림)에 대해 쓰려고 한다. 1권에서는 전체적인 흐름에 대해, 2권에서는 디테일에 대해 쓸 예정이다.

창세기의 기록연대는 BC 1,500년(BC 1446-1406년)경이며 기록자는 모세이다. 창세기의 주요무대는 비옥한 초승달 지역이다.

창세기 1-11장은 그 중심무대가 가나안 북부 지역으로 하나님의 창조와 인간의 타락, 노아홍수 심판, 바벨탑 사건 등등을 기술할 것이다. 이 부분을 통하여는 아담과 하와, 아벨, 에녹, 노아의 인생을 통한 예수 그리스도의 예표적 삶을 반추함은 물론이요 예수 그리스도의 십자가 보혈의 필연성을 담으려 한다.

이어 12-36장은 그 중심무대가 가나안 땅으로 아브라함, 이삭, 야곱의 역사에 대해 기술할 것이다. 계속되는 37-50장은 그 주요무대가 가나안에서 애굽 땅으로 옮겨져 요셉과 관련된 역사를 기술하고자 한다. 결국 창세기 12-50장까지는 아브라함, 이삭, 야곱, 요셉의 삶을 통해 복음과 십자가를 드러내려고 한다.

당연히 상기 믿음의 선조 9명의 경우 그들의 삶을 소개는 하되 그들의 삶보다는 그들을 통해 드러난 하나님의 약속(언약)과 구속사를 예표하는 삶의 과정들에 초점을 맞추어 기록할 것이다.

더하여 태초(역사의 시작점)에서의 우주 만물의 기원, 인간의 기원, 결혼과 가정, 죄와 죽음의 기원, 예수 그리스도를 통한 구원, 정부와 민족의 기원, 혈통적 이스라엘 역사의 기원과 '영적' 이스라엘의 이신칭의, 하나님의 택정과 유기를 통한 하나님의 주권적 선택(選擇) 등등까지도 드러내고자 한다. 결국 이 책을 통해 하나님이 허락하시는 묵시 속에서 하나님의 뜻을 발견함으로 독자들에게 진정한 복음을 만끽하게 하고 싶다.

반면에 과학적 탐구, 역사적 진실, 고고학적 탐구, 인물들의 자서전(전기) 등등의 토픽은 앞서 언급했지만 그다지 많은 관심을 기울이지 않을 것이다. 또한 지난 역사 가운데 창조를 부정하는 이들의 주장들 곧 진화론, [1]유물론(唯物論, Materialism), 무신론(無神論, Atheism), 다신론(多神論, Polytheism), 범신론(汎神論, Pantheism)등이나 시대정신(時代精神, Zeitgeist) 곧 물질주의(物質主義, Materialism), 성공주의, 자연주의(自然主義, Naturalism), 인본주의(人本主義, Humanitarianism, Anthropocentrism) 등등의 것들은 아예 논외로 할 것이다.

프린스턴의 성경신학자 게알디스 보스(Gealdis Buss)는 "Eschatology precedes Protology(Soteriology) 곧 종말(하나님의 계획)은 시초(구원)를 앞선

---

[1] 참고로 진화론(Evolutionary theory)의 3대 기둥이란 적자생존의 법칙, 용불용설, 우성 유전의 법칙이다. 역사상 주요한 진화론자들 가운데 프란시스 베이컨(Francis Bacon, 영), 데카르트(Descartes, Rene, 프), 임마누엘 칸트(Immanuel Kant, 동 프로이센), 에피큐로스(사모), 탈레스(밀레도), 아리스토텔레스(트라키아의 스타게이로스), 라마르크(프), 에라스무스 다윈(Erasmus Darwin, 영, 다윈 할아버지), 찰스 다윈(Charles R. Darwin, 영) 등이 있다.

다"라고 했다. 이는 창세기가 계시록을 예표한 것이라면 계시록은 창세기를 완성한 것이라는 의미이다. 이 말을 잘 이해하고자 한다면 이사야 46장 10절 말씀을 몇 번이고 곱씹기를 권한다(창 1:1, 골 1:16-18, 롬 11:36, 고전 8:6, 벧전 1:20).

"내가 종말(예수님의 초림~재림)을 처음(시초, 창세)부터 고하며 아직 이루지 아니한 일(구원사역)을 옛적(시초, 창세)부터 보이고 이르기를 나의 모략이 설 것이니 내가 나의 모든 기뻐하는 것을 이루리라 하였느니라"_시 46:10

루터교 목사 프리드리히 구스타프 에밀 마르틴 니묄러(Friedrich Gustav Emil Martin Niemoller, 1892-1984)가 썼던, 지금까지의 주석에서 매번 소개했던, 〈나치가 그들을 덮쳤을 때〉라는 시를 한 번 더 소개하며 프롤로그를 정리하고자 한다.

> 나치가 공산주의자들을 덮쳤을 때,
> 나는 침묵했다.
> 나는 공산주의자가 아니었다.
>
> 그 다음에 그들이 사회민주당원들을 가두었을 때,
> 나는 침묵했다.
> 나는 사회민주당원이 아니었다.
>
> 그 다음에 그들이 노동조합원들을 덮쳤을 때,
> 나는 아무 말도 하지 않았다.
> 나는 노동조합원이 아니었다.

그 다음에 그들이 유대인들에게 왔을 때,
나는 아무 말도 하지 않았다.
나는 유대인이 아니었다.

그들이 나에게 닥쳤을 때는,
나를 위해 말해 줄 이들이
아무도 남아 있지 않았다.

 이 책은 함께 살아가는 이 땅의 교회들과 복음과 십자가, 오직 믿음에 대해 궁금히 여기는 모든 사람들에게, 특히 크리스천 청년들에게 비슷한 수준의 저자가 드리는 창세기의 흐름에 관한 장편(掌篇) 주석의 팁이다.

 지금까지 장편(掌篇) 주석을 쓸 때마다 느꼈던 것은 어눌한 표현과 문맥의 미숙함, 시제의 투박함, 그리고 일천한 지식이었다. 그럼에도 불구하고 지금까지 주석을 썼던 나의 속내는 분명하다. 불씨를 던지고 싶었던 것이다. 이제부터는 당신들이 불꽃을 만들라는 일종의 선동이기도 하다. 어차피 나의 역할은 '디딤돌이요 마중물'이기 때문이다.

 오직 말씀! 오직 복음! 오직 예수!

 다시 말씀으로 돌아가자!

 이 책을 읽은 후 조금 더 깊이 알고자 한다면 뒷부분에 참고도서를 깨알같이 엄청 많이 풍성하게 써두었으니 꼭 구입하여 읽어 보라. 그러면 더욱 깊게, 그리고 훨씬 넓게 신론과 인간론에 관한 개념, 기독교의 본질들을 잘 정립할 수가 있다. 더 나아가 신인양성의 예수님, 다른 하나님, 한 분 하나님이신 삼위일체 하나님을 확실하게 알게 되어 '하나님은 누구신가, 나는 누구인가'에 대한 개념화가 잘 이루어지게 될 것이다.

늘 감사하는 것은 지금까지 암투병을 의연하게 대처해주었던 소중한 아내 김정미 선교사(여성미술작가, 21년 대한민국 현대조형미술대전, 장려상, 22년 대한민국 현대 여성미술대전, 장려상, 22년 대한민국 현대조형미술대전, 특별상)의 마음씀씀이다. 그녀(Sarah)는 내가 멈칫거릴 때마다 격려해 주었고 용기를 주었던 나의 친구이다. 그가 했던 말은 내 가슴에 잘 박힌 못처럼 단단히 박혔다.

'당신은 영적 싸움을, 나는 암과의 싸움을.'

사랑하는 아내에게 감사와 사랑, 그리고 존중을 전하며 이 책을 헌정한다. 매번 어설프나마 주석을 쓰느라 끙끙거릴 때마다 그녀는 용기와 격려, 위로를 아끼지 않았다. 아내 김정미 선교사를 아는 모든 사람들은 그런 그녀에 대해 나의 말을 자신있게 증언할 것이다. 아울러 외동 딸 성혜(국제 기독영화제 위원장, 리빔 대표, 히브리서 공저자)와 사위 의현(이롬 글로벌 사장, 갈라디아서 공저자)에게, 큰 아들 성진(요한복음 공저자, 요한계시록 공저자, 카페 팔레트 대표), 막내 성준(사도행전 공저자)에게 감사와 사랑을 전한다.

이 책이 나오기까지 함께 해 준 도서출판 산지의 김진미 대표와 나에게 글의 재미를 가르쳐 준 나의 친구 조창인 작가(소설 〈가시고기 우리 아빠〉 저자)에게, 일러스트로 수고해 준 나의 아내인 김정미 작가에게 감사를 전한다. 사랑하는 멘티인 공저자 최용민 전도사(목원 카리스 성경연구모임팀장), 이상욱 전도사(침신 레마 성경연구모임팀장)에게 감사를 전하며 추천사와 함께 따끔한 충고도 아끼지 않은 모두에게 감사를 전한다.

  매번 책을 출간할 때마다 멘티들의 도움이 있었다. 이번에도 그들은 바쁜 시간을 쪼개어 교정과 문맥을 잡아 주었다. 음으로 양으로 도움을 준 그들에게 감사를 전한다.

  샬롬!
  오직 하나님께만 영광!

울산의 소망정형외과 진료실에서
Dr Araw 이선일
hopedraraw@hanmail.net

목차

하나님의 원역사 1장-11장

1장 • 삼위하나님의 공동사역, 천지창조, 엘로힘 __ 50
2장 • 삼위하나님의 공동사역, 천지창조, 야훼 엘로힘 __ 70
3장 • 하나님과 같이 되어(3:6), 그리고 아담 언약(3:15) __ 92
4장 • 가인과 아벨, 그리고 그 제사(제물) __ 106
5장 • 아담의 족보, 셋 그리고 노아……, 유다와 다윗 __ 116
6장 • 네피림 사상 그리고 홍수 전 노아 언약-방주 언약 __ 126
7장 • 노아 홍수-전 지구적 사건 __ 140
8장 • 권념(זכר, 자카르, remember)하시는 하나님 __ 146
9장 • 홍수 후 언약-무지개 언약; 내가~ __ 152
10장 • 셈, 함, 야벳의 톨레도트 그리고 벨렉- 세상이 나뉘다 __ 162
11장 • 바벨탑 사상 __ 168

족장사 (아브람, 그리고 아브라함)…12장-25장

12장 • 아브라함 언약-정식언약 __ 174
13장 • 네가 좌하면 나는 우하고 네가 우하면 나는 좌하리라 __ 188
14장 • 하나님의 제사장, 살렘왕 멜기세덱 __ 194
15장 • 하쏴브(로기조마이), 그리고 아브라함 언약-횃불언약 __ 200
16장 • 아브람과 사래의 밀약, 하갈과 이스마엘, 하나님의 긴 침묵 __ 206

17장 • 아브라함 언약-할례언약 __ 214
18장 • 할례 언약하(下)의 백성들의 삶; 나그네 대접 그리고 중보의 삶 __ 224
19장 • 롯의 처를 기억하라(눅 17:32) __ 228
20장 • 나의 누이 사라, 하이에나 떼 곧 바로와 아비멜렉 __ 234
21장 • 비웃음을 환희의 웃음으로, 브엘세바와 에셀나무 __ 240
22장 • 하나님이 자기를 위하여
친히 준비하시리라(8, 여호와 이레, 아일) __ 246
23장 • 사라의 죽음과 부활신앙,
가나안 땅 마므레(헤브론) 앞 막벨라 밭 굴 __ 254
24장 • 하나님의 열심; 이삭이 리브가를 아내로 삼고 사랑하였으니 __ 260

이삭 + 리브가 ⋯25장-28장

25장 • 하나님의 해학(諧謔, Humour) 이야기; 백미(白眉)
 -"붉은 것"을 탐하면 더 붉은 것 곧 '피'를 보게 된다 __ 266
26장 • 여호와께서 너와 함께 계심을 우리가 분명히 보았으므로(28) __ 272
27장 • 야곱의 별미, 아비 이삭의 축복 그리고 영적 무지 __ 278
28장 • 벧엘(루스)에서 본 야곱의 사닥다리 __ 284

야곱 ⋯▶29장-37장

29장 • 야곱과 라반, 레아 그리고 라헬 ＿＿ 290
30장 • 라헬-빌하, 레아-실바, 그리고 12남 1녀 ＿＿ 296
31장 • 벧엘 하나님의 약속, 그리고 드라빔 ＿＿ 304
32장 • 마하나임, 얍복강, 그리고 야곱이 이스라엘로 ＿＿ 312
33장 • 고관절 탈구(할례), 야곱과 에서의 만남, 엘 엘로헤 이스라엘 ＿＿ 318
34장 • 디나의 호기심,
　　　시므온과 레위의 세겜(하몰의 아들들) 노략질과 살인 ＿＿ 324
35장 • 우리가 일어나 벧엘로 올라가자(1, 3)
　　　이삭 180세, 나이 많고 늙어 기운이 진하매 죽어
　　　자기 열조에게로(28-29) ＿＿ 328
36장 • 에서의 족보(תוֹלְדָה, 톨레도트, nf, generations) ＿＿ 334
37장 • 야곱의 톨레도트, 꿈꾸는 자,
　　　요셉 곧 예수 그리스도의 이야기 ＿＿ 340

유다 ⋯▶38장

38장 • 유다와 다말, 그리고 베레스 ＿＿ 346

요셉 ⋯▶ 37장, 39장-50장

39장 • 여호와께서 요셉과 함께 하심으로 (2, 3, 21, 23) __ 354
40장 • 술 맡은 관원장, 떡 맡은 관원장, 그리고 하나님의 Hidden Time __ 358
41장 • 요셉, 총리가 되다,
   그리고 에브라임(Fruitful), 므낫세(Forgettable) __ 364
42장 • 요셉과 우리의 꿈 성취, 우리는 다 한 사람의 아들들이라 __ 370
43장 • 내가 자식을 잃게 되면 잃으리로다 __ 376
44장 • 담보를 자청하고 자청하는 유다(43:8-9),
   "주의 종으로 아이를 대신하여 주의 종이 되게 하옵소서(44:33)" __ 382
45장 • 하나님이 생명을 구원하시려고 나를 당신들 앞서 보내었나이다 __ 388
46장 • 내가 너와 함께 애굽으로 내려가겠고 다시 올라올 것이며 __ 392
47장 • 내 나그네길의 세월이 일백 삼십년이니이다(47:9), 야곱 147세(47:28),
   그 발을 침상에 거두고 기운이 진하여 열조에게로(49:33) __ 396
48장 • 야곱의 축복, 우수-차자 에브라임, 좌수-장자 므낫세 __ 400
49장 • 야곱의 12아들들에의 유언적 축복 __ 404
50장 • 하나님은 그것을 선(סוֹב, 토브, beautiful, best, bountiful)으로
   바꾸사(50:20),
   요셉이 110세에 죽으매(50:26) __ 410

하나님의 원역사

1장-11장

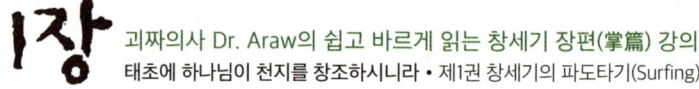

1장
삼위하나님의 공동사역
천지창조, 엘로힘

흔히 보수적인 입장을 견지하는 학자들은 BC 4,000년을 인간 역사의 시작[2]으로 본다. 당연히 성경을 문자적으로 해석하는 입장에서는 인간 창조의 시점을 BC 4,000년으로 생각할 수 있다.[3]

우주나 지구 창조[4] 그리고 인류의 시작 년도에 대해 기독교 내에는 여

---

2 요한복음 1장 1절의 태초는 아르케(αρχη)로서 역사가 시작되기 전, 다시 말하면 시간과 공간이 창조되기 전을 말한다. 그것은 우리의 논리를 뛰어넘는 태초인 반면에 창세기 1장 1절의 베레쉬트 (בְּרֵאשִׁית)는 시간이나 우주공간이 시작된 이 세상의 시작점을 말한다. 즉, 요한복음의 태초는 누가 처음에 이 세상에 존재했느냐에 초점이 있다면 창세기는 태초에 무슨 일이 일어났느냐에 방점이 있다.

3 사실 인간의 역사가 언제 시작되었는지에 대해서는 복음주의 안에서도 다양한 관점이 존재한다. 그러나 이는 이 책의 초점이 아닐뿐더러 인류 기원에 대한 여러 논쟁의 실익이 주 논제가 아니기에 한국 기독교에서 많이 수용하고 있는 입장인 문자적 해석을 따라 기술했다.

4 지구의 나이는 45.4 +or - 0.5억년이라 하고 우주의 나이는 137.98 +or - 0.37년이라고 한다. 위키백과

러 다양한 입장이 있으나 이견이 없이 일치하는 한 가지는 창조주이시자 역사의 주관자 하나님께서 천지를 창조하시고 친히 역사를 시작하셨다라는 것이다. 그렇기에 공저자와 나는 '년도' 문제보다는 창조주하나님께서 이 세상을 '말씀으로 창조'하셨으며 역사의 주관자 하나님께서 '역사를 운행'하고 계심을 굳게 붙들고 있다.

아무튼 모든 인간은 하나님의 형상(צֶלֶם, nm, 쩨렘, 성품적 특성)을 따라 하나님의 모양(דְּמוּת, nf, 데무트, 신체적 특성)대로 지음을 받았다. 이후 창조주 하나님은 당신과의 바른 관계와 친밀한 교제 가운데 평안(샬롬)을 누리며 살게 하셨다. 그러나 인간은 어리석음을 넘어 탐욕으로 가득 차서 하나님과의 관계(Relationship)와 교제(Fellowship)를 깨면서까지 '하나님과 같이 되려' 하다가 에덴동산에서 쫓겨났다. 그리하여 모든 인간은 아담 이후 '영적 죽음' 상태로 태어나게 되었다.

그러나 좋으신 삼위하나님은 이런 영 죽을 수밖에 없었던 인간들에게 기회를 주셔서 창세기 3장 15절에서 아담 언약[5]을 일방적으로 허락하셨다. '아담 언약'이란 예수 그리스도 안에 있는 모든 사람을 구원코자 주신 일방적인 언약으로서 불평등 언약이자 은혜 언약이다. 이를 가리켜 '최초의 원시복음'이라고 한다.

"내가 너로 여자와 원수가 되게 하고 너의 후손도 여자의 후손과 원수

---

[5] 성경은 6대 언약으로 이루어졌다. 아담 언약으로 시작하여 예수 그리스도 새 언약에 이르기까지 모두가 다 하나님의 일방적인 언약으로 편무 언약이라고도한다. 그렇기에 성경의 언약은 모두가 다 은혜 언약이기도 하다. 참고로 성경의 6대 언약은 아담 언약(창 3:15), 노아 언약(창 6-9장), 아브라함 언약(창 12, 15, 17장), 모세 언약(출 24:7-8, 34:27), 다윗 언약(삼하 23:5, 대하 13:5), 예수 그리스도 새 언약(사 42:6, 렘 31:31-34)이다.

가 되게 하리니 여자의 후손은 네 머리를 상하게 할 것이요 너는 그의 발꿈치를 상하게 할 것이니라 하시고"_창 3:15

창세기 1장 1-2절에는 전능주 하나님이신 엘로힘(אֱלֹהִים, nm, God)께서 성자하나님(רֵאשִׁית, 부활의 첫 열매, 레쉬트, 레 23:10)으로 말미암아(ב, 베이트) 성령님(רוּחַ, 루아흐)과 함께(אֵת, 에트) 천(שָׁמַיִם, nm, 쇠마임, 天)과 지(אֶרֶץ, nf, 에레쯔, 地)를 공동으로 창조(בָּרָא, 바라)하시고 운행하셨음을 말씀하고 있다.

이후 역사의 주관자 야훼(יְהֹוָה) 엘로힘(אֱלֹהִים, nm, God)은 디테일을 주관하시며 역사를 세미하게 이끌어 가셨다. 그러므로 그 어느 것 하나 그 무엇 하나 야훼 엘로힘의 허락 없이는 아무것도 이루어지지 않음을 알아야 한다.

다시 말하면 '모든 것은 하나님의 허락 하에 이루어진다'라는 것이다. 여기서 유의할 것은 엘로힘이나 야훼 엘로힘은 하나님의 이름이 아니라는 사실이다. 하나님은 이름이 필요가 없으신 분이시다. 딱히 구분하기는 어려우나 필자는 엘로힘(אֱלֹהִים, nm, God)을 전체를 주관하시는 창조주 하나님, 전능주 하나님으로, 야훼(יְהֹוָה) 엘로힘(אֱלֹהִים, nm, God)을 세세한 부분까지 간섭하시며 디테일을 주관하시는 역사의 주관자 하나님으로 개념화(Conceptualization)했다.

그렇기에 존재론적 동질성(Essential Equality)과 기능론적 종속성(Functional Subordination)의 삼위하나님의 개념을 '잘(clearness)' 그리고 '바르게(Correctness, accuracy)' 이해해야만 정경 66권을 올바르게 해석할 수 있을 것이라 생각된다. 1장 전체의 개요를 표로 나타내면 다음과 같다.

혼돈(תֹהוּ, nm); Structure (-)		공허(בֹהוּ, nm); Contents (-)	
Formlessness Frameless Unreality Confusion, Chaos		Emptiness Voidness Hollowness inanity	
흑암이 깊음 위에 있고(사 57:20) 하나님의 신은 수면에 운행하시니라 흑암(חֹשֶׁךְ, nm, 호쉐크, darkness, obscurity) 깊음(תְהוֹם, n, 테홈, deep, sea, abyss) 하나님의 신(רוּחַ, 루아흐) 운행하다(רָחַף, 라하프, v, 창 2:7, 출 12:13, 신 32:11) 불어넣으시니(נָפַח, 나파흐) 넘어 가리니(פָּסַח, 파사흐) 너풀거리며(רָחַף, 라하프)			
삼위 하나님의 창조질서 혼돈(토후)을 잡으시며 구조(Frame, Structure)를 통한 질서와 체계를 확립하심		삼위 하나님의 충만한 생명으로 공허(보후)를 '보시기에 좋은' 내용(Contents)으로 가득 채우심	
첫째 날	빛-낮 어둠-밤	넷째 날	해: 낮을 주관 달, 별: 밤 주관
둘째 날	궁창=하늘 : 위/아래로 나뉨	다섯째 날	새 물고기
셋째 날	땅-식물 바다	여섯째 날	짐승 사람-남성, 여성

이곳 창세기 1장에서는 삼위하나님의 천지창조에 대한 공동사역, 특히 첫째 날에서 넷째날까지의 사역을 예수 그리스도(요 5:39, 눅 24:44)의 구속

사역과의 유비관계로 언급한 아더 핑크의 이야기[6]를 인용해 필자의 표현으로 소개하고자 한다. 곧 '삼위하나님의 창조사역 안에는 예수님의 구속섭리가 있다'라는 것이다. 그렇기에 창세기 1장의 도입부에는 혼돈과 공허, 어둠이 있었으나 동시에 성령님의 운행하심이 있었던 것이다. 뒤이어 권능의 말씀이 선포되어짐으로 빛, 부활, 그리고 약동하는 생물들, 풍성한 열매가 있게 하신 것이다.

첫째 날의 역사는 구속사역에 있어 '예수님의 성육신'을 상징적으로 보여주고 있다. 그렇기에 "엘로힘의 영은 수면 위에 운행하시니라"는 말씀 후 "엘로힘이 가라사대 빛이 있으라 하시니 빛이 있었고"라고 하심으로 '세상의 빛, 생명의 빛(눅 2:30-32, 요 8:12)'이신 장차 성육신하실 예수님을 상징적으로 보여주신 것이다.

결국 엘로힘께서 태초부터 빛이신 예수님을 구속사역을 위한 약속의 말씀으로 주셨다라는 것이다. 그렇기에 그 빛을 보시며 "엘로힘이 보시기에 좋았더라(아름답다, 전 3:11)"고 말씀하셨던 것이다.

한편 하나님은 빛(Son of Man)과 어둠(sons of men)을 나누셨는데(히 7:26) 왜 그러셨는지는 알 수가 없다. 이후 "엘로힘이 빛을 낮이라" 부르시고 빛이 되신 예수님의 이름을 붙여 주셨다(사 49:1, 마 1:21). 빛이신 예수(Son of Man)를 믿는 모든 사람들에게는 그리스도인(행 11:26)이라는 이름도 주셨다.

둘째 날의 역사 속에는 '예수 그리스도의 십자가'가 상징적으로 계시되고 있는데 바로 "궁창"이라는 단어이다. '십자가'로 상징된 궁창으로 인

---

6 <창세기 강해>, 아더 핑크/정충하옮김, 크리스천 다이제스트, 2016, p23-30

해 궁창 위의 물과 궁창 아래의 물이 나뉘어지고 분리되었다.

원래 '궁창'은 엘로힘이 계획(창 1:6)하시고 만드셨다(창 1:7). '궁창'을 통하여는 예수 그리스도의 구속계획과 예수님의 성육신, 십자가 대속죽음이 예표되고 있다. '물'은 "백성과 무리와 열국과 방언들(계 17:15)"을 말하며 '십자가'로 상징된 "궁창(궁창 위의 물과 아래의 물 가운데)"은 사람들('물') 가운데 속량의 대가로 세워지게[7]된다(행 2:23, 사 53:10).

특이한 것은 둘째 날의 경우에는 모든 일이 끝난 후에 '보시기에 좋았더라'는 말씀이 빠져 있는 것이다. 이는 의인으로서 불의한 자를 대신하셨던 십자가 죽음을 상징하고 있는 둘째 날이기에 당연히 '보시기에 좋았더라'는 말씀은 없는 것이라고 했다.

셋째 날의 역사 속에는 '예수님의 부활'이 상징적으로 계시되고 있다. 특히 "뭍이 드러나라 하시매 그대로 되니라(1:9)"에서 수장(水葬, be buried at sea)되었던 땅이 드러남으로 바로 그 땅에서 생명이 솟아나게 된다. 죽음으로부터 생명이 주어지게 된 것이다. 그렇게 예수님은 죽음을 이기시고 삼일 만(셋째 날)에 부활하셨다.

넷째 날의 역사 속에는 '예수님의 승천'이 상징적으로 계시되고 있다. 셋째 날의 땅에서 생명이 움트며 죽음을 이기시고 부활하신 예수님은 넷째 날에 지상(땅)에서 하늘로 그 무대가 옮겨지게 된다. 그리하여 넷째 날

---

[7] 십자가의 헬라어가 스타우로스(σταυρός, nm, an upright stake, a cross (the Rom. instrument of crucifixion)/ the crosspiece of a Roman cross; the cross-beam (Latin, patibulum) placed at the top of the vertical member to form a capital "T." "This transverse beam was the one carried by the criminal" (Souter))인데 이는 동사 히스테미(ἵστημι, (a) I make to stand, place, set up, establish, appoint; mid: I place myself, stand, (b) I set in balance, weigh; intrans: (c) I stand, stand by, stand still; met: I stand ready, stand firm, am steadfast)라는 의미 곧 '서게 하다'라는 말이다.

에 해, 달, 별들이 창조된 것이다. 이는 세상의 빛, 생명의 빛이신(요 8:12) 예수 그리스도 새 언약의 성취 곧 초림과 예수 그리스도 새 언약의 완성 곧 재림을 상징적으로 보여주신 것이다.

그리하여 2장 1절은 "천지와 만물이 다 이루니라"로 시작한다. 그리고는 '일곱째 날에 안식하시니라'고 말씀하고 있다. 결국 예수님의 성육신과 십자가 대속죽음, 다 이루심(초림 곧 예수 그리스도 새언약의 성취), 부활, 승천, 그리고 다시 오심(재림 곧 예수 그리스도 새언약의 완성)을 보여주고 있는 것이다. 참고로 '7'은 안식의 수, 언약의 수, 맹세의 수, 완전수이다. 그렇기에 예수님의 초림으로 안식이 성취되고 재림으로 안식이 완성될 것이다.

창세기 1장 1절에서 2장 25절까지는 성경적 세계관의 4기둥 곧 창조(창 1:1-2:25), 타락(창 3:1-14), 구속(창 3:15-계 20), 완성(계 21-22, 첫 창조의 회복 곧 새 창조) 중 '창조' 부분에 해당한다.

이 부분을 가만히 살펴보면 1장 1절에서 2장 3절까지와 2장 4절에서 25절까지는 비슷한 내용이 반복되어 있으나 주의하여 보면 미묘한 차이를 드러내고 있다.

전자의 경우 혼돈(formless)을 정립하여 '전체적인' 구조(structure, frame)를 만들고 그 구조 속에 공허(emptiness)를 '보시기에 좋게' 풍성하게 '전체'를 채우고 있다면 후자의 경우에는 좀 더 '디테일(detail)'한 구조와 기능, 그리고 세미한 역사하심에 대해 말씀하고 있다.

또한 전자의 경우에는 주어가 하나님(엘로힘)이라면 후자의 경우에는 여호와 하나님(야훼 엘로힘)이다. 그렇기에 일부 학자들은 제1창조와 제2창조로 나누기도 한다. 자유주의 신학(Liberal Theology)자들은 이런 사실을 두고 편집설[8] 운운하며 성경의 무오류성을 반박하기도 한다. 공저자와 나는 오히려 사본에의 이런 사실이 있기에(사본학, codicology) 오히려 정경으로서의 무오류성(infallibility)을 더욱더 확신하고 있다.

구분	창 1:1~2:3	창 2:4~25
별칭	제1창조	제2창조
주어	엘로힘	야훼 엘로힘
운행	전체를 주관	디테일을 주관
속성	창조주 하나님 전능주 하나님	역사의 주관자 하나님 언약(약속)의 하나님
* 창세기의 편집설(자유주의 신학)<무오류성(사본학) *정경의 6대 속성 : 무오류성, 완전성, 충분성, 명료성, 권위성, 최종성 *정경의 3대 영감 : 완전 영감, 유기 영감, 축자 영감		

정경 66권은 원역사(Original History)를 시작으로 삼위하나님의 창조(창 1:1-2:25)와 인간의 타락(창 3:1-14), 그리고 예수 그리스도의 구속(초림, 창

---

8 성경은 편집된 것이다라는 '성경편집설'의 주장은 아이히호른(Johann Gottfried Eichhorn)에 의해 처음 제기되었고 이후 벨하우젠(Julius Wellhausen)은 오세오경을 모세의 기록이 아니라 여러 문서들(J(Jehovah), D(Deuteronomy), P(Priests), E(Elohim)문서)의 여러 단편이 짜집기된 것으로 복수 저자들의 결과물이라고 주장했다. 그러나 사본학(Codicology)은 정경이 오류가 없음을 밝혀내었다. 일반적으로 성경을 바라보는 세 관점이 있다. 첫째, 정경 66권은 6대 속성, 3대 영감을 만족하는 하나님의 말씀(딤후 3:16)이다. 둘째, 정경 66권은 편집(인간의 생각이나 어휘로 모은 것)에 불과하다. 셋째, 정경은 하나님의 말씀이나 기록할 때 기록자가 오류를 남겼다. 합리성을 강조(베른 신학대학의 신약학 교수 프리츠 바르트(Fritz Barth)의 아들, 칼바르트, Karl Barth, 스위스 신학자, 변증법 신학 창시자 - 하르낙(Adolf von Harnack, 1851-1930), 빌헬름 헤르만(Johann Wilhelm Hermann, 1846-1922, 독일 목사의 아들, 마르부르그(Marburg) 대학 조직신학교수)의 영향)하는 세번째의 관점이 가장 위험하다. 나는 첫번째를 지지한다.

3:15-계 20)과 완성(재림, 계 21-22)에 대해 말씀하고 있다.

공저자와 나는 창세기 1장 1절부터 창세기 11장 32절까지를 통칭 '창조시대'라고 명명했다. 이를 다시 세분하면 창세기 1장 1절에서 2장 25절까지는 삼위하나님의 공동창조와 역사(役事)하심에 대해, 3장 1절에서 14절까지는 인간의 타락과 죄의 실상, 그리고 그 결과에 대해 말씀하고 있다.

구속 이야기는 창세기 3장 15절에서 시작하여 예수님의 초림과 더불어 적그리스도를 예표하는 요한계시록 17-18장의 큰 음녀와 큰 성 바벨론에 대한 심판, 그리고 19장 예수님의 재림과 재림 후 백보좌 심판으로 모든 것을 심판하시는 요한계시록 20장까지로 나눈다. 그렇기에 우리는 요한계시록 20장의 백보좌 심판까지를 하나님의 '구속 이야기'라고 보는 것이다. 이렇게 구분하는 까닭은 우리의 경우 '무천년설'[9]을 지지하기 때문이다. 이후 계시록 21-22장을 미래형 하나님나라 곧 하나님나라의 완성으로 본다.

하나님의 본체이신 신인양성의 예수님은 2,000년 전 유대 땅에 역사상 유일한 의인이자 완전한 인간(성육신, Incarnation)으로 오셔서 우리 죄를 '대신하여(휘페르)' 수치와 저주를 상징하는 십자가 위에서 물과 피를 흘리심으로 모든 것을 다 이루셨다(속량, 대속제물, 화목제물). 죽으시고 삼 일 만에 부활하시고 이 땅에 40일간 머무시다가 500여 형제가 보는 가운데 하늘

---

9 무천년설(A-Millennialism)이란 천년을 문자적으로 존재한다고 보지 않고 완전한 기간 즉 그리스도의 초림부터 재림까지의 전체 기간을 상징한다고 보는 견해이다. 이 기간을 종말시대라고 한다. 결국 종말이란 예수님의 초림에서 재림 전까지를 말하며 그 기간을 상징적 천년이라고 보는 것이다.

나라로 승천하셨다. 그 열흘 후 오순절에 성령강림이 있으셨다. 이른 바 성령강림절이다. 이에 해당하는 구약의 절기가 바로 칠칠절, 맥추절이다.

한편 이를 단순히 계량적(計量的)으로 생각하여 구약은 하나님시대, 신약은 예수님시대, 예수님의 부활승천 후에는 성령님시대로 착각하는 우를 범해서는 안 된다. '다른 하나님, 한 분 하나님'이신 삼위하나님은 태초부터 지금까지 앞으로도 영원히 언제 어느 때고 함께하셨음을 잊지 말아야 한다.

예수님을 '나의 구주, 나의 하나님'으로 입으로 시인하여 구원에 이르고 마음으로 믿어 의에 이르면 성전 된 우리 안에는 성령님이 내주하시게 된다. 이를 가리켜 '내주(內住) 성령'이라고 한다. 그 성령님을 주인으로 모시고(온전한 주권을 드리고) 살아가는(통치와 질서, 지배 하에) 그리스도인 개개인을 가리켜 '현재형 하나님나라'라고 하며 그런 그리스도인을 향해 영생을 누리는 가운데 '하나님나라를 누리며 살아간다'라고 한다. 결국 그리스도인들은 예수를 믿어 영적 죽음에서 영적 부활된 그 즉시 '천년왕국(무천년설, 현재형 하나님나라)'을 누리며 살아가는 것이고 그렇기에 이 땅에서부터 하나님나라(현재형, 장소 개념이 아님)를 누리며 사는 것이란 말이다. 예수님께서 재림하시면 그런 우리를 미래형 하나님나라(지금은 비가시적이나 분명한 장소개념)인 "거룩한 성 새 예루살렘"으로 데려가실 것인데 이것이 요한계시록 21-22장에 나오는 '새 하늘과 새 땅'이다.

창세기 1장에서 11장까지의 창조시대를 공저자와 나는 다시 둘로 나눈다. 창세기 1장에서 5장까지를 '창조시대'로, 6장에서 11장까지를 '재창조시대'로 명명한다. 청년들이 이해하기 쉽도록 '창조시대'란 곧장 대학 들어간 것에 빗대어 '첫 창조'로 명명했고 '재창조시대'란 노아 홍수 후 인간의 회복을 기대하셨으나 인간이 죄악으로 더 빨리 달려갔던 것을 가리켜 '하나님의 재수'에 빗댄 것이다. 이런 표현을 두고 제발 망발(妄發, thoughtless words, ludicrous statements)이라고는 하지 말기를.

창조시대는 삼위 하나님께서 "보시기에 좋았더라(4, 10, 12, 18, 21, 25, 31)"고 하신 천지와 사람의 창조에[10] 관한 설명이다. 앞서 언급했지만 이 부분에서는 특히 우주를 창조하신 유일하신 전능자 엘로힘과 언약을 신실하게 이행하시며 구체적인 재창조사역을 세미하게 이끌어가시는 야훼 엘로힘을 주목할 필요가 있다.

"태초에 하나님이 천지를 창조하시니라"

나는 창세기 1장 1절의 이 말씀을 히브리어로 수백 번은 반복하며 묵상해왔다. 놀라운 것은 반복하면 반복할수록 '아멘'과 더불어 풍성한 '은혜'가 느껴진다라는 것이다. 단순하면서도 심오(深奧)함, 간결하면서도 심대(深大)함, 난이도가 전혀 없는 선명함과 정확함, 최고의 균형과 멋진 조화, 극한 아름다움이 어우러진 창조세계의 탁월함을 매번 접하곤 하는데 그때마다 하나님의 신적 지혜에 저절로 고개를 숙이곤 했다.

결국 창세기 1장 1절은 엘로힘께서 예수님을 통해[11] 하늘과 땅을 창조

---

10 좋다(good)라는 의미의 히브리어는 토브(בוֹט)이며 그 반대인 좋지못하다는 히브리어는 로(אֹל) 토브(בוֹט)이다. 창조하다(created)의 히브리어는 바라(אָרָבּ)이다.

11 '태초'의 히브리어는 베레쉬트(תישׁאֵרְבּ)라고 한다. '베'는 ~를 통하여 혹은 ~로 말미암아라는 의미이다. 레쉬트는 3가지 의미가 있다. 첫째, 첫 것 혹은 첫 열매라는 뜻이고 둘째, 잠자는 자들의 첫 열매이며 셋째, 만물의 으뜸, 근본, 머리라는 뜻이다. 이는 모두 예수님을 의미한다. 레 23:10, 고전 15:20,

하셨다라는 말씀이고 2절은 천지를 공동으로 창조하신 성령님은 천지를 '운행(역사(役事))하셨다'라는 것이다. 이 말씀에서의 '운행하다'라는 단어와 창세기 2장 7절의 '불어넣으시다'라는 말은 다른 단어 같은 의미[12]이다. 결론적으로 '다른 하나님이시자 한 분 하나님'이신 삼위일체 (Trinity)[13] 하나님은 완벽한 창조와 함께 구체적으로 역사를 주관하셨고 지금도 앞으로도 영원히 다스리실 것이라는 말이다(하나님의 말씀, 성령님의 역사, 예수 그리스도 안에서의 새 창조(New Creation)).

참고로 창세기 1장 1절, 2절, 그리고 3절의 글줄 뒤에 숨어있는 학자들의 복잡한 이야기를 간단하게 요약하여 나의 표현으로 설명하고자 한다. 나는 이런 부분에 그다지 관심이 없으나 내가 좋아하는 아더 핑크와 몇몇 학자들의 의견이므로 굳이 소개[14]하고자 한다. 참고 정도로만 하면 될 것 같다.

먼저 아더 핑크는 하나님의 천지창조에 대해 연대(年代)나 창조세계의 전체적인 모양, 그 안의 구체적인 내용물들, 창조의 구체적인 방법, 창조

골 1:18을 참고하라.

12 또한 창1:2절의 성령님이 운행하시다(was moving)의 히브리어는 라헤페트(רָחַף)인데 이는 창 2:7절의 생기를 그 코에 불어넣으시니(and breathed)라는 나파흐(נָפַח, blow)와 동일한 의미로 쓰였다. 새가 알을 품다(신 32:11)라는 의미도 있다.

13 삼위일체 교리는 니케아 공의회(Councils of Nicaea, AD 325년 콘스탄티뉴스 1세가 1차 공의회 소집, 2차 공의회는 AD 787년) 이후 정식으로 확정된 교회의 공식 입장이다. 삼위일체에 대해 그 이해가 모호하고 애매하므로 저자는 '다른 하나님(기능론적 종속성), 한 분 하나님(존재론적 동질성)'으로 개념화시켰다. 물론 삼위일체 교리를 인간의 상식, 지식, 논리로 어설프게 단순 개념화한다는 것이 몹시 불충분하다 라는 것에는 충분히 동의한다.

14 창세기 강해, 아더 핑크/정충하옮김, 크리스천 다이제스트, 2016, p11-30

의 정확한 기간, 간격 등등에 대해 알지도 못하고 알 수도 없음을 전제했다. 그러면서 "태초에 하나님이 천지를 창조하시니라"는 말씀을 통해 무신론(無神論, atheism), 유물론(唯物論, materialism), 범신론(汎神論, pantheism)을 우선 단호하게 밀어낸다. 동시에 하나님의 존재를 증명하기 위한 논증을 제시하는 대신에 영원 전부터 계셨던 전능하신 하나님은 지극히 인격적이심을 강조했다. 이 부분에 공저자와 나는 진실로 아멘이다.

더 나아가 그는 창세기 1장 1절은 완벽하고 아름답고 완전한 창조세계였으며 2절에 이르러 땅이 혼돈하고 공허하게 되었다[15]라고 했다. 결국 1절과 2절 사이에 우리가 알지 못하는 엄청난 기간이 존재할 수 있음을 제시한 것이다. 그러면서 이사야 45장 18절을 이의 근거로 제시했다.

"여호와는 하늘을 창조하신 하나님이시며 땅도 조성하시고 견고케 하시되 헛되이 창조치 아니하시고 사람으로 거하게 지으신 자시니라 그 말씀에 나는 여호와라 나 외에 다른이가 없느니라" _사 45:18

결국 3절 이후부터가 역사적인 시작(창세, 베레쉬트)점으로 구약의 기간은 대략 4,000년이라는 것이다.

이런 논증들에 대해 나와 공저자의 경우 성경의 글과 글 사이에 숨어있는 중요한 보석들을 찾아내는 것에는 전적으로 동의하나 성경이 말하지 않는 너무 깊은 부분들까지는 애써 상상하여 추론하거나 변증하려 하기보다는 그냥 침묵하는 것이 바람직하다고 생각한다. 그럼에도 불구하고 십

---

15 특히 Dr. Chalmers는 '혼돈하고 공허하며(was)'를 '혼돈하고 공허하게 되었으며(became)'라고 번역해야 한다라고 했다. 결국 1절과 2절 사이에 우리가 알지 못하는 엄청난 사건이 개재(介在, interposition)되어 있다고 했다. <창세기 강해>, 아더 핑크/정충하 옮김, 크리스천 다이제스트, 2016, p12-13

계명을 말씀(출 20:1-17)하는 부분 중 출애굽기 20장 11절의 "모든 것을 만들고"에서의 '만들다'에 해당하는 히브리어가 아솨흐(עָשָׂה, v, accomplish, do, make)인 것을 보면 '창조하다'라는 히브리어 바라(בָּרָא, v, create)와 다르게 쓰였기에 상기의 아더 핑크나 찰머스의 의견[16]에 일부 공감도 하게 된다.

첨언할 것은 혹여라도 성경말씀이 과학이나 역사와 다르다면 공저자와 나는 과학이 틀렸고 역사가 그릇된 것이라는 생각(고전 2:14)에 한 점도 물러설 마음이 없다.

아무튼 삼위 하나님은 천지창조의 틀[17]을 먼저 세우시고 그 안에 풍성한 내용물을 채우신 후 동방의 에덴에 보기에 아름답고 먹기에 좋은 나무가 있는 동산을 창설하셨다. 소위 "하나님이 가라사대~그대로 되니라(창 1:3, 6, 9, 11, 14, 20, 24, 26, 29, 31)"라는 천지창조시 반복된 10번의 말씀을 가리켜 아더 핑크는 "창조의 십계명"이라고 했다.

그곳에 당신(삼위하나님)의 형상(쩨렘, 데무트)을 따라 지은 "보시기에 심히 좋은" 남성 아담과 여성 하와를 두시고 '하나님과의 바른 관계와 친밀한 교제' 속에서 진정한 '샬롬(에이레네)'으로 살아가게 하셨다. 그런 하나님은 태초에 인간을 정직하게(יָשָׁר, 전 7:29, 야샤르, 곧은, 정직한, 올바른, 의로운, 출15:26 민23:10

---

16 창세기 1장 1절은 완벽한 창조세계였으나 2절에는 혼돈과 공허, 흑암이 있는 것으로 보아 1절과 2절 사이에 상당한 기간과 아울러 어떤 사건이 있었을 것이라고 했다. 또한 3절부터는 창조가 아니라 망가진 것을 회복하는 것(성령의 운행하심(2), 빛(3), 궁창(6-9), 땅과 식물(11), 천체배치(14-18), 물과 생물(20-21), 땅과 생물(24)으로 이때로부터 구약 4,000년으로 생각할 수 있다라고 했다. 또한 창조세계가 망가진 것을 회복하는 문자적 의미에 더하여 상징적인 의미로 망가진 인간을 구속을 통해 회복하실 것도 보여주셨다라고 했다.

17 혼돈(was formless)을 히브리어로 토후(תֹהוּ)라고 하며 첫째 날에서 셋째 날까지 구조(structure) 혹은 틀(form)을 창조하심으로 혼돈을 잡으셨다. 한편 공허(emptiness)의 히브리어는 보후(בֹהוּ, void)로서 넷째 날에서 여섯째 날까지 내용물(contents)을 채우셔서 공허를 보시기에 좋게 만드셨다.

신 12:25 신12:28 삼상12:23 대하14:2 대하31:20 시111:8) 창조하셨다. 그러나 첫 사람 아담은 '하나님과 같이(창 3:5)' 되려고 하다가 결국 에덴동산에서 쫓겨나게 된다. 그리하여 죄와 사망이 세상으로 들어오게 되었다(롬 5:12, 17, 엡 4:18, 렘 17:9). 이로 인해 인간은 하나님으로부터 '분리'되었는데 이를 '타락'이라고 한다. 소위 '영적 죽음'[18]이다. 이후 창세기 4장으로 이어지며 아담은 아내 하와와 동침하여 가인과 그 아우 아벨을 낳게 된다.

에덴동산에서 쫓겨난 죄인 된 인간은 죄를 짓지 않을 수 없게 되었다(롬 5:12, 17). 그들 중에 가인으로 인해 인류 최초의 살인이 등장했다. 그러나 하나님께서는 가인에게조차 표(אוֹת, nf, 오트, a sign/출 12:13, 피, 표적/사 7:11, 14 징조)를 주셔서 죽음과 해를 면하게 해주셨다. 그럼에도 불구하고 가인은 역사의 주관자이자 보호자 되신 하나님을 의뢰하지 않고 '에덴(환희와 기쁨이라는 의미)'의 동편 '놋(방황, 유리함)' 땅에 거하게 된다.

놋이란 '노드(נוֹד/from נוּד, v, to move to and fro, wander, flutter, show grief)'라는 히브리어로 '유리함 혹은 방황'이라는 뜻이다. 그곳에서 아들 에녹을 낳은 후 그 성을 아들의 이름을 따서 '에녹 성'이라 지었다. 이는 하나님의 보호하심보다는 '내 운명은 내가 지킨다'라는 의미로서 가인은 하나님으로부터 한발짝 더 멀리 나가버린 것이다.

이후 그렇게 하나님을 떠난 가인의 후손들은 하나님이 보시기에 악하게 살아갔다. 이는 창세기 4장 16-24절에 나오는 그의 족보를 통한 그

---

18 Dr. Pearson은 인간을 삼분설(영, 혼, 육의 삼중적인 존재, 살전 5:23, 히 4:12)로 설명하며 영은 하나님을 의식하는 좌소(座所)로, 혼은 자아를 의식하는 좌소로, 몸은 감각을 의식하는 좌소로 나누었다. 필자는 영과 혼을 구분하지 않고 이분설로 영혼과 육으로 구분한다. 맞다 틀리다의 문제는 아니다.

후손들의 이름에 담긴 의미들[19]을 보면 하나님을 떠난 그들이 얼마나 악하게 살았는지를 적나라하게 알 수 있다.

가인(קַיִן)	별명, a spear
에녹(חֲנוֹךְ)	from the same as חָךְ 하나님 없는 인간 위주의 삶 ->인간의 하나님께 대한 독립선언(Candlish)
라멕(לֶמֶךְ)	강한 자, 힘센 자라는 의미로 폭력성을 상징
아다(עָדָה)	장식하다, 꾸미다 등등 사치와 치장
야발(יָבָל)	여행자로서 유목민을 가리키며 배금주의, 상업주의, 성공지상주의를 상징
유발(יוּבָל)	악기를 연주하는 자라는 의미로 향락과 쾌락을 상징
씰라(צִלָּה)	그림자, 어두움이라는 의미로 이는 세속적인 추구와 타락상을 상징
두발(תּוּבַל) 가인(קַיִן)	두발(תּוּבַל, 이름, 쇠를 벼리다) 가인(קַיִן, 별명, a spear)은 농기구나 무기를 제조

하나님의 창조시대를 통하여 우리는 인간에 대한 삼위하나님의 기대와 실망 그리고 다시 회복을 이루시고야 말겠다는 하나님 아버지의 안타까

---

19 에녹(חֲנוֹךְ, from the same as חָךְ)은 원래 가르치다(왕상 8:63), 헌신하다(잠 22:6) 라는 의미로 하나님 없는 인간 위주의 삶인 교만한 인간의 하나님께 대한 독립선언(Candlish)이라고 했다. 이는 성을 쌓아 내 운명은 내가 지킨다는 태도를 보면 알 수 있다. 라멕(לֶמֶךְ)은 강한 자, 힘센 자라는 의미로 폭력성을, 그의 두 아내는 아다(עָדָה, 장식하다, 꾸미다), 씰라(צִלָּה, 그림자, 어두움)인데 이는 세속적인 추구와 타락상을 상징하고 있다. 더하여 하나님의 창조질서인 일부일처를 깨어버렸다. 야발(יָבָל)은 여행자로서 유목민을 가리키며 배금주의, 상업주의, 성공지상주의를 상징하며 유발(יוּבָל)은 악기를 연주하는 자라는 의미로서 향락과 쾌락을 상징한다. 두발(תּוּבַל, 이름, 쇠를 벼리다)가인(קַיִן, 별명, a spear)은 농기구나 무기를 제조했다.

운 마음을 읽을 수 있다.

　5장에 들어가기 전 창세기 4장 25-26절에 의하면 하나님께서는 가인에게 죽임을 당한 아벨을 대신하여 셋을 주셨다. 이로 인해 다시 아담 자손의 계보가 이어지게 된다. 주목할 것은 창세기 5장에서는 창세기 4장에 등장했던 가인의 자손과 대비하여 셋의 자손이라 하지 않고 '다시' 아담의 자손이라고 언급되어 있다라는 점과 가인의 후손과는 달리 아담의 후손은 '죽을 때의 나이'가 언급됨으로 '하나님 안에서 산 자(하나님의 형상과 모양을 따라 산 자)'라는 의미가 내재되어 있는 것을 볼 수 있다.

　결국 가인은 아담의 족보에서 밀려났을 뿐만 아니라 하나님을 떠나 죽은 자가 되어버렸다라는 의미를 드러내고 있는 것이다.

　참고로 아담의 자손 중 7대손과 10대손에 주목해 보면 흥미로운 점을 발견하게 된다. 일반적으로 유대인들의 숫자(게마트리아)에는 특별한 의미가 주어져 있는데 7은 '약속의 수, 맹세의 수, 언약의 수, 완전수, 안식의 수'를 의미[20]하며 10은 완전수(完全數) 혹은 만수(滿數)를 의미한다.[21] 먼저 아담

20　요한계시록(58회)과 레위기는 숫자 "7"에 관한 언급이 많다. 레위기는 매 7일은 안식일, 매 7년은 안식년, 일곱에 일곱을 곱한 다음 해는 희년이다. 오순절은 유월절로부터 7주일 후였으며 일곱째 달에는 나팔절, 장막절, 속죄일이 있다. 오순절, 유월절은 7일간 지속되었다. 성경파노라마, 헨리에타 미어즈, 생명의 말씀사. 1983

21　7과 10이라는 숫자의 실례는 유다에게서도 볼 수 있다. 예수님은 유다의 계보로 오셨다. 유다는 하마터면 약속의 후손(씨)을 단절시킬 뻔하였다. 우여곡절 끝에 며느리 다말을 통해 쌍둥이를 얻었다. 그 쌍둥이 중 베레스의 계보를 통해 예수님이 오셨다. 그 베레스의 7대손과 10대손이 주목할 인물이다. 베레스의 7대손이 보아스(살몬+라합, 마1:5)인데 그는 모압 여인 룻과 결혼한다. 그리고 베레스의 10대손이 바로 다윗(룻 4:22)이다. 그리하여 예수 그리스도의 새 언약이 이루어진다. 베레스는 성경의 흐름을 잇는 차자 주제로 이어지는 인물이다. 참고로 노아의 7, 10대손은 스룩과 아브라함이다.

의 7대손을 보자. 죽음을 보지 않고 하늘로 올라간 에녹(창 5:22,24; 히 11:5)이 나온다. 우리가 익히 알고 있는 인물이다. 성경은 에녹이 '승천'할 수 있었던 것은 하나님과의 '동행'때문이었다라고 기록하고 있다. 여기서 '동행(לָקַח, 할라크, v, to take, 창 5:24)'과 '승천(עָלָה, v, 알라흐, to go up, ascend, climb, 왕하 2:11/ἀναλαμβάνω, v, 아날람바노, to take up, raise)'이라는 두 단어의 연결에 유의할 필요가 있다. 왜냐하면 우리가 그동안 동행의 의미를 피상적으로 알고 있었기 때문이다.

'동행하다'의 히브리어는 할라크(הָלַךְ, v, to go, come, walk)인데 이는 '하나님께서 등 뒤에서 떠밀고 가신다'라는 의미이다. 모든 것의 '주체가 하나님'이라는 것이다. 다시 말하면 에녹은 한 번 인생을 살아가며 '전적으로' 하나님의 주권에 순종했다는 것이다. 그렇기에 약속을 따라 미래형 하나님나라로 곧장 들어간 것이라는 말이다. 약속의 수 '7'을 가리키는 아담의 7대손 에녹이 말이다. 이는 하나님의 주권에 순종했던 에녹을 '완전한' 에덴의 회복인 미래형 하나님나라에 곧장 데려가심으로 '그날'에 있게 될 하나님의 재창조의 밑그림을 살짝 보여주신 것이다.

한편 아담의 10대손은 하나님의 은혜로 재창조의 역사에 본격적으로 쓰임을 받았던 노아이다. 특히 노아의 방주 이야기에서는 홍수를 통한 심판 후 8명을 통하여 에덴 회복의 역사를 다시 쓰시려고 했던 하나님의 재창조 의지를 강하게 엿볼 수 있음이 아주 흥미롭다.

결론적으로 이곳 창세기 1장을 통하여는 "태초에 하나님이 천지를 창조하시니라"고 선포하신 권위의 말씀(케리그마)에 우리 모두가 그저 '아멘! 할렐루야!'로 답하는 것만이 가장 샬롬(에이레네, εἰρήνη)의 상태임을 강조해주고 있는 것이다.

그런 그리스도인들은 영적 죽음에서 살아나 영적 부활을 통해 현재형 하나님나라에서부터 영생을 누리게 된다. 그렇기에 지금 우리가 살아가는 현재형 하나님나라(천년왕국, 무천년설)에서 우리는 성령님을 주인으로 모시고 그분의 통치와 질서, 지배 하에서 진정한 샬롬을 누리며 살아가고 있는 것이다.

참고로 샬롬이란 하나님과의 바른 관계와 친밀한 교제를 말하며 그 분 안에서만 진정한 안식과 견고함을 누리게 된다라는 의미이다.

2장

괴짜의사 Dr. Araw의 쉽고 바르게 읽는 창세기 장편(掌篇) 강의
태초에 하나님이 천지를 창조하시니라 • 제1권 창세기의 파도타기(Surfing)

삼위하나님의 공동사역, 천지창조, 야훼 엘로힘

'다른 하나님, 한 분 하나님'이신 삼위하나님은 공동으로 천지(天地)를 '말씀으로' 창조하셨다. 무(無)에서 유(有)를 창조하신 유일하신 하나님(God)이시다. 그리하여 창세기 1장 1절로 2장 3절까지에는 제1창조를 통해 전체를 주관하시는 엘로힘을 보여주셨고 2장 4절부터 25절까지는 제2창조로서 야훼 엘로힘께서 디테일을 주관하시며 역사하심을 보여주셨다.

공저자와 나는 상기의 제1창조, 제2창조를 말씀하신 것을 두고 천지(天地)를 2번이나 연거푸 창조하셨다는 의미가 아니라 하나님께서 보시기에 '심히 좋게(הֹוב), adj, 야페흐, beautiful, 아름답게) 만든 세상'을 동시에 '세미하게 역사하신다'라는 의미로 해석한다.

여기서 제1창조, 제2창조가 왜 주어졌느냐, 창조 연대는 어느 것이 맞

느냐, 혹은 동일한 이야기를 여기저기서 가지고 와 편집한 것이 아니냐라는 등등의 사실도 과학도 아닌 논쟁에 대하여는 더 이상 언급하지 않으려고 한다.

우리의 생각은 분명하다. 삼위하나님께서 공동으로 천지(天地)를 창조하셨고 지금도 앞으로도 역사하시며 전체와 디테일을 아울러 주관하신다라는 것이다. 그런 창조주 하나님, 역사의 주관자 하나님을 우리는 확실히 믿고 있다.

창세기 2장에 들어서면 천지와 만물이 다 이루어지자 삼위하나님은 가장 먼저 안식을 하셨다. 이 부분에서 오늘날까지 내려오는 시끄러운 논쟁 중 하나가 안식일이냐 주일이냐의 문제이다.

그러나 실상은 안식일을 지켜야 하느냐 주일을 지켜야 하느냐가 아니라 '생명 살리는 일(마 12:12, 눅 6:9)'이 중요한 것이다. 동시에 안식일이든 주일이든 '모든 날의 주체는 삼위하나님(마 12:8, 눅 6:5)이시다'라는 것이 중요하다. 결국 모든 날을 주일(主日)로 지키되 그 중심에 삼위하나님을 '온전한 주인'으로 모시는 일이 중요한 것이다. 그렇기에 예수님은 요한복음 5장에서 안식일 논쟁에 대해 다음과 같이 말씀하셨다.

"인자는 안식일의 주인이니라 하시니라"_마 12:8

"사람이 양보다 얼마나 더 귀하냐 그러므로 안식일에 선을 행하는 것이 옳으니라 하시고"_마 12:12

"또 가라사대 인자는 안식일의 주인이니라 하시더라"_눅 6:5

"예수께서 저희에게 이르시되 내가 너희에게 묻노니 안식일에 선을 행하는 것과 악을 행하는 것 생명을 구하는 것과 멸하는 것 어느 것이 옳으

냐 하시며"_눅 6:9

다시 창세기 2장으로 돌아오면, 천지와 만물을 완벽한 균형과 최고의 조화로 더할 수 없이 아름답게(הפָּיָ, adj, 야페흐, beautiful, 아름답게) 만드신 삼위 하나님은 7일째에 안식에 들어가셨다. 이는 6일까지 창조한 모든 만물이 '완벽한 창조'였음을 말하는 것이다. 주의할 것은, 성경은 아무것도 안 하는 것을 안식이라고 하지 않는다라는 것이다. 앞서 언급했듯이 오히려 생명을 살리는 일을 하는 것이 진정한 안식이다.

참고로 안식과 휴식을 구분하면 다음과 같다.

안식과 휴식의 차이(difference)	
안식	휴식
영혼과 육체의 쉼	육체의 쉼
하던 일의 우선순위를 바꾸는 것	하던 일을 중단하는 것
하나님이 주체가 되심	자신이 주체가 됨
사역을 통해 주어짐	Entertainment를 통해 주어짐
기쁨과 감사로 배가 됨	재미가 전제되어야 만족
만족 & 자족	Dependency -> Addiction
*안식년 제도의 수정과 필요성 1)대 안식년: 6년 후 7년째에 1년동안 upgrade & update하는 기간 2)소 안식년: 3년 후 6개월 동안~ 3)안식월: 5개월 후 1개월씩, 1년에 2개월 동안~ 4)안식일: 일주일 중 하루, 곧 주일 후 월요일에 자신을 점검하는 날	

창세기 2장 2절의 "하나님이 지으시던 일이 일곱째 날에 마치니 그 지

으시던 일이 다하므로 일곱째 날에 안식하시니라"고 하신 말씀과 요한복음 5장 16-18절에 "그러므로 안식일에 이러한 일을 행하신다 하여 유대인들이 예수를 핍박하게 된지라 예수께서 저희에게 이르시되 내 아버지께서 이제까지 일하시니 나도 일한다 하시매 유대인들이 이를 인하여 더욱 예수를 죽이고자 하니 이는 안식일만 범할 뿐 아니라 하나님을 자기의 친아버지라 하여 자기를 하나님과 동등으로 삼으심이러라"고 말씀하신 것을 연결해보면 안식의 의미는 한층 더 분명해진다.

결국 성경은 안식일에 기능론적 종속성, 존재론적 동질성으로서의 삼위일체 하나님이신 성부하나님도 예수님도 생명 살리는 일은 하셨음을 보여주신 것이다. 그렇기에 창조주 하나님, 역사의 주관자이신 삼위하나님은 천지창조부터 지금까지 생명을 살리는 일을 계속해 오셨던 것이다.

그러므로 안식일은 율법적 관점에서 '아무것도 하면 안 된다'라는 것이 아니다. 왜냐하면 '안식'의 본래 의미는 단순히 쉬는 것만을 뜻하지 않기 때문이다. 오히려 그리스도인들은 예수님이 재림하시는 그날까지 생명 살리는 일인 복음과 십자가로 살아가고 복음과 십자가만 자랑하는 일에 더욱더 매진해야 한다.

아무튼 지난 구약시대에는 안식일(금요일 저녁~토요일 저녁)을 주일(主日)로 지켰다. 그러나 오늘날은 예수님께서 안식일 후 첫날에 부활하신 것을 기념하여 일요일을 주일(主日)로 지킨다. 그렇다고 하여 일요일만을 주의 날로 지키라는 의미가 아니다.

일부 그리스도인들은 일요일만을 주일이라고 생각하며 그날만큼은 거룩하게 지켜야 한다라고 주장한다. 그러나 월요일부터 토요일까지 아니

인생의 모든 날들이 다 주의 날이다. 그러므로 우리는 모든 날 동안 예수님만을 주인으로 삼고 '오직 말씀'만이 생명을 살리는 양식임을 알고 말씀을 공급받아 살아야 함은 물론이요 더 나아가 주님 다시 오실 때까지 생명을 살리는 복음전파에 '올인'하며 살아가야 한다.

그러므로 "안식일이냐? 주일이냐? 둘 중 무엇이 옳으며 어떤 날을 지켜야 하느냐? 그날에는 무엇을 하지 말아야 하느냐?" 등등의 문제는 그리스도인이 고민할 본질은 아니다. 우리는 삼위하나님을 본받아 예수님 재림하시는 그날까지 생명을 살리는 일만 계속해야 할 뿐이다.

이후의 자연스러운 흐름을 위해 그 다음 챕터를 잠깐 언급하고자 한다. 창세기 3장 1절에서 14절까지는 '하나님과 같이 되려고' 하다가 죽게 된 인간의 타락(Total corruption, Total inability, Total depravity) 이야기가 나온다. 여기서 영적으로 죽은 사람을 가리켜 '육신 혹은 육체'라고 하며 히브리어로는 아담(אָדָם, nm, man, mankind)이라고 칭한다. 창세기 2장 7절에서 '땅의 흙으로 사람을 지으시고'에서 '땅'의 히브리어는 아다마[22](אֲדָמָה, nf, ground, land)이고 '흙' 곧 '먼지'의 히브리어는 아파르(עָפָר, nm, dry earth, dust)이다. 곧 '사람(אָדָם, nm, man, mankind, 아담)은 땅(아다마)의 흙(먼지, 아파르)에서 왔다'라는 것이다. 그렇기에 창세기 3장 19절은 이러한 사실을 명료하게 밝히고 있다.

"네가 얼굴에 땀이 흘러야 식물을 먹고 필경은 흙으로 돌아가리니 그

---

[22] '육신 혹은 육체'의 히브리어 음역(transliteration)을 아담(אָדָם)이라고 한다. '땅'의 히브리어 음역 또한 아담(אֲדָמָה)이다. 히브리어 단어 맨 끝에 위치한 ㅎ(ה)는 묵음이기 때문이다. 이 둘을 구분하기 위해 나는 전자를 아담(אָדָם), 후자를 아다마(אֲדָמָה)라고 칭한다.

곳에서 네가 취함을 입었음이라 너는 흙이니 흙으로 돌아갈 것이니라 하시니라"_창 3:19

결국 인류의 대표인 아담은 하나님이 금하셨던 선악과를 먹는(하나님과의 관계와 교제를 깨는) 죄를 범함으로 인해 이 세상에 죽음을 불러들이고야 말았다. 죽음이 이 세상에 들어오게 되자 하나님은 모든 인간의 육체를 태초에 만드셨던 그 근원된(창 3:19) 흙(아다마/아파르)으로 되돌아가게 하셨다.

인간에게서 생기 곧 생령(성령, 루아흐, רוּחַ, 네솨마흐, נְשָׁמָה, nf, breath)이 사라지면 아담(אָדָם, nm, man, mankind) 네페쉬(נֶפֶשׁ, living being, 살아있는 존재)는 곧 아담(אָדָם, nm, man, mankind, 필멸자)이 되고 만다. 그렇기에 창세기 6장 3절에는 "여호와께서 이르시되 나의 영이 영원히 사람(אָדָם)과 함께하지 아니하리니 이는 그들이 육신(בָּשָׂר, nm, flesh)이 됨이라"고 말씀하셨던 것이다. 여기서 '육신'은 '육체'라고도 하는데 이는 '하나님을 떠난 모든 상태' 혹은 '하나님을 대적하는 모든 총체'를 가리킨다.

한편 육체의 소욕은 하나님과 반대되는 가치관으로 모든 것에서 성령을 거스르게(갈5:17) 된다. 예를 들면 로마서 7장 14절에는 "나는 육신에 속하여 죄 아래 팔렸도다"라고 말씀하신 부분이 나온다. 바로 여기서 사용된 '육신'이 창세기 6장 3절의 '육체'와 동일한 의미이다.

그 '육신' 혹은 '육체'는 실패한 첫 사람 아담을 의미한다. 이는 수사학적 표현으로 육체는 살아 있지만 성령(생령, 생기)이 없는 상태인 '영적으로 죽은 사람' 곧 '아담'을 말하는 것이다. 그렇기에 로마서 7장 18-19절에서는 내 '육신'에 선한 것이 거하지 않아 원하는 선보다 원치 않는 악을 행한다고 하였던 것이다. 그런 자신을 가리켜 사망의 몸을 가진 '곤고한 사람'이라고 로마서 7장 24절은 말씀하고 있다. 반면에 예수님을 믿고 성령님을 모신 사람은 '네페쉬 하야'(생령, :הָיַּח שֶׁפֶנ)로서 영적으로 부활한 사람(아담 네페쉬, 창 2:7)을 가리킨다.

참고로 예수님을 나의 구주 나의 하나님으로 입으로 시인하고 마음으로 믿어 구원을 얻게 된 그리스도인을 가리켜 하나님나라 혹은 하나님의 은혜 왕국[23]이라고 한다. 여기에는 '구조적 3단위, 창조적 3원리'라는 기본 골격 구조와 원리(작동원리, 기능)가 있다.

그리스도인=하나님나라(하나님의 은혜 왕국)			
골격 구조 3단위	최소 단위	기본 단위	확장 단위
작동 원리(기능) 3원리	최소 원리	기본 원리	확장 원리
적용	남성과 여성 각 개개인	한 남성과 한 여성의 결혼, 가정	가정을 통한 자녀, 자자손손 이웃, 사회, 열방

이는 나와 공저자가 명명(命名)한 것으로 우리 인체가 구조(골격 구조)와 기능(작동 원리 혹은 창조 원리)에 따라 건강하게 움직이는 것처럼 '하나님나라' 또한 골격 구조(structure)인 '최소 단위, 기본 단위, 확장 단위'와 기능(혹은 원리, principle)인 '최소 원리, 기본 원리, 확장 원리'에 따라 움직여야 한다라는 것이다. 이를 좀 더 설명하면 다음과 같다.

---

23 백석대 신학대학원 구약학 김진섭 교수님의 강의 참조

첫째, 하나님나라 골격 3구조 중 '최소 단위(Minimun Unit)'란 당신의 형상(쩨렘)을 따라 당신의 모양(데무트)대로 "보시기에 심히 좋았더라"고 말씀하실 만큼 최고로 지음 받은 남성 개개인(זָכָר, nm, adj, male)과 여성 개개인(נְקֵבָה, nf, a female)을 말한다. 여기에는 하나님의 창조 원리 중 '최소 원리'가 작동(구조에 따른 기능)되고 있다는 것이다. 그렇기에 남성은 '남성답게(Manly, not Machoism)', 여성은 '여성답게(Womanly, not Feminism)' 살아가야 한다.

결국 하나님나라의 최소 단위와 최소 원리는 하나님의 경륜과 섭리에 의해 유지되고 확장되어야 하며 이를 거스르면 하나님의 창조 원리에 역행하는 것이 된다. 그런 각 개인은 성령님을 주인으로 모신 성전이자 하나님의 은혜 왕국에서 가장 중요한 '최소 단위'가 되는 것이다. 그러다 보니 사탄은 이런 '최소 단위'인 개인들을 가장 먼저 그리고 집요하게, 동시에 집중적으로 공격한다. 따라서 우리 각자는 매사 매 순간 특히 혼자일 때 더욱더 근신하며 깨어 기도해야 한다. 또한 '오직 말씀'만을 붙들고 하나님의 전신갑주로 단단히 무장함으로 시시각각 다가오는 영적 싸움에 당당히 임해야 할 것이다.

둘째, 하나님나라 골격 3구조 중 '기본 단위(Basic Unit)'란 '최소 단위'인 남성과 여성이 말씀으로 잘 준비되고 훈련되어 하나님의 섭리에 따라 결혼한 후 이루게 된 가정(home, family)을 가리킨다. 그렇게 둘이 하나된 그리스도인 부부는 삶을 살아가며 모든 것이 하나님의 섭리 안에 있음을 기억하고 특히 가정에 대한 하나님의 기대치를 자각하며 하루하루를 알차고 행복하게 살아가야 한다. 한편 결혼을 통해 하나가 된 부부는 평생의 동역자이자 영혼의 친구이다. 따라서 두 사람은 서로를 '먼저' 기쁘게 해

주는데 최선을 다해야 한다. 서로를 '먼저' 섬기며 기꺼이 책임을 다할 때 몸과 마음이 하나가 되는 진정한 가정 곧 하나님의 은혜 왕국의 기본으로서 단단한 기초를 세워갈 수가 있다.

셋째, 하나님나라 골격 3구조 중 '확장 단위(Expansion Unit)'란 '최소 단위(Minimun Unit)'인 남성과 여성이 말씀으로 잘 준비되고 훈련되어 하나님의 섭리에 따라 결혼한 후 행복한 가정(home, family, Basic Unit))을 통해 본인의 자녀들, 그리고 자자손손에 이르기까지, 더 나아가 횡적으로는 주변에 살고 있는 그리스도인 부부들의 삶에 영향을 미침으로 현재형 하나님나라가 점점 더 확장되어가게 되는 '그리스도인 공동체'를 가리킨다.

종합하면 하나님나라의 세 골격구조에는 첫째, 남녀 각 개인이라는 '최소 단위'가 있고 둘째는 결혼으로 맺어진 남성과 여성 두 사람(partnership)으로 구성된 '가정'이라는 '기본 단위'가 있다. 셋째, 자녀를 포함한 가족(family)이라는 종(縱)으로의 '확장'과 가족이나 친지 등 혈연관계를 뛰어넘어 이웃과 사회, 나라, 열방이라는 횡(橫)으로의 '확장'을 해나가는 '확장 단위'가 있다.

그러므로 '최소 단위'인 그리스도인 남녀가 잘 준비되어 결혼 후 '기본 단위'인 모범된 가정으로서 주변에 영향을 끼쳐 그런 가정이 점점 더 횡적으로 확산되어 가면 그것이 바로 현재형 하나님나라의 '확장 단위'인 것이다. 그렇게 나라와 열방으로 향하면 하나님나라는 더욱더 확장될 것이다. 결국 하나님나라의 골격구조인 '최소 단위'는 '최소 원리'로, '기본 단위'는 '기본 원리'로, '확장 단위'는 '확장 원리'에 따라 살아가야 함을 잊지 말아야 한다.

참고로 하나님나라의 '최소 단위'에 작동되는 '최소 원리'를 잘 깨달으려면 창조주 하나님께서 왜? 우리 개개인을 당신의 형상을 따라 지으셨을까에 대한 진지한 고민과 그에 대한 답을 정립하면 된다. 마찬가지로 '기본 단위'에 작동되는 '기본 원리'를 잘 깨달으려면 창조주 하나님께서 왜? 남성과 여성을 만드셔서 결혼함으로 가정을 이루고 서로가 동역자로서 돕는 베필이 되어 살라고 하셨을까에 대한 진지한 고민과 그에 대한 답을 결정하면 된다. 더 나아가 '확장 단위'에 작동되는 '확장 원리'를 잘 깨달으려면 창조주 하나님께서 왜? 남성과 여성을 주셔서 결혼하여 가정을 이루고 삶으로 드리는 예배인 '부부관계(sexual intercourse)'를 통해 생육하고 번성하여 땅에 충만하라고 하셨는지를 알면 된다. 특별히 창조주 하나님은 그리스도인들에게 자손에의 복을 많이 강조하셨음을 잊지 말아야 한다.

예수를 믿어 성령님을 주인으로 모시게 된 교회(그리스도인)인 하나님나라(현재형 하나님나라)를 굳이 이렇게 복잡하게 구분하는 이유는 우리가 누구(정체성)이며 유한된 한 번의 직선 인생을 어떻게 하면 보다 더 알차게 살아갈 수 있을지(소명과 사명)에 대한 결단을 하기 위함이나. 더 나아가 궁극적으로는 예수님께서 다시 오실 때까지 우리 각 개개인을 통해 최소 단위의 하나님나라가 기본 단위를 넘어 확장 단위로 활기차게 뻗어 나가야 한다라는 사실을 강조하기 위함이다.

하나님나라 된 모든 그리스도인(최소 단위, 최소 원리)들은 먼저 자신의 정체성(나는 누구인가)을 정립 후 그런 분명한 정체성을 가진 배우자와 만나 가정

(기본 단위, 기본 원리)을 이루어야 한다. 이후 상대를 최고의 소중한 동역자로 여기며 '어떻게 살 것인가'를 함께 고민하고 결단해야 한다. 그리하여 육신의 장막을 벗는 그날까지 그렇게 만난 부부는 첫 마음, 첫 사랑을 간직하고 함께 기도하며 예수님 안에서 하나님의 창조 원리에 맞게 살기 위해 몸부림쳐야 한다. 배우자를 단순히 보조자로 보아서는 안 되며 하늘나라의 유업을 함께 이을 '돕는 배필'[24]로 알고 주님 다시 오실 때까지 묵묵히 각자가 맡은 일에 충성하며 하나님나라를 확장하는 일에 함께 힘써 나가야 할 것이다.

청년 사역자이자 가정사역자인 박수웅 장로는 하나님나라의 골격구조와 기능 원리에 따라 적확하게 살아가는 부부를 향해 "영적인 하나(spiritual oneness)이자 육적인 하나(physical oneness)"를 이룬 커플이라고 했다. 그렇기에 '플라토닉 사랑'을 미화하면서 '영적인 하나'만을 지나치게 강조하는 것은 하나님나라를 창조하신 그분의 뜻이 아닌 것이다. 더하여 1부 1처를 부인하는 것도 하나님의 창조 원리에 역행하는 것임을 알아야 한다. 창세기 4장의 라멕은 하나님의 창조 원리를 깨고 두 명의 부인을 두는 죄를 범했던 최초 인물이다. 또한 독신주의를 미화해서도 안 된다. 왜냐하면 창세기 2장 18절에 사람이 혼자 사는 것이 "좋지 못하니(로토브)"라는 말씀이 있기 때문이다. 이 말은 혼자 사는 것이 하나님의 계획

---

24 '돕는 배필'이란 가장 적절한 배필(Suitable helper)이라는 의미로 '돕는'이라는 말은 하나님께만 사용되는 단어이다. 시편121편 2절에 '나의 도움(עֶזְרִי)'이 천지를 지으신 여호와에게서로다라고 분명하게 말씀하셨다. 돕는'이란 히브리어는 케네게도(כְּנֶגְדּוֹ)로서 적절한 혹은 적합한이라는 뜻이다. '배필'이란 히브리어는 에제르(עֵזֶר)로서 helper라는 의미이다.

도 아니요 '아름답지도 않다(로 토브)'라는 의미이다.

최근에는 반려동물이라고 하여 한 남성과 한 여성의 동반자적 삶보다는 '여성과 반려동물', '남성과 반려동물'의 짝이 늘어가고 있는데 창조주 하나님을 믿는 그리스도인들이라면 이런 부분에 예민해야 할 뿐만 아니라 신중해야 한다.

참고로 창세기 2장 19-20절에 의하면 동물은 사람의 파트너로서의 격(格)이 아님을 분명히 말씀하셨다. 당시 아담은 에덴동산에서 동물들의 이름을 정해줄 때 자신의 앞으로 나아온 각 동물마다 짝(in pairs, in couples, two by two)이 있는 것을 보았다. 그것을 보며 아담은 정작 자신에게는 짝이 없었기에 외로웠다. 만약 하나님의 창조 원리상 동물이 사람의 배필로 인정되었다면 그때 아담 스스로가 적당한 동물을 찾아 자신의 짝으로 정했을 것이다. 그러나 동물은 아담의 배필이 아니었다.

이에 하나님께서는 창세기 2장 21-22절에서 아담을 깊이 잠들게 하신 후 그 갈빗대로 여성을 만들어 아담에게로 이끌어 오셨다. 아담은 하와를 보자마자 "이는 내 뼈 중의 뼈요 살 중의 살"이라는 말로 자신의 짝을 만난 기쁨을 노래했다. 따라서 성경이 말하는 결혼은 확실하게 '한 여성과 한 남성'의 결합이다.

물론 여호와 하나님께서 각종 짐승들도 창조하셨다. 그러나 같은 피조물이라 할지라도 사람은 당신의 형상(쩨렘)을 따라 당신의 모양대로(데무트) 지음을 받았으나 동물은 각 동물의 그 모양대로 지음을 받았다. 그러므로 짐승은 적당하게 대해주되 지나치게 사람처럼 대하지는 말았으면 좋겠다. 더 나아가 배우자나 가족들에게 향해야 할 노력과 관심이 짐승들로 인하여 줄어들지 않았으면 좋겠다. 그저 짐승들은 잘 관리하고 다스리며(경작하다, 아바다, עָבַד to cultivate) 보살펴주는 정도였으면 한다.

사족을 달자면 청년 사역자인 나와 공저자는 한국교회에 그리스도인 청년들의 성경적 이성교제를 특별히 호소하고 싶다. 우선 교회 교육을 통해 동일한 신앙적 가치관과 세계관을 훈련시킨 후 건강한 이성교제를 적극적으로 장려했으면 한다. 청년들의 건강한 이성교제야말로 '과정(process)'을 따라 드리는 '삶의 예배'이기 때문이다.

긴 얘기를 짧게 요약하면 처음 1년 동안은 '단순 교제'를, 그 다음 2년 동안은 좀 더 내밀하고 긴밀한 '결혼을 전제한 교제'를 하고 이렇게 3년 동안 깨끗한 교제의 시간이 채워지면 4년째에는 가급적 결혼을 결정했으면 한다. 물론 최근에 많은 청년들은 경제적인 문제와 더불어 여러가지 상황과 환경에 따른 거대한 장벽에 막혀 상기의 과정에 따른 결혼이 쉽지 않은 것 또한 사실이다. 지난 30여 년을 청년사역자로 지내왔던 필자로서는 점점 더 그런 현실에 대해 격세지감(隔世之感)[25]을 많이 느끼고 있다.

사족을 조금만 더 뻗치려 한다. 언뜻 하나님나라의 창조 원리와는 무관하게 보이나 실상은 아주 긴밀한 이슈(issue)가 우리의 유한된 삶과 직결되는 '찬양과 회개'의 관계이다. 삼위하나님께서 인간을 창조하신 것은 인간으로부터 찬양을 받기 위함이었다라고 이사야 43장 21절은 분명하게 말씀하셨기 때문이다.

"이 백성은 내가 나를 위하여 지었나니 나의 찬송을 부르게 하려 함이

---

25 격세지감(隔世之感)이란 다른 시대를 사는 듯 크게 변화를 느끼는 감정(be astonished at how much things have changed)을 말한다.

니라"_사 43:21

'찬양'이란 피조물인 인간이 창조주 하나님이 지으신 천지만물의 아름다움을 누리며 감동하며 감사하면서 하나님의 하나님 되심을 인정하며 경배하는 모든 것을 말한다. 그렇기에 삶으로 드리는 모든 것, 곧 삶 가운데 행하는 모든 동작이나 그 속에 내재된 모든 것들의 주인은 하나님이심을 인정하는 것이 '삶의 예배'로서의 '찬양'이다.

결국 '삶의 예배'란 복음과 십자가로 살아가고 복음과 십자가를 자랑하는 것으로 '복음전파'를 통한 하나님 나라의 확장과 함께 하나님의 하나님 되심을 인정하며 지은 죄를 회개하는 '찬양'으로서의 '회개'까지도 포함하고 있다.

한편 하나님께 경배하고 하나님의 하나님 되심을 인정하는 것이 '찬양'이라는 것에는 누구나 다 수긍하나 '회개'가 찬양이라고 하는 것에는 의아해할 사람이 제법 있을 듯하다. 그러다 보니 '회개(repentance)와 찬양(Hymn, Praise to God)'의 경우 그 연결고리가 약간 어색해 보인다. 자신이 저지른 죄에 대해 하나님께 용서를 구하는 회개가 어떻게 하나님께 찬양이 될 수 있을까? 도대체 우리의 '회개'가 하나님이 기뻐 받으시는 '찬양'이라니······.

이는 말씀을 원어로 살펴보면 이해가 쉽다. 놀랍게도 헬라어 원어를 보면 '회개와 찬양'은 다른 단어이나 같은 의미로 사용되어 있다.

'회개'를 뜻하는 헬라어 단어 중 하나가 메타노이아스(μετανοίας)인데 이는 '죄의 자백(confession)'과 함께 '다시 아버지께로 되돌아감(passage back, repassage)'을 의미한다. '회개'란 우리에게 있었던 그분의 모양과 형상(쩨렘,

데무트)이 죄로 인하여 망가진 것을 십자가 보혈로 씻음 받아 다시 '하나님의 형상에로 회복'되는 것을 말한다. 그러기에 회개는 '자백과 함께 되돌아 감'을 의미한다. 히브리어로 '니하메티(נִחַמְתִּי)' 혹은 '수브(שׁוּב)'라고 하며 아람어(바벨론어)로는 '투브'라고 하는데 이 단어가 바로 '하나님 형상의 회복'이라는 뜻이다. 이런 전제하에 요한일서 1장 9절 말씀과 히브리서 13장 15절 말씀을 깊이 묵상한 후 서로를 연결해 보면 '회개와 찬양'이 너무나 잘 어울리는 '다른 단어 같은 의미'임을 알 수 있다.

요한일서 1장 9절에는 '자백을 통한 회개'를 의미하는 헬라어로 호모로고멘(ὁμολογῶμεν)이라는 단어가 있다. 이 단어는 동사 호모로게오(ὁμολογέω, 히 13:15)에서 파생되었는데 '찬양하다(Praise)', '회개하다(confess)', '감사하다(give thanks)'라는 의미를 가지고 있다. 히브리서 13장 15절 말씀에는 '찬미의 제사'가 곧 '예수님의 이름을 증거하는 입술의 열매'라고 했는데 이때 '증거' 곧 '입술의 열매인 찬양(찬미의 제사)'을 '호모로게오'라는 헬라어 동사를 사용했다.

"이러므로 우리가 예수로 말미암아 항상 찬미의 제사를 하나님께 드리자 이는 그 이름을 증거하는 입술의 열매니라"_히 13:15

여기에서 '증거하다'의 헬라어가 바로 호모로게오(ὁμολογέω, 찬양하다, 회개하다, 감사하다)이다. 이를 연결하여 종합하면, 예수님의 이름을 증거하는 입술의 열매, 곧 하나님께 드리는 찬미의 제사가 바로 '호모로게오'인데 이것이 바로 회개(요일 1:9)이며 하나님께 드리는 찬미의 제사 곧 찬양이고 또한 감사라는 의미이다.

결국 우리가 하나님께 '감사하는 것'도 찬양이요 죄를 지은 후 하나님께 고백하며 철저히 '회개하는 것'도 하나님의 편에서는 당신께서 기뻐 받으시는 찬양이라는 것이다. 그러므로 '회개는 찬양'인 것이다.

Amazing! 할렐루야!

정말 놀랍지 않은가?

우리가 지은 죄를 그분의 보혈로 용서받는 것은 지극한 하나님의 은혜이다. 지은 죄에 대해 용서를 받는 것만 해도 말할 수 없는 감사와 감격인데 하물며 우리가 지은 죄를 용서받기 위해 부르짖는 그 회개가 그분이 기뻐 받으시는 찬양이라니…….

그러므로 그리스도인들은 그저 모든 것에 감사하지 않을 수 없다. 모든 것이 하나님의 은혜이기 때문이다. 하나님을 경배하는 찬양은 하나님이 받으시기 합당한 것으로 그분은 찬양받기 위해 우리를 지으셨다(사 43:21). 더 나아가 "나는 여호와이니 이는 내 이름이라 나는 내 영광을 다른 자에게, 내 찬송을 우상에게 주지 아니하리라(사 42:8)"고 하신 말씀을 기억해야 할 것이다. 결론적으로 '회개는 곧 찬양'이라는 사실을 잊지 말아야 한다. 그러므로 죄와 싸우되 피를 흘리기까지 싸우다가 넘어져서 지은 죄에 대하여는 회개하기를 머뭇거리거나 미루어서는 안 된다. 그런 자세야말로 지극히 어리석은 자의 모습이기 때문이다.

참고로 자주 사용하면서도 피상적으로 이해되고 있는 단어 중 하나가 바로 '샬롬'이다. 샬롬[26](שָׁלוֹם, εἰρήνη)이란 하나님과의 바른 관계와 친밀한

---

[26] 샬롬은 크게 4가지 의미로 요약된다. 첫째, 하나님과의 하나 됨(연합) 곧 바른 관계와 친밀한 교제, 둘째, 하나님 안에서의 안식을 누림과 하나님 안에서의 견고함, 고요함, 셋째는 번영, 넷째는 평강을 의미한다. 사족을 달자면 음역과 더불어 표기를 할 때 '샬롬'이 아니라 '살롬'으로 함이 옳다. 왜냐하면 가나안 7족속이 예루살렘에 살고 있을 때 추분이 되면 태양이 그들 바로 앞에서 떠서 바로

교제 안에서 그분께 온전한 주권을 드리고 그분의 통치, 질서, 지배하에서 그분의 뜻을 따라 살아갈 때 주어진다. 즉, 하나님과의 올바른 관계와 친밀한 교제 그 자체가 최고의 평안이며 그 관계와 교제가 끊어질 때 평안(샬롬)은 사라지게 된다라는 것이다. 결국 삼위하나님을 창조주 하나님으로 모시고 그분과의 올바른 관계와 친밀한 교제 속에서 하나님의 형상을 유지하며 살아갈 때 참 평안이 주어짐을 잊지 말아야 한다.

한편 발음은 비슷하나 뜻이 전혀 다른 단어가 있는데 바로 '평안(샬롬)'과 '편안(peaceful and comfortable)'이다. 모든 인간은 연약한 육신을 가지고 있기에 '편안'한 것이 좋긴 하다. 유한된 한 번 인생에서 그리스도인들은 불편을 감수하더라도 '평안(샬롬)'을 결단한 후 그렇게 묵묵히 살아가야 한다. 그러나 삶을 살아가다 보면 제법 많은 경우 영적으로는 평안하나 육적으로는 불편할 때가 많은 것이 사실이다. 이러한 때 그리스도인이라면 당연히 '편안'보다는 '평안'으로 나아가야 한다. 더 나아가 약간은 역설적이지만 '평안' 가운데 '불편'까지도 감내할 수 있어야 한다. 그때 주시는 하나님의 은혜는 영적으로 시원함을 주는, 더운 여름날의 냉수와 같은, 펑펑 솟아나는 샘물로서 그리스도인의 특권적 선물이다.

나와 공저자들은 지금까지도 그랬지만 앞으로도 대자연이나 사람들을 대할 때 먼저는 하나님의 작품으로 인식하자고 결단했다. 이후 더욱더 예수님 안에서 한 지체된 누구든지 하나님의 모양과 형상(쩨렘, 데무트)으로 지

뒤로 진다는 사실을 알게 되었다. 태양 빛이 가장 오래 머무는 곳 바위가 태양신(일출 신, Shahar/일몰 신, Shalim)의 거주지라고 생각했다. '샬롬'은 일몰 신 '샬렘'의 이름이기에 '샬롬'을 권한다. '예루-샬렘'이란 '샬렘 신의 집'이라는 의미로 BC 13C 가나안에 등장했던 히브리인들은 샬렘과 샬롬을 혼동하여 버렸다(<예루살렘>, 토마스 이디노풀로스, 이동진 옮김).

음받은 사람으로 대할 것을 결심했다. 그렇게 몸부림치며 살아오다 보니 주변의 사람들에게 보다 더 친근함으로 다가갈 수 있었음이 못내 감사할 뿐이다. 더 나아가 자연이나 동식물에 대하여도 창조주 하나님의 손길과 숨결을 느끼려고 집중하  곤 했다. 그런 후 그분을 향하여는 찬양하고 감사하며 그분의 통치 안에서 살려고 몸부림쳐 왔음을 우리는 정기적으로 만날 때마다 서로서로 고백하곤 했다.

참고로 창조론(Creationism, Doctrine of Creation)과 첨예하게 맞서는 진화론(Evolutionary theory)에 대해 사족을 달고자 한다. 먼저 전제할 것은 모든 사람에게 있어 '창조'냐 '진화'냐라고 하는 것은 증명의 문제가 아니라 선택의 문제라는 것이다. 그렇기에 본질을 꿰뚫어 본 후 각자가 잘 선택해야만 한다. 왜냐하면 선택은 본인이 하는 것이며 선택의 그 결과 또한 고스란히 본인이 져야 하기 때문이다.

짐짓 과학인 체하는 '진화'는 실상은 '거짓된 과학'에 불과하다. 게다가 과학적으로 증명된 것 또한 실제로는 거의 없다. 아니 전무(全無)하다고 해도 과언이 아니다. 반면에 '창조'는 비과학적이지만 믿음이요 진실이다. 곧 '참된 비과학'인 것이다.

과학을 가장(假裝, pretend, disguise)하면서 진화를 주장하는 그들은 실상은 창조주 하나님을 부인하고 싶은 것이다. 여기서 우리는 진화를 주장하는 그들과 논쟁하려 할 것이 아니라 긍휼히 여기며 중보해야 할 것이다. 혹시라도 '택정함'을 입은 자가 거짓에 속아 진화론에 속게 된, 잠시 어둠에 속한 자가 있을 수도 있기에…….

주의할 것은 그들과 열어놓고 대화는 하더라도 그들의 주장을 받아들이는 우(遇)는 범해서는 안 된다라는 것이다. 그저 진화론자들이 하루라도 빨리 창조주의 손길을 느끼게 되기를 바라며 기도하는 것이 마땅할 뿐이다. 창조론에 관하여는 밴쿠버 기독교세계관 대학원장으로 있다가 지금은 은퇴한 후 스와질랜드(에스와티니, Kingdom of Eswatini)의 대학에 총장으로 가있는 양승훈 교수의 주옥같은 저서들을 참고하길 권한다.

"태초에 하나님이 천지를 창조하시니라."
너무 멀리 돌아왔다. 다시 2장으로 돌아가려 한다. 삼위일체 하나님은 동방의 에덴에 동산을 완벽하게 창설하시고 자신의 모양과 형상으로 지은 사람을 그곳에 두고 자신과의 바른 관계와 친밀한 교제 가운데 살아가도록 하셨다(창 2:8).

동산 한가운데에 "생명나무"와 "선악을 알게 하는 나무"를 두신 이유이다(창 2:9). 여기서 '생명나무'란 에덴동산에서 영생을 누리라고 주신 하나님의 방법(창 3:22)이다. 그렇기에 생명나무의 실과는 물론이요 동산 각종 나무의 실과는 따먹으라고 허용(창 2:16)하셨다. 반면에 '선악을 알게 하는 나무'는 금하셨는데 이는 창조주 하나님과 피조물과의 바른 관계에 대한 고지(告知, notice)로서 그 실과를 "네가 먹는 날에는 정녕 죽으리라(창 2:17)"

고 하셨다. 곧 하나님과의 관계가 깨어지면 '죽음'[27] 상태가 된다라는 의미였다. 결국 동산 한가운데에 "생명나무"와 "선악을 알게 하는 나무"를 두신 것(창 2:9)은 하나님과의 바른 관계와 친밀한 교제 가운데 영생을 누리라는 것이었다.

그러나 3장에 와서 아담과 하와는 탐욕으로 인해 하나님과 같이 되고자 하는(하나님과의 바른 관계와 친밀한 교제를 깨어버리는) 마음을 선택해버렸다. 처음에는 약간 주저하는 듯하다가 자꾸 '그 나무'를 쳐다보니 먹음직하고 보암직한 그 선악과가 갖고 싶었던 것이다. 결국 그렇게 선택[28]함으로 창조주와의 관계를 훼손시켜 버리고 말았다.

"하나님과 같이 될 수 있다"라는 사탄의 말은 충분히 매력적이었을 것 같다. 사실 인간에게 죄의 달콤함은 뿌리치기 힘든 것이다. 모르긴 해도 그동안 사단은 아마 기회가 있을 때마다 끈질기게 악착같이 아담과 하와에게 반복하여 속삭였을 것이다. 왜냐하면 죄의 속성과 인간의 연약함을 비교해볼 때 아담과 하와가 결코 한 번에 넘어간 것은 아니었을 것이라 생각되기 때문이다. 그러다가 어느 순간에 귀가 번쩍 뜨였던 것일 게다.

"아! 늘 경외심으로만 바라보던 그 하나님! 나도 하나님과 같이 될 수

---

27 필자는 '죽음'을 영적 죽음, 육신적 죽음, 영원한 죽음이라는 3가지로 나눈다. 영적 죽음을 첫째 사망이라고 하며 예수를 믿어 구원을 얻게 된 것을 영적 부활(첫째 부활)이라고 명명한다. 그러다가 히브리서 9장 27절의 모든 인간이 죽게 되는 것을 육(신)적 죽음이라고 하며 그리스도인은 이를 죽음이 아니라 이동(옮김, 아날뤼시스, 딤후 4:6)이라고 한다. 곧 현재형 하나님나라에서 미래형 하나님나라에로의 이동을 말한다. 이후 예수님의 백보좌 심판대를 거쳐 그리스도인은 영생으로, 불신자는 영벌로 간다. '영벌'을 가리켜 둘째 사망, 유황 불못 심판, 영원한 죽음이라고 하며 세세토록 밤낮 괴로움을 당하는 것(계 20:10)을 말한다.

28 하나님께서 에덴동산에서 우리에게 주신 가장 큰 선물 중의 하나가 자유의지(Free Will)였다. 이는 정확하게 표현하자면 자유 선택(Free Choice)이었다.

있다니…….”

"너희가 그것을 먹는 날에는 너희 눈이 밝아 하나님과 같이 되어 선악을 알 줄을 하나님이 아심이니라"_창 3:5

그러나 그 말은 사탄의 달콤하고도 교묘한 고도의 속임수였다. "하나님과 같이 된다"는 건 있을 수 없는 새빨간 거짓말이다. 만약 사실이었다면 사탄이 먼저 따먹었을 것이다. 그렇게 되지도 않지만 그렇게 될 수도 없는 것이다. 오직 하나님만이 창조주이시고 사람은 피조물인 것이 진정한 팩트이다.

창세기 2장 8절에서 25절까지를 찬찬히 살펴보면 아담이 죄를 짓기 전에는 모든 것이 풍성했고 모든 것이 좋았다. 완벽한 환경 속에서 마음껏 누렸으며 무엇보다도 하나님과의 바른 관계와 친밀한 교제가 있었다. 아담과 하와는 결혼하여 서로 돕는 배필로 아름다운 가정을 이루었으며 부부관계라는 최고의 선물을 누렸다.

그러나 선악과를 따먹은 후에는 하나님과 같이 된 것은 고사하고 두려움(창 3:10)이 생겨 동산을 거니시는 하나님으로부터 숨게 된다. 게다가 자신들이 벌거벗었음을 깨닫고 그 수치와 치부를 덮으려고 무화과 나뭇잎을 엮어 애써 치마를 만들어 입었다(창 3:7). 그러나 나무 잎사귀들은 이내 곧 시들고 부스러져 버렸다. 이에 하나님께서는 짐승을 잡아 가죽옷[29]을 만들어 입혀주심으로 그들의 수치를 덮어주셨다. 여기서 희생 짐승의 피와 가죽은 장차 오실 예수 그리스도의 십자가 대속죽음을 상징한다.

---

29 여기서 가죽옷이란 예수님의 살과 피를 의미한다. 로마서 13장 12,14절과 갈라디아서 3장 27절에는 빛의 갑옷, 예수 그리스도로 옷입으라고 하셨다.

히브리서 9장 22절에는 "율법을 따라 거의 모든 물건이 피로써 정결하게 되나니 피 흘림이 없은 즉 사함이 없느니라"고 말씀하셨다. 결국 아담과 하와의 수치를 덮기 위한 짐승의 피 흘림은 예수 그리스도의 보혈을 상징하고 예표한 것이었다.

이렇게 가죽옷을 입히시고 난 후에 창세기 3장 22-24절에 의하면 하나님께서는 죄를 지은 그들을 에덴에서 쫓아내 버리셨다. 죄를 가지고 에덴동산에서 살 수는 없었기 때문이다.

이러한 일련의 과정들을 가만히 보면 하나님은 창세기 3장 15절에서는 원시복음을 베풀어 주셨고 22-24절에서는 가죽옷을 만들어 입히셨다. 이는 작정과 예정, 섭리 하 경륜을 통해 당신의 열심을 이어가실 것을 약속하신 것이다. 그러므로 우리가 알아야 할 것은 하나님의 징계란 항상 회복을 전제하고 있다는 것이다.

하나님은 인간의 구속을 위해 그리스도 메시야의 초림을 계획하셨고 완전한 회복 곧 완성을 위해 예수님의 재림을 예비하셨던 것이다.

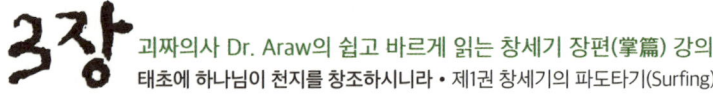

하나님과 같이 되어(3:6), 그리고 아담 언약(3:15)

하나님의 작정(Decree)인 성경적 세계관의 4기둥이란 창조, 타락, 구속, 완성을 말한다. 이곳 3장은 둘째와 셋째 기둥에 해당한다.

삼위하나님의 첫 창조 중 모든 피조물 가운데 독특한 들짐승이 있었으니 바로 '뱀'이다. '뱀'의 히브리어는 나하쉬(נָחָשׁ, nm, a serpent, as crafty tempter/from נָחַשׁ, v, to practice divination, observe signs, took as an omen)인데 이는 '지혜로우나 간교하다'라는 의미를 담고 있다. 뱀의 특징 중 하나는 죽은 짐승은 아예 거들떠보지도 않는다라는 것이다. 뱀은 살았으나 약한 것들만 건드린다. 이런 뱀의 특성이 사탄의 특성과 너무 흡사하기에 뱀은 사단의 상징적 동물이라고 해도 전혀 손색이 없다. 참고로 사탄의 3가지 특성, 5가지 전략, 3가지 도구를 소개하고자 한다.

사탄의 '3가지 특성'이란 첫째, 교만(사 14:12-15) 곧 하나님의 자리(신(神)

의 영역)를 차지하고 하나님의 영광을 가로채려는 마음이다. 둘째, 사단은 거짓의 아비(요 8:44)로서 항상 속임수로 남들을 잘 속인다. 더 나아가 진리를 왜곡하며 진리를 이용하여 거짓말을 한다. 셋째는 참소(고발, 계 12:10)를 통해 연약한 인간을 정죄하며 율법을 무기로 고발과 정죄를 남발하곤 한다.

이런 사탄에 대응하기 위하여는 오직 말씀과 기도, 찬양으로 무장해야 한다. 동시에 매사 매 순간 주인 되신 성령님의 통치하에서 그분의 인도하심을 따라 겸손함으로 나아가야 한다. 또한 유한되고 제한된 한 번의 직선 인생을 '예수 믿음'과 '하나님의 계명'을 붙들고 인내함으로 살아가야 한다. 그리고 사단의 정죄에 대하여는 예수 그리스도의 십자가 보혈과 하나님의 은혜를 들이대며 그리스도 안에서 생명의 성령의 법으로 참 자유함을 얻었음을 선포해야 할 것이다.

"너 아침의 아들 계명성이여 어찌 그리 하늘에서 떨어졌으며 너 열국을 엎은 자여 어찌 그리 땅에 찍혔는고 네가 네 마음에 이르기를 내가 하늘에 올라 하나님의 뭇별 위에 나의 보좌를 높이리라 내가 북극 집회의 산 위에 좌정하리라 가장 높은 구름에 올라 지극히 높은 자와 비기리라 하도다 그러나 이제 네가 음부 곧 구덩이의 맨 밑에 빠치우리로다" _사 14:12-15

"너희는 너희 아비 마귀에게서 났으니 너희 아비의 욕심을 너희도 행하고자 하느니라 저는 처음부터 살인한 자요 진리가 그 속에 없으므로 진리에 서지 못하고 거짓을 말할 때마다 제 것으로 말하나니 이는 저가 거짓말장이요 거짓의 아비가 되었음이니라" _요 8:44

"내가 또 들으니 하늘에 큰 음성이 있어 가로되 이제 우리 하나님의 구원과 능력과 나라와 또 그의 그리스도의 권세가 이루었으니 우리 형제들

을 참소하던 자 곧 우리 하나님 앞에서 밤낮 참소하던 자가 쫓겨났고"_계 12:10

사탄의 5가지 전략의 경우에는 두 부분으로 나누어 생각하면 그 이해가 쉽다. 먼저 첫 3가지(창 3:1, 3-4, 2:17)³⁰는 사실에 대한 의심으로 시작하는데 첨삭(添削, correction, editing)과 더불어 왜곡(歪曲, distortion)을 하는 것이고 더 나아가 과장(誇張, exaggeration)을 하면서 팩트에 대한 교묘한 말 장난을 하는 것이다. 이는 잠언 30장 6절의 말씀을 어긴 것이다.

"너는 그 말씀에 더하지 말라 그가 너를 책망하시겠고 너는 거짓말하는 자가 될까 두려우니라"_잠 30:6

나머지 2가지는 연약한 인간의 힘으로는 어찌할 수 없는 것으로 지난 과거에 대한 지나친 집착(執着, obsession)과 아직은 다가오지 않은 미래에 대한 지나친 두려움에의 조장이다.

이런 사탄의 전략을 깨뜨려 버리기 위해 갖추어야 할 것이 있다. 먼저 첫 3가지에 대하여는 사실에 대한 분명한 직시와 더불어 하나님께 분별력(레브 쇼메아, 하나님의 지혜, Sight, 롬 12:2, 엡 5:17)을 구해야 한다. '분별력'이란 '지혜'라는 말과 동의어로 사물이나 세상을 바라보는 관점을 말한다. 영어로는 'Sight'라고 하는데 다음의 3가지로 나눈다. 첫째는 'Hindsight'로서 지나간 과거를 되돌아보고 잘못된 것을 바로잡고 잘된 것은 업그레이드(upgrade) & 업데이트(update)하여 현재에 적용하는 지혜를 말한다. 곧

---

30 첫 3가지의 경우 창세기 3장 1, 3-4, 2:17절의 말씀으로 곧 뱀이 여자에게 물어 가로되 하나님이 참으로 너희 더러 동산 모든 나무의 실과를 먹지 말라 하시더냐, 네가 정녕 죽으리라, 너희가 결코 죽지 아니하리라, 먹지도 말고 만지지도 말라 등등이다.

온고지신(溫故知新)이다. 둘째는 'Insight'인데 이는 현재를 냉철하게 바라보는 통찰력(洞察力)을 말하며 셋째는 'Foresight'로서 미래를 바라보는 선견지명(先見之明)이다.

지혜	의미(Sight, 레브 쇼메아)
1)Hindsight	지나간 과거를 되돌아보고 잘못된 것을 바로잡고 잘된 것은 업그레이드(upgrade) & 업데이트(update)하여 현재에 적용하는 지혜
2)Insight	현재를 냉철하게 바라보는 통찰력(洞察力)
3)Foresight	미래를 바라보는 선견지명(先見之明)

그리고 나머지 2가지 사탄의 전략을 깨뜨려 버리기 위하여는 하나님을 신뢰함으로 하나님께 전적으로 맡기는 결단(벧전 5:7, 마 6:34)이 필요하다. 왜냐하면 지나간 과거는 이미 지나와버렸기에 내가 어찌 할 수 없는 부분이며 아직 다가오지 않은 미래 또한 나의 의지나 나의 생각대로 되는 것이 아니기 때문이다.

한편 사탄이 흔히 사용하는 3가지 도구가 있다. 창세기(3:6)에서 아담과 하와를 흔들었던 먹음직, 보암직, 지혜롭게 할 만큼 탐스러운 것으로 모든 인간들이 동일하게 추구하고 있는 과도한 욕망이자 공통된 약점이다. 이는 사탄이 예수님을 시험할 때 사용했던 마태복음(4장)에서의 돌로 떡덩이가 되게 하라, 성전에서 뛰어내려 너 자신이 주목 받아라(하나님의 영광을 가로채라), 내게 절하면 천하의 영광(부귀영화)을 주리라고 했던 것이다. 이를 한 마디로 요한일서(2:15-16)에서는 육신의 정욕, 안목의 정욕, 이생의 자랑이라고 했다.

　이것들을 물리치기 위해서는 먼저 유한된 한 번 인생에서의 분명한 목적과 목표를 정립해야 한다. '목적'을 삶에서의 핵심가치(Core Value)라고 한다면 '목표'는 부르심(Calling, 소명)과 보내심(Mission, 사명)으로 목적에 따른 삶의 질서 있는, 올바른 방향(Direction)에로의 우선순위(Priority)이다. 결국 가치에 맞는 우선순위의 삶을 살아야 한다라는 것이다.

　유한된 삶에서 핵심가치(목적)와 우선순위(방향과 목표, 소명과 사명)에서 벗어나는 모든 것들에는 과감한 가지치기(trimming)가 필요하다. 그러함으로 유한되고 제한된 직선 인생에서 불필요한 일이나 중요하지 않은 일에 시간을 낭비하지 말고 반드시 해야 할 중요하고도 필요한 그 일에 집중하는 결단이 필요하다. 곧 지극한 절제와 아울러 삶의 순간순간을 알차게 살아가겠다는 결단이 필요하다라는 것이다. 상기의 것들을 요약하여 표로 만들면 다음과 같다.

비교	Satan	대책
사탄의 3가지 특성	1)교만 2)거짓의 아비 3)참소	말씀, 찬양, 기도-순복 예수 믿음과 하나님의 계명을 붙들라 예수 그리스도 안에서 생명의 성령의 법에 의한 참 자유함을 선포
사탄의 5가지 전략	1)첨삭과 의심 2)왜곡 3)과장 4)과거에 대한 지나친 집착 5)다가오지 않은 미래에 대한 두려움	사실에 대한 직시, 분별력(지혜) 소유 하나님을 신뢰함으로 하나님께 맡기는 결단
사탄의 3가지 도구	1)먹음직(육신의 정욕, 돌이 떡 되게) 2)보암직(안목의 정욕, 성전에서 뛰어내리라) 3)지혜롭게 할 만큼 탐스러움 (이생의 자랑, 절하면 부귀영화 제공)	가치와 우선순위에 따른 인생의 목적과 목표정립 6 Sola

*사단(혹은 사탄)이 역사(役事, working)하는 영역; 윤리도덕적 영역<영적인 영역
 1) 하나님 말씀의 본질을 호도(糊塗, mislead)하게 한다(하나님이 참으로 너희더러 동산 모든 나무의 실과를 먹지 말라 하시더냐, 창 3:1)
 2) 하나님 말씀의 순전함과 진실됨을 일언지하(一言之下)에 뭉게 버린다(정녕 죽으리라(창 2:17)->결코 죽지 아니하리라(창 3:4))
 3) 하나님 말씀에 대한 엉뚱한 결론을 속삭인다(하나님과 같이 되어 선악을 알 줄을 하나님이 아심이니라(창 3:5))

'지피지기면 백전 백승'이라는 말이 있다. 원래는 '지피지기면 백전 불패'라는 말이다. 우리 그리스도인들은 'already~not yet'으로서의 종말 시대의 한 부분인 유한된 한 번의 인생을 살아가는 동안 사탄에 대한 상

기의 이런 특성과 전략, 사탄의 도구들을 잘 인식함으로 당당하게 대처해야 한다.

삶을 살아가다가 어느 날 전혀 예상 밖의 돌발상황들이 닥치게 되면 상대를 향한 비난이나 삿대질보다는 내게 걸어오는 사탄의 '영적 싸움'임을 간파하고 상대가 아닌 사탄을 먼저 대적해야 한다. 동시에 개인적으로는 매사 매 순간 근신하고 깨어 있어 말씀과 기도로 사마귀(사탄, 마귀, 귀신)를 물리쳐야 한다.

혹여라도 이런 사탄의 속임수에 보기 좋게 넘어가 엉뚱한 선택을 해버린다면 그 결과는 고스란히 자신이 감당해야 한다. 그렇게 에덴동산에서 쫓겨난 인간의 말로는 처절하고 참담하기만 했다.

돌이켜보면 아담과 하와가 선악과를 먹은 것은 하나님의 사랑을 무시하는 것이었다. 더 나아가 하나님의 신실하심을 저버리는 행위였으며 심지어는 하나님의 권위마저 모독하는 것이었다. 이로 인해 창조주 하나님과 아담의 바른 관계와 친밀한 교제는 완전히 깨어져 버렸다. 아마 모르기는 해도 아담과 하와는 하나님과의 바른 관계와 친밀한 교제가 깨어짐으로 인한 결과가 얼마나 처참하게 주어질 것인지를 처음에는 몰랐을 것이다. 그러다가 후에야 비로소 처절하게 실감(實感)했던 최초의 인류였으리라…….

그러나 좋으시고 신실하신 하나님은 그런 인간일지라도 끝까지 놓지 않으시고 에덴동산에서 쫓아내기 전에 최초의 원시복음인 '아담언약'을 통해 소망(예수 그리스도 생명)을 허락해 주셨다.

아무튼 인간은 보기에 아름답고 먹기에 좋은 나무, 개중에서도 최고였던 생명나무와 선악을 알게 하는 나무를 누리지 못함은 물론이요, 에덴에서 발원하여 동산을 적셨던(생명의 시작, 근원) 최고의 네 강 곧 비손 강, 기혼 강, 힛데겔(티그리스) 강, 유브라데 강 또한 더 이상 누리지 못하게 되었다. 동시에 삼위하나님의 임재와 운행(3:8) 속에 살롬(하나님과의 바른 관계와 친밀한 교제) 가운데 살던 그곳에서 영원히 살 뻔했던 권리를 박탈 당하고 말았다.

결국 사탄은 에덴동산의 아담과 하와를 유혹하여 그들을 무너뜨림으로 그들을 사랑했던 하나님의 마음을 아프게 한 것이다. 가만히 보면 사탄은 매번 창조주 하나님과 피조물인 인간과의 바른 관계와 친밀한 교제를 망가뜨림과 동시에 인간을 부추겨 하나님의 자리에 슬쩍 밀어 넣어 멸망에 빠뜨리곤 한다. 곧 하나님의 영광을 가로채게 함으로 교만에 다다르게 하여 인간을 결국 패망을 이르게 한다.

"교만은 패망의 선봉이요 거만한 마음은 넘어짐의 앞잡이니라"_잠 16:18

그리하여 '아담 네페쉬'였던 인간은 다시 '아담'이 됨으로 영 죽을(영적 죽음) 인간이 되어버렸고 이로 인한 인간의 죄와 타락은 시작되었다(롬 5:12). 결국 인간은 '하나님과 같이 되기는커녕' 자신의 죄로 인해 알게 된 벗었음(수치)과 두려움으로 여호와의 낯을 피하여 숨는 처지가 되고 말았다. 더 나아가 애써 '무화과 나뭇잎'을 엮어 치마를 만들면서까지 스스로 자신의 수치를 가려버렸다(창 3:7). 여기서 '무화과 나뭇잎'이란 '자기 의(自己 義)', '율법적 행위'를 상징한 것으로 각종 규례와 의식을 따르는 종교 행위, 금욕주의(禁慾主義, Asceticism), 박애주의(博愛主義, Philanthropism), 인본주의(人本主義, Humanitarianism, Anthropocentrism) 등등을 말한다. 이들 모두는 무화과 나뭇잎처럼 오래 가지 못하고 곧 말라 부스러져 버릴 것이다.

나와 공저자는 여기서 전적으로 무력하고 무능한, 부패하고 타락한 도덕적 수치를 가진 인간들의 하나님에 대한 태도를 보게 되었다.

그 다음의 아담과 하와의 태도는 더욱 가관이다. 그들은 이 모든 것이 초래된 이유가 자신 때문이 아니라 상대의 문제라며 둘러대기까지 했다(창 3:12-13).

아담과 하와의 핑계를 통해 우리는 인간의 이기적이고 자기 본위(本位, selfism)적인 태도를 적나라하게 보게 된다. 어느 누구도 예외 없이 죄인 된 모든 인간은 죄와 타락의 결과 스스로 수치를 느끼게 되고 이를 하나님 앞에 정직하게 고백하고 회개하기 보다는 그 수치를 어떻게든 자신의 힘으로 감추려고 노력한다. 그러면서 요리조리 핑계를 대다가 종국적으로는 하나님으로부터 멀리 떠나버린다. 이는 인간 본성의 복합적이고도 이중적인 모습이기도 하다. 결국 인간이란 전적 부패(Total depravity), 전적 무능(Total inability), 전적 타락(Total corruption)한 피조물로서 영 죽을 죄인인 것이다. 그렇기에 예수 그리스도가 절대 필요한 존재이다. 이를 확실하게 깨우쳐 주시기 위해 좋으신 하나님은 중보자 모세를 통하여 인간에게 율법을 허락하셨던 것이다.

"아담이 가로되 하나님이 주셔서 나와 함께하게 하신 여자 그가 그 나무 실과를 내게 주므로 내가 먹었나이다"_창 3:12

"여호와 하나님이 여자에게 이르시되 네가 어찌하여 이렇게 하였느냐 여자가 가로되 뱀이 나를 꾀므로 내가 먹었나이다"_창 3:13

삼위하나님의 아픈 마음!

창세기 3장 15절에는 하나님의 일방 언약(은혜 언약, 아담 언약)이 나온다. 곧 아담 언약이다. 이로 인해 인간은 비록 에덴동산을 쫓겨나기는 했으나 소망의 기회를, 회복의 기회를 얻게 된 것이다. 그 소망과 회복의 주체가 바로 예수 그리스도이시다.

창세기 3장 16-24절에는 인간의 죄와 타락으로 인해 자연계조차도 망가져 버렸고 그 결과 인간에게 초래된 상황(결혼, 출산, 노동, 저주받은 땅으로 인한 가시와 엉겅퀴, 땀, 죽음을 통해 흙에서 흙으로의 되돌아감)에 대해 말씀하고 있다.

아더 핑크는 세상에 죄가 들어온 후 7가지의 암담한 결과 곧 저주와 그 죄의 결과들을 예수 그리스도께서 어떻게 담당하셨는가를 이렇게 말했다.[31] 이를 나의 표현(conceptualization)으로 바꾸어 표를 그리면 다음과 같다.

---

31 <창세기 강해>, 아더 핑크/정충하옮김, 크리스천 다이제스트, 2016, p60-61

세상에 죄가 들어온 후 나타난 7가지 결과 곧 저주	그 죄의 결과들을 예수 그리스도께서는 어떻게 담당하셨나?
사람은 수치를 느끼게 되고 땅은 저주를 받게 됨	예수 그리스도께서 친히 우리를 대신하여 수치와 저주를 안고 십자가를 지심 (갈 3:13)
사람이 종신토록 수고하여야 그 소산을 먹게 됨; 아내-잉태, 분만, 남편을 사모, 그 남편은 아내를 다스림/남편-가장으로서 모진 수고와 이마에 땀이 요구됨	신랑 되신 예수 그리스도께서 신부 된 아내를 위해 십자가에서 물과 피를 흘리심
땅에서 가시덤불과 엉겅퀴가 남	예수님은 그 가시관을 머리에 쓰심 (요 19:5)
얼굴에 땀이 흘러야 식물을 먹게 됨	예수님은 겟세마네 동산에서 땀방울이 핏방울이 되도록 하나님께 기도하심 (눅 22;44)
사람을 취한 흙으로 다시 돌아갈 것임	시 22;15 주께서 나를 죽음의 진토 속에 두셨나이다
그룹들과 두루 도는 화염검이 생명나무의 길을 지킴-접근금지	슥 13:7-9 언약관계의 새로운 회복-예수 그리스도로 말미암아 생명나무의 과실을 누리게 됨(계 21-22장)
금지된 열매(선악과)를 먹는 날에는 정녕 죽으리라	마 27:46 하나님과의 분리(영적 죽음 상태)된 인간을 대속제물, 화목제물 되신 예수 그리스도로 말미암아 다시 살리시고 회복시키심

동시에 당신의 작정과 예정, 섭리와 경륜을 이어가실 것(예수 그리스도 새 언약의 성취와 완성, 창 3:21 가죽옷)을 말씀하시며 종국적인 하나님나라의 완성(에덴동산의 회복)인 요한계시록 21-22장을 힌트하고 있다. 곧 거룩한 성 새 예루살렘에서 부활체(고전 15:42-44)로 살아갈 그 날, 그 미래형 하나님나라에서

는 시집도 장가도 아니가고(마 22:30, 막 12:25, 눅 20:35-36) 생명수의 강으로 인해 생명나무가 열두 가지 실과와 풍성한 잎사귀들을 맺고(계 22:1-2) 다시는 저주가 없으며(계 22:3) 눈물, 사망, 애통, 곡하는 것, 아픈 것들이 없게 될 것을 말씀하셨다(계 21:4).

참고로 '아담[32] 언약(창 3:15)'을 가리켜 최초의 복음으로서 '원시 복음'이라고도 칭한다.

태초에 삼위 하나님이 천지를 공동으로 창조하시고 동방의 에덴에 동산을 창설하셨다(창 2:8절). 앞서 언급했던 창세기 1장과 2장을 자세히 살펴보면 당신의 경륜을 세미하게 이끌어가시는 역사의 주관자 하나님의 속성에 대한 차이를 볼 수 있다. 하나님의 속성을 표현함에 있어 창세기 1장 1절에서 2장 3절까지는 엘로힘(유일하신 전능주 하나님, אֱלֹהִים)으로 기술되어 있고 2장 4절에서 25절까지는 야훼 엘로힘(יְהוָה אֱלֹהִים, 디테일을 인도하여가시는 역사의 주관자 하나님)으로 기술되어 있음을 이미 언급했다.

한편 엘로힘이나 야훼 엘로힘은 두 하나님을 가리키는 것이 아니다. 그렇다고 하나님의 이름도 아니다. 엘로힘은 유일하신 전능주 하나님을 가리키며 야훼 엘로힘은 당신의 약속을 신실하게 이행하시며 구체적이고 세부적인 것을 주관하시는 역사의 주관자 하나님을 말한다. 즉 엘로힘이나 야훼 하나님은 그 속성을 일컫는 말이다.

---

[32] 아담은 앗수르어 '아다무'에서 유래되었는데 그 의미는 '만들다, 생기다'이다(창세기의 족보, p129). 사람은 땅(אֲדָמָה, ground, land, 아다마)의 흙(עָפָר, dust, dry earth, 아파르)으로 지어졌다. 곧 아담(אָדָם, man, mankind)이다.

하나님은 사람을 창조[33]할 때 당신의 형상을 따라 당신의 모양대로 사람(아담)을 만드셨다(창 1:26-27). 그런 후 그 사람에게 생기(네페쉬, 루아흐)를 불어넣으셨다(창 2:7). 그리하여 사람은 성령(네페쉬, 루아흐)을 모신, 진정한 살아있는 사람인, 생령(아담 네페쉬)이 되었다.

그런 후 그 사람(아담 네페쉬)을 완벽한 장소인 에덴동산에 두시고 하나님의 다스림 가운데 하나님과 바른 관계와 친밀한 교제를 가지도록 하셨다. 또한 하나님은 보기에 아름답고 먹기에 좋은 나무와 함께 동산 가운데에 생명나무와 선악을 알게 하는 나무를 두셨다.[34] 동시에 동산 각종 나무의 실과는 허락하셨으나 선악을 알게 하는 나무의 실과는 금하셨다. 하나님과 사람의 계약은 그 실과를 먹는 날에는 정녕 죽으리라는 것이었다. 그것은 하나님의 공의였고 하나님의 통치와 질서하에서 살아가라는 것이었다.

그러나 인간은 사탄[35](נָחָשׁ or שָׂטָן)에게 속아 하나님의 지배로부터 독립하려고 했을 뿐만 아니라 심지어는 '하나님과 같이(창 3:5)' 되려고 했다.

결국 인간은 탐욕으로 인해 하나님께서 금하신 열매에 손을 댔다. 그리하여 인간은 하나님과의 계약을 일방적으로 깨어버렸고 하나님의 권위에

---

33 창1:26-27을 읽어보라. 특별히 하나님의 형상을 쩨렘(in Our image, צֶלֶם)이라 하며 하나님의 모양을 데무트(according to Our likeness, דְמוּת)라고 한다. 요약하면, 쩨렘이 성품적 형상이라면 데무트는 하나님의 모양을 의미한다. 근본인 땅(the ground אֲדָמָה)에서 취한 흙(dust עָפָר)으로 만든 사람을 아담(אָדָם, Man)이라고 하며 그 사람에게 생기(루아흐 רוּחַ, Breath, נָשַׁם wind, Spirit; 프뉴마 πνεύματι 성령)를 불어넣으셨다(창 2:7, 불어넣다. נָפַח breathed) 이는 창1:2의 운행하다(Moved, רָחַף)와 동일한 의미이다. 그리하여 사람은 생령(네페쉬 하야, A Being נֶפֶשׁ Living חַיָּה: 성령을 모신 진정한 살아있는 사람)이 되었다.

34 선악과 생명과가 두 그루의 나무를 말하는 것인지 하나인지가 분명하지는 않다.

35 나하쉬(נָחָשׁ)는 사탄(שָׂטָן)의 속성으로 간교하다는 의미이다. 창세기 3장 1절의 뱀의 히브리어가 바로 나하쉬이다.

서 벗어나려 했다. 그 결과 하나님의 영이 사람을 떠나버린 상태인 '죽음 (영적 죽음)'이 찾아오게 되었던 것이다. 또한 에덴도 상실해버렸다.

그렇기에 아담 이후 모든 인간은 누구나 다 '영적 죽음' 상태로 출생하며 죄인으로 태어난다. 그러나 좋으신 하나님께서는 인간에 대한 구원의 끈을 놓지 않으시고 아담에게 구원의 언약을 주셨던 것이다. 이것이 소위 '원시복음'이라고 일컫는 '아담 언약'이다(창 3:15).

4장

괴짜의사 Dr. Araw의 쉽고 바르게 읽는 창세기 장편(掌篇) 강의
태초에 하나님이 천지를 창조하시니라 • 제1권 창세기의 파도타기(Surfing)

가인과 아벨, 그리고 그 제사(제물)

삼위하나님은 공허를 채우시고 혼돈을 바로잡기 위해 천지창조에 있어서 틀[36]을 먼저 세우시고 그 안에 '보기에 좋았더라'의 풍성한 내용물들을 채우시며 동방의 에덴에 동산을 창설하셨다. 그곳에 당신의 형상(쩨렘, 신체적 형상)을 따라 당신의 모양(데무트, 속성)대로 창조된, 보시기에 '심히 좋은(보시기에 심히 좋았더라, 창 1:31)' 사람을 두시고 당신과의 '바른 관계와 친밀한 교제(샬롬)' 가운데 살아가게 하셨다.

그러나 첫 사람 아담과 하와는 사탄의 교묘한 전략(상기 표 참조, p80-81, chap. 3)에 속아 '하나님과 같이' 되려고 하다가 결국 에덴동산에서 쫓겨나고 만다.

---

36 혼돈(was formless)을 히브리어로 토후(תֹהוּ)라고 하며 첫째 날에서 셋째 날까지 구조(structure) 혹은 틀(form)을 창조하심으로 혼돈을 잡으셨다. 한편 공허(emptiness)의 히브리어는 보후(בֹהוּ, void)로서 넷째 날에서 여섯째 날까지 내용물(contents)을 채우셔서 공허를 보시기에 좋게 만드셨다.

하나님은 그들을 에덴동산에서 쫓아내시기 전에 사탄을 상징하던 뱀에게 벌(창 3:14)을 내리시며 더 나아가 "내가 너로 여자와 원수가 되게 하고 네 후손도 여자의 후손과 원수가 되게 하리니 여자의 후손은 네 머리를 상하게 할 것이요 너는 그의 발꿈치를 상하게 할 것이니라(창 3:15)"고 말씀하셨다. 동시에 인류의 대표 아담과 하와 곧 죄를 지어 영적 죽음 상태가 된 인간에게 그들을 죄에서 구원하실 그리스도 메시야를 약속(아담언약, 원시복음)하셨다.

이처럼 하나님은 대속주이신 초림의 예수 그리스도를 통한 회복을 약속하신 후에야 그들을 에덴에서 내보내셨다. 따라서 아담 언약은 타락한 인간에게는 한줄기 빛같은 '소망'이었으며 '은혜와 긍휼'이라는 언약의 성격(은혜 언약, 일방적 언약, 불평등 언약, 편무 언약)을 엿볼 수 있는 대목이기도 하다.

아담과 하와는 자신들이 저지른 죄로 말미암아 에덴에서 쫓겨났지만 그럼에도 불구하고 긍휼이 많으신 하나님은 그 결과에 마음이 아프셨다. 타락으로 인해 실낙원(失樂園, Paradise Lost)한 인간은 기실 '살았으나 실상은 죽은 사람'이 되어버렸기 때문이다.

결국 인간은 하나님과의 관계가 끊어짐으로 샬롬을 상실해버렸을 뿐만 아니라 땅[37]의 흙으로 돌아가 버리고 말았다. 곧 생기가 없는 죽은 사람인 '아담(אָדָם)'이 되어버린 것이다. 곧 '아담 네페쉬(생기 곧 성령을 모신 진정 살아있는 사람)'가 '아담(영적 죽음 상태의 인간)'이 되어버린 것이다. 하나님과의 '바

---

37 인간의 근원인 땅(the ground)을 아다마(אֲדָמָה)라고 한다. 흙 또는 먼지를 가리켜 아파르(עָפָר)라고 하며 생기(breath)를 루아흐(רוּחַ) 혹은 하임(חַיִּים 프뉴마)이라고 한다. 생기가 있는 진정 살아있는 사람(a living being)을 네페쉬 하야(living חַיָּה: a being נֶפֶשׁ)라고 한다.

른 관계와 친밀한 교제(샬롬)'가 있던 에덴동산에서는 생기가 있는 생령 혹은 네페쉬(נֶפֶשׁ, a being) 하야(הָיָה:, living)로서 '진정한 산 사람(아담 네페쉬)'이었었는데…….

참고로 앞서도 언급했지만 생기(생령)가 없는 '죽은 사람'을 가리켜 '아담'이라고 하며 이에 대비되는 '성령님을 모신' 진정으로 산 사람을 가리켜 '아담 네페쉬'라고 한다. 그러므로 실낙원한 인간은 생기(생령)가 없는 죽은 사람으로서 땅의 푸석푸석한 흙인 먼지(티끌, 아파르, עָפָר)'로 돌아간 '아담'에 불과하다. 반면에 예수님을 나의 구주 나의 하나님으로 입으로 시인하고 마음으로 믿어 구원된 그리스도인은 성령님이 각자 안에 내주하심으로 온전한 '아담 네페쉬'가 된 것이다. 그러므로 우리가 살고 있는 세상의 사람들을 보면 얼추 비슷해 보이고 모두가 다 같아 보이나 '영안(영적인 눈)'으로 보면 '죽은 사람(아담)'이 있고 진정 살아있는 사람(아담 네페쉬)'이 있는 것이다.

창세기 4장은 에덴에서 쫓겨난 아담과 하와(חַוָּה, life-giver)로부터 인류가 시작되는 것을 보여주고 있다. 창세기의 흐름을 놓치지 않으려면 창세기 3장과 4장의 상관관계를 면밀하게 볼 수 있어야 한다. 3장은 하나님에 대한 아담과 하와의 죄로부터 시작하였다면 4장은 죄의 열매로 인해 죽음(약 1:15)이 초래되는 것이다.

에덴동산에서 쫓겨난 아담은 자신의 아내 하와와 동침하여 가인과 그 아우 아벨(הֶבֶל, 허무, 공허, 숨(입김), 그의 허무한 죽음(인생무상(人生無常))을 암시함)을 낳는다. 그들 부부는 가인(קַיִן, from קָנָה acquire, 얻음)을 낳고는 혹시나 이 아들이 앞서 3장에서 약속하신 여인의 후손(창 3:15)이 아닐까 내심 기대를 했다. '여호와로 말미암아 득남하였다(창 4:1)'라는 말씀이 있어서이다. 그랬던 그들 부부는 세월이 흐르며 가인의 삶을 보게 되자 도무지 아닌 것에 실망하게 되었다. 그러다 보니 둘째 아들의 이름은 아예 '아벨(הֶבֶל, 헤벨, vapor, breath, emptiness, worthless, nothing, vanity, 허무, 공허, 티끌, 먼지)'이라고 지어버렸다. 그 이름의 뜻이 너무 놀라울 뿐이다. 그렇게 이름을 지었던 그들 부부의 생각 저변을 읽어 내려가다 보면 아마도 첫째 아들이었던 가인에게 실망한 후 둘째 아들인 아벨에게는 그다지 기대를 안 했던 것으로 보인다.

팩트는 가인과 아벨 둘 다 죄로 인해 타락하여 에덴동산을 쫓겨난 부모(아담과 하와)에게서 영적 죽음 상태로 태어났다라는 것이다. 그렇기에 그 둘은 모두 다 하나님과는 단절된 상태로서 진노의 자녀였던 것이다. 그랬던 두 형제는 각각 "세월이 지난 후에(4:3)" 하나님께 제사를 드리게 된다. 그 결과 여호와께서는 "아벨과 그 제물"은 열납하셨으나 "가인과 그 제물"은 열납하지 아니하셨다.

여기서 왜 "아벨과 그 제물"은 열납하셨으나 "가인과 그 제물"은 열납하지 않으셨을까? 이에 대한 학자들의 해석이 너무나 분분하다.

아더 핑크[38]는, 하나님은 믿음으로 느리는 희생제물을 통한 예배를 기뻐 받으시기에 '아벨과 그 제사'는 열납하신 것이라고 했다. 그러면서 하나님은 예배를 받으시는 특정한 장소(제단), 특별한 때(세월이 지난 후에, 창 4:3, the end of days), 특별한 예배방법을 기뻐하셨으며 그렇기에 '아벨과 그 제

---

38 <창세기 강해>, 아더 핑크/정충하 옮김, 크리스천 다이제스트, 2016, p63-81

사'는 받으신 것이라고 했다. 반면에 '가인과 그 제물'은 진실됨이 결여된, 경건의 모양만 있는 제사로 자신의 수고와 공로의 결과 주어진 땅의 열매, 곧 피 없는 제물이기에 열납하지 않으셨다라고 했다.

결국 '아벨과 그 제물'만을 열납하신 것은 양의 첫 새끼와 그 기름을 가져온 것이기에 생명이 취하여진 후 피 흘림이 있었던(히 9:22) 제물[39]이기 때문이라고 했다. 공저자와 나는 아더 핑크의 이런 견해를 존중하지만 전부를 다 수용하기가 몹시 어렵다. 왜냐하면 인간의 어떤 노력이나 방식이라도 하나님의 주권영역을 움직일 수는 없으며 더 나아가 인간이 무엇을 하더라도 하나님을 완전하게 만족시킬 수는 없기 때문이다. 그러므로 "아벨과 그 제물", 그리고 "가인과 그 제물"에 대한 열납 여부는 그야말로 하나님의 주권영역이기에 "아벨과 그 제물"만을 열납하신 '그 하나님이 무조건 옳다'라는 생각뿐이다.

인간의 노력이나 방식, 제사의 때, 제물의 종류를 언급하면서 '그렇게 한 것이 하나님의 마음에 합했다'라고 하는 것에는 동의하기가 정말 어렵다. 하나님의 택정과 유기에 대한 주권영역은 우리가 이해하고 상상하는 것보다 훨씬 더 크고 높고 넓기 때문이다.

한편 하나님의 선택에 대해 인정욕구가 강했던 가인으로서는 자신이 거절당하게 된 현실을 받아들이기가 무척 힘들었을 것이다. 이를 가리켜 아더 핑크는 장자권이 아벨에게로 넘어가는 것에 대한 분노 때문이라고

---

39 레위기에는 5대 제사법이 있다. 번제, 소제, 화목제, 속죄제, 속건제이다. 그 제물로는 소, 양, 염소, 비둘기, 곡식이 있다. 가인의 제물은 곡식에 해당한다. 그렇다면 아벨의 제사가 양의 새끼였기에 피 흘림이 있어서 '아벨과 그 제물'은 열납하셨다라고 하는 것은 충돌이 되는 것이다.

했다.

분명한 것은 모든 사람은 문제의 근원을 자신에게서 먼저 찾아야 한다라는 점이다. 그럼에도 불구하고 가인은 얼른 동생 탓으로 돌렸던 것이다.

'아벨만 없었으면 내가 인정받았을 텐데'라는…….

마치 에덴동산에서의 아담의 핑계를 '데자뷔(déjà vu)'로 보는 듯하다.

가인의 토라진, 자주자주 겉으로 확연히 드러나는 얼굴색과 분노는 삶을 통하여 지속되었던 듯하다. 그러자 야훼 하나님은 "네가 분하여 함은 어찜이며 안색이 변함은 어찜이뇨"라고 말씀하셨다. 그리고는 "네가 선을 행하면 어찌 낯을 들지 못하겠느냐 선을 행치 아니하면 죄가 문에 엎드리느니라 죄의 소원은 네게 있으나 너는 죄를 다스릴찌니라(창 4:7)"고 말씀하셨다.

가정(假定, supposition, assumption)이란 아무 의미가 없지만 이때 만약 가인이 즉시로 하나님 앞에 무릎을 꿇고 엎드려 잘못을 빌고 용서와 자비를 구했으면 좋았을 뻔했다. 그러나 가인은 아버지 하나님의 뜻을 전혀 몰랐던 듯하다. 오히려 하나님의 인정을 받게 된 아벨이 밉고 또 미웠던 모양이다. 그는 자신이 선택을 받지 못한 것은 오로지 아벨 때문이라고 생각하며 점점 더 동생에 대한 미움을 증폭시키며 증오를 쌓아갔다. 그리하여 결국 분노가 극에 달하자 아벨을 들로 유인한 후 돌로 쳐 죽여버렸던 것이다.

남도 아닌 형이 동생을…….

그것도 유인하면서까지…….

이는 가인만이 나쁜 사람이다라거나 가인만이 죄인이다라는 의미가 아니라 에덴에서 쫓겨난 죄인 된(영적 죽음 상태의) 인간은 '죄를 지을 수밖에 없는 존재(not able not to sin, Augustine, 4 states of humanity)'[40]임을 말씀해 주고 있는 것이다. 바로 그런 죄인들 중에 인류의 첫 살인자인 가인이 등장했던 것이다.

한편 3-4장을 통하여는 죄인 된 인간들의 공통된 몇 가지 특징들을 볼 수 있다. 곧 "여호와 하나님의 낯을 피하여(3:8)", "내가 벗었으므로 두려워하여 숨었나이다(3:10)", "핑계(3:12-13)", "심히 분하여 안색이 변하니(4:5)", "네가 선을 행하면 어찌 낯을 들지 못하겠느냐(4:7)", "죄의 소원은 네게 있으나(4:7)", "아우 아벨을 쳐 죽이니라(4:8)", 내가 주의 낯을 뵈옵지 못하리니(4:14)"라는 말씀 등등이다. 이를 표로 요약하면 다음과 같다.

	모든 죄인들의 공통된 6가지 특징
1	여호와 하나님의 낯을 피한다.
2	좋으신 하나님이 두려움의 대상이 된다.
3	핑계와 남 탓이 일상화된다.
4	면전의식이 소실된다. 그 결과 분노, 질투, 토라짐 등등이 습관화 된다.
5	선을 위한 노력이 점점 더 적어진다.
6	시기와 질투, 분노로 인해 하나님의 형상인 사람을 죽이기까지에 이르게 된다.

참고로 '죄인'이란 하나님과의 바른 관계와 친밀한 교제가 끊어진 사람

---

40 4 states of humanity (Augustine); 1) before the Fall-able to sin, able not to sin 2) after the Fall-not able not to sin 3) regenerate man-able not to sin 4) glorified man-unable to sin

을 말하는 것으로 그들은 하나님과 분리(단절)된 상태에 있다. 반면에 그리스도인은 하나님과의 연합, 곧 하나(Union with Christ) 된 상태이다.

그리하여 죄인 된 살인자 가인은 죄벌(죄에 대한 형벌, 창 4:13)을 받게 된다. 놀라운 것은 뻔뻔하게도 가인은 자신에 대한 죄벌(罪罰)이 너무 중하여 견딜 수 없다라며 "주께서 오늘 이 지면에서 나를 쫓아내시온즉 내가 주의 낯을 뵈옵지 못하리니 내가 땅에서 피하며 유리하는 자가 될찌라 무릇 나를 만나는 자가 나를 죽이겠나이다(창 4:14)"라며 살짝 댄다. 일면 하나님께 무언가를 구할 때의 바로 우리들의 모습과 겹치기도 한다. 그럼에도 불구하고 인간의 상식으로는 전혀 이해가 안 되는 하나님의 베푸심을 보게 된다.

왜냐하면 하나님께서 가인에게 표(תוֹא, nf, a sign, 창 4:15, 오트, 표/삼상 2:34 표징/출 12:13 피/사 7:11, 14 징조)를 주시며 그를 보호해주심으로 가인의 죽임을 면케 해주셨기 때문이다.

"여호와께서 그에게 이르시되 그렇지 않다 가인을 죽이는 자는 벌을 칠 배나 받으리라 하시고 가인에게 표를 주사 만나는 누구에게든지 죽임을 면케 하시니라"_창 4:15

16절에 의하면 그럼에도 불구하고 가인은 역사의 주관자이자 보호자 되신 하나님을 신뢰하지 못하고 '에덴(עֵדֶן, the same as עֵדֶן, a luxury, dainty, delight, 환희와 기쁨, 창 2:8)'의 동편 '놋 땅'에 거하게 된다. '놋'이란 '노드(נוֹד, from נוּד, v, to move to and fro, wander, flutter, show grief)'라는 히브리어로 '유리함 혹은 방황'이라는 뜻이다.

한편 그곳에서 가인은 아들 에녹(창 4:17/야렛의 아들 에녹과 동명이인, 창 5:18)을 낳게 되는데 그 성을 아들의 이름을 따서 '에녹 성'이라 지었다. 이는 하나님의 보호하심 보다는 '내 운명은 내가 지킨다'라는 의미로 하나님으로부터 한 발짝 더 멀리 가버린 것이다.

이후 하나님을 떠난 가인의 후손들이 얼마나 악하게 살아갔는지는 창세기 4장 16-24절에 나오는 가인의 족보를 통한 후손들의 '이름 뜻'을 살펴보면 적나라하게 알 수 있다. 가인의 후손들은 그 아들 에녹으로 시작하여 이랏-므후야엘-므드사엘-라멕; 1)아다(꾸미다, 장식하다)-야발(육축치는 자)-유발(수금과 퉁소를 잡는 자) 2)씰라(그림자, 어두움)-두발가인(무기 제조) 등등이다.

하나님의 창조시대를 통하여 우리는 인간에 대한 삼위 하나님의 기대와 실망 그리고 재차 회복을 이루시고야 말겠다는 아버지의 마음을 선명하게 엿볼 수 있다.

5장에 들어가기 전 창세기 4장 25-26절에는 하나님께서 아벨을 대신하여 '셋'을 주셨다고 말씀하고 있다. 이로 인해 5장에서는 아담 자손의 계보가 셋을 통해 주어진다. 결국 가인은 아담의 가계(family line)에서 떨어져 나가버린 것이다.

주목할 것은 창세기 5장에서 창세기 4장에 등장하는 가인의 자손과 대비하여 셋의 자손이라 하지 않고 다시 '아담의 자손'이라고 언급되어 있는 것과 가인의 자손과는 달리 아담의 자손들은 '나이가 기록되어 있다'라는 점이다.

결국 가인은 아담의 족보에서 밀려나버렸다. 뿐만 아니라 가인과 그 후손은 유기된 자 곧 영적으로 죽은 자요 아담의 후손은 산 자 곧 택정함을 입은 자의 상징이 되었다.

5장

괴짜의사 Dr. Araw의 쉽고 바르게 읽는 창세기 장편(掌篇) 강의
태초에 하나님이 천지를 창조하시니라 • 제1권 창세기의 파도타기(Surfing)

아담의 족보, 셋 그리고 노아……, 유다와 다윗

창세기 4장 25-26절에 의하면 아담은 다시 하와와 동침하여 셋(שֵׁת, from שִׁית, 쉬트, 낳다, 설정하다, 세팅, 세우다, 고정시키다, to put, set)을 낳게 된다. 이는 하나님께서 "아벨 대신에 다른 씨를 주셨다 함"이라고 했다. 이후 셋의 아들 에노스[41] (אֱנוֹשׁ, 깨지기 쉽다, 약하다, 유한되고 제한된 인간) 때에 이르게 되자 비로소 '여호와의 이름'을 불렀다(קָרָא, 카라아, v, to call, proclaim, read, 선포하다, 크게 외치다). 여기서 '불렀다'라는 말은 '하나님을 찬양(ὕμνος, nm, 골 3:16)하다', '하나님을 경배하다(προσκυνέω)', '하나님께 예배하다(λατρεύω, 롬 12:1)'라는 의미이다.

---

[41] 에노쉬는 사람을 뜻하는 '이쉬'의 복수형 명사로 사람들을 뜻한다. 그러므로 여호와의 이름을 부르는 사람들. 곧 예배 공동체가 이때 형성되었음을 의미한다.

한편 아담의 계보인 셋의 아들 에노스의 때에 아담의 후손은 "여호와의 이름(창 4:26)"을 부른 반면에 가인의 경우에는 '그 아들의 이름으로 이름하여(창 4:17)"라는 구절이 있다. 이로 보아 가인의 경우 하나님의 이름(하나님을 찬양하는) 대신에 인간의 이름을 내세운 것을 볼 수 있다. 여기서 우리는 다음의 결단들을 우리의 일상을 통해 선포하며 살아야 할 것이다.

하나님보다 앞서지 말라

하나님과 같이 되려 하지 말라

하나님의 영광을 가로채지 말라

하나님과의 바른 관계 속에서 친밀한 교제를 유지하라

이곳 5장에서는 곧장 '아담 자손의 계보'로 시작된다. "계보(系譜)"의 히브리어는 '세페르(סֵפֶר, the book, 譜, 글, 편지, 두루마리, 책) 톨레도트(תּוֹלְדֹת, the genealogy)'이고 헬라어는 '비블로스 게네세오스(마 1:1, Βίβλος γενέσεως, The book of the genealogy)'이다. 여기서 '계보'란 '기원'이라는 의미를 뛰어넘어 역사(歷史)와 발전(發展)이라는 의미도 있다. 이는 아담의 계보 곧 그 후손을 통해 예수 그리스도의 구속사가 진행될 것임을 함의하고 있다. 그렇기에 창세기에는 아담, 에녹, 노아, 아브라함, 이삭, 야곱-유다-다윗, 요셉 등으로 이어지는 계보의 이름이 언급되어 있는 것이다.

창세기 5장 1-2절의 내용을 읽다 보면 좋았던 지난 시절에 대한 데자뷔(déjà vu) 때문에 뭔가 가슴이 뭉클한 느낌이 있다. 왜냐하면 창세기 1-2장의 천지창조에서 "하나님의 형상" 곧 '당신의 형상(쩨렘, 신체적 닮음)'을 따라 '당신의 모양(데무트, 성품적 속성)'대로 남성(זָכָר, male, 자카르, nm, adj, from זָכַר, v, 자카르, remember)과 여성(הַנְּקֵבָה, 네케바, nf, a female, from נָקַב, v, 나카브, to pierce)을 만들었으며 그렇게 창조된 인간을 가리켜 "사람(אדם, nm, man, mankind)"이라 칭하셨음을 먼저 밝히고 있기 때문이다.

특히 2절에는 "그들이 창조되던 날에 하나님이 그들에게 복을 주시고 그들의 이름을 사람이라 일컬으셨더라"고 되어 있다. 여기서 강조하고 싶은 것은 남자와 여자가 아니라 '남성과 여성'을 주셨다라는 것이다. 이는 남자 같은 여자도 아니요 여자 같은 남자도 아니라는 것으로 인간에 대한 하나님의 창조는 태초부터 '성(性)의 구별'과 '성(性)의 목적'이 있었음을 드러내고 있는 것이다.

한편 창세기 5장에 소개된 아담 자손의 계보(이름과 수명)는 다음과 같다. 아담(930)-셋(912)-에노스(905)-게난(910)-마할랄렐(895)-야렛(962)-'아담의 7대손' 에녹(365, 승천)-므두셀라(969)-라멕(777)-'아담의 10대손' 노아(950, 창 9:29, 노아의 7, 10대손은 스룩, 아브라함이다)이다.

참고로 이미 언급한 바 있지만 아담의 자손 중 7대손과 10대손에 주목해 보면 흥미로운 점을 발견하게 된다. 일반적으로 유대인들의 숫자에는 특별한 의미가 주어져 있다. 7은 '약속, 맹세, 언약, 완전'을 의미[42]하며 10은 완전수(完全數) 혹은 만수(滿數)를 뜻한다.[43] 결국 숫자 '7과 10'에는 '특별

---

42 요한계시록(58회)과 레위기는 숫자 "7"에 관한 언급이 많다. 레위기는 매 7일은 안식일, 매 7년은 안식년, 일곱에 일곱을 곱한 다음 해는 희년이다. 오순절은 유월절로부터 7주일 후였으며 일곱째 달에는 나팔절, 장막절, 속죄일이 있다. 오순절, 유월절은 7일간 지속되었다. 성경파노라마, 헨리에타 미어즈, 생명의 말씀사. 1983

43 7과 10이라는 숫자의 실례는 유다에게서도 볼 수 있다. 예수님은 유다의 계보로 오셨다. 유다는 하마터면 약속의 후손(씨)을 단절시킬 뻔했다. 그는 우여곡절 끝에 며느리 다말을 통해 쌍둥이를 얻었다. 그 쌍둥이 중 베레스의 계보를 통해 예수님이 오셨다. 그 베레스의 7대손과 10대손이 주목할 인물이다. 베레스의 7대손이 보아스(살몬+라합, 마1:5)인데 그는 모압여인 룻과 결혼한다. 그리고 베레스의 10대손이 바로 다윗(룻 4:22)이다. 그리하여 예수 그리스도의 새 언약이 이루어진다. 베레스는

한 의미'나 '다른 것과의 차이'가 있다는 것을 나와 공저자는 말하고 싶은 것이다.

먼저 아담의 7대손을 보자. 그는 육신적 죽음을 보지 않고 하늘로 올라간 에녹(חֲנוֹךְ, 하노크, n, 봉헌, 바침/חָנַךְ, 하나크, v, 가르치다, 창 5:22,24; 히 11:5)이다. '승천(לָקַח, 라카흐, to take, 창 5:24, 데려가시다, 미래형 하나님나라로 산 채로 옮김)'의 경우 사람이라면 누구나 다 지극히 소망하는 것이다. 그렇기에, 만약 에녹의 승천에 대한 비밀을 안다면…….

사실 에녹의 승천에 대한 그 비밀은 에녹 자신에게 있지 않았다. 그러므로 '에녹처럼 살아야 한다'라거나 '에녹의 어떤 행위가 하나님이 보시기에 의로워서 인정을 받았다'라는 것에 관심을 두어서는 안 된다. 오히려 평범한 에녹이었음에도 불구하고 하나님과 '동행(הָלַךְ)'했던(창 5:24) 에녹은 하나님이 정하신 때에 하나님의 방법으로 승천하게 된 것에 초점을 두어야 한다.

여기서 '동행(הָלַךְ)'이란 '매사 매 순간 하나님께 순복(順服) 했다'라는 의미로 성령하나님이 주인 되셔서 방향을 지시하시고 뒤에서 밀어주셨다라는 말이다. 곧 성령님을 주인으로 모시고 그분의 통치, 질서, 지배하에서 살아가다가 그분의 때에 그분의 방법으로 승천했다라는 의미인 것이다.

참고로 아더 핑크는 '동행'에 대하여 더욱더 풍성하게 해석[44]했는데 나의 개념과 표현으로 요약하여 다시 바꾸고자 한다. 먼저 '하나님과 동행

성경의 흐름을 잇는 차자주제로 이어지는 인물이기도 하다.
44 <창세기 강해>, 아더 핑크/정충하옮김, 크리스천 다이제스트, 2016, p84-87

하더니(창 5:24)'라는 말은 하나님과의 바른 관계와 친밀한 교제를 유지했다는 것으로 하나님의 뜻을 따라 순복(順服) 했다는 의미가 내재되어 있다. 또한 도덕적 적합성이라는 성결의 삶까지 살았다라는 의미가 들어있다. 그렇다고 하여 에녹이 당시 악한 세상에서 구별되고 괜찮은 삶을 살았기에 하나님께서 죽음을 보지 않고 데려가셨다라고 해서는 안 된다.

이는 이후에 나올 창세기 6장 9절에서의 노아에 대한 평가와도 비슷하다. 당시 노아는 악한 세상에서 의인으로, 완전한 자로, 하나님과 동행했기에 하나님께서 그를 선택한 것이 아니었다. 창세기 6장 8절에 의하면 "그러나 노아는 여호와께 은혜를 입었더라"고 하셨음을 보면 모든 것은 '하나님의 은혜'였던 것이다.

결국 죄인 된 에녹도, 죄인 된 노아도 하나님의 '주권적인 은혜'로 그렇게 우리들이 부러워할 모델로 쓰임을 받은 것일 뿐이다. 그러므로 우리 또한 그렇게 쓰임을 받게 되면 하나님의 크신 은혜에 그저 '아멘' '할렐루야'만을 외칠 뿐인 것이다.

이곳 창세기 5장은 하나님의 은혜가 아닌 사람의 노력(자기 의, 율법적 행위)으로는 죽음을 보지 않고 승천할 수 없음을 분명히 보여주고 있다. 곧 에녹이 육신적 죽음을 보지 않고 '승천'할 수 있었던 것은 하나님의 은혜로 인한 하나님과의 '동행' 때문이었음을 알 수 있다. 앞서 언급했던 '동행'의 의미를 떠올려보라. 또한 '동행'과 어우러진 단어 '승천(하나님이 그를 데려 가시므로, 창 5:24)'이라는 말에서 '동행'의 히브리어 단어의 의미를 떠올려 보면 두 단어의 연결은 무척 자연스러워진다. 왜냐하면 우리가 그동안 '동행의 의미'를 너무 피상적으로(나란히 옆으로 함께 손잡고 걸어가다라는 것으로) 알고 있었기 때문이다.

'동행'의 히브리어는 할라크(הלך, v)인데 이는 '하나님께서 우리의 등 뒤에서 우리를 떠밀고 가신다'라는 의미로 '동행'이란 나란히 함께하는 것이 아니라 '뒤에서 밀어주시는', '일방적으로 당신의 의도대로 가게 하시는', '방향을 결정하시는', '모든 것의 주체가 하나님이시다'라는 의미이다.

결국 에녹은 한 번 인생을 살아가며 '전적으로 하나님의 주권에 순종했다'라는 것이다. 그렇기에 에녹은 현재형 하나님나라에서 육신적 죽음을 보지 않고 하나님의 강권적 은혜 속에 '이동(옮김)'을 통해 '미래형 하나님나라'로 곧장 들어간 것이다.

참고로 사도 바울은 육신적 죽음(히 9:27)을 '죽음(death)'이라고 하지 않고 현재형 하나님나라에서 미래형 하나님나라에로의 '이동(옮김, 아날뤼시스, ἀνάλυσις, 딤후 4:6)'이라고 했다. 그렇기에 영적 죽음 상태에서 태어났다가 부활한 그리스도인들에게는 한 번 인생에서 반드시 찾아오는(히 9:27) '육신적 죽음'이란 죽음(끝)이 아니라 '이동(옮김)'인 것이다. 가만히 보면 구약에서는 육신적 죽음을 보지 않고 승천(미래형 하나님나라에의 입성을)한 에녹을 그림으로 보여주셨다면 신약에서는 바울을 통해 '육신적 죽음'이라는 의미와 실체를 분명하게 설명해주신 것이다.

결국 약속의 수, 언약의 수, 맹세의 수, 완전 수인 '7'을 가리키는 아담의 '7대손' 에녹은 '하나님의 주권적 은혜'로 하나님을 순전히 믿어 하나님께 온전한 주권을 드리고 하나님의 통치하에서 하나님과 동행(הלך, v)하며 살다가 완전한 에덴의 회복인 미래형 하나님나라에로 곧장 들어갔던(이동 혹은 옮김, 아날뤼시스, ἀνάλυσις, 딤후 4:6) 것이다. 이는 영적 죽음에서 영적 부활된 우리가 지금 현재형 하나님나라 속에서 동행(הלך, v)하다가 장차 '이동(옮김)'이라는 육신적 죽음을 통과한 후 곧장 미래형 하나님나라에 들어가 영생을 누리게 될 것, 곧 하나님의 작정과 예정, 섭리와 경륜을 통한 재창조(첫 장조 곧 에덴의 회복)의 밑그림을 살짝 보여주신 것이다.

참고로 에녹의 아들은 므두셀라(מְתוּשֶׁלַח, 이 사람이 죽으면 곧 심판이 임한다/창을 던지는 사람, 무기를 든 사람)이다. 이는 마트(מַת, man, male, 사람/מוּת, 무트, v, to die/ תָּמוּת:, 타무트, v, to die)와 셀라흐(שֶׁלַח, nm, 공격 미사일, 멸망이 임하다, a missile, weapon, 창, 무기, sprout, from שָׁלַח, v, to send)의 합성어이다. 그 어원은 무트(מוּת, 무트, v, to die)와 솰라흐(שָׁלַח, v, to send/שָׁלָה, v와 구별하라. 세상적 형통, to be quiet or at ease, prosper, deceive, 욥 12:6)인데 이는 '그가 죽으면 심판이 주어진다(끝이 보내진다)'라는 의미이다. 그렇기에 그 이름 뜻 그대로 므두셀라가 죽었던 그 해(969세때)에 홍수 심판이 주어졌던 것이다.

므두셀라는 역사상 최장수한(969세) 인간이었다. 므두셀라가 라멕을 얻었을 때가 187세, 라멕이 노아를 얻었을 때가 182세, 노아가 600세에 홍수 심판이 있었으니 187+182+600=969 곧 므두셀라의 출생과 죽음은 홍수 심판에 대한 하나님의 계시(아포칼립스, or sign)였던 것이다.

이번에는 아담의 10대손으로 가보자. 그는 하나님의 은혜로 재창조[45](노아 홍수 심판 후 새롭게 역사를 쓰신 것을 필자가 칭한 것임)의 역사에 귀하게 쓰임을

---

45 필자의 경우 삼위하나님의 공동 천지창조를 제1 창조로, 노아를 들어쓰셔서 홍수 심판 후 다시 역사를 이루어 가심을 제2 창조로, 이후 예수 그리스도께서 초림의 구속주로 오셔서 다 이루시고 재

받은 모델인 노아이다. 특히 노아의 방주 이야기에서는 홍수를 통한 심판 후 8명을 통해 에덴 회복의 역사를 쓰시려는 하나님의 재창조 의지를 엿볼 수 있다.

아담-셋-노아-셈-아브라함(사라)-이삭(리브가)-야곱(라헬/레아)-요셉/유다(다말)-베레스-헤스론-람-암미나답-나손-살몬(라합)-보아스(룻)-오벳-이새-다윗의 계보를 살펴보면 하나님의 섭리와 경륜을 선명하게 볼 수 있다.

그렇게 다윗의 자손 예수 그리스도는 '말씀대로' 동정녀 마리아를 통해 성령의 잉태하게 하심으로(마 1:18, 20) 인간으로(성육신, Incarnation) 이 땅에 오셨다. 그 예수님은 완전한 하나님이셨고 완전한 인간이자 역사상 유일한 의인이셨다(신인양성의 하나님). 그렇기에 구속주 예수님은 성부하나님의 유일한 기름부음 받은 자 곧 그리스도 메시야로서 속량(엑사고라조)으로 인간의 모든 죄를 대속하셨다. 그 예수님은 다윗의 혈통[46]으로(롬1:3) 오시마 성경에 말씀하신 그대로 오셨던 것이다(마 1:1-16; 눅 3:23-38).

굳이 예수님이 유다의 가계를 통해 다윗의 후손으로 오신 이유가 있을까?

유다의 경우 그다지 삶에서 모본을 보여주지 못했는데…….

다윗 또한 마찬가지였는데…….

하나님의 크신 '섭리'와 역사를 세미하게 이끌어가시는 '경륜'은 다윗을 살펴보면 대충 알 수 있다. 그는 훌륭한 왕이었으나 간음도 모자라 살

림의 심판주로 오셔서 모든 것을 완성하시는 것을 제 3의 창조 곧 '첫 창조의 완전한 회복'이라 칭한다. 필자의 이전 책을 참조하라.

46 육적으로는 예수님의 아버지 요셉이나 그의 어머니 마리아는 둘 다 다윗의 혈통이다.

인까지 저질렀던 최악의 인물이다. 인간적으로는 용서받지 못할 극악무도한 죄인이었다.

성경을 통해 가만히 보면 처음에 다윗은 자신이 저지른 죄가 얼마나 큰 것인지 인식도 죄의식도 없어 보였다. 그러나 신실하신 하나님은 나단 선지자를 통해 그 죄(אַתָּה, 아타 하이쉬, הָאִישׁ, You are the man, 삼하 12:7)를 깨닫게 하시고 하나님 앞에 눈물로 고백하고 회개케 했다. 동시에 다윗은 자신의 큰 죄를 해결해주실 '중보자 메시야'의 필요성을 느끼게 된 듯하다. 이후 그는 복 있는 사람(אַשְׁרֵי, 아쉬레이 하이쉬, הָאִישׁ, Blessed is the man, 시 1:1)이 된 것이다.

결국 그리스도 메시야이신 예수님은 다윗의 죄를 뚫고 인류의 역사 가운데로 오셔서 '유일한 의인'으로서 모든 인간들의 죄를 속량(엑사고라조, ἐξαγοράζω, v, 갈 4:5)하셨던 것이다.

6장
괴짜의사 Dr. Araw의 쉽고 바르게 읽는 창세기 장편(掌篇) 강의
태초에 하나님이 천지를 창조하시니라 • 제1권 창세기의 파도타기(Surfing)

네피림 사상 그리고
홍수 전 노아 언약-방주 언약

창세기 6장은 "사람이 땅 위에 번성하기 시작했다"라는 말씀으로 시작한다. 이때쯤 수학자들에 의하면 '2의 거듭제곱'[47]을 통해 당시 인구는 약 20억 정도였을 것으로 추산하고 있다. 나와 공저자의 경우 이런 계산의 '맞다 틀리다'에 대한 관심은 아주 적은 편이다. 왜냐하면 이런 것들보다는 본질적인 것과 아울러 역사의 주관자이신 하나님의 마음에 집중하고 싶기 때문이다.

6장에서는 주목해야 할 두 부류의 사람들이 있는데 '사람의 딸들'과 '하나님의 아들들'이다. 그들이 누구냐에 대하여는 해석상의 어려움이 상존한다. 아더 핑크는 '하나님의 아들들'의 정체를 유다서 6절과 베드로후

---

47 $2^1=2$, $2^2=4$, $2^4=16$, $2^8=256$, $2^{16}=65,536$, $2^{32}=4,294,967,296$ 등등 2의 양이 아닌 정수 거듭제곱을 말한다. 위키백과

서 2장 4-5절을 들어 "범죄한 천사들" 혹은 "자기 지위를 지키지 아니하고 자기 처소를 떠난 천사들"이라고 했다. 그렇게 지목한 이유는 그들이 사람의 딸들을 취함으로 여자의 후손(창 3:15)이 태어날 길을 차단하려고 했기 때문이라는 것이다.

그러나 나는 아더 핑크와 달리 딸과 아들에 방점을 두지 않고 단순하게 '세상 사람들(가인의 후손, 아담)'과 '하나님께 속한 사람들(셋의 후손 곧 아담의 후손인 아담 네페쉬)'로 해석한다.

문제는 6장 2절에서 나타난다. 하나님께 속한 사람들 곧 '하나님의 아들들'이 세상 사람들 곧 '사람의 딸들'의 아름다움을 보고 자기들의 좋아하는(하나님의 뜻을 도외시한 채) 모든 자로 아내를 삼았기 때문이다. 하나님은 하나님의 아들들이 하나님의 딸들과 결혼하기를 원하셨다. 그리하여 당신의 때에 당신의 방법으로 '여인의 후손(창 3:15)'을 보내시려고 작정하셨다. 그런데 '사람의 딸들'을 선택해버린 것이다. 결혼이란 '하나 됨(Spiritual & Physical oneness)'을 의미하는 것으로 '하나님의 아들들이 사람의 딸들을 아내로 삼았다'라는 것은 하나님과 하나(Union with God) 된 하나님의 아들들이 사람의 딸들과 하나가 되어버렸다라는 것이다.

이 말을 두고 무조건 세상의 딸들과는 결혼하지 말라며 극단적으로 몰고가는 것은 곤란하다. 그럼에도 불구하고 '하나님'의 아들(아담 네페쉬)들은 '하나님'의 딸(아담 네페쉬)들과 결혼함이 마땅하다.

아무튼 하나님의 아들들이 사람의 딸들의 아름다움을 보았다라는 것은 앞서 3장에서의 '먹음직'하고 '보암직'하고 지혜롭게 할 만큼 '탐스러운 것들'에 눈이 가기 시작했다라는 것을 드러낸 것이다. 즉 그러한 것에 가치(Value)와 우선순위(Priority)를 두게 되었다라는 것이다. 결국 창세기 3장 5절의 "하나님과 같이 되려"고 했던 것과 동일한 죄를 에덴동산에서도 그리고 에덴동산을 쫓겨난 이후에도 여전히 계속하여 짓고 있었다라는 말이다.

여기서 우리는 하나님의 영이 떠난 죄인 된 인간 군상들(아담, אדם)의 적나라한 모습을 보게 된다. 더 나아가 그들은 초월자 하나님을 대신할 "네피림, 용사, 유명한 사람" 등등에 더 관심이 많았다. 결국 그런 인간들의 관심사를 보면 하나님과의 '바른 관계'와 '친밀한 교제'보다는 우선적으로 자신에게 좀 더 이익이 되는 세상의 '크기, 강함, 명예' 등등 '세상적인 가치관'에 훨씬 많이 치우쳐 있음을 볼 수 있다.

참고로 '네피림'이란 초인(超人, superman)으로서 하박국 선지자가 말한 바로 '그 자'(합 2:5)이다. 이는 불법의 사람(살후 2:3)으로 사단의 사주를 받은(살후 2:9) 자를 가리킨다. 창세기 10장의 니므롯 같은 유(類)를 말한다. 바하이교도(Bahaists, 바하 알라가 창시한 이슬람 시아파 계열)가 대망하는 위대한 마하트마(빛의 주인)처럼 행세하려는 자이다.

그리하여 야훼 하나님은 "사람의 죄악이 세상에 관영함과 그 마음의 생각의 모든 계획이 항상 악할 뿐임을 보시고(6:5)" 땅 위에 사람 지으셨음을 한탄(恨歎, נחם, v, 나함, to be sorry, console oneself, repent)하셨다. 여기서 '하나님의 한탄'에 대해 성급하게 오해해서는 안 된다. 왜냐하면 원래 하나님은 후회하시거나 한탄하시며 슬퍼하시는 분이 아니시기 때문이다. 그렇기에 상기 구절은 인간의 죄에 대한 심판의 의미가 아니라 그런 인간조차도 용서하시고 더 나아가 회복을 원하시는 '하나님의 긴 한숨'으로 해석해야 한다. 우리는 이 부분에서 한탄하시고 근심하시는 아버지 하나님의 마음을 고스란히 느낄 수 있어야 향후의 어떤 영적싸움에서도 물러남 없이 당당하게 대적할 수가 있게 된다.

7절에 이르러 하나님은 "나의 창조한 사람을 내가 지면에서 쓸어버리되 사람으로부터 육축과 기는 것과 공중의 새까지" 심판(용서와 회복을 전제)을 하시겠다라고 말씀하셨다. 그리고는 다시 돌아오게 될 사람을 향한 끈을 놓지 않으시며 마음에 근심하시고 한탄(하나님의 긴 한숨)하셨던 것이다.

그러나저러나 인간의 편에서는 바야흐로 일촉즉발(一觸卽發)의 순간이 닥쳐온 것이다. 이때 하나님은 아담 언약(창 3:15)을 기억하시고는 여호와께 은혜를 입은(창 6:8) 노아, 곧 의인이요 당세에 완전한 자라고 '여겨 주셨던(하쇼브, 로기조마이)', 하나님과 '동행(하나님의 하나님 되심을 인정)'했던 사람 노아를 부르셨다. 그리고는 구원의 방주를 짓게 하셨다. 120년[48]동안이나…….

이것이 바로 아버지 하나님의 마음이요 집을 나간 자식이 돌아오기만을 목이 빠지도록 기다리는 아버지의 마음이다.

나와 공저자는 창세기 1-5장을 가리켜 삼위 하나님의 '창조시대'라고 한 반면에 뒤이어 창세기 6장-11장까지를 '재창조시대(하나님의 再修시대)'라고 명명해왔다.

앞서 언급했던 첫째 창조시대에는 인간에 대한 하나님의 기대(창조, 에덴

---

48 120년에 대한 해석이 분분하다. 인간의 수명, 노아 홍수 전 기간, 노아가 방주를 만드는데 소요된 시간, 하나님께서 당시의 타락한 사람들에게 주신 심판의 유보기간이자 회개할 수 있는 마지막 은혜의 기간(벧후 3:9) 등등이다. ("내가 아직 120년의 유예 기간을 그들에게 주기를 원하노라" Luther Bible), 창세기의 족보, 박윤식, 휘선, 2011, p183-187, 190-191참조

동산, 창 1:1-2:25)와 실망(타락, 창 3:1-14) 그리고 회복을 향한 하나님의 마음(창 3:15, 원시복음)이 기록되어 있었다.

창세기 6-11장까지의 두 번째 창조시대(재창조시대)에는 하나님의 '창조'에 대한 기대가 무너지며 실망(한탄 곧 하나님의 긴 한숨)하셨던 아버지 하나님의 탄식[49] 소리로 시작한다. 그럼에도 불구하고 다시 회복시키고자 하시는 부성애적 하나님의 마음은 '노아'를 부르셔서 재창조를 계획하셨던 것이다. 곧 아버지의 애끓는 마음을 외면하고 다른 아버지를 찾듯 '네피림'[50]을 선택해버린 세상을 구원코자 하나님께서는 구원의 방주(תֵּבָה, 테바, nf, 갈대상자, 출 2:3)를 준비하셨던 것이다.

참고로 '방주(תֵּבָה, 테바, nf, 갈대상자, ark, 출 2:3)'는 예수 그리스도를 예표한다. 여기서 '방주'의 히브리어는 '테바'인데 구약성경의 3곳에 동일하게 사용된 단어 '테바'를 묵상하면 큰 은혜가 된다.

첫째가 노아의 방주(ark of Noah)이다. 이는 하나님의 진노의 심판인 홍수로부터 보호해주신 것이다. 둘째는 갈대상자(ark of bulrushes, 출2:3)인데 이는 사탄의 모형인 애굽의 파라오의 극한 형벌로부터 보호해주신 것이다. 셋째는 언약궤(법궤, ark of covenant)로서 율법이 새겨진 십계명 두 돌판을 품은 것으로 곧 율법의 저주로부터 보호해주신 것이다.

---

49 여기서 "탄식, 한탄"이란 후회를 말하는 것이 아니다. 왜냐하면 하나님은 후회가 없으시기 때문이다(민 23:19). 하나님의 '탄식'은 곁길로 가는 자녀를 바라보는 아비의 속타는 심정을 의미한다.

50 네피림(נְפִלִים)이란 거인종족(giants)으로 나팔(נָפַל, fall, 떨어지다)에서 유래하였다. 창 6:4절의 네피림 사상은, 하나님이 아닌 초월적 존재를 기리는 영웅 숭배 사상으로 초인사상이라고도 한다.

방주(הבה, 테바, nf, 갈대상자, ark, 출 2:3)	
1) 노아의 방주 (ark of Noah)	하나님의 진노의 심판인 홍수로부터 보호해주심
2) 갈대상자(ark of bulrushes, 출2:3)	사탄의 모형인 애굽의 파라오의 극한 형벌로부터 보호해주심
3) 언약궤(법궤, ark of covenant)	율법이 새겨진 십계명 두 돌판을 품은 것으로 곧 율법의 저주로부터 보호해주심

앞서 언급했지만 창세기 6장에 들어서 인류는 땅에 엄청 번성했다. 문제는 점점 더 하나님의 뜻에서 멀어져 간 것이다. 하나님께서는 사람들의 죄악이 세상에 가득한 것과 그 마음의 모든 생각과 계획이 항상 악할 뿐임을 보시고 땅에 사람 만드신 것을 한탄(하나님의 긴 한숨)하셨다. 그리하여 하나님은 다시 에덴의 회복을 위해 '물 심판(노아 홍수 심판)'을 결단하신 것이다. 이것은 단순히 징벌을 통한 심판이 아니라 '회복을 통한 재창조'에 대한 기대'였다. 역사의 주관자 하나님의 섭리와 경륜의 과정에 노아는 자신의 상태(영적, 육적 상태)와 무관하게 '오로지 하나님의 은혜(Sola Gratia)'로 마치 '제2의 아담'[51]처럼 선택되었던 것이다(창 6:8). 이렇게 '수동적(강권적)으로 선택되어짐'이라고 말하는 이유는 낭시 노아의 경우 세상을 살아가던 사람들의 행태와 별반 다를 게 없었음을 드러내려는 나와 공저자의 의도이다.

---

51 제2의 아담이라는 말에 대해 첫째, 제2의 아담이라고 하면 예수님을 일컫는 말이다. 둘째, 노아 당시의 세태를 한탄하신 하나님께서는 재창조를 위해 구원의 방주를 노아에게 명하시고 노아로 하여금 제2의 아담이신 예수님과 같은 역할을 담당하게 하셨다.

여기서 잠깐 노아(חנ, 안식, 휴식, 위로, rest, comfort/from חנ, v, 머물다(왕하 2:15), 한숨 돌리다(렘애 5:5), 안식하다(신 5:14))에 대해 우리가 쉽게 오해할 수 있는 한 가지를 지적하려 한다.

창세기 6장 9절을 보면 "노아의 사적은 이러하니라 노아는 의인이요 당세에 완전한 자라 그가 하나님과 동행하였으며"라는 대목이 있다. 흔히 이 부분 때문에 우리는 당시 악한 세상에서도 '노아는 의인이었고 완전한 자였으며 하나님과 동행하였기에 선택을 받은 것이다'라고 이해하는 경향이 있다. 그러나 그렇게 해석하면 하나님의 은혜가 설 자리가 없어진다. 그것은 우리로 하여금 '노아가 구별되게 살았기에 쓰임을 받았구나'라고 오해하게 만든다. 그러다 보면 곧바로 결론을 도출하면서 '우리도 이 악한 세상에서 의롭게 살면 하나님께서 택하여 주실 것이다'라는 잘못된 적용에까지 이어지게 된다. 이것은 하나님의 은혜보다 '자기 의'를 드러내는 율법주의적 행태에 가깝다. 그리스도인은 말씀을 이해할 때 이런 부분에 민감해야 하나님의 마음을 바르게 읽을 수 있고 하나님의 전적인 은혜에 지극히 감사할 수 있게 된다.

창세기 6장에서 우리가 주목해야 하는 구절은 9절이 아니라 8절의 말씀이다.

"그러나 노아는 여호와께 은혜를 입었더라" _창 6:8

이 구절이 전달하는 의미는 노아의 삶도 역시 당대를 살아가던 주변 사람들과 별반 차이가 없었으나 하나님의 크신 '무조건적인 은혜'로 택함을 받았다라는 것이다. 결국 노아는 완전한 의인도 아니요 완전한 자도 아니었으나 그렇게 '하나님의 여기심'을 받았을 뿐이라는 것이다. 우리가 알

것은 하나님의 '택하심'은 언제나 그분의 '전적인 은혜'에 의한 것이라는 점이다. 우리의 상태나 특별한 어떤 조건이 하나님의 택하심을 유발하지 않는다는 것을 명심해야 한다. 그러므로 그리스도인은 항상 하나님의 '주권'과 함께 만세 전에 하나님의 무한하신 은혜로 인한 '택정하심'에 감사하는 자세를 잃지 말아야 한다.

결국 노아는 비록 당대의 의인으로 여겨지기에 부족하였지만 하나님의 은혜로 부르심을 받았던 것이다. 그는 방주를 지으라는 소명에 응답한 후 묵묵히 순종했다. 생각해보면 처음 그 명령을 들었을 때 당시 여느 사람과 별반 다르지 않았던 노아로서는 제법 당황했을 것이다. 그렇기에 저자에게 다가왔던 감동은, 오히려 이런 황당하리만치 당황스러웠던 명령에 '예스'로 답했던 노아의 우직한 순종의 모습이었다. 물론 그것조차도 하나님께서 하신 것이지만……. 오늘날에도 하나님은 이런 유의 '우직한 노아'들을 찾으시며 눈여겨보실 것으로 생각된다.

하나님의 명령에 묵묵히, 우직하게 반응하는 노아와 같은 유의 사람들을…….

그렇게 노아가 방주를 만든 세월은 무려 120년이었다(창6:3). 그 긴긴 세월 동안 노아가 주위로부터 겪었을 비난, 조롱, 멸시, 천대와 같은 외부적인 어려움은 말로 다하기 어려웠을 것이다. 이런 것들은 차치하고라도 내적인 고민과 갈등, 회의의 순간들이 얼마나 많았을까? 노아의 인내에 저절로 고개가 숙여진다.

나와 공저자는 그런 노아로부터 우리가 배워야 할 3가지를 드러내려고 한다. 먼저는 하나님의 '부르심(Calling, 소명)'과 '보내심(Mission, 사명)'에 보다 더 민감하면서 동시에 즉시 반응하기이다. 둘째는 소명과 사명을 감당함에 있어 언제 어디서나 우직하고 충성스러운 일관된 자세 보이기이다. 셋째는 그 결과에 대해 하나님을 신뢰함으로 나아가되 돌발상황이 닥쳐온다 할지라도 좌고우면(左顧右眄)하지 말고 그저 주신 은혜, 허락하신 은혜에 감사하기이다. 이를 표로 요약하면 다음과 같다.

노아로부터 우리가 배워야 할 3가지	
1) 하나님의 '부르심(Calling, 소명)'과 '보내심(Mission, 사명)에 대해	민감하게 받아들이고(예민함) 동시에 즉시 반응하기(민첩함)
2) 소명과 사명 감당에 대해	우직하고 충성스럽게 초지일관된 자세 보이기
3) 그 결과에 대해	결과에 관계없이 주신 은혜, 허락하신 은혜에 감사하기

방주가 완성되자 하나님은 혈육이 있는 모든 생물들을 택하셔서 구별되게 불러 모으셨다. 처음에 홍수 심판을 전하던, 노아를 비웃으며 조롱하던 사람들은 자신들의 그릇된 선택으로 방주에 올라타지 못했다. 그러나 사실은 유기된 자들이었다고 생각된다.

참고로 '택정과 유기교리'는 우리가 잘 모르는 하나님의 주권영역이다. 확실한 것은 '깜량도 안 되는' 나를 하나님께서 당신의 크신 은혜로 택정해주셔서 지금의 바로 이 자리에 있게 하심이다. 그렇기에 택정된 우리는 그저 할렐루야 감사할 뿐인 것이다. 결국 우리는 '유기'에 대하여는 잘 모르며 확실한 것이 있다면 내가 하나님의 은혜로 '택정'되었다는 사실이다.

구별된 생물들과 함께 노아 가족 8명이 방주에 타자(들어가자, 창 7:1, 7, 9, 13, 16) 하나님께서는 방주의 문(문이신 예수 그리스도)을 굳게 닫으셨다(창 7:16).

여기서는 두 부분에 집중해야 한다. 첫째 부분은 너와 네 온 집은 방주로 들어가라(방주로 나아가다, 방주를 향해 오다)고 하신 말씀으로 히브리어로는 '엘(אֶל, into) 하테바흐(הַתֵּבָה, the ark)'라고 한다. 이는 '가라(לֵךְ, go, 라드)'가 아닌 '오라(בּוֹא, 보, come)'의 히브리어가 사용되었기에 그 의미를 묵상해 보면 은근한 은혜가 된다. 결국 좋으신 하나님은 방주로 '가라(לֵךְ, go, 라드)'고 명령하지 않았다는 것이다. 그 대신에 자의적 선택에 의해 방주로 '오라(בּוֹא, 보, come)'고 '초청'을 하신 것이다. 그리하여 예수 그리스도를 예표하는 방주 안에 자원함으로, 감사함으로 '거하라(in Christ or union with Christ)'는 것이었다.

두 번째 부분은 '닫으심'이라는 말씀으로 그 히브리어는 사가르(סָגַר, v, to shut, close)인데 이 단어에는 상반된 이중적 의미가 내재되어 있다. 이 단어는 오늘날 우리가 치열하게 전하고 있는 '하나님의 은혜의 복음'이 이중적 의미(받아들이면 구원이요 거절하면 심판)를 지니고 있는 것과 마찬가지로 방주 안에 있는 이들은 '구원'이지만 방주 밖은 심판이 주어질 것이라는 말이다.

그로부터 일주일 후에 비가 내렸다(창 7:9-10). 이때 노아의 나이는 600세였다.

그런데 이 부분을 읽을 때마다 필자에게는 매번 궁금함이 있었다. 왜? 방주에 들어간 후 일주일이 지난 뒤에야(창 7:10) 비가 내렸을까? 120년이라는 긴 세월 동안 방주를 지었는데…….

노아가 방주에 들어가자마자 보란 듯이 장대같은 비가 내렸다면 얼마나 시원하고 통쾌했을까? 그랬다면 방주를 짓는 동안 그렇게나 비웃고 조롱하던 사람들에게 제대로 한 방 먹였을텐데…….

이상하게도 하나님은 방주 안에서 일주일을 기다리게 하셨다. 왜 그러셨을까?

한정된 공간인 방주 속에서 온갖 종류의 생물들과 함께 기거(起居, live with, stay with)하며 이제나저제나 비가 내리기만을 기다리고 또 기다리며 조마조마했을 노아를 생각해보라. 저자는 하나님이 곧바로 비를 내리지 않은 이유가 정말 궁금했다. 모르긴 해도 당시 노아는 초조하고 불안한 나머지 위로 나 있는(창 6:16) 조그마한 창을 향해 틈만 나면 쳐다보았을 것 같다. 아니 어쩌면 목을 뒤로 젖히고 아예 창을 향해 고정했을지도 모르겠다.

나는 기도하며 그분의 마음에 집중하다가 결국 오랫동안 해결되지 않던 궁금증을 풀게 되었다. 그동안 무심히 지나쳤던 하나님의 세미한 마음을 발견하게 된 것이다. 결국 '마지막 일주일(7일)'은 하나님의 노아를 향하신 특별한 훈련기간이었던 것이다. 왜냐하면 하나님은 그 기간을 통해 자신이 택한 사람 노아를 끝까지 단단하게 다지려고 특별한 계획을 세우셨기 때문이다. 120년이 부족해서 단순히 7일을 더 추가한 것이 아니라는 말이다.

그럼에도 불구하고 팩트만을 두고 보면 방주 안에서 하염없이 보내야 했던 불안하고 지루한 7일은 어쩌면 지난 120년보다 훨씬 더 최악의 순간이요 최고의 고통이었을 것이다.

먼저 '7일'에 대한 아버지의 마음을 이해하려면 등산을 떠올려보면 된다. 일반적으로 산에 오를 때 8부 능선까지는 누구나 다 잘 올라간다. 문제는 거의 다 왔다라고 생각하며 긴장을 풀다가 산 정상까지의 등정에 실패하는 경우가 많다라는 것이다.

결국 7일은 하나님에 대한 '온전한 신뢰'를 위해 120년을 마무리하며 최종적으로 굳게 다지는데 '절대 필요한 훈련 기간'이었던 것이다. 결국 처음이요 마지막인 알파와 오메가의 하나님은 '7(세바)'이라는 언약의 수, 약속의 수, 맹세[52]의 수, 완전 수를 통해 다시 한번 더 노아를 하나님만 온전히 신뢰하는 사람으로 '굳히기'를 원하셨던 것이다.

짧지만 강력한 이런 훈련이야말로 홍수가 시작된 후 직면하게 될 어마무시한 일들 앞에서 한치의 흔들림도 없게 하기 위한 하나님의 섭리와 경륜이었던 것이다. 동시에 노아를 향한 하나님의 지극한 배려이기도 했다. 여기서 우리는 유한된 한 번 인생 동안 뜻하지 않게 일어나는 돌발상황들이 사실은 하나님의 '변장된 축복'이자 또 하나의 '극진한 배려'임을 알아야한다.

드디어 비가 내리기 시작했다. 그런데 그것은 정말 단순한 폭우 정도가 아니었다. 큰 깊음의 샘들과 동시에 하늘의 창늘이 열리며 40일간 주야로 비가 쏟아졌다. 방주는 점차 물 위로 떠올랐고 천하의 높은 산들도 물에 잠겼다. 이 무서운 홍수로 인해 코로 호흡하는 지면의 모든 생물들은 다 죽었는데 이는 창세기 6장 7절의 말씀이 그대로 이루어진 것이다.

---

[52] 일곱이라는 의미의 히브리어는 세바(seven, שֶׁבַע)이다. 이는 맹세라는 의미의 쇼바(to swear, שָׁבַע)에서 파생되었다.

"이르시되 내가 창조한 사람을 내가 지면에서 쓸어버리되 사람으로부터 가축과 기는 것과 공중의 새까지 그리하리니 이는 내가 그것들을 지었음을 한탄함이니라 하시니라"_창 6:7

이후로도 물은 150일 동안이나 땅에 창일(漲溢, floodwater, 넘치다, 소용돌이 치다(욥 40:23))하였다. 노아는 '이런 상황에서의 5개월' 동안 정신이 혼미해질 정도의 공포와 불안을 경험하면서 비로소 '120년+7일' 훈련의 의미를 분명하게 깨닫게 되었을 듯하다.

다시 창세기 6장을 정리하자면, 아담과 하와가 에덴동산을 쫓겨난 뒤 역사의 시간이 흐르며 땅 위에 사람들이 엄청 번성했다. 그럴수록 그들은 창조주 하나님, 역사의 주관자 하나님을 잊어버리고 제멋대로 살아만 갔다. 사람들은 하나님의 그 자리에 '네피림'[53]을 내세웠다(창 6:4). 문제는 그런 유의 영웅들이 하나님을 대신하게 되자 사람들은 점점 더 죄악으로 빨리 달려가기 시작했고 죄를 짓는 일에 점점 더 익숙해지고 빈번해졌으며 급기야는 자연스러워지기까지 했다라는 점이다.

사람들의 모든 생각과 계획은 항상 악했다(창 6:5). 그런 사람들을 보며 하나님은 한탄(하나님의 긴 한숨)하셨다. 물론 하나님의 한탄은 인간의 후회와는 전혀 차원이 다른 것으로 인간의 '회복을 전제한 한탄(נִחָמְתִּי)'이었다. 나와 공저자는 이것을 자식을 향한 '부성애적 아픔의 한탄'이라고 명명했다. 결국 하나님의 한탄은 노아를 택하여 회복을 꿈꾸시는 방향으로 이어진다.

하나님의 은혜로 택함을 받은 노아는 이후 120년에 걸친 거대한 토목

---

53 다른 사람을 넘어뜨리는 자라는 의미로 거인 종족을 말한다. 당시 사람들은 그런 네피림(נְפִלִים, The Nephilim)을 영웅시하는 초인사상 혹은 영웅사상을 가졌다.

공사를 통해 하나님이 지시하신 방주를 만들었다. 동시에 이 오랜 세월동안 하나님은 노아에게 '순종과 인내'를 가르쳤다.

당시 방주를 건축하던 노아의 성실함은 그 자신의 것이 아니라 하나님의 성실하심이었고 노아의 믿음에 따른 열심은 기실 하나님의 열심이었다.

드디어 방주가 완성되고 노아가 그 안으로 들어간 지 일주일(7일) 후부터 시작된 비는 40주야를 밤낮으로 내렸다. 위로는 하늘의 창이 터지고 아래로는 땅의 깊은 샘들이 터져 솟구쳤다. 당시 방주에 들어가지 않았던 사람들은 엄청난 공포와 두려움을 느꼈을 것이다. 물론 방주 안에 있던 노아와 그 가족들도 예외는 아니었을 것이다. 그럼에도 불구하고 노아와 그 가족들은 긴긴 120년 동안 방주를 건축하면서 체득한 기다림의 훈련과 인내, 그리고 하나님을 전적으로 신뢰하는 믿음이 그 모든 상황을 이겨내는데 큰 힘이 되었을 것이다.

7장 괴짜의사 Dr. Araw의 쉽고 바르게 읽는 창세기 장편(掌篇) 강의
태초에 하나님이 천지를 창조하시니라 • 제1권 창세기의 파도타기(Surfing)

노아 홍수-전 지구적 사건

 에덴동산에서 쫓겨난 아담과 하와는 동침하여 아이를 낳고 약 400여 년이 흘러 10대손인 노아에 이르러 전 지구적인 홍수 심판이 주어지게 된다. 그 홍수 전후로 하나님은 노아 언약(창 6:8, 9:8-17)을 허락하셨다. 참고로 노아 언약은 이중 언약으로 홍수 전(前) 언약을 방주 언약(창 6:17-18)이라고 하며 홍수 후(後) 언약을 무지개 언약(창 9:9-17)이라고 한다.

 한편 창세기 5장부터 홍수 전인 창세기 6장까지에는 사람들의 수명이 수백 년이었다고 기록되어 있다. 그들은 현대인들이 상상하기조차 힘든 수(壽, life span)를 누리며 부지런히 후손을 낳고 생육함으로 번성했다. 언뜻 이해하기도 어렵지만 홍수 이전의 자연환경은 지금과 많이 달랐을 것으로 추정하는 학자들이 많다. 분명한 점은 사람들이 땅 위에서 엄청 번성

하였다는 점이다.[54] 과학을 공부하고 과학적인 사고방식을 가진 나와 공저자는 이런 부분에서 굳이 과학의 증거를 요구하지 않는다. 성경말씀을 그냥 단순히 믿을 뿐이다. 다시 강조하지만 성경은 가장 과학적이고 가장 역사적이다. 그렇다고 하여 성경이 과학이나 역사로 증명되어야 한다라고 결코 생각지 않는다.

"사람이 땅 위에 번성하기 시작할 때에 그들에게서 딸들이 나니"_창 6:1

노아시대에 이르자 사람들은 수적으로 엄청 늘어나게 된다. 그러자 그만큼 하나님을 경외하고 찬양하는 대신에 하나님을 있는 듯 없는 듯 여기기 시작했다. 심지어는 언제부터인가 슬그머니 대세로 굳어져버린 네피림 사상[55]으로 하나님을 격노케 하는 무리들 또한 늘어났다. 뿐만 아니라 사람들의 죄악은 하나님의 한탄과 근심을 자아내기까지에 이르렀다. 창세기 6장 5-7절은 당시 상황을 이렇게 설명한다.

"여호와께서 사람의 죄악이 세상에 관영함과 그 마음의 생각의 모든 계획이 항상 악할 뿐임을 보시고 땅 위에 사람 지으셨음을 한탄하사 마음에 근심하시고 가라사대 나의 창조한 사람을 내가 지면에서 쓸어버리되 사람으로부터 육축과 기는 것과 공중의 새까지 그리하리니 이는 내가 그것

---

54 통계학자들은 노아시대에 약 20억 명 정도의 인구가 있었을 것으로 추정하고 있다(World Population Since Creation, by Lambert Dolphin). 이 통계는 추정일 뿐 정확하다고 볼 순 없으니 그저 많았다는 의미 정도로 이해하자. 어쩌면 이보다 훨씬 많았을 수도 있다. 여러 상황과 변수를 고려하더라도 당시 지구상의 인구는 제법 많았음이 틀림없다.

55 '네피림사상'이란 당시 육신인 사람이 전능하신 하나님 대신 눈에 보이는 영웅을 숭배하였다는 의미로 <저자가 붙인> '영웅숭배사상'을 말한다. 네피림사상은 앞서 육신을 설명할 때 언급하였듯이 세상적 가치관을 의미하는데 크기(거인 혹은 네피림), 강함(용사), 명성(유명한 사람)을 추구하였던 것을 말한다. 라이프성경사전, 가스펠서브, 생명의 말씀사, 2006

을 지었음을 한탄[56]함이니라 하시니라" _창 6:5-7

앞서 창세기 6장에서는 홍수 심판 전에 노아 언약 곧 홍수 전(前) 언약(방주 언약)을 보여주셨다. 노아의 방주(Noah's Ark)는 예수[57] 그리스도를 예표한 것으로 이는 출애굽기 2장 3절의 '갈대상자(תֵּבָה, 테바, nf)'를 상징하기도 한다. 참고로 앞서 언급했듯이 창세기 9장에서는 홍수 후(後) 언약인 무지개 언약을 허락하셨다. 결국 노아 언약[58]이란 이중 언약으로 홍수 전(前) 언약(방주 언약)과 홍수 후(後) 언약(무지개 언약)으로 나눈다.

좋으신 하나님께서는 홍수 전 언약인 노아 언약 곧 방주언약을 주신 후(後) 홍수로 세상을 심판하시기 전(前)에 한 번 더 역사상 유일한 의인이신 예수 그리스도(방주의 실체이신)를 통해 구원이 주어지게 될 것을 이곳 7장 1절에서 말씀하고 있다.

"여호와께서 노아에게 이르시되 너와 네 온 집은 방주로 들어가라 네가 이 세대에서 내 앞에서 의로움을 내가 보았음이니라" _창 7:1

상기 구절에서의 "방주"와 "의로움"이란 예수 그리스도를 예표하고 상징하는 단어이다.

---

56 여기서 '한탄'의 히브리어는 니하메티(יְנִחַמְתִּי)로서 나함(נָחַם)에서 유래되었다. 후회라는 뜻도 있으나 "하나님은 후회가 없으시다"고 민수기 23장 19절은 말씀하셨다. NASB Lexicon을 보면 오히려 console oneself라는 의미로 훨씬 많이 사용되었음을 알 수 있다. 그러므로 하나님의 한탄(후회)이란 부성애적 표현으로 못난 자식을 바라보는 아버지의 마음을 스스로 달래셨다는 의미이다. 그렇기에 홍수 심판은 용서와 사랑을 내포한 회복을 원하신 아버지 하나님의 바람이었던 것이다. 1부 2강에서 잠깐 설명하였다.

57 예수(Jesus, Ἰησοῦς)는 히브리어 여호수아(יְהוֹשֻׁעַ, Jehoshua, the LORD is salvation)의 단축형인 요슈아(יֵשׁוּעַ, Joshua)의 헬라어 형태이다.

58 참고로 성경은 6대 언약으로 이루어져 있다. 아담 언약(창 3:15), 노아 언약(창 6-9장), 아브라함 언약(창 12, 15, 17장), 모세 언약(출 24:7-8, 34:27), 다윗 언약(삼하 23:5, 대하 13:5), 예수 그리스도 새 언약(사 42:6, 렘 31:31-34)이다.

전자의 단어 '방주'의 경우는 예수 그리스도를 상징하고 예표하는 것이 선뜻 이해가 되나 후자인 '의로움'의 경우에는 예수님의 의로움이 아니라 노아의 의로움을 의미하는 것처럼 보이기에 '그 의로움'이 예수 그리스도를 상징한다고 하는 것에 동의하기가 어렵다. 결국 창세기 7장 1절의 말씀은 노아가 당대에 의로웠다(창 6:9)라는 말이 아닌 것이다. 혹시라도 그렇게 들린다면 이는 성경의 전후 맥락을 놓친 결과이다. 팩트를 보면 노아는 당대의 사람들과 별반 차이가 없이 살아가던 사람(창 9:20-21)으로 그는 다만 여호와께 은혜를 입어(6:8) 의롭다 칭함(여겨주심, 하솨브, 로기조마이)을 입었던 사람이었다. 그렇기에 이 구절에서의 '노아의 의로움'이란 역사상 유일한 의인이신 예수 그리스도의 의로움으로 인해 '방주'를 상징하는 예수를 믿어 '의롭게 된 노아'를 말씀하고 있는 것이다. 즉 노아의 의로움이란 예수 그리스도로 인해 하나님께서 노아를 '의롭게 여겨주심(by 예수님의 의로움)'이라는 말이다.

하나님께서는 노아와 그의 아들 셈, 함, 야벳, 노아의 처와 세 자부 등 8명(7:13)과 함께 모든 정결한 짐승 "암수" 일곱씩, 부정한 것은 "암수" 둘씩, 공중의 새는 "암수" 일곱씩을 방주에 들이셨다. 놓치지 말아야 할 부분 중 하나가 '암수'라는 것이다. 노아의 가족 또한 '남녀'였다. 이는 하나님께서 천지창조 후 당신의 형상(쩨렘, 성품적 형상)을 따라 당신의 모양(데무트, 신체)대로 사람을 창조하실 때 '남성과 여성'을 만든 것을 강조한 것이다.

이를 '성(性)의 목적'이라고 칭한다. 그렇기에 노아를 통한 재창조(첫 창조의 회복)의 역사 가운데 다시 '남성과 여성', '암수(gynander 자웅(雌雄))'를 구분하며 강조함으로 성(性) 정체성(sexual identity)을 다시 일깨워주신 것이다.

홍수가 땅에 있을 때 노아의 나이는 600세였다(7:6). 40일간(7:4) 큰 깊음의 샘들이 마구 터짐과 동시에 하늘의 창들마저 활짝 열렸다(7:11). 그리하여 150일간이나 땅에 물이 창일하였다(7:24). 이후 땅으로 물이 빠지면서 방주가 아라랏산(아르메니아 지역)에 머물렀고 땅이 완전히 말라 방주에서 나오기까지 1년 12일(창 7:6, 8:13-14, 377일)을 방주 안에 있어야만 했다.

하나님은 홍수를 통해 당대의 모든 사람들을 심판하시고(창 7,8장) 심판 이후 노아와 그 가족들에게 "복을 주시며 그들에게 이르시되 생육하고 번성하여 땅에 충만하라 땅의 모든 짐승과 공중의 모든 새와 땅에 기는 모든 것과 바다의 모든 고기가 너희를 두려워하며 너희를 무서워하리니 이들은 너희의 손에 붙였음이니라 무릇 산 동물은 너희의 먹을 것이 될찌라 채소 같이 내가 이것을 다 너희에게 주노라(창 9:1-3)"는 말씀으로 복을 허락하셨다.

하나님은 거듭하여 "너희는 생육하고 번성하여 땅에 가득하여 그 중에서 번성하라(창 9:7)"고 말씀하셨는데 이는 창세기 1장 28절에서 "하나님이 그들에게 복을 주시며 그들에게 이르시되 생육하고 번성하여 땅에 충만하라 땅을 정복하라 바다의 고기와 공중의 새와 땅에 움직이는 모든 생물을 다스리라"고 말씀하신 명령과 동일한 것이다. 이를 가리켜 문화적 위임명령(cultural mandate)이라고 한다.

동일한 명령을 재천명하셨다는 점에서 노아 홍수 심판을 통한 창조를 창세기 1장의 창조에 대한 '재창조'라고 우리는 명명해왔다. 이는 인간 편에서 볼 때 하나님과의 바른 관계와 친밀한 교제를 할 수 있는 또 한 번의 기회가 주어졌다라는 것이다.[59] 결국 첫 창조 곧 에덴의 회복을 기대하는 하나님의 마음 곧 재창조에 대한 아버지 하나님의 마음을 노아 홍수 사건을 통해 잘 보여주신 것이다.

---

59 나는 이 부분을 오늘날의 입시 상황을 빗대어 하나님의 편에서 볼 때 '하나님의 재수시대'라고 하였다.

8장

괴짜의사 Dr. Araw의 쉽고 바르게 읽는 창세기 장편(掌篇) 강의
태초에 하나님이 천지를 창조하시니라 • 제1권 창세기의 파도타기(Surfing)

권념(זָכַר, 자카르, remember)하시는 하나님

하나님(엘로힘)이 ~권념(זָכַר, 자카르, remember)하사 바람(רוּחַ, 루아흐, nf, breath, wind, spirit, 출 14:21)으로 땅 위에 불게 하시매 물(심판을 상징)이 감하였고

홍수 심판은 그렇게 1년하고도 12일간이나 지속되었다(7:11, 8:14). 성경에서 '물, 바다'는 일반적으로 '심판, 환난, 고난'을 상징한다. 독특한 것은 물을 말릴 때 햇빛(태양신을 상징)이 아닌 '바람'으로 땅을 말리셨는데 이때 '바람'에 해당하는 히브리어는 루아흐(רוּחַ, nf, breath, wind, spirit)인데 곧 '성령님'을 가리킨다. 이는 출애굽기 14장 21절의 홍해를 '바람'으로 말렸던 사건이나 요단 강 물을 말리셨던 그 사건(수 4:22-23, 5:1)을 연결하여 유추해보면 쉽게 이해할 수 있다.

"모세가 바다 위로 손을 내어민대 여호와께서 큰 동풍으로 밤새도록 바닷물을 물러가게 하시매 물이 갈라져 바다가 마른 땅이 된지라" _출 14:21

한편 이곳 창세기 8장 1절에는 독특한 단어가 사용되었는데 바로 '권념'이라는 말이다. 이는 히브리어로는 자카르(זָכַר, v, remember)이며 명사 자카르(זָכָר, nm, adj, male)라는 단어에서 파생된 것으로 '권념(추억, 출 13:3)하다, 마음 속에 깊이 새기고 늘 기억하다(생각하다, 욥 7:7), 회상하다(시 63:6), 미래를 내다보고 생각하다(사 47:7)'라는 의미이다.

결국 하나님은 노아 언약을 통해 홍수를 이용하여 전 지구적 심판을 하셨으나 방주 안의 그 노아와 가족을 결코 잊지 않으셨다라는 말이다. 이후 하나님의 '권념'하심은 땅 위의 물을 말리기 위해 '바람'을 동원하는 것으로 나타난다.[60]

개역한글판에서 사용된 '권념'이란 단어는 '아버지 하나님의 우리를 향한 사랑의 의지'라는 의미를 가지고 있다. 즉 마음속으로 작정했던 계획을 잊지 않고 반드시 기억한다라는 말이다.

하나님은 방주 속의 노아와 그 가족을 한시도 잊지 않으셨다. 매사 매 순간 내내 눈동자처럼 지키셨으며 '권념'하셨다. 이런 '하나님의 권념'하심에 대한 노아의 신뢰는 당시 시원찮았던(?) 노아가 밀폐된 방주 속에서, 그것도 동물들과 무려 1년 12일 동안이나 하나님만 신뢰하며 견딜 수 있게 한 진정한 '동력'이었던 것이다.

---

60 바람으로 물을 말리는 장면은 훗날 출애굽기 14장 21절의 홍해사건과 연결되기도 한다. 두 장면은 모두 다 하나님의 '권념(창 8:1, 19:29, 30:22)'을 잘 나타내주고 있다. 창8:1절에는 권념이라는 단어가 나온다. 이는 마음속에 깊이 새기고 늘 기억하다(remember)라는 의미로 히브리어로는 자카르(זָכַר)라고 한다.

땅 위에 물이 마르자 노아는 까마귀와 비둘기를 동시에 내어 놓았다.

높은 곳에서 서식하며 양식을 구하는 특성을 가진 까마귀는 이미 높은 곳의 땅은 말랐기에 노아의 방주로 돌아오지 않고 왕래(往來, the come & go, to-ing & fro-ing)하였다. 반면에 낮은 곳이나 계곡에 서식하던 비둘기는 아직 낮은 곳의 땅이 마르지 않아서 이내 방주로 돌아왔다. 7일이 지나 비둘기를 내어 놓았더니 감람 새 잎사귀를 물고 옴으로 노아는 물이 그만큼의 높이로 감한 줄을 알았다.

나중에 땅이 저지대까지 완전히 마르게 되자 비둘기도 방주로 돌아오지 않았다. 그러자 드디어 땅 위까지 물이 마른 줄을 알고 마침내 방주로부터 땅으로 나와 감격스러운 첫 발걸음을 내디뎠다.

노아의 홍수를 가만히 복기해보면 '복음' 곧 '예수, 그리스도, 생명'이라는 흥미롭고도 감격스러운 사실을 발견하게 된다.

노아 홍수 심판은 하늘의 궁창과 땅의 샘들이 터지며 어마무시한 자연계의 대격변으로 주어졌다. 그 한가운데에서의 '방주 안의 삶'을 우리가 살아가는 한 번의 유한되고 제한된 '인생'이라고 한다면 바로 그 '방주'는 '예수 그리스도'를 상징한다. '홍수'란 한 번 인생 가운데 세상 속의 삶 가운데 일어나는 엄청난 세태와 격랑의 파도를 상징하며 '땅(아라랏산, 창 8:4)'이란 유한된 인생이 끝나면 반드시 들어가게 될 '미래형 하나님나라'를 상징한다. 결국 '노아 홍수 심판'은 우리가 한 번의 유한된 인생을 구원의 방주 되신 예수 그리스도 '안에서' 살다가 구원의 방주이신 예수 그리스도로 '인하여' 그날에 미래형 하나님나라에 들어가게 됨을 보여주는 예표인 것이다.

이는 출애굽의 과정과 광야를 통과하여 가나안에 이르는 여정과도 같다.

애굽	출애굽	홍해	광야	요단강	가나안
세상(사단)나라 영적 죽음	하나님나라 영적부활	세례 (고전 10:2)	지금 안식히 4장 현재형 하나님나라	육신적 죽음 (이동, 옮김)	남은 안식히 4장 미래형 하나님나라
종의 멍에 (갈 5:1) 죄의 종 노릇 죄와 사망의 법 (롬 8:1)	자유함 생명과 성령의 법	1~3)Savior 1)예수의 보혈로 죄 씻음 2)예수 그리스도 영접 3)연합 곧 하나 됨 4)Lord, Master	하나님의 뜻을 따라 하나님의 때를 기다리며 살아감. 예수 믿음 하나님의 계명	아날뤼오 영생에의 첫 관문, 첫 발자국 부활체(고전 15:42-44)	미래형 하나님나라에의 입성과 영생

놓치지 말아야 할 부분이 있는데 창세기 7장 1절과 8장 15절이다.

7장에서는 "여호와(야훼 엘로힘)께서 노아에게 이르시되"로 시작하면서 '역사의 주관자 하나님'께서는 노아로 하여금 방주에 들어가게 하셨다. 이는 택정함을 입은 자들을 향한 야훼 하나님의 강권적인 역사(구속을 통한 구원)하심이라는 의미가 내포되어 있다.

8장에는 "하나님(엘로힘)이 노아에게 말씀하여 가라사대"로 시작하면서 '전능주 하나님'께서 예수 그리스도를 상징하는 방주를 통해 노아를 구원하신 후 미래형 하나님나라를 상징하는 땅으로 들어가게 하심을 볼 수 있다.

이 두 부분의 주어를 묵상해보면 그저 '할렐루야'일 뿐이다. 전체를 이끌어가시는 창조주 하나님, 전능주 하나님이신 엘로힘과 세미하게 모든 디테일을 이끌어 가시는 역사의 주관자 야훼 하나님을 생생하게 느낄 수 있기 때문이다.

엘로힘(전체를 주관)	야훼 엘로힘(디테일을 주관)
Omni-potent God 창조주 하나님 전능주 하나님	Omni-scient God Omni-present God Omni-personal God 역사의 주관자 하나님
방주에서 땅으로!	홍수 심판(둘째 사망, 영벌)을 피해 방주로!
방주(J.C)를 통해 땅(미래형 하나님나라에의 입성)으로 오게 하심	방주에 태우셔서 홍수 심판을 면하게 하심 -구원자 예수를 그리스도, 메시야로 이 땅에 보내셔서 우리를 죽음에서 살리심
예수 그리스도 새 언약의 완성 곧 재림	예수 그리스도 새 언약의 성취 곧 초림

한편 방주에서 나온 노아는 가장 먼저 단을 쌓아 번제를 드렸다(창8:20). 그러자 하나님은 그 향기를 흠향하시고 다시는 사람으로 인하여 땅을 저주하지 않겠다(8:21)라고 약속하신다. 그만큼 노아 홍수를 통한 '재창조'를 향하신 하나님의 기대가 크지 않았을까라는 생각이 든다. 특별히 이 대목을 읽다 보면 마치 에덴동산의 추억을 회상하시는 듯한 하나님의 표

정을 면전에서 보는 것 같은 느낌이 들곤 한다.

창세기 8장 21절 후반부에서는 "내가 전에 행한 것(홍수) 같이 모든 생물을 멸하지 아니하리라"고 하시며 하나님은 향후에는 심판이 있더라도 '다른 방법'으로 심판(심판과 신원)하실 것을 암시하셨다. 즉 피조물을 멸하는 것이 아니라 예수 그리스도의 십자가 보혈을 통한 구속을 계획하신 것이다.

이는 '복음의 이중적 의미'를 말하는 것으로 믿으면 '구원(신원)'이지만 믿지 않으면 '심판(유황 불못 심판)'을 받게 되는 것을 가리킨다. 곧 초림의 예수 그리스도를 믿으면 구원(방주 안으로 들어가는 것)이지만 믿지 않으면 방주 안으로 들어가지 않은 것이기에 홍수 심판을 받듯이 유황불못 심판을 받게 된다라는 것이다. 결국 예수 그리스도를 믿지 않은 그들은 이미(지금도) 심판을 받은 것이요 장차 심판을 받을 것이다.

결론적으로 하나님의 말씀은, 이제 후로는 전 지구적인 홍수 심판은 없으나 "심음과 거둠, 추위와 더위, 여름과 겨울, 낮과 밤" 등등에서 보듯 한 번 인생에서의 고난과 환난은 계속되다가 육신적 죽음 이후에는 백보좌 심판이라는 최종적인 심판이 주어질 것을 드러내신 것이다.

또한 노아 홍수 때 방주(예수 그리스도 예표)에 들어가 방수만을 의지했던 노아의 식구들이 종국적으로는 구원을 얻게 된 것처럼 우리 또한 아직은 already이나 not yet인 종말 시대를 살아가며 세상 속에서 방주를 의미하는 예수님의 십자가 보혈을 통해 '믿음'만을 붙잡고 나아가게 되면 지금도 영생을 누릴 뿐만 아니라 앞으로도 영원히 영생을 누리게 될 것을 말씀하고 있다.

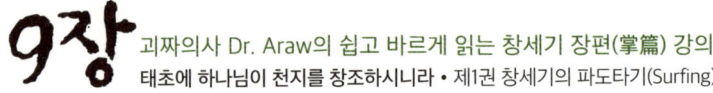

홍수 후 언약-무지개 언약; 내가~

방주에서 나오자마자 노아는 하나님께 제단을 쌓은 후 모든 '정결한' 짐승 중에서와 모든 '정결한' 새 중에서 취하여 번제를 드렸다.

부정한 것이 아니라 '정결한' 것으로…….

여기에는 예수 그리스도의 십자가 보혈이 상징하는 의미가 내재되어 있다. 정결한 짐승이 대신 죽어 부정한 것을 정결케 하듯이 죄가 전혀 없으신 '정결하신' 예수님은 부정한 우리들을 대신하여 (휘페르) 죽으심으로 부정한 우리가 정결케 된 것(마 9:20-22, 눅 7:11-17)이다.

노아 홍수 후 하나님은 노아와 그 아들들에게 복을 주시며 생육하고 번성하여 땅에 충만하라고 하셨다(9:1-2, 7). 이는 창세기 1장 28절의 말씀과 정확하게 일치한다. 더 나아가 노아 홍수 이전과는 달리 홍수 이후에는 고기(육류)를 식물(양식)로까지 주셨다.

이런 하나님의 약속은 의도적으로 증인의 수를 나타내는 '2(두 가지, 확증이라는 의미)'라는 숫자를 통해 노아와 홍수 이후의 오고 오는 사람들에게 언약으로 확증하셨는데 바로 '내가'라는 단어와 '무지개 언약'이라는 두 단어이다.

첫째로 하나님은 무지개를 보여주심으로 당신의 약속을 확증하셨는데 곧 '무지개 언약'이다. 이는 '무지개'와 '활'을 통해 창조주 하나님, 역사의 주관자 하나님, 심판주 하나님을 보여주신 것이다.

참고로 '무지개(קֶשֶׁת, nf, a bow)'는 rainbow로서 비(rain)와 활(bow)의 합성어이다. 이는 비(rain)가 그친 후 활(bow)모양의 영롱한 일곱 빛깔의 형상이 나타나는 것을 가리킨다. 한편 '무지개'와 '활'은 그 히브리어 단어가 동일한 케세트(קֶשֶׁת, nf, a bow)이다.

구약에서 '활(קֶשֶׁת, nf, a bow)'은 '용사의 무기'로 사용되었다. 그렇기에 출애굽기 15장 3절은 "여호와는 용사시니"라고 말씀하시며 용사가 싸우는데 필요한 무기가 바로 활과 화살임을 드러내고 있다. 하박국 3장 9절에는 용사이신 "주께서 활을 꺼내시고 살을 바로 발하셨나이다"라고 말씀하셨다. 창세기 49장 24절에는 "야곱의 전능자의 손을 힘입은 요셉의 활이 견강하다"라고 말씀하고 있다.

그리고 '무지개'의 경우에는 "여호와의 영광의 형상의 모양이라(겔 1:28)"고 말씀하셨다. 요한계시록 4장 3절, 10장 1-2절에는 무지개가 '예수 그리스도'로 상징되어 있다.

무지개(קֶשֶׁת, nf, a bow); rainbow=비(rain)+활(bow)의 합성어	
무지개(קֶשֶׁת, nf, the rainbow)	활(קֶשֶׁת, nf, a bow)
"여호와의 영광의 형상의 모양이라 (겔 1:28)"	"여호와는 용사시니(출 15:3)" 용사의 무기가 바로 활과 화살
무지개; '예수 그리스도'로 상징 (계 4:3, 10:1-2)	용사이신 "주께서 활을 꺼내시고 살을 바로 발하셨나이다(합 3:9)"
	"야곱의 전능자의 손을 힘입은 요셉의 활이 견강하다(창 49:24)"

둘째로 이곳 창세기 9장에는 독특하게 반복되는 단어가 눈에 띄는데 곧 "내가~"라는 말이다. 이 단어는 무려 10회(만수, 완전수)나 반복되어 나오는데 그 주체가 바로 하나님이시다. 여기에는 하나님의 일방적 언약 곧 은혜언약이 내포되어 있으며 그 언약은 하나님께서 곧 '내가' 직접 세워 나가겠다(세우리니, 세우리니, 세우는 세운, 10, 11, 12, 17)라는 것을 가리킨다. 여기서 '세우다'에 해당하는 히브리어가 바로 쿰(קוּם, v, to arise, stand up, stand, accomplished, fulfilled) 혹은 나탄(נָתַן, v, to give, put, set)이다. 이는 '하나님의 일방적 의지의 발현'으로서 '하나님의 직접적 행동'을 가리킨다.

상기의 두 부분을 연결하면 무지개 언약이란 '용사이신 예수 그리스도'의 새 언약을 가리키는 것으로 성취(초림)와 완성(재림)이 내재되어 있다. 요약하면 이곳 창세기 9장에서는 하나님의 은혜언약인 일방적 언약을 증인의 수인 '2(두 가지, 확증이라는 의미)'로 확증해 주셨는데 "내가~"라는 단어와 "무지개언약"이라는 것이다. 그리하여 아담 언약을 갱신하시며 노아를 향해 생육하고 번성하며 땅에 충만하라는 노아 언약의 복을 주셨던 것이다(창9:1-7).

그러나 얼마가지 못해 19-20절에 이르면 육체(육신, 창6:3) 상태였던 노아는 홍수 전의 '그 포도주'를 잊지 못하고 큰 실수를 저지르고 만다.

9장 21절의 첫머리에는 한글로 번역할 때 누락된 히브리어가 있는데 바로 정관사(the)로 쓰이는 '헤(ה)'이다. '그 포도주'에 해당하는 히브리어는 '헤 아인(הַיַּיִן)'[61]인데 이는 홍수 전부터 노아가 쭉 마셔왔던, 홍수 이전에 노아에게 익숙했던 바로 '그 포도주'를 말하는 것이다.

참고로 이곳은 성경에서 '포도주'가 처음으로 언급된 곳이기도 하다. 여기서는 노아를 통해 술의 위험성과 술의 무절제함을 통한 술취함의 결과가 자신의 수치와 자식의 저주를 초래하게 됨을 큰 소리로 경고하고 있다. 결국 술취함은 단정함, 절제, 성실함을 잃게 하는 것으로 하나님에 대해, 동시에 주변 사람들에 대해 죄를 짓는 것이고 더

---

61 창9:21절에는 "포도주를 마시고 취하여~"라는 말이 나온다. 이때 포도주(יַיִן, wine)라는 한글 번역에 앞부분에 빠진 히브리어가 정관사 헤(ה, the)인데 그 포도주로서 이는 노아가 홍수 전에 마셔왔던 익숙한 포도주를 다시 마셨다는 의미이다.

나아가 자신까지도 망가뜨려버릴 수 있음을 경고하는 것이다.

"노아가 농업을 시작하여 포도나무를 심었더니 "그 포도주(הַיַּיִן)"를 마시고 취하여 장막 안에서 벌거벗은지라"_창 9:20-21

여기서 '벌거벗은지라(גָּלָה, 갈라흐, v)'가 드러내고 있는 행동거지(行動擧止)는 술취함으로 말미암은 무의식적인 결과가 아니라 고의적인 행동이었음을 학자들은 지적하고 있다.[62] 이는 '그 포도주'와 함께 홍수 전 노아의 생활방식을 살짝 엿볼 수 있는 부분이기도 하다.

앞서 노아에 대해 언급해왔듯 상기의 지적들은 노아 역시 홍수 전 당대의 세상 사람들과 크게 다르지 않았음을 방증하는 것이다. 그렇기에 창세기 6장을 해석하면서 "노아는 의인이요 당세에 완전한 자라 그가 하나님과 동행하였으며(창 6:9)"에 방점을 두면 전체 해석의 방향이 엇나가 버리는 것이다. 반면에 창세기 6장 8절의 "그러나 노아는 여호와께 은혜를 입었더라"에 방점을 두면 '벌거벗은지라'는 말이나 '그 포도주'에 해당하는 '헤아인(הַיַּיִן)'이라는 말과 잘 상통하게 된다. 그러면 6장과 9장의 해석이 매끄럽게 연결되어 전혀 충돌이 되지 않는다.

한편 여전히 지난날의 육체적 습관을 버리지 못했던 인간 노아는 자식을 양육하는 데도 부족한 점이 많았다. 왜냐하면 그의 아들이었던 함도 문제가 많았지만 함의 자손 구스를 통하여는 니므롯이라는 영악한 인물이 나왔기 때문이다. 바로 그 니므롯이 바벨탑을 쌓는 일을 주도했던 인

---

62 <창세기 강해>, 아더 핑크/정충하옮김, 크리스천 다이제스트, 2016, p131-133

물이었다. 특별히 영적 패밀리에서의 자식 교육에 대한 중요성이 여기에 있다. 자식 교육에 있어서는 요엘서 1장 3절의 말씀이 무겁게 다가온다.

"너희는 이 일을 너희 자녀에게 고하고 너희 자녀는 자기 자녀에게 고하고 그 자녀는 후시대에 고할 것이니라"_욜 1:3

더하여 호세아 4장 6절에는 "내 백성이 지식이 없으므로 망하는도다 네가 지식을 버렸으니 나도 너를 버려 내 제사장이 되지 못하게 할 것이요 네가 네 하나님의 율법을 잊었으니 나도 네 자녀들을 잊어버리리라"고 하시며 자녀교육의 중요성을 거듭 강조하셨다. 사사기 2장 10-11절로 가면 자녀교육 부재로 인한 더 무서운 역사적 사실을 그대로 보여주고 있다.

"그 세대 사람도 다 그 열조에게로 돌아갔고 그 후에 일어난 다른 세대는 여호와를 알지 못하며 여호와께서 이스라엘을 위하여 행하신 일도 알지 못하였더라 이스라엘 자손이 여호와의 목전에 악을 행하여 바알들을 섬기며"_삿 2:10-11

자식과 자손에 대한 신앙의 교육부재는 엄청난 결과를 초래하게 된다. 그 결과 죄에 대한 민감성이 떨어진 자손들은 점점 더 죄를 짓게 됨으로 돌이킬 수 없는 지경에까지 이르게 되고 만다. 그로 인한 참담한 결과를 창세기 9장의 후반부에서 잘 보여주고 있다.

학자들은 창세기 9장의 후반부(18-29)를 가리켜 '노아의 족장 선언'이라고 명한다. 이는 함이 죄를 지음으로 인해 그 자손인 가나안 자손이 참담한 일을 겪게 되는 예언적 성격으로서의 이야기이다. 그렇다고 하여 함이 죄를 짓고 가나안은 죄를 안 지었음에도 불구하고 부모의 죄가 자식에게 유전된 것이라는 말과는 전혀 다르다. 함도 죄를 지었고 신앙교육의 부재로 그 자손인 가나안 또한 죄를 지어 '노아의 족장 선언'이 그대로 이루어 졌음을 말하는 것이다. 잘못 이해하여 소위 "가계에 흐르는 저주를 끊으라"는 유의 해석으로 가버리면 곤란하다.

다시 정리하면 함의 인식세계나 가치관 등등이 그 자손인 가나안 족(族)에게 그대로 이어져 계속 답습(자식은 부모의 등을 보고 자란다)되었기에 하나님은 노아를 통해 경계로 주시며 예언적으로 창세기 9장 25-27절을 통해 노아가 족장 선언을 한 것이라는 말이다.

창세기 9장 25-27절의 말씀은 이미 구약을 잘 알고 있는 우리에게는 더욱더 전율을 느끼게 한다. 왜냐하면 노아의 족장 선언은 먼 훗날 가나안 입성을 통해 그대로 성취되었기 때문이다.

세월이 흘러 이스라엘(셈과 야벳족)이 출애굽 후 가나안 땅에 들어갔을 때에는 이미 그곳에 가나안 족(함의 후예)들이 먼저 가 살고 있었다. 그들은 '노아의 족장 선언' 그대로 그곳의 땅을 미리 개간한 상태였다. 이는 마치 종이 가나안 땅에서 거친 땅을 개간 후 주인을 기다리기라도 하듯 종의 역할을 잘 감당한 것이라는 의미이다. 그리하여 주인으로 선언되었던 이스라엘 백성(셈과 야벳족)이 종의 역할로 선언되었던 함족의 후예가 개간한 땅에 들어가 살게 된 것이다. 놀라운 예언(노아의 족장 선언)의 결과를 성경과 역사를 통해 목도하고 있는 우리는 '노아의 족장 선언'이라는 하나님의 말씀에 더욱 허리띠를 두르게 된다.

돌이켜보면 하나님은 인간에게 처음으로 주셨던 창세기 3장의 아담 언약(3:15)을 잊지 않으시고 창세기 6장과 9장에서 '아담 언약의 이행'으로 노아 언약(창 9:1, 6:18, 9:9-17)을 주셨고 그리하여 창세기 9장 1절에서는 아담 언약의 갱신을 허락하셨다. 이 노아 언약은 이중 언약으로서 홍수 전 언약(방주 언약, 창 6:18)과 홍수 후 언약(무지개 언약, 창 9:9-17)을 말한다.

역사의 주관자이신 하나님은 에덴에서 쫓겨난 인간이 점점 더 곁길로 가는 것을 보며 마음이 아프셨다. 가인은 동생 아벨을 죽인 것도 모자라 창세기 4장 16절에 이르면 하나님을 더 멀리 떠나버렸다. 게다가 가인의 후예들은 그 이름들[63]의 의미로 짐작하건대 하나님을 몰랐을 뿐만 아니라 악하고 강포하기까지 했다. 또한 하나님의 명령인 일부일처제를 아무 거리낌없이 어겼으며 세상의 아름다움을 추구하면서 그 길로 나가버렸다.

그런 인간들의 배신은 아버지 하나님의 아픔을 더욱 배가(倍加)시켰다. 그러나 신실하신 하나님은 당신의 일방적 약속인 아담 언약을 끝까지 잊지 않으셨다.

앞서 언급했듯이 창세기 6장에서는 "사람이 땅 위에 번성하였다"라고 말씀하셨다. 이 말은 지구상에 인구가 급속도로 비약적으로 늘어났음을 말한다. 동시에 인간들의 죄악은 더욱더 많아져 온 세상에 가득 찼고 마음의 생각은 항상 악했다. 이에 하나님은 '재창조'에 대한 기대로 홍수 심판을 결심하셨다. 그리하여 지면의 모든 사람을 쓸어버릴 것을 작정하신 것이다. 그러나 하나님은 아담언약을 기억하고 계셨기에 신실하신 하나님은 당시 세상 사람들과 별반 차이 없이 살아가던 노아를 '은혜로 택하

---

63 에녹의 아들 이랏은 도망자이며 손자인 므후야엘은 하나님이 징계하셨다라는 뜻이다. 그 후손인 므드세엘은 지옥의 아들이라는 뜻이며 일부일처를 최초로 어겼던 라멕은 포학자라는 뜻이다.

셔서' 노아 언약을 허락하셨던 것이다(창 6:8). 이리하여 노아 언약이 주어 졌는데 아담 언약과 마찬가지로 노아 언약 또한 태초부터 일관된 하나님의 전적인 일방적인 은혜를 보여주신 것이다.

홍수 이후 역사의 주관자이신 하나님은 당신의 섭리 하 경륜[64]을 계속하여 이어가심으로 당신의 신실하심을 보여주셨다. 그리하여 신실하신 하나님은 창세기 12장부터 나오는 아브라함 언약이나 아브라함으로부터 약 500년 후의 모세 언약, 그리고 통일왕국의 2대 왕 다윗 언약을 거쳐 종국적으로 예수 그리스도의 새 언약을 성취하시고야 만다.

인간들의 거듭되는 배신에도 불구하고 신실하신 하나님은 끝까지 당신의 언약을 지키셨고 정확하게 당신의 때에 인간의 구속을 성취하셨던 것이다.

---

64 경륜(經綸, οἰκονομίαν, administration, 섭리, 주권적 계획 혹은 청지기, stewardship)이란 하나님의 통치를 뜻한다. 이는 역사에서 일어나는 크고 작은 모든 일들이 이해가 되든 안 되든 하나님의 섭리와 계획으로 이루어지며 그 모든 것이 그분의 허락하에서 이루어진다는 의미이다. 경륜에 해당하는 헬라어 '오이코노미아'에서 생태계(ecology)와 경제(economy)라는 단어가 파생되었다. 뒤집어 말한다면 하나님의 경륜을 인간들이 무시하고 무너뜨릴 때 경제는 여지없이 무너져 내려 빈부 격차가 심해지고, 생태계 또한 파괴되어 전 지구적으로 몸살을 앓게 되는 것이다.

10장

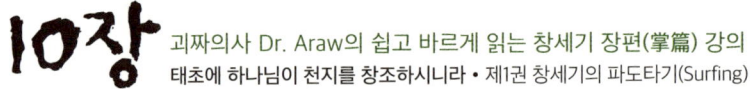

괴짜의사 Dr. Araw의 쉽고 바르게 읽는 창세기 장편(掌篇) 강의
태초에 하나님이 천지를 창조하시니라 • 제1권 창세기의 파도타기(Surfing)

셈, 함, 야벳의 톨레도트 그리고 벨렉-세상이 나뉘다

창세기 10장은 "노아의 아들 셈과 함과 야벳의 후예는 이러하니라"로 시작한다. 후예라는 것은 '계보, 기원'이라는 것으로 '족보[65](תּוֹלְדָה, nf, 톨레도트) 이야기'라는 것이다. 이곳의 아들들은 모두 70명으로 셈(10:21-31)의 계보가 26명, 함(10:6-20)의 계보는 30명, 야벳(יָפֶת, 창대함, 창 10:2-5)의 계보가 14명으로서 그 숫자를 보면 의미가 깊다.

먼저 우리는 70이라는 숫자에 주목해야 한다. 70이란 7×10으로서 약속의 수, 언약의 수, 완전수, 맹세의 수인 7(일곱)과 만수, 완전수인 10(열, ten)으로 되어있다. 결국 70이란 택정함을 입은 많은 하나님의 언약의 백성들을 가리킨다. 곧 노아 언약을 통한 노아의 아들들 70명이

---

[65] 족보란 톨레도트(תּוֹלְדָה, nf, generations, genealogical registration/from יָלַד, v, 야라드, to bear, bring forth, beget, 창 10:1, 37:2)로서 계보, 기원, 이야기라는 의미이다.

란 단순히 문자적인 숫자가 아니라 택정함을 입은 하나님의 언약의 백성들을 중심으로 역사를, 그리고 인류를 이끌어 가시겠다라는 하나님의 섭리(providence) 하 경륜(administration)으로 당신의 작정(decree)과 예정(predestination)이 내포되어 있는 말이다.

노아 홍수 후 '하나님의 재창조'는 셈, 함, 야벳으로 이어져 황인종, 흑인종, 백인종으로 오늘에까지 이르게 된다. 노아 부부에게서 그렇게 세 인종이 갈린 것을 두고 지역적 환경설, 유전자 집적현상 등등 이론이 많으나 필자는 여기에 관심을 두고 싶지 않다. 왜냐하면 하나님이 하시면 하나님은 모든 것을 하시기 때문이다. 다만 하나님께서 그렇게 노아의 자식들을 온 지구상으로 흩으신 것은 당신의 섭리 하 경륜에 따른 선교적 명령을 따라 살도록 한 것이다.

오죽했으면 노아 홍수 후 셈, 함, 야벳 족속을 통해 인류를 흩으신 것도 모자라 11장의 바벨탑 사건을 통해서도 인류를 온 지면에 흩으셔서 당신의 섭리 하 경륜, 작정과 예정을 이끌어 가게 하셨을까……

함의 후손 중 주목해야 할 두 이름이 있다.

첫째는 함의 자손 중 가나안(창 10:6)이다. 바로 그 가나안 족속이 일곱 (10:16-17, 헷, 여부스, 아모리, 기르가스, 히위, 가나안, 브리스족속)인데 그들은 셈족과 야벳족보다 먼저 팔레스타인에 들어가 땅을 개간했다. 그러함으로 함족은 창세기 9장(25-27)에서의 '노아의 족장 선언'의 성취를 보여주는 그 일에 쓰임을 받았다.

둘째는 역시 함의 자손(함의 장남 구스의 아들, 대상 1:10) 중 특이한 사냥꾼으로 불린 "니므롯(반역자, 불법한 자, 살후 2:8)"이라는 걸출한 인물이다. 그가 바로 바벨탑을 건축한 인물이다. 그를 표현할 때 사용된 단어가 특이하다.

"여호와 앞에서 특이한 사냥꾼(창 10:9)"에서의 '특이한(용감한, mighty, 창 10:8-9(#3), 대상 1:10)'에 해당하는 히브리어는 기보르(גִּבּוֹר, 우두머리, strong, mighty, great)인데 이는 '스스로를 높이며 모든 신보다 크다(단 11:36-37)'라고 하면서 자신의 이름을 드높이는(하나님의 영광을 가로채는, 살후 2:4) 적그리스도적 행태가 내재된 이름이다. 그는 창세기 11장 2절에 의하면 "동쪽으로부터(동방으로, from the east) 옮기다가" 시날 평지를 만나 거기에 거류했던 자로서 소위 '해 뜨는 곳' '동쪽'으로부터 등을 돌렸던 자였다.

세상에 처음 있었던 걸출한 인물, 니므롯(נִמְרוֹד, a son of Cush and founder of the Bab. Kingdom)이라는 이름에서 '신(神, 바벨론의 군신(軍神))'이라는 의미의 '므로닥(מְרֹדָךְ, Evil Merodak: "man of Merodach," son and successor of Nebuchadnezzar, 렘 50:2, 52:31, 왕하 25:27, 사 39:1) 혹은 마르둑(a god e.g. Marduk)'이라는 단어가 파생되었다. 참고로 히스기야가 병들었을 때 바벨론 왕 '므로닥발라단'이 글과 예물을 보냈던 적이 있는데 바벨론 왕의 이름에는 그들의 신의 이름인 므로닥이 종종 나타나 있다(에윌므로닥, 므로닥발라단 등등).

한편 니므롯은 시날 땅(두 강 사이) 곧 티그리스 강과 유프라테스 강 사이의 충적토로 이루어진 바벨론 평지에 거주했다. 그리하여 고대 세계의 문명(메소포타미아 문명)을 선도했으며 바로 이곳에 바벨탑을 쌓았던 것이다.

참고로 하나님을 떠날 뿐만 아니라 하나님을 대적함으로 '하나님의 원역사(창 1-11장)가 닫혀버린 세 사건이 창세기 3장 5절의 '하나님과 같이' 되려는 사상과 창세기 6장 4절의 '네피림 사상', 그리고 이곳 창세기 11

장 4절의 '바벨탑 사상'이다.

셈의 후손 중에는 주목해야 할 인물 중 하나가 그의 세째 아들(창 10:22)인 아르박삿(אַרְפַּכְשַׁד, 영역, boundary, 10:22)이다. 그는 셀라(שֶׁלַח, 보냄을 받은 자, 햇가지, 확장, send away or sent, sprout, outstretching, from שָׁלַח, v, to send)를 낳았는데 그 이름 뜻을 보면 이때 셈족이 여러 지역으로 퍼져 나갔음을 알 수 있다.

셀라는 에벨(עֵבֶר, 에베르, 강을 건너온 자, the (land) beyond (the river), the one who crossed over, 건너편, region beyond/from עָבַר, v, to pass over, through or by, pass on)을 낳았는데 이는 '히브리'라는 단어의 어원과 동일(perhaps eponym of Hebrews, form inferred from עִבְרִי, compare references there)하다. 이는 히브리인(창 14:13, 처음으로 언급)의 조상인 아브라함이 죄악의 땅을 떠나 '유프라테스 강'을 건너온 자임을 상징적으로 드러내고 있는 말이다.

에벨은 두 아들 곧 벨렉과 욕단을 낳았다. 벨렉(פֶּלֶג, 펠레그, a son of Eber/ from פָּלַג, v, 팔라그, to split, divide) 때에 세상이 나뉘어졌는데(창 10:25) 그때가 바로 바벨탑 사건 후 세상이 나뉘어진(창 11:8) 시기이다. 이로 보아 10장과 11장은 순차(循次, sequential)대로 쓰여진 것이 아니라 그 순서(역사의 시간)가 혼재되어 있음을 알 수 있다. 또한 바벨탑으로 인해 온 인류가 흩어진 것이 하나님을 대적한 '바벨탑 사상'으로 인한 벌(罰, punishment)이라기보다는 하나님의 섭리 하 경륜, 작정과 예정의 일환이었음을 알 수 있다.

창세기 10-11장의 전체 흐름인 노아로부터 아브라함에 이르기까지의 자연스런 계보가 눈에 들어오려면 니므롯과 바벨탑 이야기가 기록된 창세기 10장 8-12절과 11장 1-9절은 삽입구로 읽어야 한다. 한편 셈의 후손은 아르박삿, 셀라 그리고 에벨로 이어져 그 에벨의 두 아들 중 벨렉의 후손이 바로 데라와 아브라함으로 이어진다(창 11:16-26).

창세기 10장이 노아 아들들의 족보에 대한 기록이라면 11장은 바벨탑 이야기이다.[66] 바벨탑으로 인해 하나님은 온 세상의 언어를 혼잡케 하셨을 뿐만 아니라 그들을 사방으로 흩어 버리셨다. 당시 그들의 행동을 지켜 보아야만 했을 아버지 하나님의 마음은 지난날 노아 홍수 심판을 바라보셨을 그때만큼이나 아팠을 것 같다.

역사의 주관자 하나님은 당시 노아 홍수때처럼 당장이라도 심판하실 수 있었으나 노아 언약 곧 무지개 언약대로 그렇게 하지 않으셨다. 대신 그들을 지면에 흩으심으로 선교의 명령(복음 곧 예수 그리스도를 통한 구원과 심판)을 담은 당신의 또 다른 경륜을 이어가셨다. 이는 홍수 심판 후 "내가 전에 행한 것 같이(창8:21)" 모든 생물을 멸하지 않겠다고 하신 그 약속을 이행하신 것이었다. 더 나아가 장차 예수 그리스도를 통한 구원계획을 허락하신 것이었다. 곧 신실하신 하나님은 아담 언약(창 3:15)을 기억하시고 홍수 심판 후 무지개 언약을 주시며 향후에는 다른 심판 방법(예수를 믿으면 구원이요 믿지 않으면 심판)을 허락하셨던 것이다. 그리하여 인류를 구원하시기 위한 하나님의 계획은 종국적으로 '예수, 그리스도, 생명' 곧 '복음'으로 나타나게 되었다.

---

66 창10:5, 10:21-25절, 11:8-9절을 보면 하나님께서 사람을 지면에 흩으시는 것이 나온다. 족보를 통하여 셈의 아들 아르박삿의 손자 에벨(Hebrew, 건너온자, עָבַר, alienate)은 두 아들을 낳는다. 하나가 벨렉('나눔'이란 뜻, divided, פֶּלֶג)이요 나머지가 욕단이다. 바로 10장 벨렉의 때에 바벨(혼돈, 11:6-9)탑사건(11장)으로 세상이 나뉘어지고 사람들이 흩어지게 된다. 그러므로 창세기 10장과 11장은 시간 순서가 아니고 의미순서인 듯 보인다.

태초의 삼위하나님, 태초에 공동 천지창조 사역

당신의 형상을 따라 당신의 모양대로 사람을 만드심

남성과 여성, 그리고 성(性) 정체성과 성(性)의 목적

에덴동산, 그리고 살롬(에이레네)

인류의 타락과 죄

구속과 구원을 위한 하나님의 아들, 독생자 예수

구원자 예수

그리스도, 메시야이신 예수

신인 양성의 하나님

성육신

Messianic Secret

Messianic Sign

십자가 고난, 죽음, 그리고 부활

예수 그리스도 새 언약의 성취(초림)

현재형 하나님나라

승천

예수 그리스도 새 언약의 완성(재림)

미래형 하나님나라

삼위하나님과 더불어 영생을 누림

11장

괴짜의사 Dr. Araw의 쉽고 바르게 읽는 창세기 장편(掌篇) 강의
태초에 하나님이 천지를 창조하시니라 • 제1권 창세기의 파도타기(Surfing)

바벨탑 사상

창세기 1-11장을 가리켜 하나님의 원역사[67](Original History, Primeval History, Urgeschichte)라고 하는데 이는 에밀 브루너[68](Emil Brunner, 1899-1966)가 사용했던 단어이다. 이곳 창세기 11장에 오면 인간의 교만은 극에 달하여 다시 시날(שִׁנְעָר, 두 강(티그리스와 유프라테스 강 사이)평지의 바벨탑으로 나타난다. 이 일에 쓰임을 받은 인물이 니므롯(נִמְרוֹד, 반역자)이다.

---

[67] 원역사란 성부하나님께서 직접 구속사를 이루실 예수님의 삶, 죽음, 부활을 계시하고 있는 부분으로 '아주 오래된 일, 옛날에 있었던 일'의 역사이다. 즉 성부하나님께서 원역사를 통해 하나님나라(현재형, 미래형)의 회복(에덴, 첫창조의 회복)을 위해 당신의 열심을 작정과 예정, 섭리 하 경륜에 따라 직접 보여주신 역사이다. 이후 하나님의 열심은 선민 역사를 통해 보편 인류의 역사(History)를 이어가셨다. 곧 창조된(the created) 인류가 죄로 인해 타락한(the fallen) 인류가 되어 삼위하나님의 창조목적을 잃어(에덴의 상실)버렸다. 이에 하나님은 당신의 열심을 작정과 예정, 섭리와 경륜에 따라 타락한 인류를 구원자 예수 그리스도로 인해 구속된(the redeemed) 인류 곧 구원받은(the saved) 자로 회복시키신다. 그리하여 하나님께서는 첫 창조 회복인 재창조된(the recreated) 인류를 미래형 하나님나라에 들이셔서 영생을 누릴 것을 계시한 역사이다.

[68] 에밀 브루너(Emil Brunner, 1899-1966)는 스위스 신학자이자 취리히대학 조직신학, 실천신학교수이며 <자연과 은총, Natur und Gnade>이라는 저서가 있다.

참고로 '앗수르(אשור, 번영하다, 기쁘다, step, going)'는 원래 셈족(창 10:22)으로 서진정책을 추진함으로 고대의 강국이 되었던 나라이다. 우리가 잘 알고 있는 '니느웨(Nineveh, 요나 선지자는 이 도시가 망하기 200년전에 이곳에서 복음을 전했다, 욘 3:4-10)'라는 도시는 산헤립 시대(BC 705-681) 앗수르의 수도였다. 이후 셈족의 앗수르는 함족의 니므롯에게 점령당한 후 점점 더 곁길로 나아감으로 결국 하나님의 심판을 받았다(사 10:12-16, 14:24-25).

한편 나와 공저자는 11장의 하나님을 대적하는 바벨탑 건축을 가리켜 '바벨탑 사상 혹은 바벨탑 우상'이라고 명명했다. 그들은 성(城)과 대(臺)를 쌓아 대 꼭대기를 하늘에 닿게 하여 자신의 이름을 내고 온 지면에 흩어짐을 면하려고 했다. 이는 우상숭배의 또 다른 얼굴이요 하나님의 섭리하 경륜을 대적하는 악한 행위였다. 여호와께서는 이런 그들의 반역을 보시고 다시 개입하셨다(창 11:4-5).

여기서 "성과 대를(지구라트, Ziggurat) 쌓았다"라는 것은 '우상숭배'를 의미하며 "대 꼭대기를 하늘에까지 닿게 했다"라는 것은 인간의 힘으로 하늘에 갈 수 있다는 '지독한 교만'을 말한다. 결국 '바벨탑'을 쌓은 것은 하나님을 저버린 지독한 우상숭배 행위이자 하나님을 대적한 지독한 교만의 발로(發露)였다.

바벨탑을 쌓았던 인간의 행위를 좀 더 깊이 살펴보자.

창세기 28장 12절을 보면 이곳 바벨탑 이야기와 비슷한 이미지가 연상되는 '하늘과 땅 사이의 사닥다리 이야기'가 나온다. 이는 벧엘에서 있었던 야곱의 꿈 이야기이다. 당시 어쩔 수 없이 아버지 이삭의 집을 떠나야만 했던 야곱은 하란으로 가던 중 벧엘에 이르러 지쳐서 잠을 자다가 꿈에 하늘로부터 자신에게로 내려온 사닥다리를 보았다. 거기에는 "하나님의 사자가 오르락 내리락" 하고 있었다. 이는 하늘의 하나님께서 땅의 인간 야곱을 찾아오신 것이라는 의미이다. '사닥다리'와 '하나님의 사자'는 하나님과 인간 사이의 영적 가교이자 중보자이신 예수님을 상징하고 있는데[69] 그 예수님이 바로 하늘로부터 우리를 찾아오신 하나님이시다.

이에 반하여 '바벨탑이라는 사닥다리'는 인간이 건축하여 하늘에까지 올라가는 것이다. 즉 '자기 의(율법적 행위)'를 통해 하늘에 닿거나 자기의 힘으로 스스로 하늘에까지 도달할 수 있다라는 지극한 교만을 상징하고 있다. 결국 그것은 오실 예수님을 기다리며 갈망하기보다는 인간 스스로의 힘으로 하늘에 갈 수 있다라는 자기 의를 드러내는 것으로 전형적인 우상숭배요 지독한 교만의 발로(發露, manifestation, expression)에 불과하다. 더하여 예수님 없이도 하늘나라에 갈 수 있다라는 지독한 착각이기도 하다.

그러므로 '바벨탑 사상'이란 하나님께 정면으로 도전한 또 하나의 "하나님과 같이 되려고" 했던 창세기 3장 5절의 반복이요 영웅(초인, 네피림)숭배사상을 통해 하나님의 속을 문드러지게 만들었던 창세기 6장 4절에 언급된 '네피림 사상'의 또 다른 이름이다. 그렇기에 하나님은 바벨탑을 보려고 직접 강림하셔서 인간의 역사에 개입하셨던 것이다.

또한 자신들의 이름을 내고 온 지면에 흩어짐을 면하자라고 한 것 또한

---

69 창 28장 12절과 거의 비슷한 이미지가 요한복음 1장 51절에 나온다. 차이가 있다면 신약에는 사닥다리가 없다. 그것은 중보자이신 초림의 예수님이 이미 오셨기에 하나님의 사자가 구약의 사닥다리 대신에 인자(예수님)위에서 오르락내리락 한 것이다. 또한 창세기의 예수님을 예표한 사닥다리나 요한복음의 예수님을 통하여 우리는 하늘의 하나님께로 나아갈 수 있게 되었다. 길이요 진리요 생명이신 예수님을 다시 확인하게 된다.

하나님의 창조 원리에 정면도전한 것이다. 창세기 1장 28절과 9장 1절에는 "생육하고 번성하여 땅에 충만하라"고 말씀하셨다. 이는 '온 땅에 흩어지라'는 하나님의 명령(선교적 명령)이었다. 그러나 못된 인간은 그 명령을 보기좋게 거절해버린 것이다.

그리하여 하나님은 강권적으로 인간들의 언어를 혼잡하게 하셔서 서로 소통하지 못하게 하셨을 뿐만 아니라 그들을 온 지면에 흩어 버리셨다. 하나님의 '흩어 버리심'은 그 당시의 사람들로서는 이해가 안 되는 것일 수 있다. 필자가 이 내용을 처음 접할 때의 느낌 또한 마찬가지였으며 더 나아가 '흩어 버리심'은 인간의 반역에 대한 하나님의 엄청난 징벌로 보이기도 했었다.

역사의 시간이 흘러 신약에 들어서게 되었다. 그리고 그 "흩어 버리심"에 대한 하나님의 놀라운 경륜은 선명하게 드러나게 되었다. 당시 '하나님의 흩어 버리심'은 "땅 끝까지 이르러 내 증인이 되라(행 1:8)"는 '하나님의 선교적 명령'이었던 것이다. 동시에 복음이 전 세계에로 편만하게 전파되길 원하시는 하나님의 마음이었던 것이다. 할렐루야!

족장사
(아브람, 그리고 아브라함)
12장-25장

12장 괴짜의사 Dr. Araw의 쉽고 바르게 읽는 창세기 장편(掌篇) 강의
태초에 하나님이 천지를 창조하시니라 • 제1권 창세기의 파도타기(Surfing)

아브라함 언약-정식언약

　　창세기는 총 50장인데 크게 1-11장의 전반부와 12-50장의 후반부로 나눌 수 있다. 그중 1-5장은 아담으로부터의 인류의 시작에 대한 이야기이고 6장부터는 노아로부터의 인류의 시작에 대한 이야기이다. 나와 공저자는 전자를 가리켜 '창조시대'라고 명명했고 후자를 가리켜 '재창조시대'라고 명명했다.

　　이곳 12장부터는 아브라함으로부터의 인류의 시작에 대한 이야기이다. 상기의 첫 두 부분(창 1-11장)을 '하나님의 원역사(Original History or Primeval History or Pre-History, 前歷史)'라고 한다면 창세기 12장을 기점으로 아브라함으로부터의 시작을 하나님의 인류에 대한 '보편역사(족장사, Patriarchs, 창 12~)' 곧 '선민역사'라고 한다.

　　바벨탑 사건 후 하나님께서는 셈의 후예 아르박삿(창 10:24)을 통해 셀라를 낳게 하셨다. 셀라는 에벨70(עֵבֶר, Hebrew)을 낳았으며 이 단어에는 히브리인(עִבְרִי, Hebrew, 강을 건너온 자)이라는 의미가 들어있다고 했다. 에벨은 벨렉과 욕단을 낳았다(창 10:25). 벨렉(פֶּלֶג, a son of Ebe, from פָּלַג, v, to split, divide)은 '나눔'이라는 의미이며 바로 이때 바벨탑 사건으로 세상이 나뉘어지게 된다(창 11장). 바로 그 벨렉의 후손이 아브람과 그의 아버지 데라이다.

참고로 데라(תֶּרַח, 체류하다, 지체하다)는 70세에 아브람을 낳고 205세에 하란에서 죽었다(창 11:26-32, 대상 1:26-27)고 기록되어 있다. 이 부분은 얼핏 읽으면 안 된다. 왜냐하면 사실 창세기 11장 26절에 70세에 데라가 얻은 아들은 큰아들 곧 장남인 하란이었다. 창세기 11장 32절과 12장 4절에 의하면 아브람은 데라가 130세 때 출생했던 막내 아들이다. 데라가 죽은 40년 후에 아브람도 죽게 된다.

창세기 11장(31)과 사도행전 7장(2-4), 여호수아 24장(2-3)에는 하나님의 말씀에 대한 기록이 약간씩 다르다. 그러나 이것은 '맞다 틀리다'의 문제가 아니라 하나님의 '역사하심이 무엇인가'에 대한 묵상을 해야 한다.

예를 들면 창세기(11:31)에서는 하나님의 원역사(창 1-11장)를 지나 인류의 보편역사 곧 '선민역사(창 12장~)'를 시작하심에 있어 아브람을 택하셨던 하나님의 섭리 때문에 그렇게 기록되었다. 사도행전(7:2-4)의 경우 영광의 하나님의 인도하심에 방점이 있으며 여호수아(24:2-3)의 경우 역사의 주관자 하나님에 방점이 있다. 아래의 각 구절들을 몇 번이고 반복하여 묵상하다 보면 역사를 이끌어 가시는 하나님의 섭리와 경륜을 알 수가 있

---

70 에벨(עֵבֶר, Hebrew)은 "region beyond", a descendant of Shem, also the name of several Israelites, 건너온 자, from עָבַר, v, to pass over, through or by, pass on)이다.

게 된다.

"데라가 그 아들 아브람과 하란의 아들 그 손자 롯과 그 자부 아브람의 아내 사래를 데리고 갈대아 우르에서 떠나 가나안 땅으로 가고자 하더니 하란에 이르러 거기 거하였으며"_창 11:31

"스데반이 가로되 여러분 부형들이여 들으소서 우리 조상 아브라함이 하란에 있기 전 메소포타미아에 있을 때에 영광의 하나님이 그에게 보여 가라사대 네 고향과 친척을 떠나 내가 네게 보일 땅으로 가라 하시니 아브라함이 갈대아 사람의 땅을 떠나 하란에 거하다가 그 아비가 죽으매 하나님이 그를 거기서 너희 시방 거하는 이 땅으로 옮기셨느니라"_행 7:2-4

"여호수아가 모든 백성에게 이르되 이스라엘 하나님 여호와의 말씀에 옛적에 너희 조상들 곧 아브라함의 아비, 나홀의 아비 데라가 강 저편에 거하여 다른 신들을 섬겼으나 내가 너희 조상 아브라함을 강 저편에서 이끌어내어 가나안으로 인도하여 온 땅을 두루 행하게 하고 그 씨를 번성케 하려고 그에게 이삭을 주었고"_수 24:2-3

그리하여 12장에서 하나님은 아브람과 정식언약을 통해 '영토와 민족에 대한 복'과 '복의 근원'이 되게 하실 것을 약속하셨다. 이에 아브람은 정든 고향 갈대아 우르에서 하란으로, 그리고 유프라테스 강을 건너 가나안으로 들어갔는데 이 모든 일련의 과정은 여호와의 말씀에 이끌리어 간(הָלַךְ, 할라크, 동행, 창 12:4) 것이다.

특별히 아브람은 세겜(שְׁכֶם, "ridge", a district in Northern Palestine, also a son of Hamor) 땅 모레(מוֹרֶה, 모레흐, the same as מוֹרֶה, 모우레흐, (early) rain) 상수리나무(

참나무과, 강한 힘 상징, 암 2:9)에 있다가 거기서 "벧엘 동편 산으로 옮겨 장막을 쳤다"라고 창세기 12장 8절은 기록하고 있다. 장막을 쳤던 그곳의 서쪽이 벧엘이요 동쪽은 아이였다. '아이(עַי, a ruin, heap of ruins)'란 '폐허의 무더기'라는 의미이고 '벧엘(בֵּית־אֵל, "house of God", a city in Ephraim, also a place in S. Judah)'이란 '하나님의 집'이라는 의미이다. 그렇다면 Already~not yet 이라는 유한된 일회의 직선 인생을 살아가며 우리가 거(居)하여야 할 곳은 자명하다.

계속하여 8절은 "그곳에서 여호와께 제단을 쌓고 여호와의 이름을 부르더라"고 했다. 곧 아브람은 먼저 장막을 친 후 곧 이어 제단을 쌓고 여호와의 이름을 불렀던 것이다. 여기서 '장막'이 순례자(巡禮者, The Pilgrim)의 삶을 상징한다면 '제단'은 하나님을 의지하고 경배함으로 나아가는 예배의 삶을 가리킨다. 곧 유한된 한 번의 인생을 살아가는 우리는 순례자로서 하나님만을 바라보고 의지하며 그분 만을 향한 찬양과 경배의 삶을 이어가야 한다라는 것이다.

한편 창세기 13장 18절에는 조카 롯과 헤어진 아브람이 장막을 옮겨 "헤브론(חֶבְרוֹן, "association, league", a city in S. Judah)에 있는 마므레(מַמְרֵא, lusty, from מָרָא, perhaps to flap (the wings)) 상수리 수풀에 이르러 거하며 거기서 여호와를 위하여 단을 쌓았더라"고 말씀하고 있다. 여기서 '마므레'는 '부요함'을, '헤브론'은 '교제'를 의미하고 '단'이란 제단 곧 '예배'를 의미한다. 결국 상기의 구절이 상징하는 것은 아브람은 롯과의 갈등을 벗어나 영적 부요함 속에서 하나님과 교제하며 하나님께 예배를 드릴 수 있게 되었다라는 것이다.

'하나님의 3수(3修, 하나님의 열심)시대'는 이렇게 '아브람'을 택하셔서 그를 통해 예수 그리스도를 보내심으로 하나님의 구속계획을 성취하시려는 것이었다. 앞서 언급했지만 하나님의 '첫 창조시대'가 '아담'을 통해서라면 '하나님의 재수(再修, 하나님의 열심)시대'는 '노아'를 택하셔서 그를 통해 '첫 창조'의 회복 곧 '재창조'를 기대(하나님의 재수(再修)시대)하셨던 것을 두고 나와 공저자가 한 표현이다.

아무튼 그 기대의 주인공으로 발탁되었던 아담도 그러하였지만 노아 또한 방주에서 내리자마자 엉뚱한 길로 가버렸다. 그리하여 하나님의 '재창조'에 대한 기대는 여지없이 무너져버렸던 것이다. 더 나아가 바벨탑이라는 우상숭배까지……. 이후 하나님은 바벨탑을 보려고 직접 강림하셔서 육체들[71]의 언어를 혼잡케 하신 후 그들을 온 지면으로 흩으셨다. 그렇지만 아담과 노아에게 하셨던 그 언약은 잊지 않으셨다.

그리하여 세 번째로 갈대아 우르에서 세상과 적당하게 타협하며 살고 있던 아브람을 은혜로 택하시고 부르셨던 것이다. 이른바 '인류 보편의 역사'가 시작된 것이다. 그 일에 역사의 주관자 하나님은 아브람을 선택함으로 '선민역사'를 시작하신 것이다.

하나님은 선택된 아브람을 이후 초급에서 고급 과정에 이르기까지 하나씩 세미하게 훈련시켜 가셨다. 그리하여 '아브람'을 믿음의 조상 '아브라함'이 되게 하심으로 인간의 원역사를 이어갈 '하나님의 3수(하나님의 열심)시대' 곧 '선민역사'를 여셨던 것이다. 결국 처음에는 '아담'을, 그 다음

---

71 고전 6:16; 갈 5:16,17,19,24; 삼상 15:18을 읽어보라.

에는 '노아'를, 마지막으로 '아브람과 그 약속의 후손'을 선택하신 것이다.

앞선 글에서 언급했는데 창세기 11장 31절과 사도행전 7장 2-4절에 의하면 하나님은 우르에 살고 있던 아브람에게 처음으로 나타나셨다. 그리고는 '불'이라는 의미를 지닌 이방 땅 '우르(אוּר)'에서, 아마도 '불을 상징하는 우상'을 만들어 의식주를 해결하며 적당히 살았을, 이방인 아브람을 부르셨던 것이다. 그런 후 익숙하고 정든 고향을 떠나 약속의 땅 가나안으로 가라고 하셨다.

창세기 12장 4절에 "여호와의 말씀에 이끌리어(좇아) 갔다"라는 표현이 나오는 것을 보면 아브람이 우르를 떠나 하란, 그리고 가나안에 이르기까지 설레는 마음으로 자발적으로 간 것은 아니었던 듯하다. 왜냐하면 모든 과정에서 하나님의 작정과 예정, 섭리와 경륜 등등 역사를 주관하시는 '하나님의 열심'을 볼 수가 있기 때문이다. 결국 아브람은 우르를 떠나 하란으로 갔다가 거기서 아버지 데라가 죽자 다시 '하나님의 열심'에 이끌려 유프라테스 강을 건너 가나안으로 들어갔던 것이다.

처음 고향을 떠날 때 아브람은 약속의 땅 가나안에는 젖과 꿀이 흐를 것이라고 기대했다. 그러나 도착해 보니 현실은 잠담하게도 심한 기근이었다. 그러자 아브람은 한치의 망설임도 없이 애굽으로 내려갔다.[72] 심지어 그곳에서는 아내를 빼앗기는 부끄러운 일을 당하기도 했다. 일촉즉발

---

72 히브리어로 내려가다(went down)라는 뜻이 야레드(וַיֵּרֶד)이다. 창 12:10을 참고하라. 반면에 올라가다(to go up)라는 의미의 히브리어 단어는 야알(וַיַּעַל)이다. 창13:1을 참고하라. 우리는 한 번 인생을 살며 올라가는 삶을 살아야 한다.

(一觸卽發)의 상황에서 하나님의 적극적 개입으로 아내를 되찾았는데 이 또한 '하나님의 열심'이었다.

결국 다시 가나안으로 올라가게 되는데 이때 슬그머니 재물까지 챙겼다. 그 재물은 애굽의 왕 바로가 주었던 자신의 아내 사래의 몸값이었는데……. 그렇기에 더욱더 그 재물만큼은 애굽에 던져버리고 가나안으로 올라갔어야 했다. 돈 앞에서 한없이 약해지는 모든 남자들의 적나라한 모습이 드러나는 듯하여 얼굴이 화끈거린다.

한편 창세기 12장 10절의 "내려가니"라는 단어와 13장 1절의 "올라가니"라는 두 단어가 우리에게 큰 도전을 준다. 왜냐하면 그리스도인은 유한된 한 번의 직선 인생을 살면서 하나님나라를 향하고 하나님만 바라보며 '올라가는(עָלָה, v, 알라흐, to go up, ascend, climb)' 삶을 살아야 한다라는 것과 지옥을 상징하는 깊은 구덩이로 '내려가는(יָרַד, 야라드, v, to come or go down, descend)' 삶을 살아서는 결코 안 된다는 것을 상징하고 있기 때문이다.

"믿음의 주요 또 온전케하시는 이인 예수를 바라보자"_히 12:2

"그러나 요나가 여호와의 낯을 피하려고 일어나 다시스(스페인의 지브롤터 해협 부근)로 도망하려 하여 욥바(항구)로 내려갔더니"_욘 1:3

아무튼 아브람은 하나님의 열심에 의한 인도하심으로 애굽에서 다시 가나안으로 무사히 돌아갈(올라갈) 수 있었다. 아니 오히려 재산을 불려서 돌아갔다. 그 엄중한 기근의 시기에…….

처음에는 모든 것이 순조로웠다. 그러다 보니 아브람은 해피 엔딩(happy ending)이라는 축복 속의 만사형통(萬事亨通)인 줄 알았을 것이다. 우리는 여기서 어떤 상황이나 환경이든 간에, 어느 것 하나, 무엇 하나 하나님의 허락없이는 그 어느 것도 이루어지지 않는다는 사실을 잊지 말아야 한다.

얼마 지나지 않아 가나안에 도착한 아브람에게 전혀 엉뚱한 곳에서 슬그머니 문제가 하나 발생했다. 그동안 아브람과 롯은 각각 딴 주머니를 차고 있었는데 각자의 재산이 너무 많아지자 더 이상은 한 곳에서 같이 머물 수가 없게 되어버린 것이다. 결국 롯은 먼저 먹음직하고 보암직한 소돔 땅을 선택했다. 성경(창 13:10)은 '그 땅'에 대해 적나라하게 이렇게 표현하고 있다.

"이에 롯이 눈을 들어 요단 들을 바라본즉 소알까지 온 땅에 물이 넉넉하니 여호와께서 소돔과 고모라를 멸하시기 전이었는고로 여호와의 동산 같고 애굽 땅과 같았더라"_창 13:10

선택권을 롯에게 먼저 양보했던 아브람은 어쩔 수 없이 가나안에 남게 되다. 아브람은 어른답게 선택의 우선권을 조카에게 양보했다. 이는 세상적인 관점으로만 보면 악수(惡手)를 둔 것이지만 결과적으로는 약속의 땅을 차지하는 결과로 인도되었다.

지난날 출판했던 〈복음은 삶을 단순하게 한다〉라는 책의 일부분을 다시 요약하며 스토리를 정리하고자 한다.

BC 2,000년경 하나님의 '선민역사'로 인해 족장이 등장했다. 역사의 주관자이신 하나님은 아브람을 들어 쓰심으로 선민의 역사를 시작하셨던 것이다. 당시 하나님은 바벨탑 사건으로 인해 인간들에게 실망이 컸다. 그러나 하나님은 이전에 당신께서 일방적으로 하셨던 그 언약들(아담 언약, 노아 언약)을 잊지 않으시고 갈대아 우르(אור)라는 이방 땅에서 우상을 섬기며 그

럭저럭 살아가던 아브람을 택하시고 부르셨다. 이때 아브람의 나이는 약 50세였을 것으로 추정한다.

그리하여 아브람은 그 아버지 데라와 함께 고향 땅 우르를 떠났다. 그러나 곧장 가나안으로 가지 않고 티그리스 강과 유프라테스 강 사이에 발달했던 인류의 4대 문명 중 하나, 곧 메소포타미아 문명이 절정을 이루었던 도시 밧단아람의 하란에서 25년 동안이나 슬그머니 머물면서 온갖 발달된 문명을 누렸다. 그러자 하나님은 그곳에서 족장인 아버지 '데라'를 '데려'가셨다(word play^^). 그때가 아브람의 나이 75세였다. 그제서야 비로소 스스로 모든 것을 결정할 수 있는 족장이 된 것이다. 바로 그때 하나님은 강권적으로 아브람을 유프라테스 강으로 등을 떠밀었다. 그리하여 가나안으로 들어가게 된다.

이 모든 일련의 과정은 "여호와의 말씀을 좇아 갔다"라는 창세기 12장 4절의 말씀을 통해 살펴보면 그 배경을 대략 짐작할 수 있다. 곧 그의 일련의 행동들은 하나님의 말씀에 즉각적으로 자발적으로 순종한 것이라기보다는 '강권적인 하나님의 이끄심(할라크의 하나님)'으로 움직였다라는 것이다.

참고로 BC 2,000년경 하나님께서는 창세기 12장(정식 언약)과 15장(횃불 언약), 17장(할례 언약)을 통해 아브라함에게 일방적으로 언약(은혜 언약, 3중 언약)을 하셨다. 그리고는 창세기 21장에 이르러서야 마침내 그 약속의 후손 이삭을 허락하셨다. 이삭에게는 쌍둥이 아들인 형 에서와 동생 야곱을 주셨는데 하나님의 섭리 하(下) 경륜에 의해 동생 야곱은 선택되고 형인 에서는 '유기(遺棄)'되었다(창 25:23, 롬 9:10-18). 여기서 짚고 넘어가야 할 것이 '선택과 유기 교리'인데 이는 그리스도인에게조차 다소 불편하게 다가오는 교리이다. 그러다 보니 역사를 통해 지금까지 이로 인한 너무나도 많은 소모적 논쟁들이 있어왔다. 자주자주 터무니없이 하나님의 공의와 사랑이 공격받기도 했다.

'선택과 유기 교리'는 인간의 상식으로는 이해하기 어려우나 이를 결정하시는 하나님의 주권에 순응하는 것은 그리 어려운 일이 아니다. 이 말인즉 인간적인 상식면에서만 볼 때 '버려짐(유기)'이라는 말은 사랑의 하나님과 연결하기 어렵고 보편적인 인간 정서에도 받아들이기 어렵다. 또한 '택정함'은 공평하신 하나님과 연결하기 어렵고 편견과 편애로 가득한 하나님을 떠 올릴 수 있기 때문이다.

그동안 필자는 청년사역을 해오며 '선택과 유기'에 대해 노골적으로 '아니, 하나님이 다 정해 놓으신 것이냐'라고 당황해하면서 불쾌함을 숨기지 않았던 많은 청년들을 만났다. 그들은 '자신이 선택된 것은 그렇다고 치더라도 도대체 저 사람은 왜?'라는 질문을 격앙된 목소리로 대들듯이 물어오곤 했다. 그런 그들의 돌발행동에 나는 당황하여 매번 '미안하다'라고 하면서 어물기리기(hesitate) 일쑤였다. 그러다가 하나님이 주신 지혜로 '내가 안 그랬다'라며 웃어넘기기도 했다.

'선택과 유기교리'를 이해할 수 있는 범위 내에서 최선을 다해 설명하자면 다음과 같다. 우선 이 교리는 타인을 지적하며 하나님을 비난하기 위한 용도로 사용되어서는 안 된다. 특히 '유기교리'는 더욱 그렇다.

먼저 '선택교리'에 대하여는, 아무 조건 없이 더 나아가 전혀 의롭지 않은 나를 택하셔서 지금의 이 자리에 있게 하신 하나님의 은혜를 되새기며 감사하는 것이 올바른 자세이다. 또한 선택교리를 통해 택함을 받은 자신은 더 큰 책임, 다시 말해 아직 돌아오지 못한 사람들을 하나님께로 인도해야 할 막중한 직책 곧 하나님과 그들을 '화목하게 할 직책(고후5:18-19)'이 부여된 것임을 알아야 한다. 이것을 오해하여 마치 '난 선택되었으니 그만이다'라고 하거나 '아직 선택되지 않은 자들은 영원히 버린(유기된) 것이란 말이냐'라고 속단하며 입에 거품 물고 대들 일은 아니라는 것이다.

지난날 필자는 청년들과 대화하며 관찰했던 것들이 있다. 선택과 유기 교리에 열을 내는 대부분의 청년들은 마치 하나님은 불공평하고 자신은 하나님보다 더 공평한 듯 말하고 있었다라는 것이다. 저자는 이런 청년들을 볼 때마다 교리의 이해는 차치하고라도 정말 헷갈렸다.

자신들이 하나님보다 더 공평하고 더 의롭다고???

분명히 알아야 할 것은 '선택과 유기'는 하나님의 주권영역이라는 점이다. 유한된 인간인 우리가 하나님의 뜻을 모두 다 이해할 수는 없다. 간혹 하나님의 뜻이 이해 안 될 때가 있더라도 그저 하나님을 신뢰함으로 그냥 믿고 나아가는 것이 필요할 뿐이다.

하나님은 언제나 옳은 일만 하신다?? 이 말은 확실히 틀렸다.

하나님의 하시는 일은 무엇이든 다 옳다! 진실로 아멘이다.

그렇기에 우리가 할 일은 그저 복음과 십자가로 살아가고 복음과 십자가를 자랑하는 것일 뿐이다. 자라게 하시고 열매를 맺게 하시는 분은 하나님이시다. 죽을 수밖에 없었던 나를 택해주신 그 은혜와 그 사랑에 매 사 매 순간을 '빚진 자'로 살아가야 하는 것뿐이다. 결국 야곱을 언약 가

문의 장자권을 이어갈 사람으로 택하신 것은 야곱만을 구원하려는 것이 아니라 야곱 가문을 통해 열방을 구원하시려는 하나님의 섭리 하 경륜임을 알아야 한다.

반면에 유기교리는 조금 더 난해할 뿐만 아니라 이에 대해 속상해하는 청년들이 훨씬 더 많았다. 약간 조심해야 할 것은 에서가 구속사의 주역으로 선택을 받지 못한 이유를 너무 하나님의 주권이라는 측면만으로 들이대면 결정론(Determinism)[73]으로 흐르기 쉽다라는 점이다. 그러면 공의와 사랑이라는 하나님의 성품이 오해될 소지가 많게 된다. 그럼에도 불구하고 억지 해석하여 하나님을 대변해주려는 좋은(?) 마음보다는 하나님의 주권을 '조심스럽게' 드러내는 것이 훨씬 더 바람직하다라고 나는 생각하고 있다.

그래도 청년들이 불편해할 것 같아 성경과 성경의 글줄 사이를 통해 유기교리를 변명해보면 다음과 같다. 창세기 25장 31-34절에 의하면 에서는 야곱에게 떡과 팥죽을 받고 장자의 명분을 팔았다. 이에 대해 성경은 "에서가 장자의 명분을 경홀히(הזב, v. to despise, 바자흐) 여김이었더라"고 말씀하고 있다. 당시 장자의 명분은 '하나님의 언약'의 상징이었다. 그러나 에서는 그것을 경홀히 여겼던 것이다. 다시 말하면 보이는 팥죽을 보이지 않는 하나님의 언약보다 귀하게 여겼다라는 것으로 '명분보다 실리가 먼저였다'라는 것이다.

---

[73] 인간의 행위를 포함하여 이 세상에서 일어나는 모든 일은 우연도 선택도 아니라 인과관계의 법칙으로 결정된다는 것으로 앞서 일어난 원인에 의해 결정된다는 것이다. http://www.doopedia.co.kr

여기서 '경홀'에 해당하는 히브리어는 바자흐(בָּזָה, despised)인데 이는 '망령되다'라는 의미이다. 출애굽기 20장 7절은 망령된 것을 '죄'라고 지적하시며 "하나님 여호와의 이름을 망령되이 일컫는 자를 죄 없다 하지 아니하리라"고 하셨다. 히브리서 12장 16절은 한 그릇 식물을 위하여 장자의 명분을 판 에서를 역시 '망령되다'라고 하셨다. 한편 '경홀'에 해당하는 헬라어는 베벨로스(βέβηλος, godless person)인데 이는 하나님을 아무렇지 않게 생각하면서 마치 '문지방을 밟고 지나다니듯 하나님을 취급하다'라는 의미이다.

경홀	
바자흐(בָּזָה, despised)	베벨로스(βέβηλος, godless person)
망령되다(히 12:16) =죄(출 20:7)	문지방을 밟고 지나다니듯 하나님을 취급하다

그랬던 에서를 가리켜 성경은 '망령된 사람'이라고 지적한 것이다. 이런 에서의 경우 명분을 버리고 실리를 선택한 그 책임에서 자유로울 수가 없다. 결국 나는 에서에 대한 하나님의 유기는 타당하다는 것을 변호하기 위해 이렇게 장황하게 설명해보았다. 이게 무슨 의미가 있겠냐마는…….

우리의 어설프나마 투박한 이런 노력을 보며 우리의 마음 깊은 것까지도 감찰하시는 하나님의 웃는 인자한 표정을 상상할 수 있다면 그것으로 만족해야 한다. 문제는 매사 이러다 보면 죄인 된 인간은 하나님의 주권 앞에서 마음에 안 들거나 불만이 있으면 계속적으로 명분을 만들거나 따지면서 또 다른 뭔가를 요구하게 될 수도 있다라는 점이다. 우리는 이런 사실에 지극한 절제가 있어야 한다.

결론적으로 하나님의 주권은 우리가 무엇을 선택하였기에 그런 결과를 주시고 선택 안 하였기에 다른 결과를 주시는 것이 아니라는 것이다. 이 부분을 다음의 문장으로 다시 요약하겠다. 미묘한 차이점을 깊이 묵상해 보길 바란다.

하나님은 (인간의 관점에서) 항상 옳은 일을 하시는 것이 아니다.

하나님의 하시는 일은 (하나님의 관점에서) 언제나 다 옳다.

선택과 유기 교리뿐만 아니라 하나님의 섭리와 경륜은 많은 경우 인간의 지식, 논리 등등 모든 것의 범주를 훨씬 넘어선다(초월(超越), transcendence)는 사실을 알아야 한다. 그렇기에 하나님의 주권과 섭리 하 경륜 앞에서는 그저 순복함이 마땅하다.

행여 '그래도~'라는 인간적인 이론과 학문적 업적에서 나오는 얄팍한 것이 올라온다면 그때마다 그냥 눌러버리자. 모든 생각을 사로잡아 그리스도에게 복종하자.

"모든 이론을 파하며 하나님 아는 것을 대적하여 (모든) 높아진 것(tower, every high thinking, πᾶν ὕψωμα)을 다 파하고(καθαιρέω, to take down, pull down, destroy) 모든 생각(πᾶν νόημα, every thought)을 사로잡아(αἰχμαλωτίζωm, to take or lead captive) 그리스도에게 복종케 하니"_고후 10:5

13장
괴짜의사 Dr. Araw의 쉽고 바르게 읽는 창세기 장편(掌篇) 강의
태초에 하나님이 천지를 창조하시니라 • 제1권 창세기의 파도타기(Surfing)

네가 좌하면 나는 우하고
네가 우하면 나는 좌하리라

앞서 창세기는 그 전개과정상 1-11장의 경우 하나님의 원역사(Original History or Primeval History or Pre-History, 前歷史)를, 이후 12-50장까지는 인류의 보편역사 곧 선민역사(족장사, Patriarchs, 창 12~)라고 했다.

역사의 주관자 하나님은 갈대아 우르에서 안락하게 살고 있던, 만세 전에 당신의 은혜로 택정함을 입었던 아브람을 부르셨다. 그는 50세 때 아버지 데라와 함께 그곳을 떠나 하란으로 이주했다. 25년 후 데라가 죽자 하나님의 이끄심을(할라크) 따라 가나안으로 들어갔다. 그런데 기대와는 달리 약속의 땅 가나안에 도착하자마자 심한 기근을 맞게 된다. 전혀 상상 밖의 당황스러운 상황을 맞게 된 것이다. 이때 아브람이 취했던 태도가 오늘날의 그리스도인들에게도 동일하게 관찰된다.

만약 진실된 그리스도인이라면 이러한 때에는 먼저 무릎을 꿇고 기도

함이 마땅하다. '왜 그러십니까'라고 하나님의 뜻을 먼저 물어야 한다. 이러한 습관이 배어있지 않으면 돌발상황이 생길 때마다 당황하게 될 뿐만 아니라 기도는 고사하고 매번 하나님을 원망하는 데까지 나아갈 수가 있다.

아무튼 아브람은 기근의 상황에 직면하자마자 기도는커녕 바로 좌고우면(左顧右眄) 하지 않고 애굽으로 내려가버렸다. 훈련이 안 된 아브람의 초창기 모습이다. 그리하여 하마터면 아내를 잃을 뻔했다. 그러나 하나님의 강권적인 개입하심으로 다시 가나안으로 올라왔다. 여기서 '내려가다(יָרַד, 야라드, v, to come or go down, descend)'와 '올라가다(עָלָה, v, 알라흐, to go up, ascend, climb)'라는 단어에 주목해야 함을 앞서 언급했다.

모든 그리스도인들은 비록 겉으로는 화려한 듯 보인다고 하더라도 '내려가는' 삶을 선택[74]하게 되면 종국적으로는 처절한 밑바닥이 되어버린다는 사실에 긴장해야 한다. 반면에 '올라가는' 삶을 선택하면 언뜻 보기에는 고생과 수고가 예상되나 하나님의 함께하심이 있게 되고 더불어 소망(미래형 하나님나라에의 입성과 영생)에의 약속이 주어지기에 평안(샬롬)을 통한 안식과 견고함, 번영이 주어지게 됨을 잊지 말아야 한다.

그렇게 아브람과 그의 소카 롯은 애굽에서 가나안으로 다시 돌아왔다. 세월이 흐르며 두 가계(family) 모두 재산이 급속도로 늘어갔다. 그러자 감사와 찬양은 재산에 반비례하며 줄어든 반면에 두 가계 사이의 불만과 불

---

74 아브람은 내려가는(야라드) 삶(애굽)을 선택한 결과 2가지를 얻었다. 첫째가 부요함이라면 둘째는 축첩(하갈, 그로 인한 이스마엘)이었다. 그 결과는 자명하다. 자식같이 여겨왔던 조카 롯과의 결별과 이삭의 대적 곧 오고 오는 후손들의 눈엣가시, 옆구리의 채찍인 민족을 낳았다.

화는 재산에 정비례하며 늘어갔다. 세월과 더불어 불평과 불만이 점점 더 수면 위로 드러나며 심지어는 각자의 종들 사이에 다툼까지 생겨났다. 처음에는 재산이 늘어 좋았을 것이나 수면 아래에서 싹트고 있던 문제점들(딤전 6:7)이 금방 드러나버렸던 것이다

'어려울 때 양보(讓步, yield) 속의 한솥밥은 서로에 대한 애정을 쌓아가나 풍요로울 때 시혜(施惠, dispensation) 속의 한솥밥은 서로에 대한 경시(輕視, belittle)와 피곤함을 더해갈 뿐이다(Dr. Araw).'

종국적으로는 같은 울타리 같은 지역에서 함께 거주할 수가 없게 되자 둘은 결별을 선택하게 된다. 가족이 깨어지는 순간이다. 물질적인 욕심때문에…….

"여간 채소를 먹으며 서로 사랑하는 것이 살진 소를 먹으며 서로 미워하는 것보다 나으니라"_잠 15:17

"많은 재물보다 명예를 택할 것이요 은이나 금보다 은총을 더욱 택할 것이니라"_잠 22:1

드디어 선택의 순간이 왔다. 아브람과 롯은 서로 말이 없었다. 그들은 본능적으로 알았을 것이다. 먼저 말하는 쪽이 불리하다는 것을…….

결국 아브람이 롯에게 먼저 말했다. "네가 좌 하면 나는 우 하고 네가 우 하면 나는 좌 하리라" 이때 아브람은 12장에서 경험했던 하나님이 떠올랐을 듯하다. 당시의 신(神)으로 추앙을 받던 대제국 애굽 왕 바로를 일거에 목 조르던 그때의 기억이……. 그렇기에 하나님 앞에서 아브람은 그나마 삼촌으로서의 체통을 지킬 수가 있었을 듯하다.

그 다음 10절과 14절은 각자의 선택과 그 선택에 대한 각각의 결과를

명확하게 보여준다.

즉 롯은 눈을 들어 좋아 보이는(눈을 들어 요단 들을 바라본즉, 창 14:10) 곳을 '자신이 주체가 되어' 선택해버린다. 그의 눈에 "여호와의 동산 같고 애굽 땅과 같았더라"고 비추어지는 곳을…….

그는 비가시적인 믿음보다는 가시적인 현실에 집착했다. 오늘날의 일부 그리스도인들의 행태에서 보듯이……. 결국 롯의 선택의 배경에는 육신의 정욕, 안목의 정욕, 이생의 자랑(요일 2:15-16)이 있었고 먹음직하고 보암직하며 지혜롭게 할 만큼 탐스러운 것이 있었다(창 3:6). 아간의 고백(수 7:21)이 들리는 듯하다.

결국 롯의 선택은 작은 불씨가 큰 불꽃이 되어 영육 간의 모든 것을 태워버리는 결과를 낳고야 말았다. 19장에 이르면 땀과 눈물로 평생 벌었던 재산을 한순간에 잃어버리고 아내마저 잃게 된다. 자기들의 남편을 잃은 두 딸은 뒤엉켜버린 가족관계 속에서 그 아비 롯으로 인해 자식을 잉태하여 각각 모압과 벤암미를 낳아 모압족속과 암몬족속의 조상이 되었다. 그리하여 이들의 후손은 이스라엘 역사에 있어서 오고 오는 많은 세월 동안 눈에 가시로 옆구리의 채찍으로 이스라엘 백성들을 가해하는 민족이 되어버렸다.

반면에 아브람은 '하나님이 주체가 되고' 하나님이 주신 땅에 거하게 된다. 물론 아브람이 조카 롯에게 우선권을 양보함으로 그 결과 '동쪽을 택한 롯'의 반대 방향인 서쪽을 택한 것이기는 하지만…….

롯이 아브람을 떠난 후에 하나님께서는 그에게 땅(영토, 팔레스타인 땅을 주심, 창 12:7, 13:15)과 자손(민족, 창 13:16, 22:18)을 약속(13:14-17)하셨다. 바야흐로 선민 이스라엘의 역사가 시작되는 순간이었다.

길지 않은 유한되고 제한된 일회 인생!
당신의 시각(관점)은 어디를 향할 것인가?

하나님의 시각! 나의 시각!
어느 곳에 먼저 가치와 우선순위를 둘 것인가?

당신에게 귀하고 소중한 한 번의 인생을 허락하신 그 인생의 진정한 주인(주체)은 누구인가?
삼위하나님인가! 너 자신인가!

순간의 선택이 영원을 좌우하게 될 것이다.

14장 괴짜의사 Dr. Araw의 쉽고 바르게 읽는 창세기 장편(掌篇) 강의
태초에 하나님이 천지를 창조하시니라 • 제1권 창세기의 파도타기(Surfing)

하나님의 제사장, 살렘왕 멜기세덱

    창세기 14장에 이르자 나라와 나라 사이에 전쟁이 일어난다. 곧 메소포타미아 북방 4개국 동맹(엘람(앗수르) 왕 그돌라오멜 주축, 14:5, 시날-바벨론, 엘라살-북 유프라테스, 고임-티그리스)과 사해 연안 5개국(소돔, 고모라, 아드마, 스보임, 벨라 곧 소알) 동맹 간의 싸움이다. 결과는 북방 4개국의 일방적 승리로 끝났다. 이로 인해 소돔에 거주하던 조카 롯과 그의 가솔들이 사로잡혀가고 재물까지 전부 노략질을 당하고 만다. 이 소식을 접한 아브람은 자기 집에서 길리고 연습한 자 318인을 이끌고 단까지 쫓아갔다. 그리고는 야습(夜襲, a night attack, camisado)을 감행해 빼앗겼던 모두를 되찾아왔다.

    여기까지는 믿음이 강한 아브람의 용맹을 보여주는 이야기이다. 그러나 이런 흐름으로만 성경을 보게 되면 우리는 결론적으로 '믿음이 강했던 아브라함을 본받자'라고 하며 그 외적인 부분만을 적용하는 우(遇)를 범하게 된다. 틀린 해석이라고 말할 수는 없으나 이렇게 결론을 내리는 것은

성경이 말하고자 하는 주(主) 관점이 아님을 알아야 한다.

먼저 앞선 13장의 상황을 잠깐 살펴보자. 아브람은 어려서 조실부모(早失父母)했던 조카 롯을 제 자식처럼 키웠다. 세월이 흐르며 두 사람은 재산이 점점 더 불어갔다. 더 이상 함께 하기가 어렵게 되자 조카인 롯은 통 큰 양보를 했던 삼촌 아브람으로부터 미련없이 떠나버렸다. 사(四, 인의 예지)가지 없이, 더 나아가 약간의 추태까지 보이며, 오히려 앙금을 남기고…….

지난 세월 동안 키워주고 보호해주었으며 재산까지 증식(增殖)시켜주었는데…….

겉으로 표현은 안 했을지라도 당시에는 믿음이 연약했던 아브람이었기에 문득문득 올라오는 내면의 속상함이 자주 있었을 것이다. 그것은 롯을 향한 미운 정(情), 고운 정(情)이기도 했다. 당연히 사람인지라 미운 정(情)이 조금 더 강했을 것이다.

그런 상황 속에서 전쟁이 일어났다는 것을 전혀 모르고 있던 '히브리 사람[75] 아브람(창 14:13)'에게 롯의 식솔 중 하나가 천신만고(千辛萬苦) 끝에 탈출하여 급작스러운 비보(悲報, sad news)를 전했다. 조카 롯과 함께 그의 모든 식솔들이 잡혀갔다라는 것이다.

그 소식을 듣자마자 우리들의 일반적인 예상과는 달리 아브람은 적은 수의 가신(집에서 길리고 연습한 자 318인)을 데리고 곧장 수십만 병력을 가진 북

---

75 이곳에 '히브리 사람'이라는 말이 처음으로 언급되었다. 이는 '이주자'라는 의미로 유브라데 강을 건너 이주한 자(Vulgate, LXX, Keil, Lange)라는 의미이다. 한편 Ca,vin, Murphy, Matthew Henry는 '에벨의 후손'이라고 했다. 그랜드종합주석 1, 성서교재간행사, p488

방 4개국 동맹나라들을 향해 한순간의 멈춤도 없이 치러 올라갔다. 그것도 단까지…….

여기서 우리는 조카였던 롯을 대하는 '삼촌' 아브람의 태도와 곧 소개될 창세기 29-31장까지에서의 자신의 조카 야곱을 그렇게나 속이고 자신의 두 딸을 끼워팔기까지 하고 심지어는 재산까지 갈취했던 '삼촌' 라반의 태도가 극명하게 대조됨을 보게 된다. 즉 둘 다 '삼촌'이었으나 같은 유의 '삼촌'이 아니었다는 말이다.

한편 전쟁이란 병력(步兵, infantry)이 중요하며 무엇보다도 정확한 정보에 따른 전략이 있어야 한다. 더 나아가 상대보다 훨씬 우수한 무기를 구비해야 한다. 그러나 당시 아브람은 병력도, 정보도, 심지어는 무기조차도 변변치 못했다. 사실 그렇게 318인을 데리고 치러 올라간다라는 것은 상식적으로 보면 말 그대로 '무모한 짓'이었다. 한마디로 당랑거철(螳螂拒轍, It is like a fly trying to bite a tortoise.)이다. 그런 엄연한 현실임에도 불구하고 괘씸한 놈(?)이었던 배은망덕(背恩忘德, thanklessness)의 대명사 조카 롯을 구하기 위해 삼촌 아브람은 목숨을 걸고 뛰어든 것이다. 마치 친자식을 구하기라도 하듯…….

나는 여기서 필자를 향한 예수님의 십자가 대속죽음을 보았다. 얼마나 생생하게 다가왔는지 모른다. 그래서 즉시 무릎을 꿇었다. 왜냐하면 나는 실수와 허물이 많은, 하나님 앞에 지독한 죄인이었기 때문이다. 그냥 그렇게 죽어 마땅한 존재였다. 그랬었는데…….

하늘 보좌 버리시고 이 땅에 가장 초라한 모습으로 오신 예수님은 온갖 수치와 저주, 멸시와 천대를 받으시고 그것도 모자라 십자가에 달리셔서 물과 피를 아낌없이 흘리셨다. 그리고는 나를 구해 주셨던 것이다. 나는 아브람에게서 예수님을 보았고 롯에게서 나를 발견했다. 예수님은 나를 위해 조금의 멈춤도 없이 이 땅에 오셨고 말도 안 되는 대속죽음을 감당하셨던 것이다.

한편 전쟁은 전혀 예상 밖으로 아브람의 일방적 승리로 끝이 났다. 야습을 감행했던 그 전략이 주효했을까? 잘 길리고 연습한 군사 318인의 용맹 때문이었을까? 혹시라도 아브람이 돌발상황을 대비해 어떤 신무기라도 갖추었던 탓일까? 아브람은 기고만장(氣高萬丈, high spirits), 의기양양(意氣揚揚, elation, a triumphant air)하게 돌아왔다.

당시 승전보를 접하게 된 두 왕이 아브람을 맞으러 나왔다. 한 명은 살렘(שָׁלֵם, peaceful, from שָׁלַם, v, to be complete or sound)[76] 왕(מֶלֶךְ, nm, king) 멜기세덱이고 다른 한 명은 소돔 왕이었다. 창세기 14장 19-20절에는 살렘 왕은 아브람의 승리가 천지의 주재이신 하나님의 승리였음을 일깨워주었다. 이로써 아브람은 하나님의 크심을 다시 한번 더 경험하게 된다.

이때 아브람은 예수 그리스도를 예표하는 멜기세덱에게 그가 얻은 재물의 전부(십, 10) 중 최고를 상징하는 일(하나, 1) 곧 십분의 일, 즉 십일조를 드렸다. 십일조의 '조'는 나무가지 조(條)자다. 그러므로 '십일조를 드렸

---

[76] 참고로 '살롬'이냐 '샬롬'이냐 표기할 때 필자는 전자를 주장한다. 예루살렘에 먼저 가 살던 가나안인들은 추분(秋分)이 되면 태양이 그들 바로 앞에 떠서 바로 등 뒤로 진다는 것을 알고 이곳이 세상의 축(하늘과 땅이 만나는 곳)이라고 생각했다. 그러다 보니 그들이 숭배하던 태양신(Shahar(샤하르): 일출의 신/Shalim(샬림 혹은 샬렘): 일몰의 신)의 거주지로 여겼다. 그렇기에 '예루-살렘'은 '살렘 신의 집'이라는 의미이다. 이때 유일신을 섬기던 이스라엘 민족이 그들을 정복하며 쫓아버렸다. 기원전 13세기, 가나안에 등장한 유대인들은 일몰 신 '샬렘'을 히브리어 '살롬'과 혼동하게 되었다. 필자의 주장은 '살롬'을 사용함으로 일몰 신의 이름 '샬림'을 상기하지 말자는 것이다. <예루살렘>, 토마스 이디노풀로스/이동진옮김, 그린비, 2005, p13-15

다'라는 것은 전체 나무를 대표할 수 있는 온전한 최고의 '가지' 즉 전부를 드렸다라는 의미이다. 그렇기에 십일조는 단순히 10%가 아니라 '전부 혹은 최고'를 의미한다. 멜기세덱은 그런 아브람을 축복하며 전쟁의 승리를 허락하신 하나님께 감사할 것과 하나님만 찬양하고 자랑할 것을 가르쳐주었다(창 14:20).

십일조(條); 전체 나무를 대표할 수 있는 온전한 최고의 '가지' = 재물의 전부(십, 10) 중 최고를 상징하는 일(하나, 1) 44.8% + a (신 14:22-29)	
1)10%	레위인(14:27)
2)10%	자신과 권속이 함께 먹고 즐거워함(14:26)
3)3.3%	고아, 과부, 객(14:29)
4)밭 모퉁이	그 곡물은 베지 말라(100-(3.14x5x5)=21.5%)

참고로 십일조는 10%를 내는 것이 아니라 정확하게 말하자면 44.8%+a[77]이다. 신명기 14장 22-29절에는 10%는 너와 권속이 함께 먹고 즐거워하는 일(14:26)에 사용하고 10%는 분깃이나 기업이 없는 레위인에게(14:27), 3.3%는 고아나 과부, 객에게 주라(14:29)고 말씀하셨다. 또한 레위기 19장 9-10절에 의하면 가난한 사람과 타국인을 위하여 밭 모퉁이의 곡물은 베지 말라고 하셨다. 더 나아가 곡물을 베다가 떨어진 이삭도 다시 줍지 말라고 하셨다.

---

[77] 십일조란 10%는 레위인에게, 10%는 권속들과 함께 잔치를 벌이는 일에, 3.3%는 약자를 위해 내었다. 더하여 밭 모퉁이의 곡물(100-(3.14x5x5)=21.5%)은 베지 않았고 곡물을 베다가 떨어진 이삭(+a)도 줍지 않았다. 결국 십일조는 10+10+3.3+21.5+a로서 44.8+a이다.

요약하면 십일조는 축복의 계약금이 아니라 감사이며 모든 것이 주께로부터 왔으니 모든 것은 주님의 것입니다라는 신앙고백인 것이다. 그렇기에 비록 소출의 10%를 드리지만 나머지 90%도 주님의 뜻대로 쓰겠습니다라는 결단이다. 그런 십일조에는 예수 그리스도의 구속의 은혜에 대한 감사가 깃들어 있음을 알아야 한다.

'멜기세덱'에 관하여는 성령님의 침묵이 상당히 신비롭게 다가온다. 왜냐하면 진리의 영이신 성령님은 우리에게 하나라도 더 가르쳐 주시고 생각나게 하시는 분(요 14:26)이시기 때문이다. 결국 주인 되신 성령님은 완전한 모형인 멜기세덱과 그의 실체이신 예수 그리스도 사이의 유사성을 보다 더 드러내기 위해 '의도적인 침묵'을 선택하신 듯하다.

이후 아브람은 멜기세덱이 가르쳐준대로 소돔왕을 향해 천지의 주재요 지극히 높으신 하나님을 고백하며 간증했고 오로지 그 여호와 하나님만을 찬양하는 모습을 보여주었다(창 14:22-24). 이로 인하여 아브람에게는 또 하나의 영적 눈금이 쌓였고 그런 아브람을 지켜보았던 소돔 왕은 엄청난 충격을 받았을 것 같다.

사실 소돔 왕은 아브람의 승전 소식에 숟가락을 얹으려 했다. 게다가 아브람의 전리품을 마치 자신이 것인양 선심을 쓰려 했다가 아브람으로부터 보기 좋게 거절당하기도 했다.

하나님의 열심(작정과 예정, 섭리와 경륜)은 사람과 사건, 역사를 움직여서라도 당신의 택정된 사람 아브람을 하나하나 훈련시켜가고 있음을 보여주고 있다. 할렐루야!

15장
괴짜의사 Dr. Araw의 쉽고 바르게 읽는 창세기 장편(掌篇) 강의
태초에 하나님이 천지를 창조하시니라 • 제1권 창세기의 파도타기(Surfing)

하쇼브(로기조마이), 그리고
아브라함 언약-횃불언약

창세기 15장에 들어서면 아브람이 급작스럽게 영적 침체기에 들어간 모습을 보게 된다. 비록 북방 4개국 동맹과의 전쟁에서 승리는 했으나 혹시라도 그들이 다시 전열을 가다듬어 자기에게 재차 복수하러 올지도 모른다는 인간적인 생각을 하며 두려움에 휩싸이게 된 것이다.[78] 이때 하나님은 아브람에게 환상 가운데 나타나셨다. 이것이 바로 '하나님의 열심'이다. 그리고는 "나는 너의 방패요 너의 지극히 큰 상급이다"라는 말씀으로 위로해 주셨다.

---

[78] 15장 1절에 "아브람아 두려워말라 나는 너의 방패요"라는 말이 나온다. 여기서 방패는 전쟁 용어로 14장의 북방4개국 동맹을 야습으로 물리친 후 승리는 하였으나 이후 인간적으로 생각해 보니 저들이 복수를 하러오면 어떡하나라는 걱정과 두려움이 생긴 것이다.

방패	전쟁 시 자신을 방어하는 무기	철저한 '하나님의 보호'라는 의미
상급	'승리, 전리품'이라는 상징적 의미	'내가 그 전쟁의 승리를 이끌 것이다'라는 의미

여기서 '방패'란 전쟁 시 자신을 방어하는 무기로서 철저한 '하나님의 보호'라는 의미를 내포하고 있으며 '상급'이란 '승리, 전리품'이라는 상징적 의미로서 '내가 그 전쟁의 승리를 이끌 것이다'라는 말이다.

그럼에도 불구하고 하나님을 대하는 아브람의 태도는 여전히 믿음이 없는 사람마냥 시큰둥한 모습이었다. 야훼 하나님은 그런 아브람을 친히 밖으로 이끌고 가셔서 하늘의 뭇별들을 보여주시며 약속하자 그제서야 겨우 "아브람이 여호와를 믿으니"라고 했다.

우리는 이 구절에서 아브람의 반응을 통해 그의 신앙수준을 대충 짐작할 수 있다. 가만히 보면 아브람은 진정으로 마음을 다하여 하나님께 순종하지도, 하나님을 사랑하지도, 하나님을 섬긴 것도 아니었던 듯하다. 또한 창세기 12장부터 지금 이곳의 15장에 이르기까지 아브람의 믿음에 관한 언급 자체가 여기에 처음 등장하고 있음이 놀랍다.

"아브람이 여호와를 믿으니 여호와께서 이를 그의 의로 여기시고" 창 15:6

결국 이 구절에서는 '여기시고'라는 말씀에 방점이 있다. 이에 해당하는 히브리어는 '하솨브(חָשַׁב)'이며 헬라어는 '로기조마이(λογίζομαι, 롬 6:11)'이다. 이는 상대에 대한 '변함없는, 한결같은 신뢰'라는 의미로 '여기다

(reckon, 여겨주다)'라는 말이다. 곧 비록 충분한 정도는 아니지만 그럼에도 불구하고 상대를 '인정하며 여겨주고 간주하다'라는 뜻이다. 자비하시고 긍휼이 풍성하신 하나님은 아브람의 적은 믿음조차도 그의 의로 여겨주셨던 것이다. 이후 신실하신 하나님은 창세기 15장 후반부의 횃불언약으로 당신의 마음을 다시 아브람에게 확증시켜 주셨다.

참고로 '횃불 언약'에 대해 창세기 15장 9-17절을 통해 조금 더 언급하고자 한다. 전제할 것은 이 언약의 경우 일방적인 은혜의 언약이었으며 그 언약에는 희생동물이 필요했다.

특별히 9절에는 4종류의 희생동물이 나온다. 암소와 암염소, 숫양, 비둘기이다. 아더 핑크는 암소의 경우 왕성한 생식능력을, 염소는 속죄제물을, 숫양은 성별(聖別)을, 비둘기는 하늘로부터 온 자를 상징한다고[79] 했다. 또한 3년이란 예수님의 공생애를, 희생동물의 죽음을 통하여는 예수 그리스도의 피흘림(히 9:22)을, 동물을 둘로 쪼갠 것은 희생제사에서 언약의 기초를 세우기 위함(렘 34:18-19)으로, 솔개를 쫓았다라고 하는 행위는 믿음의 능력을 상징하는 것으로 해석했다. 고개가 끄덕여진다.

'횃불 언약'을 묘사하면서 창세기 15장 17절은 "연기나는 화로(풀무, 렘 11:3-4)"와 "타는 횃불(삼하 22:29, 시 119:105, 사 62:1)"이라고 했다. 여기에는 언약백성과 함께하시면서 앞서 가시며 인도해가시겠다는 나하흐의 하나님, 언제나 늘 함께하시겠다는 에트의 하나님, 뒤에서 밀어주시며 당신의

---

[79] <창세기 강해>, 아더 핑크/정충하옮김, 크리스쳔 다이제스트, 2016, p180-182

의도대로 방향을 제시하시겠다는 할라크의 하나님의 약속의 말씀이 내재되어 있다.

그리하여 좋으신 하나님은 횃불 언약(창 15:17-18)을 통해 국가의 3요소(영토, 국민, 주권)인 땅(영토)과 자손(국민)에 대해 약속하셨다. 곧 '나라(하나님 나라)'를 약속하신 것이다.

동시에 깊은 감사 속에 묵상해야 할 부분이 바로 '횃불 언약'을 체결함에 있어 아브람과 비교되는 하나님의 일방적인 행동이다. 당시 아브람은 쪼갠 짐승 사이를 지나가지 않았다. 그러나 하나님의 현현(manifestation, Theophany)인 횃불은 쪼개진 짐승 사이로 지나갔다. 이는 언약의 성격상 일방성(쌍방성이 아닌 일방 언약)과 불평등성(동등성이 아닌 불평등 언약)을 드러내는 것이다. 즉 아브람의 조건이나 상태와 상관없이 하나님은 반드시 당신의 약속을 지키겠다는 것으로 하나님의 인자하심과 신실하심을 보여준 것이다.

이후 창세기 17장에 이르러 할례 언약을 통해 아브람(אַבְרָם, "exalted father", the original name of Abraham, from the same as אֲבִירָם, 아비람, אָב, father, רוּם, to be high or exalted, rise, 높은 아버지, 고귀한 아버지)은 아브라함(많은 무리의 아비, אַבְרָהָם, "exalted father", the father of the Jewish nation)으로 개명되었고 믿음의 조상이 되기까지의 체계적인 훈련의 과정을 밟게 되었던 것이다. 이때 사래(왕비, 공주, שָׂרַי, from שַׂר, nm, chieftain, chief, ruler, official, captain, prince) 역시 사라(여주(女主), שָׂרָה, nf, princess, noble lady)로 개명되었다.

우리는 구약에서 특별히 세 인물에 주목할 필요가 있다. 아브라함(아브라함 언약, 3중 언약)과 다윗(다윗 언약, 등불 언약), 그리고 그 가교 역할을 담당한 모세(모세 언약, 소금 언약)이다.

창세기 15장 5절에서 야훼 하나님은 아브람에게 '자손(예수 그리스도, :הָרְזַ, 자레카, N-msc/2ms)'을 약속하셨다.

"아브라함과 다윗의 자손 예수 그리스도의 세계라"_마 1:1

바로 그 아브라함과 다윗의 연결고리가 모세이다. 한편 '자손'이라는 말 자체가 갖는 의미는 복수이다. 그럼에도 불구하고 그 히브리어 '자레카'는 단수로 쓰여 있음에 주목해야 한다. 이는 약속의 자손인 '오실 예수 그리스도'를 가리키는 것이다.

"그를 이끌고 밖으로 나가 가라사대 하늘을 우러러 뭇 별을 셀 수 있나 보라 또 그에게 이르시되 네 자손이 이와 같으리라"_창 15:5

참고로 '아브라함 언약'은 창세기 12장, 15장, 17장에 3번이나 나오는데 이를 가리켜 나와 공저자는 '3중 언약'이라고 명명했다. 곧 12장의 정식 언약, 15장의 횃불 언약, 17장의 할례 언약이다.

창세기 15장 후반부에서 야훼 하나님은 아브라함에게 이스라엘 백성들이 이방에서 객이 되어 노예생활을 하다가 400여 년 후에는(430년, 출 12:40-41, 갈 3:17) 애굽의 노예생활에서 해방될 것을 말씀하셨다. 그 일에 쓰임을 받은 인물이 모세였다. 결국 아브라함에게 주셨던 횃불 언약(15:17-18)은 모세를 통해 영토와 국민에 대한 약속(18-21)이 역사 속에서 성취됨으로 하나님은 당신의 신실하심을 드러내셨다.

참고로 아브라함의 손자였던 야곱은 12명의 아들(외동딸 디나 곧 12남 1녀)이 있었는데 영적 장자인 요셉(순서 상 열 한 번째 아들, 라헬의 장자)을 통하여 이스라엘이 구원을 얻게 된다. 그는 이스라엘이 기근의 위기에 놓여 자칫 굶어 죽을 위기에 처했을 때 애굽의 총리로 있었다. 이는 역사의 주관자 하나님의 섭리에 따른 경륜이요 작정과 예정이었던 것(창 45:5-8)이다.

한편 실제적 장자였던 르우벤은 서모 빌하와의 통간(창 35:22)으로 인해 장자의 그 지위를 박탈당했다. 안타깝게도 둘째와 셋째인 시므온과 레위 마저도 하나님의 이름을 도용하여 하몰과 그 아들 세겜을 속이고 그의 자녀들과 아내들을 사로잡았을 뿐만 아니라 약탈까지 자행함(창 34장)으로 르우벤의 뒤를 이어 장자가 될 뻔했던 그 지위를 박탈당하고 말았다.

그리하여 넷째 아들인 유다가 실제적인 장자가 되었다. 결국 그 유다의 후손(자신의 며느리 다말이 낳은 쌍둥이 두 아들 중 차자인 베레스의 후손)으로 다윗이 오게 된다. 다윗에서 솔로몬(우리야의 아내 밧세바사이에서 난 아들)으로, 그리고 동정녀 마리아를 통해(법통, 마 1:1-16) 성령님으로 잉태되어 성육신하신 예수님에 이르기까지의 과정은 아주 긴긴 이야기(a long long story, 창 38장, 룻 4:12-22, 삼하 11-12장, 삼하 1-2장, 마 1장, 눅 3:23-38)이다.

오늘날 우리는 넷째 아들인 유다로부터 다윗(왕통, 눅 3:23-38)에 이르기까지 그리고 예수 그리스도에 이르기까지 적극적이고도 엄청난 하나님의 열심과 세미하신 하나님의 간섭, 인간의 상상을 뛰어넘는 하나님의 사역을 생생하게 목도하고 있다.

"아브라함과 다윗의 자손 예수 그리스도의 세계라"_마 1:1

16장

괴짜의사 Dr. Araw의 쉽고 바르게 읽는 창세기 장편(掌篇) 강의
태초에 하나님이 천지를 창조하시니라 • 제1권 창세기의 파도타기(Surfing)

아브람과 사래의 밀약,
하갈과 이스마엘, 하나님의 긴 침묵

앞선 14-15장에서와 이곳 16장에서의 아브람이 살아가는 모습은 상당히 대조적이다. 그래서 제법 당황스럽다. 그러나 already~not yet인 유한된 인간은 어느 누구도 예외일 수가 없을 뿐만 아니라 누구나 다 그렇게 비슷비슷하게 한 번의 인생을 살아간다. 요는(in a word) 하나님보다 말씀보다 '앞서가느냐' 아니면 하나님의 말씀을 순복하며 묵묵히 '따라가느냐'이다. 당연히 우리의 대답은 거침없이 후자여야 한다. 이런 삶의 태도야말로 세상을 뒤덮고 있는 거대한 탁류(濁流, muddy or murky turbid stream)의 큰 물줄기를 두 갈래로 나눌 수가 있게 된다. 그렇기에 나는 말씀을 '따라가는 것'을 순복(順服, submission)이라고 하며 하나님보다 말씀보다 '앞서가는 것'을 불신(不信, disbelief)이라고 생각하고 있다.

그러므로 우리는 유한되고 제한된 한 번의 인생을 살아가며 매사 매 순

간에 '하나님의 기쁨을 구하랴', '사람의 기쁨을 구하랴'는 두 명제 앞에서 과감하게 전자를 선택한 후 결단하고 그렇게 묵묵히 따라가야 한다.

가나안에 정착한 지도 어느덧 10년의 세월이 흘러 아브람이 하란을 떠날 때 75세였는데 이제는 85세가 되었다. 가나안에서의 그 10년은 아브람에게는 모질고 힘든 격동의 세월이었다.

지난날 아브람은 그 아비 데라와 함께 안정적이고도 익숙한 터전 속에서 잘 살고 있던 갈대아 우르를 떠나라는 명령을 받았다. 이후 밧단아람의 하란에 머물렀다가 아버지 데라가 죽자 하란을 떠나 유프라테스 강을 건너 가나안으로 들어갔다.

아마도 그 모든 과정은 만만치 않았을 것이다. 그럼에도 불구하고 가나안에 도착했더니 하필 '가는 날이 장날'이라 그곳에서 지독한 기근을 만나게 된다. 그러자 아무런 고민도 없이 거침없이 애굽으로 내려갔다가 하마터면 아내를 빼앗길 뻔했다. 겨우 가나안으로 돌아왔더니 이번에는 아들처럼 키워왔던 조카 롯과 결별해야만 했다.

제법 시간이 흐른 후에는 북방 4개국 동맹에 사로잡혔던 롯을 구하기 위해 인간적으로는 말도 안 되는 모험을 감행하기도 했다. 소돔 왕의 전리품에 대한 제의에 대하여는 눈 딱 감고 단호히 거절하기도 했다. 15장에서는 횃불 언약을 통해 하나님의 약속을 직접 받기도 했다.

이후 10년의 지루한 기다림을 통과하면서는 엄청난 실수와 더불어 목이 늘어져라 하늘을 쳐다보기도 했다. 이러한 일련의 모든 과정에 대해 아더 핑크는 6가지 시험에 대한 믿음의 훈련[80]이라고 해석했다. 소위 '믿음의 뜨거움', '믿음의 충분성', '믿음의 겸비함', '믿음의 담대함', '믿음의 존귀', '믿음의 인내'에 관한 훈련이었다라는 것이다.

아무튼 자손을 "뭇 별처럼 주시마(창 15:5)"라고 하셨던 하나님의 약속에도 불구하고 85세에 이르게 된 그때까지 자식 하나 없었던 아브람과 사래는 더 이상 기다리지 못하고 불안과 초조함으로 인간적인 방법을 동원하게 되고 만다. 결국 '기다리지 못함'과 '인간적인 잔꾀(petty tricks)'는 항상 '불신'에서 나온다는 것을 잊지 말아야 한다.

여기서 한 번 더 생각해야할 것이 있다면 아브람과 가장 가까웠던 아내 사래의 달콤한 제안과 그 결과에 대한 사후(事後) 적용점이다. 곧 가까운 사람으로부터의 속삭임은 아주 달콤하기에 그런 유의 제안일수록 즉각 실행할 것이 아니라는 것이다. 또한 상식적이고 자연스럽게 보이는 일일수록 시간을 두고 집중적으로 기도한 후에 결정해야 한다. 더 나아가 간혹 긴급하고 중요한 일은 아내를 보호하기 위해 아내와의 의논을 보류하는 것(각자의 생각이 다를 수 있음)이 드물게는 상책(上策)일 때도 있다라는 것이다. 아무튼 아내와의 의논이나 아내로부터의 근거있는 제시 등등 모든 것으로부터의 최종선택에 대한 결과는 남편인 가장의 몫이다. 그렇기에 최종선택 후의 책임은 오롯이 남편이 져야 한다. 에덴 동산의 아담처럼 '핑계'를 대는 것은 곤란하다.

다시 창세기 16장으로 돌아가자. 당시 사래의 제안은 남편으로서도 굳

---

80 <창세기 강해>, 아더 핑크/정충하옮김, 크리스천 다이제스트, 2016, p185-186

이 마다할 이유가 없었으며 어느 정도 명분마저 있었다. 그러나 그것은 하나님 앞에서 악한 것이었다. 그리하여 쓴 뿌리로부터 주렁주렁 열리게 될 그 열매가 독이라는 사실을 알기까지에 걸린 시간은 그리 길지 않았다. 결국 '등 떠밀리듯' 감행했던 그 결정은 15년이 채 지나지 않아 쓰디 쓴 열매로 나타났다. 곧 하갈의 임신으로 인한 사라의 위기의식(16:5), 하갈의 교만방자함(16:4), 형이었던 이스마엘의 이삭에 대한 희롱(21:9) 등등……

본 저자의 추측이기는 하지만 바로 이런 16장에서 있었던 사건으로부터 학습효과를 얻은 아브라함은 창세기 22장에서 이삭을 제물로 바칠 때 아내인 사라에게 말을 하지 않았던 것이 아닐까 싶다. 모르긴 해도 아브라함은 '이삭을 제물로 바치라'는 하나님의 명령에 최대의 장애물이 사라일 수 있다라고 판단했을 것만 같다. 외아들을 제물로 바치라는 그 말씀에 아비인 아브라함 자신도 힘든데 늘그막에 자식을 낳은 엄마였던 사라는 말해 무엇하랴…….

다시 30여 년 전으로 돌아가자. 자식을 애타게 기다리던 노부부는 현실적으로 희망이 없게 되자 결국 하나님보다 앞서게 된다.

"아브람이 사래의 말을 들으니라" _장 16:2

놀랍게도 아브람은 아내의 제안에 즉각적으로 반응해버린다

'그럴까', '그러지 뭐.'

인간의 상식과 합리성이 하나님의 뜻과 섭리, 경륜을 일거에 무참히 짓밟은 것이다. 모든 것의 주권은 하나님께 있음에도 불구하고…….

그리하여 아브람의 아내였던 사래는 자신의 여종 애굽 여자 하갈을 씨

받이(the surrogate womb)로 하여 이스마엘을 덜컥 얻어버렸던 것이다. 하나님보다 앞서버린 것이다.

'악인의 꾀를 좇지 말라'고 하였음에도…….

이들 부부는 결국 복된 길을 저버리고 곁길(a side path, a bystreet)로 가버렸다. 그리하여 이스라엘 자손에게는 두고두고 옆구리에는 채찍으로, 눈에는 티끌로 아니 눈엣가시가 되는 존재를 만들어버린 것이다.

참고로 '기다림과 인내'의 실패는 '믿음의 파산'이라는 또 다른 비극적인 결말을 낳는다는 것을 알아야 한다. 그렇기에 Calvin은 '믿음이란 기다림이다'라고까지 했던 것이다. 로마서 8장 25절에도 "만일 우리가 보지 못하는 것을 바라면 참음으로 기다릴찌니라"고 말씀하셨다. 여기서 '참음[81](ὑπομονή, n)'이란 '인내, 기다림'을 의미한다. 한편 동일한 의미의 반복된 다른 어구로 쓰인 "기다릴찌니라"의 헬라어는 아페크데코마이(ἀπεκδέχομαι, v)이다.

갈라디아서(4:23)에서는 자유하는 여인 사라에게서 낳은 이삭을 가리켜 "성령을 따라 난 자(4:29)"라고 말씀하신 반면에 계집종 하갈이 낳은 이스마엘에 대하여는 "육체를 따라 난 자(4:29)"라고 했는데 이는 이삭의 경우 하나님의 뜻(약속, 언약)으로 났으나 이스마엘의 경우 사람의 뜻으로 난 자

---

[81] ὑπομονή(nf)는 endurance, steadfastness, patient waiting for/(from 5259 /hypó, "under" and 3306 /ménō, "remain, endure") - properly, remaining under, endurance; steadfastness, especially as God enables the believer to "remain (endure) under" the challenges He allots in life이다. 동일한 의미의 다른 단어가 ἀπεκδέχομαι(v, to await eagerly/(from 575 /apó, "away from," 1209 /déxomai, "welcome" and 1557 /ekdíkēsis, "out of") - a triple compound (properly) meaning "welcome from and out of"; waiting that decisively "puts away" all that should remain behind)이다.

곧 육체의 생식능력으로 난 자임을 가리킨다.

이스마엘을 가리켜 창세기 16장 12절에는 "그가 모든 형제의 동방에서 살리라"고 했다. 여기서 '동방에서'라는 말의 히브리어는 보(בּוֹ, against him) 베알(־עַל, over against)인데 이는 '면전에서, 대항해서'라는 의미이다. 곧 이스마엘은 가인이나 니므롯처럼 죄인의 길에 들어서서 하나님을 면전에서 대적할 뿐만 아니라 선민들을 대항해서 괴롭히는 자가 될 것이라는 의미이다.

아무튼 그렇게 이스마엘을 낳았을 때 아브람의 나이는 86세였다. 이후 13년 동안 하나님은 침묵하셨다. 아예 하나님은 아브람 앞에 나타나지도 아브람에게 말씀하시지도 않았던 것이다. 가슴에 묵직한 뭔가가 걸린 듯한 아버지 하나님의 속상함이 읽혀진다. 더 나아가 실어증(失語症, aphasia)에라도 걸린 듯한 아버지의 모습이 떠오르기도 한다.

나와 독자의 입장에서 보았을 때 더욱 당황스러운 것은 아브람이 그런 하나님의 침묵을 아쉬워하지도 안달해하지도 않았다라는 점이다. 그야말로 타성에 젖은(be struck in a rut(or groove)) 신앙인의 모습을 적나라하게 보여준 것이다. 아브람의 착각은, "이제 아들이 생겼으니 결과적으로는 하나님의 약속이 실현되었기에 이 아들을 잘 키워 모든 것을 물려주면 될 것이다"라고 마음먹었던 것이다.

종종 신앙인들이 하는 오해가 바로 여기에 있다.

우리는 어떠한 일에 우리의 생각대로 차근차근 일사천리(一瀉千里, at a stroke)로 형통(세상적 형통, 쌀라흐, 창 39장 참고)하게 이루어지기만 하면 무조건 하나님의 뜻이라고 생각할 때가 많다라는 것이다. 많은 경우 나의 생각, 나의 소원이 현실에 그대로 이루어지는 것을 형통이라고 하며 하나님의 뜻이라고 착각하곤 한다.

그러나 성경은 두 가지의 '형통'을 말하고 있다. 하나님의 형통과 인간의 형통이다. 후자가 승승장구(乘勝長驅)함, 전도양양(前途洋洋)의 출세 지향적인 세속적 형통이라면 전자는 하나님의 뜻(섭리와 경륜, 작정과 예정)이 바로 나를 통해 한 단계 한 단계씩 과정을 밟아 진행되고 완성되어가는 것을 말한다. 히브리어로는 '세상적 형통'을 샬라흐(שָׁלָה, v, 욥 12:6)라 하고 '하나님의 형통'을 짤라흐(צָלַח, v, 창 39)라고 한다.

우리는 양단간에 선택과 결단을 해야 한다.

바른 선택, 굳건한 기다림의 결단!

하나님의 뜻을 따라 믿음으로 인내하며 기다릴 것인가?

아니면

사람의 뜻을 따라 달콤한 현실적 열매를 따 먹을 것인가?

그것은,

갈라디아서 1장 10절에 따른 본인의 선택이다.

17장

괴짜의사 Dr. Araw의 쉽고 바르게 읽는 창세기 장편(掌篇) 강의
태초에 하나님이 천지를 창조하시니라 • 제1권 창세기의 파도타기(Surfing)

아브라함 언약-할례언약

믿고 기대했던 아브람과 사래의 그 행동으로 인해 하나님은 13년 동안이나 깊은 침묵에 빠져 있었다. 그러나 그 기간 동안에도 아버지 하나님은 한순간도 아브람과 사래를 잊으신 적이 없었다. 매 순간 아브람을 기억(권념)하시며 이제나저제나 당신께로 돌아오기만을 기대하셨다. 아버지 하나님은 끝끝내 당신을 찾지 않았던 아브람에게 아픈 가슴을 안고 '모든 것을 내려놓고' 먼저 다시 나타나셨다.

'내려놓다'라는 말은 이때 쓰이는 말이다. 착각하지 말아야 할 것은, 인간의 업적이나 명예 등등을 두고서 마치 자신이 무엇인가를 희생함으로 내려놓기라도 했듯 '내려놓다'라는 단어를 차용하는 것은 곤란하다. '내려놓음'이라는 단어는 근본 하나님의 본체이신 '예수님의 내려놓음' 곧 '성육신', '십자가 보혈에의 대속죽음'에 사용되는 말이다.

한편 그 기간 동안 아브람의 일거수일투족(一擧手一投足)을 바라보셨던 하

나님은 어떠셨을까?

자신의 핏줄이라고 생각하며 하루가 다르게 커가는 이스마엘로 만족했던 아브람! 그를 물끄러미 보셨을 아버지 하나님!

당신의 기대와 뜻은 아예 도외시한 채 일상의 생활에 매몰되어 소소한 행복(small happiness)이라고 생각하며 그저 그렇게 살아가는 아브람! 그를 안타까이 보셨을 아버지 하나님!

웬일인지 아브람은 이스마엘이 하나님께서 자신에게 약속한 언약의 자손인지를 단 한 번도 묻지 않았다. 스스로 생각하기에도 미안했던 모양이다. 그렇게 아브람은 13년 동안이나 하나님을 찾지도 않았고 찾을 생각도 하지 않았던 것이다.

참고로 '13년'이라는 기간[82]은 아브람이 사래의 말을 들은 지 13년이 된 것(창 17:25)을 가리킨다. 한편 '13'은 불신앙, 배교와 관계된 숫자로 아브람으로서는 영적인 공백기간(空白期間, vacancy period)이자 영적 불모(不毛, sterility, barrenness)의 시간이었고 하나님 편에서는 가슴앓이(heartburn, heartbreak)로서 침묵의 시간이었다. '13'은 오늘날에도 '13일의 금요일' 등 불길함을 의미하고 그렇기에 더욱 기피하는 숫자 중 하나이기도 하다.

성경에도 악한 숫자로 나타나기도 한다(에 3:12-13, 왕상 7:1). 이외에도 성경에서 '13'이 언급된 곳은 부지기수이다. 여리고 성을 13바퀴 돈 것, 배교의 책인 사사기에 13명의 사사들의 등장하는 것, 사람을 더럽게 하는

---

[82] <창세기 강해>, 아더 핑크/정충하옮김, 크리스천 다이제스트, 2016, p193-194

13가지(마 7:21-23), 계시록에 '용'이라는 단어가 13번 언급된 것, 야곱의 "나그네 길의 인생이 130년(창 47:19)", 식용을 금지하는 부정한 동물의 숫자(26=13x2, 신 14장), 기독교의 배교를 지적하는 신약성경 유다서가 바로 신약정경의 26번째(13x2) 책이며 바울이 전도 여행을 하다가 "사십에 하나 감한 매(39=13x3, 고후 11:24)"를 맞았던 것 등등이다.

아무튼 아브람은 일반은총(Common Grace)인 육체적 생식력으로 이스마엘을 낳고는 그 아이야말로 여러 정황상 창세기 15장의 바로 그 "약속의 자손"일 것이라고 애써 정당화하며 자위(自慰)하며 지냈던 듯하다.

상기의 상황들을 떠올려보면 정신이 아득해지며 약간 먹먹해지기까지 한다.

갑자기 숨이 막혀온다.

만약 그의 자리에 내가 있었다면…….

아브람이 하나님 아버지께 하듯이 나의 자녀가 내게 그렇게 했다라고 한다면…….

한편 이 모든 상황들을 가만히 뒤집어보면 이왕 주실 약속의 자손이라면 아브람의 연약함을 아시는 주님께서 그가 흔들리지 않도록 일찍 주셨으면 좋았을 것을……. 솔직히 그런 아쉬움이 자꾸자꾸 가슴 한켠에서 솟아오른다.

이 부분에서 우리가 알아야 할 것은 하나님의 길과 생각은 우리와 다르다는 것(사 55:8-9)이다. 더 나아가 하나님께서 당신의 계획을 나중까지 미루실 때에는 반드시 이유가 있다라는 것이다.

하나님은 언제나 '인간적 시각'으로 볼 때 옳은 일을 하시는 것이 아니다. 하나님의 하시는 일은 인간의 관점과는 상관없이 다 옳은 것이다. 역사의 주관자 하나님은 당신의 때에 당신의 방법으로 일하시는 분이시다. 베드로후서 3장 9절의 울림이 크게 다가온다.

"주의 약속은 어떤 이들이 더디다고 생각하는 것같이 더딘 것이 아니라 오직 주께서는 너희를 대하여 오래 참으사 아무도 멸망하지 아니하고 다 회개하기에 이르기를 원하시느니라" _벧후 3:9

그럼에도 불구하고 아더 핑크는 '하나님의 미루심'에는 다음과 같은 이유가 있다[83]라고 했다. 첫째, 하나님의 자녀들의 믿음을 테스트하고자 함이며 둘째, 그들의 인내를 증진시키고자 함이다. 셋째는 그들의 교만과 자아를 죽이고자 함이며 넷째는 당신의 구원의 능력을 보다 더 선명하게 드러내기 위함이고 마지막 다섯째는 당신께서 행하신 그 일에 찬양과 경배를 받기 위함이라고 했다.

	'하나님의 미루심(by 아더 핑크)'의 이유
1	하나님의 자녀들의 믿음을 테스트하고자 함
2	그들의 인내를 증진시키고자 함
3	그들의 교만과 자아를 죽이고자 함
4	당신의 구원의 능력을 더 선명하게 드러내기 위함
5	당신께서 행하신 그 일에 찬양과 경배를 받기 위함

---

83 <창세기 강해>, 아더 핑크/정충하옮김, 크리스천 다이제스트, 2016, p195-196

이후 99세때에 하나님은 아브람을 직접 찾아오셨다. 그리고는 단 3마디를 하셨다.

첫째, "나는(אֲנִי) 전능한(שַׁדַּי, almighty, nm) 하나님(אֵל)이다." 곧 나는 너를 만세 전에 택정했던 하나님이며 때가 되어 너를 낳았고 지금까지 너를 양육했으며 네게 능력을 주어서 모든 것을 가능하게 했던 '엘 쇠다이'이다.

둘째, "너는 내 앞에서 행하라"고 말씀하셨다. 이는 그동안 너는 내 앞에서 떠난 삶을 살았으나 이제 다시 돌아오라는 것으로 아브라함을 향한 하나님의 섭섭함과 아울러 그의 회복을 전제한 가벼운 야단 곧 징계[84](יָסַר, v, 야싸르/παιδεύω, 파이듀오)의 말씀이다.

셋째, "완전하라"고 하셨다. 이는 있는 모습 그대로 하나님 안에 거하라, 하나님 의존적인 삶을 살라는 의미이다. 죄인 된 모든 인간은 하나님 앞에서 결코 완전하지도 않지만 완전해질 수도 없다라는 것이다. 결국 이 말씀은 네가 네 행위를 온전케 함으로 너 스스로 회복할 수 있다고 생각하는 것은 불가능하다라는 의미이다.

그리고는 다시 아브라함에게 당신의 열심(섭리 하 경륜, 작정과 예정)에 기초한 3번째 언약(할례 언약)을 하셨다. 곧 아브라함의 언약으로 '3중 언약(창 12:1-3 정식 언약, 15:17 횃불 언약, 17: 9-11 할례 언약)'의 세 번째인 할례 언약이다.

11장의 바벨탑 사건으로 인해 하나님은 인간의 언어를 혼잡케 하셔서

---

[84] 징계하다의 히브리어는 야싸르(יָסַר, v, to discipline, chasten, admonish)이고헬라어는 파이듀오(παιδεύω, (a) I discipline, educate, train, (b) more severely: I chastise, (from 3816 /país, "a child under development with strict training") - properly, to train up a child (3816 /país), so they mature and realize their full potential (development). This requires necessary discipline (training), which includes administering chastisement (punishment)이다.

인류를 온 지면으로 흩어 버리셨으나 지난날 당신의 언약들(아담 언약, 노아 언약)을 기억하셨다. 곧 최초의 원시복음인 아담 언약과 이중 언약으로 주셨던 홍수 전 언약(방주 언약)과 홍수 후 언약(무지개 언약)인 노아 언약이다.

이후 이방 땅 갈대아 우르에서 우상의 조각품을 만들어 적당하게 세상과 타협하며 그럭저럭 편안하게 살아가던 아브람을 부르셨다. 그리고는 고향과 친척 아비의 집을 떠나 "내가 네게 지시하는 땅으로 가라"고 하셨다. 히브리서 11장 8절을 보면 당시 아브람은 "갈 바를 알지 못하고 나아갔다"고 했다.

50세에 우르를 떠난 아브람은 하란에서 25년간 머뭇거리다가 아버지 데라가 죽은 후 '성령님께 이끌리어(הלך, 할라크, 동행, 13:4)' 가나안으로 들어갔다. 약속의 땅에 갔더니 젖과 꿀은 고사하고 심한 기근만 기다리고 있었다. 그러자 곧장 애굽으로 내려갔다가 아내를 빼앗기고 수치를 당할 뻔했지만 하나님의 적극적인 개입하심으로 면하게 된다. 가나안으로 다시 돌아왔으나 부유해진 재산 때문에 롯과 헤어지게 되었을 때 아브람은 조카 롯에게 땅 선택의 우선권을 양보한 결과 약속의 땅 가나안에 남을 수 있었다

이후 북방 4개국 동맹들의 약탈과 그의 조카 롯의 사로잡힘을 듣고 그들과의 싸움에 즉각 나섰다. 인간적으로 보기에는 무모한 것이었으나 하나님의 개입하심으로 인해 말도 안 되는 승리를 안게 되는 기쁨을 맛보았다. 이후 하나님을 굳게 붙잡고 하나님만을 더욱 의지하기는커녕 이내 곧 인간적인 관점으로 상황을 분석해보며 그들로부터의 복수를 두려워했다.

마치 그 전쟁이 자신의 힘으로 승리하였다는 듯이…….

창세기 15장에 이르자 그런 아브람에게 하나님은 방패(전쟁의 이김은 하나님께 있다)가 되어주실 것과 함께 국민(자손)과 영토(땅)까지 약속하셨다. 여기에 주권을 더하여 주심으로 국가의 3요소를 약속 받게 되었던 것이다. 이 모든 일들을 하나님의 섭리 하 경륜으로 이루어 내실 것을 약속하시며 그 표시로 '횃불 언약'을 주셨는데 곧 창세기 15장 17절의 '하나님만 쪼개진 짐승 가운데로 홀로 지나가신 것'이다. 좋으신 하나님은 그 언약을 당신만이 일방적으로 지킬 것을 약속하신 것이었다. 사실 은혜 언약인 횃불 언약은 하나님 편에서는 일방적 언약이요 불평등한 약속이었다.

그리하여 이곳 17장에 이르러는, 16장의 엉뚱한 짓거리를 살짝 야단치신 후, 모든 남자에게 할례를 명하고 있다. 곧 '할례 언약'이다.

참고로 구약의 할례와 신약의 세례를 도표를 통해 요약하고자 한다.

할례 (창 17장)			세례 (마 28장)	하나님나라 천국
물(מוּל)		구원과 무관하나 그리스도인 이라면 반드시 거쳐야 함	밥티조(βαπτίζω) chemical change 밥토(βάπτω) Physical change	현재형 하나님나라 ; 주권, 통치, 질서, 지배 개념 미래형 하나님나라 ; 장소 개념
칭의	너는 죽었다		'Savior' 1)보혈-죄 씻음 2)영접 3)연합=하나됨	현재형 하나님나라 (눅 17장)
성화	이제는 나로 인해 산다. 모든 주체 는 나다		'Lord, Master' 4)주권, 통치, 질서, 지배	지금 안식 히 4장
영화 롬 8:30	미래형 하나님나라(요 14:2-4, 계 21-22) 거룩한 성 새 예루살렘 히 4장 - 나중 안식, 내 안식, 남은 안식			

할례 언약 1년 후 약속의 자손을 허락하셨다(창 17:21). 소위 '약속의 자손'인 이삭이다. 동시에 지금까지와는 달리 '아브람'의 이름을 열국의 아비인 '아브라함'으로, '사래'를 열국의 어미인 '사라'로 바꾸셨다. 이후로 성경에는 아브람이 '아브라함'으로 사래가 '사라'라는 이름으로 바뀌어져 나오게 된다.

결국 아브람에게 아브라함을, 사래에게 사라라는 이름을 주시며 열국의 아비와 어미로 만드실 것을 약속하신 것이다. 또한 이삭을 통해 궁극적으로는 예수 그리스도를 보내주실 것을 약속하셨다. 그리고 아브라함에게는 하나님의 여겨주심으로 인한 모든 믿는 자들의 조상이 될 것도 말씀하셨다. 곧 아브라함은 영적인 조상이 되고 아브라함처럼 하나님의 택정하심을 따른 모든 믿는 자들은 영적인 아브라함의 자손이 되게 하신 것이다.

일 년 뒤 100세에 아들을 얻게 될 것(창17:21)이라는 말씀에 여전히 믿음의 수준이 낮았던 아브라함과 사라는 불신하며 실소하다가 들켜버린다.85 그러나 신실하신 하나님은 창세기 17-18장의 '그 비웃음(17:17, 18:12)'을 완전히 바꾸어 창세기 21장 6절에서는 환희(기쁨)라는 뜻의 '진정한 웃음'인, 이삭을 주셨다. 곧 17-18장의 와이쩨하크(וַיִּצְחָק, conj-w/V-Qal-ConsecImperf-3ms, 와트티쩨하크, וַתִּצְחָק)를 21장에 이르러서는 쩨호크(צְחֹק, N-ms, 이쯔하크, יִצְחָק, V-Qal-Imperf-3ms)로 바꾸어 주셨던 것이다.

그 이삭을 통하여는 쌍둥이 형제 야곱과 에서를 주셨고, 하나님은 둘 중에 당신의 택정하심을 따라 야곱을 택하셨다. 바로 그 야곱의 11번째 아들인 요셉(실제적으로는 라헬의 장남으로서 야곱의 진짜 장남이다)이 출애굽시 이스라엘을 구원하는데 꼭 필요했던 하나님의 도구로 쓰임을 받았던 인물이다.

한편 예수님은 '차서(次序)를 따른' 야곱의 넷째 아들인 유다를 통하여 이 땅에 오시게 된다. 참고로 '차서를 따른'이라는 것은 원래 육신의 장남은 르우벤이었으나 그 서모 빌하와 통간함으로 장자의 자리를 상실했고

---

85 창세기 17장의 '웃음'(이쯔하크, 창 17:17, to laugh, יִצְחָק)은 비웃음, 경멸을 담고 있으며 창세기 18장 12, 13, 15절의 웃음(וַתִּצְחָק) 또한 동일한 의미를 담고 있다. 반면에 창세기 21장 6절의 웃음(laughter, צְחֹק 쩨호크)은 기쁨, 환희의 웃음이다. 곧 하나님은 경멸의 웃음을 기쁨과 환희의 웃음으로 바꾸셨던 것이다.

뒤 이은 둘째와 셋째 아들인 시므온과 레위는 하나님의 이름을 도용(盜用)함은 물론이요 살인과 약탈을 감행하여 장자의 지위를 상실했다. 그리하여 '차서를 따라' 넷째인 유다가 장자의 지위를 얻었고 그 유다의 후손으로 예수님이 오시게 된 것을 말한다.

'하나님의 열심'은 이후에도 소돔과 고모라 사건(창 18-19장), 그랄 왕 아비멜렉의 아브라함 아내 강탈 사건, 아브라함과 아비멜렉왕 간의 브엘세바 우물 사건(창 20-21장), 이삭의 모리아 사건(창 22장) 등을 통해 아브라함을 점점 더 믿음의 조상으로 단련시켜 가신다.

18장

괴짜의사 Dr. Araw의 쉽고 바르게 읽는 창세기 장편(掌篇) 강의
태초에 하나님이 천지를 창조하시니라 • 제1권 창세기의 파도타기(Surfing)

할례 언약하(下)의 백성들의 삶; 나그네 대접 그리고 중보의 삶

이곳 18장을 정확하게 해석하려면 12장부터 면면이 흘러내리고 있는 물줄기의 큰 흐름(파도타기)을 잘 타야만 한다.

12장에는 정식 언약을 통해 갈대아 우르를 떠난 아브람의 얘기가 나오고 13장에서는 사라를 애굽 왕 바로에게 빼앗길 뻔했던 이야기와 재물의 부요함으로 인해 조카 롯과 헤어지는, 골육의 슬픈 이별 이야기가 나온다. 14장에 이르면 감당할 수 없었던 '이상한' 전쟁의 '놀라운' 승리를 통해 아브람은 천지의 주재가 되시는, 주권자 하나님을 보게 되고 느끼게 된다. 15장에서는 아브람의 씨를 통한 후손(국민)과 땅(영토)의 약속을 받게 된다. 그리하여 좋으신 하나님은 주권, 백성(국민), 영토라는 국가의 3요소를 하나씩 차곡차곡 보여주심으로 장차 하나님나라(하나님의 은혜왕국)의 청사진을 약속하셨다. 16장에서는 그럼에도 불구하고 인간의 불순종에 대한

이야기가 나온다. 그리하여 17장에 이르면 다시 할례 언약을 통해 기어이 당신의 백성으로 만들고야 마시는 하나님의 열심(섭리와 경륜, 작정과 예정)을 보여주셨다. 더불어 아브라함(이후로는 아브람이 아브라함으로 이름이 바뀜)의 후손 곧 이삭(예수 그리스도의 상징)을 통해 역사하실 하나님나라(현재형 하나님나라와 미래형 하나님나라)를 보다 더 생생하게 드러내고 있다.

이곳 18장에 이르면 할례 언약 하의 언약백성들이 어떻게 살아가야 할지를 다음 19장까지 연결하여 보여주고 있다. 곧 언약 백성들의 마땅한 삶의 태도인 '나그네 대접(히 13:2, 신 10:18-19, 렘 7:4-7, 마 10:42)'과 더불어 '중보의 삶'이다.

18장 1-2절에는 장막문에 앉았다가 나그네("사람 셋", 18:2)가 지나가는 것을 보게 된 아브라함이 그들을 극진히 대접하는 장면이 기록되어 있다. 이른바 '나그네 환대법'이다. 그는 처음에 그들의 정체를 몰랐다. 그러나 '나그네 환대법'을 실천함으로 은연 중에 나그네를 대접했던 것이 하나님을 접대하게 되었던 것이다. 마태복음 25장 35-45절의 말씀이 연상된다.

"너희가 여기 내 형제 중에 지극히 작은 자 하나에게 한 것이 곧 내게 한 것이니라"_마 25:40

"이 지극히 작은 자 하나에게 하지 아니한 것이 곧 내게 하지 아니한 것이니라"_마 25:45

참고로 '신인동형동성론(神人同形同性論, anthropomorphism)'이라는 표현이 있다. 곧 신이 인간과 동형(同形, 같은 모양), 동성(同性, 같은 성정)을 가졌다고 생각하는 것으로 그 예로는 '하나님의 손과 발', '하나님의 분노와 후회하심' 등등의 표현이 있다. 이는 하나님의 다양한 속성, 활동, 의지를 반영

한 성경문학적 표현이다. 특별히 이곳 창세기 18장에는 신인(神人)동형동성론(Anthropomorphism)적 표현이 잘 나타나 있다.

한편 아브라함으로부터 대접을 잘 받은 그들은 10절에서 사라에게 아들이 있을 것을 말씀하시면서 "내가 정녕 네게로 돌아오리니(18:10)", "내가 네게로 돌아오리니(18:14)"라고 2번이나 거듭 강조하면서 말씀으로 재차 확약해 주셨다. 이는 아브라함의 후손 곧 약속의 후손을 통해 예수 그리스도께서 오실 것을 예표한 것이다.

한편 이 말을 들었던 연약한 인간 사라는 속으로 웃어버렸다. 지난 17장(17:17)에서는 남편인 아브라함도 하나님의 이런 약속을 웃음으로 가볍게 취급했었는데……. '초록은 동색'이라더니 부부가 의심하는 것에도 일심동체가 된 듯하다. 그리고 보면 모든 인간들의 '믿음(동사 피스튜오)'은 거의 다 대동소이(大同小異)한 것이 사실이다. 결국 믿음이란 '많다 적다, 크다 작다, 강하다 약하다'의 문제가 아니라 믿음(명사 피스티스)은 '있다 없다'의 문제임을 보여준 것이다.

18장의 후반부에 이르면 소돔으로 향해 가는 그들로부터 아브라함은 소돔과 고모라에 대한 심판이야기를 듣게 된다. 그러자 아브라함에게는 자신의 친 아들이나 마찬가지인 조카 롯의 얼굴이 순간적으로 스쳐갔던 듯하다.

사실 지난날의 상황을 본다면 조카 롯의 괘씸한 행동은 몇 번이고 죽어 마땅한 것이었다. 13장에서 비옥한 땅을 먼저 차지한 것도 얄밉지만 14장에서 목숨을 걸고 전쟁의 포로에서 구해주었으나 그에 대한 감사가 성경에 전혀 나오지 않는 것을 보면 롯은 정말 어지간한 사람임에는 틀림이 없는 듯하다. 그런 롯이었음에도 불구하고 아브라함은 소돔과 고모라의 멸망 이야기를 야훼 하나님(혹은 사자들)으로부터 듣자마자 조카 롯을 떠올린 것이다. 아브라함의 믿음의 훈련 단계가 제법 올라온 듯하다.

그들("사람 셋")이 소돔으로 떠나려 하자 아브라함은 여호와 앞을 막아서며(창 18:22) "주께서 의인을 악인과 함께 멸하시려 하나이까(18:23)"라고 '흥분하여 약간 대든다'. 필자의 입장에서는 사실은 '읍소한 것'이라고 표현하는 것이 좀 더 마음 편하기는 하다.

그리하여 아브라함은 야훼 하나님과의 딜(deal)을 통해 의인 50명에서 45-40-30-20-10명에 이르기까지 집요하게 요청을 하여 결과를 얻어내고야 만다.

"내가 10인을 인하여도 멸하지 아니하리라"는 답을 듣고서야 "야훼 하나님도 아브라함도 자기 곳으로 돌아갔더라(창 18:33)"고 되어있다. 이는 할례 언약 하의 백성들은 18장 전반부의 '나그네 대접(히 13:2, 신 10:18-19, 렘 7:4-7, 마 10:42)'과 더불어 18장 후반부에서 보여주듯 '중보의 삶(고후 5:18-21)'을 살아야 함을 말씀해 주고 있는 것이다.

"고아와 과부를 위하여 신원하시며 나그네를 사랑하사 그에게 식물과 의복을 주시나니 너희는 나그네를 사랑하리 진에 너희도 애굽땅에서 나그네 되었었음이니라"_신 10:18-19

"이는 하나님께서 그리스도 안에 계시사 세상을 자기와 화목하게 하시며 저희의 죄를 저희에게 돌리지 아니하시고 화목하게 하는 말씀을 우리에게 부탁하셨느니라"_고후 5:19

19장

괴짜의사 Dr. Araw의 쉽고 바르게 읽는 창세기 장편(掌篇) 강의
태초에 하나님이 천지를 창조하시니라 • 제1권 창세기의 파도타기(Surfing)

롯의 처를 기억하라(눅 17:32)

앞서 18장에서는 조카인 롯을 생각하며 아브라함이 하나님과 목숨을 건, 약간은 이상한 딜(deal)하는 장면을 보여주었다. '이상하다'라는 것은 '그 딜(deal)' 자체가 하나님 편에서는 아무런 이익이 없고 일방적으로 아브라함 편에서만 이익이 생기는 거래이기 때문이다. 거래의 기본은 윈-윈(win-win)인데…….

아무튼 아브라함의 그런 태도는 제사장적 중보자로서의 역할을 감당하고 있는 충성된 모습이며 동시에 삼촌인 어른으로서의 한층 성숙된 모습이기도 하다.

한편 롯의 경우 지난날의 행태(창 13장)만을 두고 본다면 그는 이번 기회에 혼이 나야만 했다. 그러나 아브라함은 지난 일의 소소한 감정 따위는 약간 뒤로 했던 듯하다. 우리는 여기서 아브라함을 세미하게 훈련해 오셨던 하나님의 손길을 느낄 수 있다.

아브라함을 방문한 후 두 천사는 의인 10명을 확인하러 소돔으로 향했다. "날이 저물 때에(19:1)" 롯이 마침 소돔 성문(유력자, 재판관)에 앉았다가 그들을 보았다. 롯은 다가가 그들을 영접하며 '간청함으로' 자기의 집으로 인도하여 들였다.

창세기 19장 1, 3절에는 그냥 지나치기 쉬우나 중요한 단어가 있다. 곧 "날이 저물 때에"와 "간청하매"라는 말이다. 이는 창세기 18장 1, 5절과 대조되고 있는데 "오정 즈음에"와 "네 말대로 그리하라"이다. 이는 둘(아브라함과 롯)의 영적 상태와 둘의 초청에 대한 상대방의 반응을 잘 보여주고 있는 것이다.

아브라함	롯
창 18:1, 5	창 19:1, 3
"오정 즈음에" "네 말대로 그리하라"	"날이 저물 때에" "간청하매"

아무튼 롯은 그래도 나그네 환대법만큼은 지켰던 듯하다. 나의 상상이지만 그것 또한 신상필벌(信賞必罰, dispensation of justice both to services and crimes, never fail to reward a merit or let a fault go unpunished)로 다가온 율법 때문이었으리라…….

그러고 보면 롯 역시 사가지(仁義禮智)는 없었으나 기본마저 아주 없는 것은 아니었던 듯하다. 그렇기에 베드로후서(2:7-8)는 "의로운 롯", "그 의로운 심령을 상하니라"고 하셨던 것이다. 물론 이때의 '의'는 행위로서가 아닌 신분적 칭의를 말한다. 더 나아가 '여겨주심'이라는 하쇼브와 로기조마이를 가리킨다.

저녁식사 후 누울 즈음이 되자 소돔의 백성들이 무론 노소(老少)하고 롯의 집을 에워싼 후 나그네를 내보내어 우리로 즐기게 하라고 윽박질렀다. 이때 롯은 그들에게 간청(懇請)하며 타이르다가 급기야는 자신의 두 딸까지 그들과의 딜(deal)에 참여시킨다.[86] 이는 문자적으로 해석할 수도 있으나 수사학적인 문예적 표현으로 해석하는 것이 적당할 듯하다. 아무튼 소돔사람들의 악행은 여기서 그치지 않았다. 그러자 급기야는 하나님께서 직접 개입하셔서 그들의 눈을 멀게 해버렸다.

이런 소돔의 악행에 대하여는 에스겔 16장(49-50)에 잘 묘사되어 있다.

"네 아우 소돔의 죄악은 이러하니 그와 그 딸들에게 교만함과 식물의 풍족함과 태평함이 있음이며 또 그가 가난하고 궁핍한 자를 도와주지 아니하며 거만하여 가증한 일을 내 앞에서 행하였음이라 그러므로 내가 보고 곧 그들을 없이 하였느니라"_겔 16:49-50

누가복음 17장에는 "사람들이 먹고 마시고 사고 팔고 심고 집을 짓더니(눅 17:29)"라고 되어있다. 이는 소돔사람들의 일상적 삶의 패턴으로서 그들의 가치와 우선순위가 온통 정욕과 탐심에 있었음을 폭로하고 있는 것이다.

일련의 과정을 가만히 살펴보면 믿음의 사람 아브라함을 떠나 세상으로 가버린 롯의 모습, 그럼에도 불구하고 하나님의 손에 다시 이끌려 세

---

86 여기서 손님들의 보호를 위해 두 딸을 주겠다는 롯의 영적 수준과 천박함이 드러난다. 나중에 그의 두 사위에게 소돔의 멸망을 경고하며 떠나자고 했을 때 사위들의 반응에서는 롯의 영향력마저 드러나게 된다.

상으로부터 빠져나오게 되는 택정함을 입은 롯, 끝까지 세상에 미련을 두고 '여기가 좋사오니'라고 고집하다가 유기된 그의 아내를 통해 많은 생각들을 하게 된다. 그렇다고 하여 롯이 그의 아내보다 더 의로웠다고 해석하는 것은 곤란하다. 왜냐하면 창세기 19장 29절은 "아브라함을 생각하사 롯을 그 엎으시는 중에서 내어 보내셨더라"고 적나라하게 말씀하고 있기 때문이다. 곧 롯의 구원은 '강권적인 하나님의 역사하심'이자 '하나님의 무조건적인 은혜'였다.

구원은 절대적인 하나님의 주권영역이다. 누가복음 17장 34-35절은 이를 잘 뒷받침하고 있다(마 24:40-41).

"내가 너희에게 이르노니 그 밤에 두 남자가 한 자리에 누워 있으매 하나는 데려감을 당하고 하나는 버려둠을 당할 것이요 두 여자가 함께 매를 갈고 있으매 하나는 데려감을 당하고 하나는 버려둠을 당할 것이니라"
눅 17:34-35

이후 롯은 소돔과 고모라를 향한 멸망의 바로 그 시점에 소돔에서 피하여 소알에까지 겨우 도망갈 수 있었다. 문제는 아내도 사위도 잃어버리고 겨우 두 딸만 건지게 된 현실이었다.

이후 더 큰 사건이 일어나게 된다. 어디서 어떻게 술을 가져왔는지는 알 수 없으나 두 딸은 그 아비 롯에게 술을 먹이고는 각각 동침하여 아들을 낳게 된 것이다. 그리하여 그 두 딸을 인하여 큰 딸은 모압 족속의 조상이 될 아들(모압)을 낳게 되었고 작은 딸은 암몬 족속의 조상이 될 아들 벤암미를 낳았다.

죄인 된 모든 인간의 끈질긴 죄악은 끝이 없을 뿐만 아니라 그 죄를 단호하게 끊지 않고 가만히 두면 점점 더 쎈 방향으로 나아가는 것을 잘 볼 수 있다. '베드로 증후군(Peter syndrome, 마 27:70, 72, 74)'이 그 예이다. 그렇기에 인간들의 '자기 의'나 '율법적 행위'로 인한 구원 등등의 말들이 얼마나 공허한지를 여실히 알 수가 있다.

예수님의 의!
예수 그리스도의 십자가 보혈!
오직 은혜, 오직 믿음!

그저 감사할 것밖에 없다.
그저…….

20장

괴짜의사 Dr. Araw의 쉽고 바르게 읽는 창세기 장편(掌篇) 강의
태초에 하나님이 천지를 창조하시니라 • 제1권 창세기의 파도타기(Surfing)

나의 누이 사라,
하이에나 떼 곧 바로와 아비멜렉

장면이 급작스럽게 바뀌며 아브라함은 애굽으로 들어가는 길목인 남방 땅 가데스와 술 사이 그랄(Gerar, גְּרָר, a place South of Gaza, 거처하기에 좋은 땅)에 우거하게 된다.

"그랄"이란 '고리, 지역'이라는 의미로 가사의 남쪽 13km 지점에 있는 지중해 해안 근처의 블레셋 마을로서 원래는 함의 아들 가나안의 지경(창 10:19)이었다. 그 땅은 풍요롭고 먹거리가 풍부했으나 하나님을 두려워함이 없는 곳(20:11)이었다. 그런데도 아브라함은 약속의 땅보다는 소위 '먹음직하고 보암직한' 그 곳을 덜컥 선택했던 듯하다. 지난날 소돔과 고모라 곧 "여호와의 동산 같고 애굽 땅과 같았더라(창 13:10)"고 하면서 자신의 조카 롯이 선택했던 그때의 상황과 무엇이 다른가?

이런 아브라함의 모습에서 바로 오늘을 살아가는 우리 자신의 모습을

발견하게 된다.

일반적으로 우리가 무엇인가를 선택하려 할 때에는 '핵심가치(Core Value, Essence)와 우선순위(Priority)'를 먼저 설정함이 바람직하다. 그래야 유한된 한 번 인생에서 실수가 적어진다. 삶을 보다 알차게, 인생을 가치있게 만들고 싶은가? 그렇다면 핵심가치와 우선순위를 정립하고 그것이 앞서가게 하라. 왜냐하면 너나 없이 사람들은 최고의 가치를 두는 그것에 최우선 순위를 두기 때문이다.

이런 전제 하에 이곳 20장에서 행한 아브라함의 선택을 살펴보면 여전히 그는 완벽한 믿음의 조상이라기보다는 그때까지도 하나님의 손에 붙잡힌, 훈련의 '과정(process)' 속에 있는, 인물 정도로만 보인다. 창세기 20장 2절에는 그런 아브라함의 훈련과정이 여실히 폭로되고 있다. 동시에 언젠가 들었던 너무나 익숙한 문장이 나옴으로 순간 어리둥절해지기도 한다.

"원컨대 그대는 나의 누이라 하라(12:13)"

"그 아내 사라를 자기 누이라 하였으므로(20:2)"

이는 그냥 단순한 데자뷰(기시감, déjà vu)가 아니다. 아브라함은 정확하게 동일한 패턴의 죄를 반복하고 있는 것이다. 먼저는 하이에나 떼 같은 애굽 왕 바로에게, 이제는 또 다른 하이에나 떼 같은 그랄 왕 아비멜렉에게…….

잠시 지난 과정을 복기해 보면 12장에서는 야훼 하나님께서 당신이 누구신지를 당대의 신(神)이라 불리던 애굽 왕 바로를 들어쓰셔서 아브람에게 주지시켰고 그럼으로써 그의 훈련과정을 인도해 가셨다. 결국 아브람은 처음 갈대아 우르를 떠나라는 그때를 기점으로 밧단아람(Paddan-Aram, 아람의 평야)의 하란(Haran)을 거쳐 유프라테스 강을 건너 가나안에 이르기까지 그리고 애굽에 내려갔다가 다시 가나안으로 올라오는 훈련의 단계까지 이수했던 것이다.

순서	아브람(אַבְרָם, "exalted father", 고귀한 아버지)을 아브라함(אַבְרָהָם, 많은 무리의 아비)되게 하시는 하나님의 훈련의 과정 과정들
12장	아브람과의 정식 언약 애굽 왕 바로에게 아내 사라를 되찾아 주신 하나님
13장	롯과의 이별 양보 또 양보
14장	북방 4개국 동맹과의 전쟁에서 대승 살렘 왕 멜기세덱으로부터 천지의 주재, 지극히 높으신 하나님을 배우게 됨
15장	횃불 언약
16장	육신적 생식을 통한 이스마엘 출생
17장	할례 언약 그리고 약속의 자손 아브람이 아브라함으로 개명 사래가 사라로 개명 아브라함이 웃다
18장	사라가 웃다 소돔과 고모라 사건, 그리고 의인 10명
19장	소돔과 고모라에서 롯의 생명을 건져 주신 하나님

이후 13장 롯과의 갈라서기에서 대승적인 양보, 14장의 북방 4개국 동맹과의 전쟁에서 전혀 예상 밖의 대승(大勝), 15장의 방패요 지극히 큰 상급이신 하나님으로부터의 보호와 횃불 언약을 통한 하나님의 일방적 은혜, 16장의 육신의 자녀 이스마엘 출생, 17장의 할례 언약, 곧 16장의 엄청난 실수에도 불구하고 17장에서는 하나님께서 '직접' 그것도 '먼저' 찾아오셨다. 그리고는 할례 언약 후 약속의 자손을 말씀하셨던 하나님, 18-19장의 소돔과 고모라 사건, 곧 소돔과 고모라에 있는 롯의 생명을 건져주시면서까지 당신의 세미하신 훈련의 커리큘럼을 통해 '아브람'을 믿음의 조상 '아브라함'으로 만들어가시는 역사의 주관자 '야훼 하나님' 을 볼 수 있다.

20장에서는 전능자 '하나님'께서 아브라함이 누구인지(20:7)를 그랄 왕 아비멜렉에게 가르치시는 장면이 있다. "그는 선지자라 그가 너를 위하여 기도하리니 네가 살려니와 네가 돌려보내지 않으면 너와 네게 속한 자가 다 정녕 죽을 줄 알찌니라"고 하셨다. 여기서 아비멜렉을 향한 하나님의 가르침은 실상은 아브라함을 향한 가르침이었다. 한편 '선지자'[87]란 부르심을 통해 보내심을 받은 '하나님의 백성'을 상징하며 '기도'란 '하나님의 은혜의 복음'을 상징한다.

결국 그(선지자인 아브라함)의 '기도' 곧 '하나님의 은혜의 복음'을 받아들이면 너(아비멜렉)는 살려니와 그렇지 않으면 정녕 죽으리라(영원한 죽음. 둘째 사망)

---

[87] 선지자(נָבִיא, v, nm, denominative verb from nabi, נָבָא)란 하나님의 말씀을 예언 혹은 대언하는 자로서 역대상 25장 1-3절에서는 '신령한 노래를 하는 자', '하나님의 의중을 드러내는 자'라고 했다.

고 경고하셨던 것이다. 이는 구원의 은총에 대한 일방적 선언이기도 하다.

참고로 자신의 아내 사라를 향해 누이라고 하는 장면이 반복되어 나오는 창세기 12장과 20장은 약간의 미묘한 차이점이 있음을 알 수 있다. 즉 12장 17절에는 그 주어가 '야훼 하나님(야훼 엘로힘)'이라고 되어 있는데 반해 20장 3절에는 '하나님(엘로힘)'이라고 되어 있는 것이다. 이를 깊게 해석하려면 창세기 1장 1절-2장 3절까지의 주어인 '하나님(엘로힘, 전능자 하나님, 창조주 하나님)'과 2장 4절-25절까지의 주어인 '야훼 하나님(역사의 주관자 하나님)'을 구별되게 기록했던 것을 상기하면 묵상에 도움이 될 것이다.

사족을 달자면, '엘로힘'이나 '야훼 엘로힘'은 하나님의 이름이 아니다. 하나님께는 이름이 필요가 없다. 성경이 얘기하고 있는 하나님의 이름인 듯 보이는 모든 명칭들은 기실(其實, as a matter of fact, to tell the truth) 하나님의 이름이 아니라 '하나님의 속성'을 말한다.

결국 창세기 20장에서의 하나님(엘로힘)이라고 기록한 것은 좋으시고 신실하신 '전능주 엘로힘'은 면면히 흐르는 역사 속에서 '큰 흐름을 주도'하시며 수많은 하이에나 떼들로부터 하나님의 백성들을 보호하실 뿐만 아니라 '전체 흐름'을 통해 당신의 자녀들을 역사의 주인공으로 삼으셔서 일방적인 편애 곧 은혜와 긍휼을 베푸시고 또 베푸실 것을 드러낸 것이다.

또한 창세기 12장에서의 야훼 하나님(야훼 엘로힘)이라고 기록한 것은 '역사의 주관자 야훼 엘로힘'은 상황과 환경 속에서 온갖 종류의 하이에나 떼들로부터 완전하게 보호하시며 매사 매 순간을 '세미하게' 인도해 가시고 '디테일을 통해' 하나님의 백성들을 일방적으로 편애하시고 또 편애하실 것을 드러낸 것이다.

그저 하나님께 감사할 뿐이다.

찬양과 경배를 받으실, 찬양받기에 합당하신, 삼위하나님께만 영광!

Soli Deo Gloria

괴짜의사 Dr. Araw의 쉽고 바르게 읽는 창세기 장편(掌篇) 강의
태초에 하나님이 천지를 창조하시니라 • 제1권 창세기의 파도타기(Surfing)

비웃음을 환희의 웃음으로,
브엘세바와 에셀나무

17장의 할례 언약 후 아브라함은 후손의 약속을 받았음에도 불구하고 21장에서 약속의 자식인 이삭을 낳기까지는 살얼음판을 걷는 듯한 아슬아슬한 우여곡절(迂餘曲折)을 겪게 된다. 문제는 그 원인 제공자가 번번이 아브라함이었다는 것이다.

앞서 20장에서 보았듯이 아브라함은 하나님께서 약속하신 '약속의 후손' 이삭을 잉태해야 할 사라를 그랄 왕 아비멜렉에게 아무렇지도 않게 빼앗기는 위기를 당했었다. 이때 만약 사라가 임신이라도 했다면……. 아니 임신이 아니더라도 약속의 후손을 낳아야 할 사라가 아비벨렉에게 더 렵혀지기라도 했다면…….

그러나 이런 위기의 순간에도 하나님의 언약은 신실하시고 정확하셔서 지난날 애굽 왕 바로에게 개입하셨듯이 이번에도 그랄 왕 아비멜렉에게 직접적으로 개입하셔서 상황을 원래대로 되돌려 놓으셨다. 좋으신 하나님은 당신의 언약을 분명하게 기억하셨던 것이다. 결국 신실하신 하나님은 당신의 약속을 당신의 섭리와 경륜 아래 신실하게 이행하신 것이다.

그리하여 약속하신 "그 말씀대로" 정확한 그 '때'에 이삭이 태어났고 그는 팔일 만에 할례를 받았다(21:4). 참고로 '8'이란 부활의 수, 할례의 수이며 '할례'는 육체(육신, 세상)로부터 분리되는 것을 상징한다(골 2:10-11). 곧 신약의 '세례(밥티조, $\beta\alpha\pi\tau\iota\zeta\omega$)'와 같은 의미이다.

한편 하나님의 약속에 대해 창세기 21장 1-2절은 이렇게 말씀하고 있다.
"여호와께서 그 말씀대로 사라를 권고하셨고 여호와께서 그 말씀대로 사라에게 행하셨으므로 사라가 잉태하고 하나님의 말씀하신 기한에 미쳐 늙은 아브라함에게 아들을 낳으니"_창 21:1-2

그리하여 21장 6절에는 "사라가 가로되 하나님이 나로 웃게 하시니 듣는 자가 다 나와 함께 웃으리로다"라고 했다. 이 구절은 가만히 보면 사라의 개인 고백이자 신앙 간증이요 하나님을 향한 찬양이기도 하다.

사실 18장 12절에서 허탈한 웃음을 지었던 사라의 태도는 무척이나 '그렇고 그랬다'. 하나님의 언약의 말씀에 대한 그때의 그 반응은 그야말로 어린아이의 유치함(childish, not childlike)이었던 것이다. 물론 아브라함도 피차일반(彼此一般, 17:17)이었지만……

17장(17:17), 18장(18:12)에서 보여준 아브라함과 사라의 웃음은 '피식~' 거렸던 비웃음에 더하여 허탈한 웃음, 공허한 웃음이었다면 21장(21:6)에서의 사라의 웃음은 기쁨과 환희의 웃음이었다.

"사라가 속으로 웃고 이르되 내가 노쇠하였고 나의 주인도 늙었으니 내게 어찌 낙이 있으리요" 창 18:12

"아브라함이 엎드리어 웃으며 심중에 이르되 백 세 된 사람이 어찌 자식을 낳을까 사라는 구십 세니 어찌 생산하리요 하고"_창 17:17

한편 21장 1-2절과 6절을 통하여는 '하나님의 말씀을 듣는 자'는 반드시 '기쁨과 환희의 웃음'을 짓게 될 것임을 말씀해주고 있다. 여기서 '말씀을 듣는다'라는 것은 '하나님의 은혜의 복음을 받아들인다'라는 의미이며 '환희의 웃음'이라는 것은 예수 그리스도의 복음을 통한 '구원'을 상징적으로 의미하고 있다.

가만히 보면 역사의 주관자 하나님은 당신의 작정과 예정을 위해 당신의 섭리 하 경륜을 따라 당신의 때(카이로스)에 당신의 방법으로 모든 것을 정확하게 이끌어 가시는 것을 볼 수 있다. 마치 자연계에서 번개(lightening)에 이어 천둥(벼락, thunderbolt)이, 그리고는 폭우(暴雨, heavy rain)가 쏟아지듯이…….

아브라함의 가정에서는 약속의 아들을 기다리다가 인위적으로 서두르는 바람에 '맑은 하늘에 날벼락' 곧 '청천벽력(靑天霹靂)'이 일어나고야 말았는데 바로 창세기 16장의 사건이다. 비록 같은 아브라함의 아들이기는 하나 이삭과 이스마엘은 급(級, class, grade)이 다른 것이다. 그런데도 엄연히 사라의 여종이었던 애굽 여인 하갈의 소생 이스마엘이 그 여주인의 아들 이삭을 희롱(21:9)해버렸음에랴……. 뒤늦게 이삭을 얻게 되었던 사라로서는 안 그래도 하갈과 이스마엘이 마뜩잖음(dissatisfactory)에다가 눈엣가시처럼 여겨졌을텐데…….

그러던 차에 때마침 이삭에 대한 이스마엘의 희롱 사건이 터지자 사라는 지난날에 쌓였던 그 무엇과 함께 거대한 분노가 솟구쳐오르듯 뿜어져 나왔다. 창세기 16장 4절에는 이렇게 기록되어 있다.

"아브람이 하갈과 동침하였더니 하갈이 잉태하매 그가 자기의 잉태함을 깨닫고 그 여주인을 멸시한지라"_창 16:4

'눈에 피눈물이 난다'라는 것은 이런 경우를 두고 한 말일 것이다. '아니 저것이…….' 안 그래도 목에 걸린 가시 마냥 마뜩잖은 터에 사라에게는 드디어 하갈을 내칠 기회가 온 것이다. 비록 사라가 하갈에 대해 오랫동안 호시탐탐(虎視眈眈) 기회를 노리지는 않았다 할지라도…….

아무튼 사라의 대노(大怒)에 갑자기 아브라함은 멍~해졌을 것만 같다. 그는 이내 곧 깊은 근심에 빠졌다. 사라를 생각하면 사라의 의견에 무조건 따라야 할 것 같은데 이스마엘을 생각하면 차마 그럴 수가 없었다. 그러나 아브라함은 부인 사라의 불타는 모습을 계속 볼 용기는 없었을 것이다.

결국 아브라함은 하늘의 하나님을 쳐다보는 올바른 결정을 했다. 신실하신 하나님은 그런 아브라함을 찾아와 당신의 약속을 되새겨 주시며 단 한 마디로 '사라의 말을 들으라'고 했다. 순간 뜨악했을 것이나 실행하기에는 그보다 더 단순하고 명쾌한 답은 없었다. 물론 모든 불행의 단초는 아브라함이 제공했지만…….

지난날 그는 하나님의 약속을 기다리지 못하고 인간적인 생각으로 하나님의 뜻보다 인간적인 꾀를 앞세우는 우를 범했다. 그 쓴 뿌리의 열매가 바야흐로 시작된 것이다.

21장 후반부인 22-34절에는 장면이 바뀌어 아브라함이 아비멜렉과 그 군대장관 비골과 계약(쉰데카이 쌍방언약, 서로 언약을 세우니라, 18:27, 서로 맹세, 18:31)을 체결하는 장면이 나온다. 일곱 암양 새끼를 통해 우물 판 증거를 삼은 것이다. 이른바 "브엘세바"이다. 그런 후 아브라함은 그곳에 에셀나무를 심고 거기서 영생하시는 하나님 여호와의 이름을 불렀다.

여기서 "브엘세바"란 브엘(בְּאֵר, nf, a well, pit)과 세바(שֶׁבַע, n, seven)의 합성어로 '맹세의 우물'이라는 의미이다. 그러나 원래 히브리어 '세바'란 일곱 암양 새끼로 우물 판 증거를 삼고 맹세했던 것에서 유래한 말로 '일곱(7)'을 의미한다. 한편 '세바'로부터 파생된 단어(denominative verb from שָׁבַע)가 동사 쇠바(שָׁבַע, to swear, 맹세하다)이다. 그렇기에 '브엘세바'는 '맹세의 우물'이라는 의미이다.

한편 "에셀나무(אֵשֶׁל, nm, a tamarisk tree)"라는 단어에는 통치(나무의 뿌리가 땅속 100m까지 내려감, 울창한 그늘 제공)와 하나님나라의 시작(삼상 22:6, 임금을 중심으로 도열한 신하들의 모습)이라는 상징적 의미가 내재되어 있다. 더 나아가 인간나라의 멸망(삼상 31:13, 단창은 사람을 죽이는 도구로 사망의 냄새를 풍김, 왕국의 마침)까지도 함의되어 있다.

"사울이 다윗과 그와 함께 있는 사람들이 나타났다 함을 들으니라 때에 사울이 기브아 높은 곳에서 손에 단창을 들고 에셀나무 아래 앉았고 모든 신하들은 그 곁에 섰더니"_삼상 22:6

"그 뼈를 가져다가 야베스 에셀나무 아래 장사하고 칠일을 금식하였더라"_삼상 31:13

 괴짜의사 Dr. Araw의 쉽고 바르게 읽는 창세기 장편(掌篇) 강의
태초에 하나님이 천지를 창조하시니라 • 제1권 창세기의 파도타기(Surfing)

하나님이 자기를 위하여 친히 준비하시리라(8, 여호와 이레, 아일)

모리아산!

하나님이 자기를 위하여 친히 준비하시리라

아일(숫양, אַיִל, nm, a ram)

그리고 여호와(יְהוָה) 이레(יִרְאֶה)

이곳 창세기 22장에서는 이삭을 모리아 산에 제물로 바치는 장면이 기록되어 있다. 모리아(מֹרִיָּה)라는 히브리어는 다음의 두 가지 의미[88]를 지니고 있다.

---

88 두 가지 의미는 다음과 같다. 첫째는 '여호와는 나의 스승이시다'이며 또 다른 하나는 '하나님께서 친히 지정하셨다'이다. 그러므로 이 둘을 연결하면 '모리아'란 '나의 스승 되신 하나님께서 친히 지정하셨다'라는 의미가 된다.

모리아(מֹרִיָּה)	
(1)아마르(אָמַר) +야훼(הָ)	하나님께서 이 장소를 거룩하게 지정하셨다 모리아-아라우나(삼하 24장)-오르난(대상 21장) -예루살렘 성전
(2)모레카(מוֹרֶיךָ) +야훼(הָ)	하나님은 나의 스승(יָרָה, v, teach)이 되신다

그중 하나가 '하나님께서 이 장소를 거룩하게 지정하셨다'라는 것이다. 그렇기에 역대하 3장 1절을 보면 하나님께서 지정하신 바로 그 모리아산에 솔로몬 성전이 지어지게 됨을 알 수 있다. 이는 모리아(מֹרִיָּה) 라는 의미에서 그 장소가 애초에 거룩한 처소가 될 것을 암시하신 것이다.

사무엘하 24장에는 아라우나[89](אֲרַוְנָה)의 타작마당이 나오고 역대상 21장에는 오르난(אָרְנָן)의 타작마당이 나온다. '모리아', '아라우나', '오르난'은 동일한 지역으로 훗날 이곳에 하나님의 임재의 상징인 성전이 지어지게 된다. 그 성전이 바로 예루살렘 성전이다. 종국적으로 그 '성전'은 '예수님의 성육신'을 상징한 것으로 교회를 위해 피로 값 주시고 사신 메시야의 도래를 예표하고 있다.

바로 그 모리아산에서 야훼 하나님은 "아브라함아 아브리힘아"라고 두 번이나 연서푸 다급하게 부르셨다. 그 긴박했던 장면에 대한 상상은 필자에게는 결코 잊을 수 없는 사건 중 하나이다.

참고로 성경에는 하나님께서 특별한 경우에 당신의 사람들을 두 번 거

---

[89] 아라우나는 A Jebusite로서 에부스인은 Jebus에 살고 있던 고대의 가나안 사람이다. 아라우나의 히브리어가 오르난이다. 창22장, 삼하24장, 대상21장, 대하3장을 읽어보라.

듭하여 부르신 기록이 보인다.

창세기 46장을 보면 야곱이 가족들을 이끌고 애굽으로 내려가는데 밤에 하나님께서 나타나셔서 "야곱아 야곱아"라고 두 번을 연거푸 부르셨다. 그리고는 "나는 네 하나님이다. 너와 함께 나도 애굽으로 내려갈 것이다. 애굽으로 내려가기를 두려워 말라. 훗날 큰 민족을 이루어 다시 올라올 것이다"라고 말씀하셨다.

사무엘상 3장에는 "사무엘아 사무엘아"라고 두 번이나 거듭 부르셔서 당시 대제사장이던 엘리 집안의 죄악을 통탄하시며 영영히 심판하겠다고 말씀하셨다.

사도행전 9장 4절에는 바울이 회심(conversion) 전(前) 다메섹으로 예수 믿는 자들을 처단하러 가던 중(AD 35년) 그 근처에 가까이 이르렀을 때 "사울아 사울아"라며 두 번씩이나 거듭 부르셨던 말씀이 기록되어 있다. 더 이상 그런 사울을 두고 볼 수 없었던 아버지 하나님의 마음이 느껴진다. 그 다메섹 도상에서 예수님은 사울에게 당신의 부활하심을 보여주셨다. 하나님의 전능(omni-potent)하심은 비록 '순간'이었지만 그동안의 잘못된 복음을 '바른 복음'으로 완전하게 바꾸어 주셨다. 물론 하나님의 편에서는 시간의 길고 짧음은 전혀 의미가 없지만…….

당시 구약학자이자 율법학자였던 잘 준비된 사울에게 구약과 신약의 틈새(gap, 단절된 부분)를 메워주심으로 그렇게나 목매어 기다리던 메시야가 바로 예수님임을 확실하게 가르쳐 주셨던 것이다. 일반적으로 일부 학자들은 바울이 회심 후 아라비아 광야에서의 3년 동안 신학을 재정비했다라고 말한다. 그러나 필자는 그렇게 생각지 않는다. 그런 시간이 필요가 없다는 것은 아니다. 그러나 이 부분의 성경을 바르게 해석하려면 무엇보다도 다메섹의 영혼들을 향한 아버지 하나님의 급한 마음을 읽을 수 있어야 한다. 그렇기에 바울은 회심하자마자 즉시로(행 9:20) 다메섹에서 3년 동안 열심히 복음을 전했다고 나는 생각한다. 물론 유대의 역사가 요셉푸스에 의하면 그 기간(AD 35-38) 중에 잠시 아라비아 광야를 방문하기는 했다고 전해진다.

출애굽기 3장 4절에는 미디안 땅에 있던 80세 된 모세를 두 번(출 3:4)이나 연거푸 부르셨던 말씀이 기록되어 있다. 역사의 주관자 하나님은 아브라함과 이삭, 야곱, 그리고 12지파를 허락하신 후 500여 년이 지나자 애굽 하에서 고통당하고 있던 이스라엘을 더 이상 볼 수가 없으셨다. 그리하여 모세를 두 번이나 연거푸 부르셨던 것이다. 그리고는 이제부터 하시고자 하는 계획에 대해 당신의 속마음을 드러내셨다.

한편 당시 이스라엘 백성들은 그들의 조상들에게 하셨던 그 약속을 믿고 하나님께 부르짖곤 했다. 그리하여 그 기도의 응답으로 모세는 이스라엘의 구원자로 부름을 받고 하나님께 '그 일'에 쓰임을 받게 되었던 것이다. 결국 출애굽 사건은 구원사의 놀라운 장면이자 하나님의 열심을 보여준 좋은 예이다.

가만히 보면 하나님은 역사의 중요한 고비마다 당신의 도구로 사람을 사용하셨는데 그때마다 두 번씩 연거푸 부르셨다. 이는 '당신 마음의 확고한 작정'과 '애끓는 다급함'을 보여주신 것이다. 이 모든 것을 이어보면 역사의 시간 속에서 정확하게 행하시는, 곧 당신의 때에 당신의 방법으로 행하시는 역사의 주관자 하나님의 섭리와 경륜, 작정과 예정을 보게 된다.

이곳 22장에도 아브라함을 두 번이나 연거푸 부르시며 하나님의 섭리와 경륜, 작정과 예정을 보여주신 사건이 기록되어 있다. 곧 예수 그리스도를 예표하면서 우리를 대신하여 죽으실 예수님을 드러낸 사건인데 바로 '이삭'과 그를 대신하여 죽게 될 '어린 양'이다. 이는 둘 다 예수님을 상징한다. 이 사건은 처음 BC 2,000년경에 모리아 산에서 일어났다.

세월이 흘러 약 BC 1,000년경에 바로 그 산에 예루살렘[90] 성전이 세워졌고 다시 세월이 흘러 AD 30년 중반에 그 성전의 실체이신 예수님이 그곳 골고다에서 십자가에 못박혀 피 흘려 죽으셨다. 이삭을 위해 어린 양이 희생되었듯이 예수님은 우리를 위해 십자가에서 대속제물로 피를 흘렸던 것이다.

다시 현 시점으로부터 4,000년을 거슬러 모리아 산으로 가보자. 브엘세바 사건 후에 하나님께서는 아브라함을 부르셔서 "네 아들 네 사랑하는 독자 이삭을 데리고 모리아 땅으로 가서 내가 네게 지시하는 한 산 거기서 그를 번제로 드리라"고 하셨다. 아마 처음에는 잘못 들은 것으로 생각했을 것이다. 하나님의 속성 상 외아들을, 그것도 늘그막에 얻은 약속의 후손인 아들을 제물로 바치라고 할 리가 없을 것이라고 생각했기 때문이다.

---

[90] 예루살렘을 가리키는 다양한 이름들을 소개하면 다음과 같다. 아리엘(אֲרִיאֵל, lioness of El, 사 29:1, 하나님의 화로, 하나님의 암사자), 다윗의 도시, 시온(צִיּוֹן, Zion, 사 28:16, 시 2:6, 다윗이 여부스(יְבוּס), Jebus, 창 15:21, 출 3:8, 17)인(יְבוּסִי, inhab. Of Jebus)들로부터 빼앗은 요새화 된 언덕의 이름), 신의 동상 등등이다. 한편 시온을 그리워하는 능동적인 메시야 파를 가리켜 예루샬미(yerushalmi, 예루살렘주의자, 일종의 시온주의자)라는 별명을 붙였다. <예루살렘>, 토마스 이디노풀로스/이동진 옮김, 그린비, 2005, p9-10, 150

이후 하나님의 마음을 확신한 아브라함은 불과 칼을 들고 번제에 쓸 나무를 진 아들 이삭을 데리고 3일 길을 나선다. 여기서 '불과 칼'은 이중적 의미로서 '칼'은 '하나님의 심판'을, '불'은 죄를 태운 후 죄인 된 우리를 '거룩케 하실' 것을 상징하고 있다. 곧 '칼'이란 '사단을 죽이는 칼'로서 '하나님의 심판'을 상징하며 '불'이란 '죄를 태우는 불'로서 '당신의 신적 거룩으로 우리를 거룩케 하심'을 상징한다. 결국 불과 칼(불 칼)이란 '하나님의 심판'과 '죄를 태우는 불'에 사용되는 도구라는 말이다.

참고로 창세기 3장(3:24)에는 화염(לַהַט, nm, 라하트, flame) 검(חֶרֶב, nf, 헤레브, a sword/from charab, 하라브, to attack, smite down)이라는 말이 나오는데 이는 불과 칼(불 칼)이라는 의미로 역시 상기와 동일한 이중적 의미를 담고 있다.

드디어 산을 바라보는 지점에 이르자 아브라함은 그곳에 두 종을 대기시킨다. 여기서 성경은 이삭을 제물로 바친 '산'의 이름이 무엇인지는 구체적으로 말하지 않고 그저 '모리아 땅에 있는 한 산'이라고만 했다. 아더 핑크는 '갈보리 산'이라고 했는데 나는 적극 동의하고 있다. 왜냐하면 갈보리 산에서의 예수 그리스도와 모리아 산의 이삭과 희생제물이 되었던 어린 양의 상징성이 상통하기 때문이다.

이후 아브라함은 "내가 아이와 함께 저기 가서 경배하고 (우리가) 너희에세로 돌아오리라(창 22:5)"고 말한다.

"우리가" 돌아오리라(and we will come back, בּוּשׁ, v, to turn back, return)

베나수바(וְנָשׁוּבָה)

아들을 죽여 제물로 바치게 되면 그 아들과 함께 돌아올 수 없음에도 불구하고 왜 아브라함이 이렇게 얘기했을까?

"우리가" 돌아오리라(베나수바, וְנָשׁוּבָה)

여기서 우리는 아브라함의 부활신앙[91](히 11:17-19)을 엿볼 수 있다. 아마도 지난날의 여러 사건들을 통해 아브라함이 소유했던 이때의 신앙 수준은 제법 많이 업그레이드된 듯하다. 그 믿음(피스티스, 하나님께서 주신, 허락하신 믿음)이 지금의 이 시험을 통과하게 했던 것이리라…….

이후 아브라함은 감사하게도 모리아 산에서 '여호와 이레'를 경험하게 된다. 곧 숫양이 이삭의 목숨을 대신하게 되는 것을 목격하게 되었던 것이다. 그것은 오로지 하나님이 준비하신 것이었다.

결국 '여호와 이레'란 엄밀히 말하면 '하나님의 작정과 예정'을 이루기 위한 '하나님의 준비하심'을 말한다. 오해하지 말아야 할 것은 '여호와 이레'란 이 세상의 물질이나 상황, 환경에 대한, 알게 모르게 탐심으로 가득한 '우리의 욕심을 채워주기 위한 하나님의 준비하심'을 말하는 것은 아니라는 것이다.

---

91 부활 신앙이란 예수 그리스도의 죽음과 부활을 통한 그리스도인들의 십자가죽음에의 동참과 그 죽음으로부터의 부활을 확신(갈 2:20)하는 신앙으로서 히브리서 11장 19절은 '죽은 자 가운데서 도로 받은 것이니라'고 말씀하셨다.

여호와(יְהוָה) 이레 (יִרְאֶה:)	하나님이(אֱלֹהִים) 자기를 위하여(לוֹ) 친히 준비하시리라(יִרְאֶה-)
아일(숫양, אַיִל, nm, a ram)	대속제물 되신 예수 그리스도 숫양
*결국, 여호와 이레란, 하나님의 작정과 예정을 이루기 위한 하나님의 준비하심 O 우리의 욕심을 이루어 주기 위한 하나님의 준비하심 X	

여호와(יְהוָה) 이레(יִרְאֶה:)

하나님이(אֱלֹהִים) 자기를 위하여(לוֹ) 친히 준비하시리라(יִרְאֶה-)

아일(숫양, אַיִל, nm, a ram)

= 하나님이(אֱלֹהִים) 친히 준비하시리라(יִרְאֶה-) 자기를 위하여(לוֹ)

23장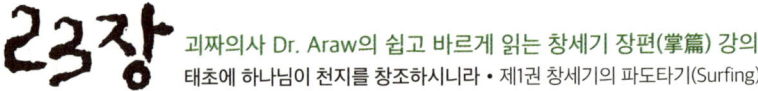

사라의 죽음과 부활신앙, 가나안 땅 마므레(헤브론) 앞 막벨라 밭 굴

창세기 23장은 사라의 죽음(127세)으로 시작된다. 그녀는 살아생전에 '열국의 어미'라 불렸다. 그런 '열국의 어미' 사라는 90세가 되던 늘그막에야 약속의 후손 이삭이 주어졌다. 겨우 외아들 하나(사실은 대표성을 상징함)이기는 하였지만…….

인간의 얕은 생각으로는 사라가 더 오래 살아서 많은 아들을 낳아야 이름값이라도 할 듯한데 한 명만 낳고 죽었던 것이다. 여기서 '하나'라는 것은 단순히 문자적인 숫자를 가리키는 말이 아니다. 이삭을 통해 오고 올 많은 영적 이스라엘 자손들의 대표라는 의미로 '대표성'을 상징하고 있는 것이다.

이곳 23장에서는 그렇게 단 한 명의 아들밖에 없었던 '열국(?)'의 어미 사라의 죽음을 드러내며 공론화시키는 것도 모자라 그의 매장지(기럇아르바,

곧 헤브론)⁹²까지 소개하고 있다. 문제를 슬쩍 덮어도 시원찮을 판에 아예 공론화시킴으로 인해 망신살(亡身煞, ill luck to bring disgrace)만 더 뻗치게 된 것이다.

얼핏 보면 뭔가 성경의 흐름이 끊어지는 듯한 느낌마저 든다. 그러나 23장 3절에서의 숨은 뜻을 알고 나면 '부활신앙'을 통해 사라의 죽음을 '부활'과 연결하시려는 하나님의 의도를 볼 수 있다. 23장 3절은 "그 시체 앞에서 일어나 나가서(창 23:3)"라는 말로 시작된다. 원래 히브리 원본에는 '나가서'라는 단어가 없다. 또한 이 구절에서는 '일어나(왕상 17:19, 21, 행 20:10)'라는 단어에 방점이 있다.

'일어나다'라는 말은 '확정하다(창 23:18, 20)'라는 의미로서 그 히브리어는 쿰(קוּם, v. to arise, stand up, stand)이다. 이는 마가복음 5장 41절의 '달리다굼(소녀야 일어나라)'의 '굼'과 같은 단어인데 역시 '일어나다'라는 말이다. 참고로 '달리다굼'⁹³은 탈리다(ταλιθά, (Aramaic))와 쿠미((Aramaic) corresponding to קוּם, κοῦμι)의 합성어이다.

창세기와 마가복음을 연결하면 결국 '일어나'라는 단어에는 '부활신앙'이 내재되어 있음을 알 수 있다. 역사의 주관자 하나님께서는 사라의 죽

---

92   기럇아르바는 기럇(קִרְיַת)과 아르바(אַרְבַּע)의 합성어로서 '네 성읍(city of the four)'이라는 의미이다. 헤브론의 옛 이름이다. '마므레(창 23:19)'라고도 한다. 예루살렘의 남서쪽으로 브엘세바에 이르는 주요도로를 따라 30km지점에 있다. 아르바는 거인 자손인 아낙 자손의 아비이다. 다윗의 30인 용사 중 하나인 아비알본의 고향(삼상 23:31)이기도 하다.

93   달리다굼은 탈리다(ταλιθά, (Aramaic), girl, little girl, a Chaldean word טְלִיתָא (according to Kautzsch (Gram. d. Biblical-Aram., p. 12) more correctly, טַלְיְתָא, feminine of טַלְיָא, 'a youth'), a damsel, maiden: Mark 5:41)와 쿠미((Aramaic) corresponding to קוּם, κοῦμι, (Aramaic) arise, stand up)의 합성어이다.

음을 부활과 연결시켜 '부활신앙'을 통해 계속 역사를 이어가시기로 확정하셨다라는 것을 드러내고 있는 것이다. 그렇기에 비록 아들 하나만 있었다 하더라도 오고 오는 그 후손들을 통해 사라는 확실하게 '열국의 어미'가 되는 것이다.

이곳 23장에 들어오기 전(前) 22장 후반부에는 '뜬금없이' 나홀의 족보가 기록되어 있어 약간 의아한 느낌이 있었다. 그러나 성경에는 의미없이 쓰여진 것이 하나도 없음을 감안한다면 오히려 우리는 의아하게 보이는 그 부분을 향한 하나님의 뜻을 조금 더 깊이 고민해보아야 한다. 왜냐하면 특별히 성경에 족보가 언급될 경우에는 성경의 '역사성(歷史性, Historicity)'과 더불어 역사의 주관자 하나님의 하시고자 하는 '뜻(작정과 예정, 섭리 하 경륜)'이 담겨 있기 때문이다.

이제 나홀의 족보를 통해 역사의 주관자 하나님의 뜻을 분별하는 조심스러운 발걸음을 떼어보자.

'나홀의 족보'는 이렇다. 그는 '자신의 형 하란'의 딸인 '조카 밀가'와 결혼하여 8명의 아들을 낳았다. 그 아들 중 브두엘이 리브가의 아버지이다. 리브가는 이삭과 결혼하여 쌍둥이 에서와 야곱을 낳았다. 하나님이 인정하신 족보는 야곱으로 이어져 12아들로 인한 이스라엘 12지파로 이어진다. 결국 하나님은 아브라함과 사라에게 주셨던 약속의 아들 이삭, 그리고 나홀의 족보를 통해 주셨던 리브가를 통해 야곱으로 이어지게 하셨던 것이다. 이는 역사의 주관자 하나님의 섭리와 경륜은 전체적이며 종합적이고 완전하다라는 것을 보여주고 있는 것이다.

족보 얘기를 조금 더 하고자 한다. 하란의 아들이 롯이며 그 딸이 밀가이다. 바로 그 밀가는 앞서 언급했던 자기의 삼촌 나홀과 결혼하여 리브가의 아버지 브두엘을 낳았다.

한편 데라에게는 세 아들(창 11:26, 생물학적 나이순서가 아니라 중요 의미 순서)이 있었는데 장남이 하란(창 11:27-28)이며 둘째는 나홀이고 막내가 아브람이었다. 데라는 밧단아람의 하란에서 205세에 죽었다(창 11:32). 그때 아브람의 나이는 75세였다. 결국 데라는 130세 때 아브람을 낳은 것이다. 그렇다면 데라가 70세에 낳았던(창 11:26) 하란고 나홀은 아브람의 형이 되는 것이다. 또한 가장 먼저 죽었던 하란(롯의 아비)이 큰 아들인 것이 맞다. 다음 페이지의 요약정리한 표를 참고하라.

세월이 흘러 아브라함은 자신의 아내 사라가 임종했을 때 그 죽음을 위해 매장지를 엄청난 대가를 지불하고 매입했다. 인간이 보기에는 아무 것도 아닌 듯한 매장지를 구입함으로써 역사의 주관자 하나님의 인도하심에 따른 하나님나라는 구체적으로 시작하게 된다. 한편 당시의 은 400세겔은 충만한 값, 넉넉한 값, 가득찬 값이었다. 참고로 아라우나의 타작마당의 값이 은 50세겔이었다.[94]

결론적으로 사라의 죽음을 통한 '부활신앙'은 족보를 통해 하나님의 의도를 드러내셔서 결국은 사라가 열국의 어미가 되게 하셨던 것이다.

---

94 The threshing floor of Araunah로서 예루살렘 성밖 북쪽에 위치한 곳으로 아브라함이 이삭을 드렸던 모리아 산(창 22:2)이며 다윗이 번제를 드린 장소(대상 21:15-22:1)로서 훗날 솔로몬 성전이 지어졌다(대하 3:1).

아브라함과 사라의 외아들 이삭이 리브가(나홀의 족보)와 결혼하여 야곱이 주어졌으며 야곱으로 인해 이스라엘 12지파가 연결되었다. 그리하여 유다의 계보로 예수 그리스도께서 오셨다.

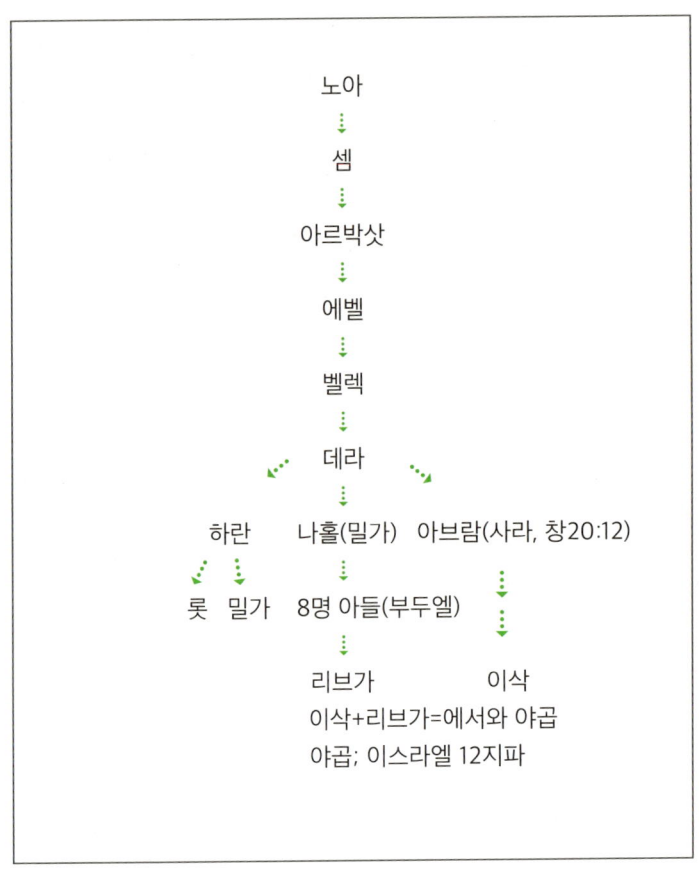

24장

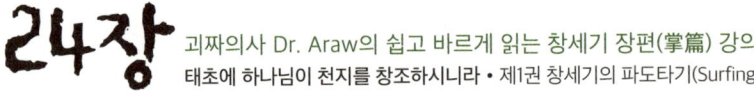

괴짜의사 Dr. Araw의 쉽고 바르게 읽는 창세기 장편(掌篇) 강의
태초에 하나님이 천지를 창조하시니라 • 제1권 창세기의 파도타기(Surfing)

하나님의 열심; 이삭이 리브가를 아내로 삼고 사랑하였으니

24장은 "아브라함이 나이 많아 늙었고 여호와께서 그의 범사에 복을 주셨더라"로 시작하고 있다.

'범사(?)에 복을 주셨더라'

'복(?)을'

23장에서 그토록 사랑하던 평생의 반려자이자 영혼의 친구인 아내 사라를 먼저 보냈었는데…….

또한 그 다음 장인 25장에는 후처로서 그두라('향기나는 여자'라는 의미)를 취했다라는 이야기가 나온다. 게다가 6명의 아들까지 두었다라고 했다. 사별(死別, bereavement)에 더하여 재혼에 이르기까지 등등을 '범사에 복'이라고 하기엔 한국적인 정서를 가진 필자로서는 뭔가 어색하다. 아무튼 아브라함은 175세에 죽기까지 나약했다라거나 아팠다고 하는 소리가 없다.

오히려 무병장수(無病長壽)하며 늙어서도 후처인 그두라에게서 자손까지 풍성하게 보았음을 알 수 있다.

상기의 모든 것을 종합해보면 아브라함에게 '범사에 복을 주셨더라'고 말하는 것이 여전히 거북한 것은 사실이나 그 개인으로 보아서는 확실히 '복(福)'인 것은 맞는 듯하다.

사랑하는 아내를 천국으로 따스하게 먼저 환송했으며 뒤이어 외롭지 않게 후처를 들였고 노년에 후처 그두라와의 사이에 어린 아들들을 주셔서 삶에 활기를 불어넣어 주셨으며 무병장수(無病長壽)까지 했으니……. 하나님께서 "그의 범사에 복을 주셨더라(24:1)"고 하신 것은 맞는 것이다.

아브라함은 장수(長壽)와 무병(無病), 곧 수가 높고 나이 많아 기운이 진하여 죽어 자기 열조에게로 돌아갔다(창 25:2). 더하여 자손의 복, 늘그막에 외로움을 면하게 해줌, 서자에게도 재물을 물려줄 정도의 부유함(창 25:6) 등등…….

그러나 이곳 24장의 방점은 아브라함에 대해 말하려는 것이 아니다. 오히려 그로부터 이어진 '하나님의 언약 이야기'를 하고픈 것이다. 그렇기에 이곳 24장에서는 약속의 자손 이삭과 그의 아내가 될 리브가의 이야기가 창세기 50장 가운데 가장 길게 67절까지 기록되어 있다.

리브가는 아브라함의 형제였던 나홀(밀가, 창 26, 29)의 아들 브두엘의 딸(24:47)이다. 당시 그들은 메소포타미아 지역에 살고 있었다.

아브라함은 당신의 신실한 종 엘리에셀에게 이르기를, 이곳 가나안에서 말고 "내 고향, 내 족속에게로 가서 내 아들 이삭을 위하여 아내를 구하라"고 지시했다. 당시 그곳은 가나안에서 약 800여km나 떨어진 먼 곳이었다. 그것도 모자라서 '데려오라'고까지 당부했다. 맞선도 보기 전에 신부를 먼저 데려와 결혼을 시킨다라고 하는 것을 보면 신부측에 대한 배려가 거의 없어 보인다. 신랑을 한 번도 보지 않고 신부 더러 덥썩, 그것도 800여km나 떨어진 곳에 있는 신랑에게로 오라는 요구는 확실히 많이 지나친 듯하다. 그러나 '하나님의 열심'과 '하나님의 형통(촬라흐)'은 리브가로 하여금 조금의 망설임도 없이 아브라함의 종을 따라 나서게 했다.

이는 하나님의 방식(사 55:8-9)이야말로 인간의 상식이나 상상을 훨씬 뛰어넘는다는 것을 알게 할 뿐만 아니라 참으로 신비롭기(mysterious)까지 하다. 분명한 것은 어떤 일이든 하나님의 허락 하에서 하나님께서 능히 감당하게 하심으로 그 일이 이루어진다라는 것이다. 리브가 역시 그렇게 용감한 마음을 하나님이 주셨기에 당시의 모든 과정을 진행할 수 있었던 것이리라…….

아브라함의 요구 또한 인간적인 상식으로 판단할 때 약간 무모한 듯 보이기는 하나 실제로는 하나님의 말씀을 굳게 붙들고 있었던 때문이었다. 왜냐하면 그는 신명기 7장 1-4절의 말씀을 신실하게 따른 것으로 '하나님의 언약의 백성'으로서의 명령을 철저히 준행한 것이기 때문이다.

이와는 대조적으로 창세기 21장 21절에는 하갈을 통해 얻은 아브라함의 육신의 아들 이스마엘의 아내 곧 며느리를 취하는 과정이 슬쩍 언급되어 있다. 곧 하갈은 자신의 아들 이스마엘의 아내를 위해 애굽 땅 여인을 취했다. 이는 이스마엘이 점점 더 언약의 백성에서 멀어져 감을 함의하고 있는 것이다.

또 하나 주목할 것은 창세기 22장 17-18절에서 "네 씨가 그 대적의 문을 얻으리라", "네 씨로 말미암아 천하만민이 복을 얻으리니"라고 약속하신 말씀과 창세기 24장 60절의 "너는 천만인의 어미가 될찌어다 네 씨로 그 원수의 성문을 얻게 할찌어다"라는 약속의 말씀이 상통하고 있다는 점이다.

결국 사라를 통한 아브라함의 약속의 아들 이삭과 리브가의 결혼이야기는 하나님의 언약(약속)의 이야기로서 당신의 작정과 예정, 섭리와 경륜을 이어가시는 하나님의 열심을 보여주신 것이다.

그리하여 다음 장인 창세기 25장에서 이삭은 리브가와 결혼 후 쌍둥이 아들을 낳게 된다. 이때 이삭과 자신의 이복 형 이스마엘에게서 벌어졌던 비슷한 패턴이 에서와 야곱에게서 다른 형태로 비슷하게 다시 나타남을 볼 수 있다. 왜냐하면 이삭의 쌍둥이 두 아들 중 형 에서는 이스마엘처럼 하나님의 언약의 백성으로부터 멀어진 자가 되고 동생 야곱은 아버지 이삭을 뒤이어 언약 백성의 바통을 이어가게 되기 때문이다.

'하나님의 열심'은 인간적으로나 세상적으로 보기에 부족한 '야곱'을 '이스라엘'로 바꾸어서라도 당신의 역사를 이어가심을 볼 수 있다. 결국 하나님의 열심은 야곱의 인생을 역전시키서 그를 사용하셨던 것이다. 그렇기에 성경은 여러 곳[95]에서 반복적으로 "여호와의 열심이 이 일을 이루리라"고 말씀하셨던 것이다.

"남은 자는 예루살렘에서부터 나올 것이요 피하는 자는 시온산에서부

---

95 열왕기하 19장 31절과 이사야 9장 7절, 37장 32절을 읽어보라.

터 나오리니 여호와의 열심이 이 일을 이루리라 하셨나이다"_왕하 19:31

"그 정사와 평강의 더함이 무궁하며 또 다윗의 위에 앉아서 그 나라를 굳게 세우고 지금 이후 영원토록 공평과 정의로 그것을 보존하실 것이라 만군의 여호와의 열심이 이를 이루시리라"_사 9:7

"이는 남는 자가 예루살렘에서 나오며 피하는 자가 시온에서 나올 것임이라 만군의 여호와의 열심이 이를 이루시리이다"_사 37:32

이삭 + 리브가
25장-28장

25장

괴짜의사 Dr. Araw의 쉽고 바르게 읽는 창세기 장편(掌篇) 강의
태초에 하나님이 천지를 창조하시니라 • 제1권 창세기의 파도타기(Surfing)

하나님의 해학(諧謔, Humour) 이야기; 백미(白眉)

-"붉은 것"을 탐하면 더 붉은 것 곧 '피'를 보게 된다

25장 전반부(1-18)의 첫머리에는 아내 사라가 죽은 후 아브라함이 후처를 얻게 되는 장면으로 시작된다.

지난날 창세기 17장 17절에서 아브라함은 "엎드리어 웃으며 심중에 이르되 백 세 된 사람이 어찌 자식을 낳을까"라고 하며 하나님의 말씀에 피식 웃었던 적이 있었다. 곧 육체적인 생식 능력으로는 100세나 된 자신이나 90세 된 사라와의 사이에서 어떻게 아이를 얻을 수 있냐라는 지극히 상식적인 자문자답(自問自答)의 결과였다.

히브리서 11장 12절에는 육신적으로 생식 수명이 거의 끝나가는 아브라함을 가리켜 "죽은 자와 방불한 한 사람으로 말미암아"라고 말씀하시

면서 아브라함이 100세가 된 그때에 '육체적으로는 거의 죽은 자'였다라는 것을 적나라하게 드러내고 있다.

이곳 25장은 사라가 죽은(23:1, 127세) 이후의 상황을 보여주고 있다. 당시 아브라함은 아내보다 10세가 더 많았고 아들 이삭의 결혼은 그 어미 사라가 죽은 3년 뒤였으니 적어도 그때 아브라함의 나이는 140세 이상이었을 것이다. 또한 24장 1절에도 "아브라함이 나이 많아 늙었고"라는 말씀이 있다. 그럼에도 불구하고 25장 1-2절에서는 '그두라(향기나는 여자)'라고 불리는 후처를 취한 이후 그에게서 여섯 아들을 얻게 되는데 가만히 보면 아브라함의 삶은 그야말로 Amazing Grace의 연속이다.

참고로 사라는 90세에 이삭을 낳았다. 그 이삭이 리브가와 결혼을 한 나이는 40세(25:20)였다. 그러니까 어머니 사라가 죽은(127세, 23:1) 지 3년 뒤에 결혼한 것이다. 이삭이 결혼할 때 아버지 아브라함의 나이는 140세였다. 놀라운 것은 그가 175세(25:7)에 죽기까지 후처인 그두라와의 사이에 6명의 어린 아들(25:2)을 더 두었다는 것이다.

한편 이삭은 리브가로부터 쌍둥이 아들을 결혼 20년 후인 60세(25:26)에 얻었다. 결국 늦깍이(late bloomer) 결혼을 했던 이삭이 자식이 없었을 때 그두라와 재혼을 했던 아버지 아브라함은 어린 자식을 얻었다는 말이다. 나는 여기서 아브라함에게 약속하신(자손에 대한) 하나님의 언약을 상기해보며 또 다시 감탄하지 않을 수가 없다.

아브라함의 자식 8명과 각각의 후손들, 개중 '언약의 자식' 이삭과 그 후손(:קֶצַח, N-msc/2ms)으로 오신 예수 그리스도!

"내가 네게 큰 복을 주고 네 씨로 크게 성하여 하늘의 별과 같고 바다의

모래와 같게 하리니 네 씨가 그 대적의 문을 얻으리라"_창 22:17

"그를 이끌고 밖으로 나가 가라사대 하늘을 우러러 뭇 별을 셀 수 있나 보라 또 그에게 이르시되 네 자손(:זַרְעֶךָ, N-msc/2ms)이 이와 같으리라"_창 15:5

어거스틴이나 칼빈의 경우 "이삭의 출생을 위해 주셨던 생산능력이 아브라함에게 계속 유지되었을 것"이라고 해석하지만 나와 공저자는 인간을 놀라게 하시는, 아예 입을 다물게 하시는 하나님의 해학(諧謔, humour, wit)을 보여주신 것이라 생각하고 있다. 결국 하나님은 창조주 하나님, 역사의 주관자 하나님이심을 다시 고백케 된다.

25장의 후반부(25:19~)는 이삭의 쌍둥이 아들 이야기가 나온다. 이삭은 아내 리브가가 아이를 잉태하지 못하자 "그를 위하여 여호와께 간구"했다. 그러자 디테일을 주관하시는 야훼 하나님께서 이삭의 기도를 들으시고 쌍둥이 아들을 주셨다. 결혼한 지 20년 만에……. 다시 하나님의 해학(諧謔, humour, wit)이 읽히어지는 부분이다. 동시에 무서우리만치 정확하신 하나님의 섭리 하(下) 경륜을 보게 한다.

한편 태어날 때 형 에서의 발꿈치를 붙잡으면서까지 끝내 동생이 되기 싫어하던 야곱의 집념은 장성한 후에도 그런 생각을 버리지 못했다. 그런 와중에 평생을 비교적 큰 대과(大過, a serious error)없이 살아왔던 이삭은 노년이 되자 영안이 어두워져(27:1) 조금씩 영적 무지가 찾아왔고 거기에 더하여 "이삭은 에서의 사냥한 고기를 좋아하므로"라는 말에서 보듯 음식을 탐하는 식탐(食貪)에까지 이르렀다. 놀라운 것[96]은 하나님의 작정과 예정[97]을 이루기 위한 섭리 하(下) 경륜을 향하신 '하나님의 열심'이다.

어느 날이었다. 최고의 사냥꾼으로 이름이 난, "익숙한 사냥꾼인고로 들사람(25:27)"이라고 불릴 정도의 에서였음에도 불구하고 "심히 곤비하여" 기진맥진한 상태로 집에 돌아왔다. 완전히 빈 손으로……. 이제나저제나 기회를 엿보던 야곱은 그 찰나를 놓치지 않고 집에서 팥죽을 쑤며 당이 떨어진 에서의 코에 달디 단 냄새를 풍겼다. 그것은 일종의 유혹이었고 함정이기도 했다. 야곱으로서는 절호의 기회였고 에서로서는 배고픔에 더하여 냄새로 인해 거의 죽을 지경이었다.

야곱의 제안을 들은 에서는 '웬 떡이냐' 싶었을 것이다. '세상에, 장자의 명분을 팔라니, 판다고 하여 동생이 형이 되는 것도 아닌데, 그리고 쌍방 계약을 위한 증서도 없이 단순히 맹세만 하라니…….' 에서의 경우 무소부재(Omni-presence)하신 하나님은 안중에도 없었던 것이다.

"에서가 장자의 명분을 경홀히 여김이었더라(25:34)"

코람데오(Coram Deo, 하나님 앞에서)!

이와는 달리 야곱의 경우 인간의 상식으로 생각하면 '맹세' 정도였으니

---

[96] 하나님의 작정이란 창조, 타락, 구속, 완성의 전체 청사진을 말하며 예정이란 하나님의 작정 속에 택정된 하나님의 백성들의 구원이 성취되는 것을 말한다. 이를 이루기 위해 섭리 곧 작정과 예정이 성취되기 위한 하나님의 간섭과 열심 하(下) 경륜(섭리보다 작은 개념으로 목적과 방향, 의도가 있는 특별한 섭리)으로 하나님은 역사를 이끌어가신다.

[97] 일부 학자들은 이를 가리켜 거시적 관점에서 '숙명론적 예정'이라고 한다. 그러나 필자의 경우 '예정'은 '하나님의 주권영역'이기에 당신의 은혜로 아무 조건 없이 택정함을 주시고 때가 되어 복음이 들려지게 하셔서(고전 12:3) 구원을 허락하심에 '그저 감사'하는 것이 마땅하며 그 이상의 설명을 통해 '예정'을 학문적인 도그마(dogma)에 구속시키고 싶지 않다.

그다지 효력이 있지도 않지만 '하나님 앞에서'라는 코람데오(Coram Deo) 의식이 있었기에 그는 남다르게 생각했을 뿐만 아니라 무겁게 받아들였다.

'하나님 앞에서'.

이는 역사의 주관자 하나님을 온전히 인정하고 바라본 야곱의 세계관과 가치관에서 흘러나온 행동이었다.

비유컨대 야곱은 '십자가 보혈'을 상징하는 '붉은 것'을 끝까지 붙든 반면, 에서는 '붉은 것' 곧 십자가를 자신의 배고픔(욕구)을 채우는 수단 정도로 여기고 '붉은 것'을 먹어 버림으로 말미암아 종국적으로 피를 흘리게(bleeding) 되었던 것이다.

여기서 우리는 상황과 환경을 열어가시는 역사의 주관자 하나님을 볼 수 있어야 한다. 게다가 '복(비가시적인 장자의 명분)'에 대한 야곱의 하나님을 향한 몸부림과 더불어 하나님을 끝까지 붙드는 지독함(집념), 하나님 없이는 결코 살 수 없다라는 절박함을 배워야 한다.

결과적으로 야곱과 에서에 대해 히브리서와 로마서, 그리고 말라기는 엄위하게 말씀하고 있다.

"음행하는 자와 혹 한 그릇 식물을 위하여 장자의 명분을 판 에서와 같이 망령된 자가 있을까 두려워하라" _히 12:16

"기록된 바 내가 야곱은 사랑하고 에서는 미워하였다 하심과 같으니라" _롬 9:13

"여호와께서 가라사대 내가 너희를 사랑하였노라 하나 너희는 이르기를 주께서 어떻게 우리를 사랑하셨나이까 하는도다 나 여호와가 말하노라 에서는 야곱의 형이 아니냐 그러나 내가 야곱을 사랑하였고 에서는 미

워하였으며 그의 산들을 황무케 하였고 그의 산업을 광야의 시랑에게 붙였느니라" _말 1:2-3

26장

괴짜의사 Dr. Araw의 쉽고 바르게 읽는 창세기 장편(掌篇) 강의
태초에 하나님이 천지를 창조하시니라 • 제1권 창세기의 파도타기(Surfing)

여호와께서 너와 함께 계심을 우리가 분명히 보았으므로(28)

창세기 12장 10절의 아브라함의 때와 마찬가지로 이곳 창세기 26장 이삭의 때에도 동일하게 흉년에 관한 이야기로 시작하고 있다. 당시 기근이 있자 아버지 아브라함은 바로 애굽으로 '내려갔다'. 동일하게 이삭 또한 흉년이 들자 블레셋 왕 아비멜렉이 있는 그랄로 '내려가' 버렸다.

앞서 언급(창 12:10, 13:1)했듯이 두 단어 곧 "내려가다"라는 말과 "올라가다"라는 말에 함의된 메시지에 우리는 주목해야 한다. 특별히 이 단어들은 유한된 한 번의 직선인생을 살아가는 우리에게 시사하는 바가 아주 크다. 곧 그리스도인은 유한되고 제한된 일 회의 인생을 살면서 하나님나라를 향하고 하나님만 바라보며 '올라가는(עָלָה, v, 알라흐, to go up, ascend, climb)' 삶을 살아야 한다라는 것이다. 이와는 달리 지옥을 상징하는 깊은 구덩이로 '내려가는(יָרַד, 야라드, v, to come or go down, descend)' 삶을 살아서는 결코 안

된다는 것을 말씀하고 있다.

'그랄(גְּרָר)'이란 '고리, 지역'이라는 의미로 '거처하기에 좋은 땅'을 말한다. 이곳 26장은 앞서 창세기 20장에서의 데쟈뷔(déjà vu)를 보는 듯하다. 왜냐하면 당시 그랄에 우거하면서 그 아비 아브라함이 애굽에서 사라를 대하여 누이라고 했다가 바로에게 빼앗길 뻔했던 것처럼 이삭은 아내 리브가를 누이라고 했다가 그랄 왕 아비멜렉에게 하마터면 아내를 빼앗길 뻔했기 때문이다.

아무튼 당시 기근이 거듭되자 이삭은 지시하신 땅(26:2) 그랄로 갔다. 그나마 이삭은 애굽으로 '내려가지' 않고(창 26:2) 야훼 하나님의 말씀을 따라(여호와께서 이삭에게 나타나 이르시되, 창 26:2) 지시하신 땅에 거주한 것만큼은 아주 잘한 일이었다. 문제는 거류(גּוּר, 구르, 26:3, sojourn)하라고 하셨는데 거주(יָשַׁב, 야솨브, 26:6, dwell)해버린 것이다. 그것도 오랫동안(26:8)이나……. 그것은 있지 말아야 할 곳과 함께 하지 말아야 할 사람들과 오래 있음으로 인해 그들로부터 물들어 버렸다(동화 혹은 오염되었다)라는 것을 폭로하고 있는 것이다.

다행스러운 것은 이삭이 다시 브엘세바(맹세의 우물)로 '올라간' 것(26:23)이다. 그리하여 24절에는 "그 밤에 여호와께서 그에게 나타나 가라사대 나는 네 아비 아브라함의 하나님이니 두려워말라 내 종 아브라함을 위하여 내가 너와 함께 있어 네게 복을 주어 네 자손으로 번성케 하리라 하신지라"고 하셨다. 결국 복 있는 사람(아쉬레이 하이쉬, 시 1:1) 이삭이 죄악(죄인)의 길에서 벗어나 브엘세바로 돌아왔더니 바로 그날 밤에 야훼께서 나타나셨던 것이다. 우리는 이 부분에서 하나님의 속마음 곧 "악인의 꾀, 죄인의 길, 오만한 자의 자리(시 1:1)"는 하나님께서 너무너무 싫어하심을 잘 알고 혹여라도 그런 자리에 있다면 얼른 그 자리를 떠나 '브엘세바'로 올라가는 결단을 해야 할 것이다.

가만히 보면 이삭의 경우 아버지 아브라함과 약간의 차이가 있다면 야훼 하나님의 말씀을 따라 그랄에 남은 것이다. 그는 그래도 창세기 12장의 아버지 아브라함처럼 아예 하나님께 기도하지 않고 곧장 애굽으로 내려가지는 않았다. 이는 26장 2절의 말씀을 순종한 결과이다.

결국 이삭이 애굽으로 내려가지 않은 것은 야훼 하나님께서 "내가 네 아비 아브라함에게 맹세한 것을 이루어" 땅과 자손의 복을 주겠다(창 26:3-4)라고 약속하셨던 것에 대한 신뢰이자 순종이었던 것이다. 이는 아브라함을 훈련의 과정을 통해 믿음의 조상이 되게 하셨던 것처럼 이삭 또한 그렇게 과정을 통해 만들어 갈 것이라는 하나님의 의지요, 열심을 드러낸 것이다. 이후 이삭은 그 땅에서 농사하여 수확을 100배나 얻었을 뿐만 아니라 양과 소가 떼를 이루게 되었고 노복이 심히 많아지는 등 창대하고 왕성하여 거부가 되었다.

그러므로 하나님의 자녀는 하나님의 허락 하에서만 살아야 함을 잊지 말아야 한다. 아무리 좋아 보여도 있어야 할 곳과 있지 말아야 할 곳을 잘 구분해야 한다. 하나님이 앞서(나하흐의 하나님) 가시도록 그 주권을 온전히 이양해야 한다.

세월이 흐르며 이삭과 그 주변의 이곳 저곳에서는 여러가지 문제들이 발생하기 시작했다. 결국 죄인들이 살아가는 세상, 곧 죄 많은 이 세상에서는 내외적으로 복잡다단한 문제가 일어나지 않을 수가 없다. 그렇기에 이 세상은 영원히 살 곳이 아님을 보여주신 것이다.

이삭이 점점 더 거부가 되자 이에 비례하여 그곳 블레셋 사람들의 시기는 날로 커져갔다. 그들은 갖은 몽니(음흉하고 심술궂게 욕심부리는 성질, greed, perverseness)를 부리며 아브라함 때에 팠던 우물들을 모조리 흙으로 메워 버렸다. 저들도 못 누리고 이삭도 못 누리게 하려는 못된 심보였다. 그냥 사이좋게 함께 쓰면 될 것을……. 사촌이 땅을 사면 배가 아파하는 죄인 된 인간의 모습을 적나라하게 보여주고 있다.

결국 아비멜렉은 이삭에게 떠나라(26:16)고 했다. 그러자 이삭은 그곳을 떠나 그랄 골짜기에 장막을 쳤다. 그리고는 지난날 블레셋 사람들이 흙으로 덮었던, 아브라함의 때에 팠던 우물들을 다시 파서 샘 근원을 얻었다. 그러자 그랄 목자들이 득달같이(right away) 달려와 시비를 걸었다. 그 다툼을 인해 그 우물의 이름을 "에섹(עֵשֶׂק, "contention", a well in Gerar, from עָשַׂק, v, to contend)"이라고 했다.

다른 우물을 팠다. 이번에는 "싯나(שִׂטְנָה, "hostility", the name of a well near Gerar, from the same as שָׂטָן, nm, adversary, also the name of the superhuman adversary of God)"라고 불렀다.

여전한 시비가 있어 거기서 옮겨 우물을 팠더니 다투지 않아 "르호봇(רְחֹבוֹת, "broad places", a well dug by Isaac, also two cities of unc. location, from רָחַב, v, to be or grow wide or large)"이라 부르며 "이제는 여호와께서 우리의 장소를 넓게 하셨으니 이 땅에서 우리가 번성하리로다"라고 했다.

곧 에섹(다툼)-싯나(대적함)-르호봇(장소가 넓음)이다. 이러한 일련의 과정과 그 우물들의 이름 뜻을 되새겨보면 역사의 주관자 하나님의 그리스도인을 향한 속마음을 잘 알 수 있다.

우리가 알아야 할 것은 종말 시대를 살아가는 동안 그리스도인들은 세상과의 '다툼'을 피할 수 없다라는 것이다. 다툼이 일어나는 때에 비록 우리에게 힘이 있다고 할지라도 손해를 보고 피하여 주는 것이 상책(上策, the best plan)이라는 것이다.

문제는 그렇게 양보하고 물러난다고 할지라도 세상은 집요하게 우리를 쫓아다니며 계속하여 '대적'할 것이다. 그렇다 하더라도 주먹을 들지는 말라. 역사를 주관하시는 분은 하나님이시기 때문이다. 그때마다 그런 하나님이 나의 하나님임을 고백하며 그 하나님은 우리를 '당신의 형통(짤라흐 혹은 촬라흐)'으로 인도하시며 우리의 지경을 '넓혀 주실' 것을 확신하면서 더욱 당당하게 담대하게 나아가야 한다.

영적으로든지 혹은 육적인 것을 더하여 주시든지…….

이후 이삭은 거기서부터 브엘세바로 '올라갔다'. 그곳에서 이삭은 단을 쌓고 여호와의 이름을 불렀다. 감사한 것은 이곳에서도 "세바"라는 우물을 팠다라는 것이다. 당시에는 땅을 파서 우물을 얻는다는 것이 결코 만만치도 쉽지도 않은 것이었음을 감안하면서 이 부분을 읽어야 한다. 이삭은 그 우물의 이름을 따서 그곳 성읍의 이름을 "브엘세바"라고 불렀다. 21장의 말씀과 상통한다.

아비멜렉은 21장의 아브라함의 때와 마찬가지로 군대장관 비골을 데리고 그랄에서부터 이삭에게로 왔다. 그리고는 그들의 입으로 "여호와께서 너와 함께 계심을 우리가 분명히 보았으므로 우리의 사이 곧 우리와 너의 사이에 맹세를 세워 너와 계약을 맺으리라"고 했다. 더 나아가 "너는 우리를 해하지 말라 이는 우리가 너를 범하지 아니하고 선한 일만 너에게 행하며 너로 평안히 가게 하였음이니라 이제 너는 여호와께 복을 받은 자니라"고 축복하며 적의 입으로 하나님의 약속을 듣게 하셨다.

모든 일들 곧 당신의 작정과 예정, 섭리와 경륜을 기어이 이루고야 마시는 하나님의 의지와 열심을 다시 보게 된다.

27장

괴짜의사 Dr. Araw의 쉽고 바르게 읽는 창세기 장편(掌篇) 강의
태초에 하나님이 천지를 창조하시니라 • 제1권 창세기의 파도타기(Surfing)

야곱의 별미, 아비 이삭의 축복 그리고 영적 무지

노년에 들어선 이삭의 영적 상태에 대하여 이곳 23절에는 "능히 분별치 못하고"라는 말로 살짝 폭로하고 있다. 이는 '레브 쇼메아' 곧 '지혜'가 흐려졌다라는 의미로서, 머리로는 잘 분별치 못하고 영안은 어두워졌으며 큰 귀를 갖지 못해 잘 듣지 못하는 데다가 마음은 굳어 있어 성령님의 반응에 둔감해진 상태를 말한다. 이를 가리켜 이사야서(6:9-10)에는 '눈으로 보고 귀로 듣고도 마음으로 깨닫지 못하는 상태'라고 표현되어 있다. 곧 듣기는 들어도 깨닫지 못하며 보기는 보아도 알지 못하는, 둔한 마음과 막힌 귀, 감긴 눈을 가졌다라는 의미이다.

이와는 반대로 신명기 34장 7절의 말씀에는 노년이 된 모세의 이야기가 나온다. 그는 죽을 즈음이 되었을 때 나이가 120세였으나 "그 눈이 흐리지 아니하였고 기력이 쇠하지 아니 하였더라"고 했다. 곧 인생 말년에

조차도 '레브 쇼메아의 모세였다'는 것이다.

반면 이곳 창세기 27장에서의 이삭(수명; 180세)은 죽을 즈음이 되었을 때 모세의 경우와 달리 눈이 흐리고 귀가 어두웠으며 분별력이 약해진 모습을 보여주고 있다. 그 결과 그의 쌍둥이 아들 중 동생이었던 야곱은 축복을 받게 되고 형이었던 에서는 차서(次序, order)에도 불구하고 동생에게 복을 탈취당하고 말았다. 이 또한 우리가 잘 알지 못하는 하나님의 섭리와 경륜이며 그렇게 하신 것은 당연한 하나님의 절대 주권영역이기는 하다.

"기록된 바 내가 야곱은 사랑하고 에서는 미워하였다 하심과 같으니라"_롬 9:13

"~나 여호와가 말하노라 에서는 야곱의 형이 아니냐 그러나 내가 야곱을 사랑하였고 에서는 미워하였으며~"_말 1:2-3

그러나 상기의 사건을 단순히 인간적인 관점으로만 보면 상기의 결과는 뭔가 거북하고 여전히 부담스럽다. 팩트 만을 두고 본다면 에서의 경우 장자의 명분을 경홀히 여겼던 것은 분명하다(창 25장). 여기서 '경홀히 여기다(בָּזָה, 바자흐, v, to despise)'라는 의미의 히브리어 바자흐는 '하찮게 여기다, 대수롭지 않게 여기다'라는 뜻으로 히브리서 12장 16절에서는 '하나님께 불경함', '하나님을 모독함'이라는 의미로 사용되었다. 이는 히브리어 쇼아 곧 '망령되이(שָׁוְא, 쇼아, emptiness, vanity, 헛되이, βέβηλος, adj, profane) 여기다'라는 의미이다.

한편 '망령되이 여기다'라는 것은 십계명의 제3계명(망령되이 일컫지 말라, 출 20:7)에 나오는 말씀이기도 하다. 상기 의미의 쉬운 예가 창세기 19장 14절에 있는데 롯의 사위들의 태도 곧 "농담으로 여겼더라(צָחַק, 짜하크, to laugh)"

고 한 말과 그 속에 담긴 태도이다. 이 모든 것들은 결단코 하나님을 향한 바른 태도가 아니다.

또한 에서의 관심사는 온통 사냥 등등 물질적이고 가시적이며 세상의 것들에 가 있었다. 소위 '꽂히다, 몰두하다'라는 상태로 가치와 우선순위를 그것에 올인하는 일종의 우상숭배에 해당한다. 그러다 보니 너무나 분주했고 정말 바쁘게 돌아다니기만 했다. 결국 조용히 앉아 하나님과의 독대의 시간(친밀한 교제의 시간)을 갖지 못했다.

반면에 야곱은 집에만 있었다. 그러다 보니 조용한 시간 속에 하나님과의 친밀한 교제를 가질 수 있었던 듯하다. 늘 집안에 있었는 데다가 부모 가까이에 있어서 자주자주 눈에 띄다 보니 부모의 잔소리 같은 가르침을 그 내면에 차곡차곡 쌓았을 것 같다. 결국 기회가 오자 그는 앞뒤 가리지 않고 복에 대한 모험을 감행했던 것이리라……

만약 야곱이 하나님의 '복(福)'에 대해 관심이 적었더라면 아무리 엄마 리브가가 '그렇게(27:13)' 시켰을지라도 주저하며 거절했을 것이다. 그러나 야곱은 태어날 때도 그러하였지만 '하나님의 복'에 대한 부모의 그동안의 가르침에 힘입어 지독한 갈망을 가슴에 품고 살아왔던 터였다. 그렇기에 비록 들통나는 것이 두렵기는 하나 반드시 아버지 이삭의 기도를 통해 '하나님의 복'을 받아야겠다는 갈망이 그 마음에 있었을 것이다.

결과적으로 인간적인 생각에는 약간 고개를 갸우뚱거리게 만드는 야곱임에도 불구하고 하나님은 그를 택하셨다. 왜 그러셨을까? 당연히 우리는 하나님의 마음과 그 뜻을 정확히 모두 다 알 수는 없다. 그러므로 그냥 모른다고 답하는 것이 정직한 것이다. 그럼에도 불구하고 확실한 팩트가 있다면 하나님의 하시는 모든 일은 '항상, 언제나, 다 옳다'라는 것이다.

이와는 달리 '하나님은 옳은 일만 하신다'라는 인간적 관점을 아무데나 적용해서는 안 된다. 문제는 하나님의 택정하심이나 하나님께로부터 복을 받았다고 하여 모두가 다 인간적으로나 세상적으로 보기에 탄탄대로의 인생을 보장받는 것은 아니라는 점이다. 왜냐하면 '복'이란 '사람의 형통(탄탄대로, 전도양양)'이 아니라 창세기 39장에서 언급될 '하나님의 형통'을 의미하기 때문이다.

이는 기도를 통해 하나님의 복을 갈취하다시피 했던 야곱의 인생을 보면 확실히 알 수 있다. 성경은 '하나님의 복을 받았다'라고 했던 야곱이야말로 그 누구보다 인생의 쓰디쓴 맛을 경험하며 힘한 삶을 살았던 사람이라고 말씀하고 있다. 바로 창세기 47장 9절의 말씀이다.

"야곱이 바로에게 고하되 내 나그네 길의 세월이 일백 삼십년이니이다 나의 연세가 얼마 못되니 우리 조상의 나그네 길의 세월에 미치지 못하나 험악한 세월을 보내었나이다 하고" _창 47:9

아마 야곱의 일생 중에서 가장 어둡고 깊었던 인생 골짜기 중 하나를 꼽으라면 자신이 가장 사랑했던 아내 라헬이 낳은 아들 요셉을 잃어버렸던 그 사건이 아닐까 생각된다.

우리가 인생에서 일어나는 일들을 모두 다 이해할 수 없듯이 야곱 역시 당시에는 자신에게 그와 같은 시련이 왜 찾아왔는지 몰랐을 것이다. 그러나 그는 훗날 애굽에서 총리가 된 요셉을 만나고 나서야 그 모든 일들이 '하나님의 섭리 하 경륜'이었음을 알게 된다.

이제 이 장의 결론을 맺고자 한다.

이삭은 노년이 되자 눈이 흐려졌고 귀는 잘 듣지 못했다. 이를 단순히 문자적으로만 해석한다면 연령적인 퇴화(age or senile involution)라고 할 수도 있겠다. 그러나 필자는 이삭의 그런 노년의 상태를 일종의 '영적인 무지'라고 상징적으로 해석하고 싶다.

사실 모든 인생의 노년은 육신적인 퇴행의 길로 들어선다. 바로 그때 자칫 잘못하면 육적인 쇠락과 더불어 동시에 영적인 침체나 퇴보에 들어서기가 쉽다. 그러나 겉 사람이 후패(朽敗, rot, perish)해진다고 하여 속 사람마저 그렇게 퇴행해가는 것은 곤란하다. 왜냐하면 우리는 앞서 모세의 경우를 보았기 때문이다.

모든 육신에서 한 번 죽는 것은 하나님께서 사람에게 정하신 것(히 9:27)이다. 그렇다면 어차피 한 번 죽는 인생에서 노년의 영적 무지를 최소화할 수는 없을까? 모세의 경우처럼 마지막 그날까지 눈이 흐리지 아니하고 기력이 쇠하지 않으려면 무엇을 어떻게 해야 할까?

오늘도 나는 모세의 말년을 상상해보며 깊은 상념에 잠긴다.

28장

괴짜의사 Dr. Araw의 쉽고 바르게 읽는 창세기 장편(掌篇) 강의
태초에 하나님이 천지를 창조하시니라 • 제1권 창세기의 파도타기(Surfing)

벧엘(루스)에서 본 야곱의 사닥다리

복에 대한 집착으로 강력한 열망을 품고 있던 야곱은 형 에서로부터 장자권[98]을 탈취하기는 했으나 동시에 모든 일이 꼬이기 시작했다. 얼떨결에 야곱에게 속았음을 눈치 챈 에서는 이제나저제나 반전의 기회를 노렸다. 이를 눈치 챈 어머니 리브가는 야곱에게 자신의 고향인 밧단아람의 하란으로 피신하라고 권고한다. 당시 그곳에는 자신의 오빠이자 야곱의 외삼촌인 라반이 있었기 때문이다.

참고로 브엘세바에서 하란까지는 약 800km나 되는 멀고도 험한 길이었다. 오늘의 시점으로 보아도 아찔한 거리이다. 하물며 지금으로부터 약 4,000년 전의 일이었으니…….

---

98 '장자권'이란 하나님의 인정된 자녀로서의 하나님의 복(미래형 하나님나라에의 입성과 영생)을 애타게 갈망하는 마음이다. 그렇기에 '장자권'의 가치는 비록 지금 현실적, 가시적으로는 보이지 않지만 하나님께서 반드시 하실 자신의 미래를 소망하며 확신하는 믿음이기에 하나님의 자녀에게는 더욱 소중한 것이다.

형 에서를 속인 대가 치고는 꽤 컸다.

마침내 야곱은 자신의 의지와는 달리 정든 집과 고향, 부모에게서 쫓겨나다시피 떠나야만 하는 날이 왔다. 아버지 이삭은 야곱을 따로 불러 세세한 사항을 일러준다. 그런데 놀랍게도 첫 마디(28:1)가 결혼 문제였다. 특별히 이삭은 아들 야곱에게 그의 며느리에 대해 가나안 사람[99]의 딸들 중에서 취하지 말라(28:1, 6)고 신신당부했다. 리브가 또한 재차 강조하며 특히 헷 사람의 딸들 중에서 아내를 취하지 말라고 했다(27:46).

"너는 가나안 사람의 딸들 중에서 아내를 취하지 말고 일어나 밧단아람으로 가서 너의 외조부 브두엘의 집에 이르러 거기서 너의 외삼촌 라반의 딸 중에서 아내를 취하라"_창 28:1-2

이삭이 아들 야곱에게 특별히 부탁했던 결혼의 배우자에 관한 이유 곧 그의 며느리의 선정(특별히 출신)에 관하여는 3-4절에서 분명하게 밝히고 있다.

"전능하신 하나님이 네게 복을 주어 너로 생육하고 번성케하사 너로 여러 족속을 이루게 하시고 아브라함에게 허락하신 복을 네게 주시되 너와 너와 함께 네 자손에게 주사 너로 하나님이 아브라함에게 주신 땅 곧 너의 우거하는 땅을 유업으로 받게 하시기를 원하노라"_창 28:3-4

결국 좋으시고 신실하신 하나님온 나라의 3조건 곧 영토, 국민, 주권을 허락하심은 물론이요 자자손손에게 복에 복을 더하시기를 원하셨던 것이다. 이는 하나님께서 아브라함과 그 후손에게 이미 하셨던 약속(창 15:18)이기도 했다. 그렇기에 이삭이 아들 야곱에게 '결혼(Soul Tie, 영혼의 친구, 부부

---

99 함의 아들(창 10:6)인 가나안(Canaanites)의 일곱 족속(신 7:1)은 헷(Hittites) 족속, 여부스 족속, 아모리 족속, 기르가스 족속, 히위 족속, 가나안 족속, 부리스 족속이다(창 10:15-17).

¹⁰⁰)'에 대해 그렇게 말한 것은 하나님의 작정과 예정에 따른, 준비된 부부를 통해 경건한 후손(말 2:15)을 주시고자 하셨던, 역사의 주관자 하나님을 확고하게 믿었기 때문이다. 참고로 성경은 '결혼'뿐만 아니라 '이혼(말 2:16)'에 대하여도 말씀하고 있다.

한편 야곱은 부모의 집을 떠나 부지런히 하란을 향해 갔다. 브엘세바를 떠난 후 벧엘 곧 루스에 도착할 즈음에는 해가 져버렸다. 그러자 야곱은 유숙하기 위해 한 돌을 취하여 베개를 한 후에 그 돌을 의지하고 누웠다. 아마도 그곳에는 불빛이 전혀 없던 곳이라 밤 하늘의 별들이 훨씬 더 선명하게 빛났을 것이라 생각된다. 수많은 별똥별들이 떨어지는 것도 목격했을 것이다.

그날 밤 야곱은 어떤 생각들을 했을까? 별똥별의 사정없이 떨어지는 그 모습을 보며 자신의 처지를 투사(projection)시키지는 않았을까?

나는 야곱의 경우 하늘 저 너머의 반짝이는 수많은 별들을 보며 막연하나마 자신의 미래를 그려보았을 것이라 생각된다. 지난날 그는 아버지 이삭으로부터 할아버지 아브라함의 이야기를 제법 자주 들었을 것이다. 그리하여 그는 특별히 창세기 15장 5절의 말씀을 떠올리지 않았을까 싶다.

"그를 이끌고 밖으로 나가 가라사대 하늘을 우러러 뭇별을 셀 수 있나 보라 또 그에게 이르시되 네 자손이 이와 같으리라"_ 창 15:5

야곱은 벧엘에서 지난날에 듣고 또 들었던 수많은 이야기들을 떠올리

---

100 창세기 2장은 부부에 있어 아내 더러 "돕는 배필"이라고 했다. '배필'의 히브리어는 에제르(עֵזֶר, nm, a help, helper/from 아자르, עָזַר, v, to help, succor)이며 '돕는'에 해당하는 히브리어는 네게드 (נֶגֶד, suitable, 가장 적합한/from 나가드, נָגַד, v, to be conspicuous, 눈에 띄다)이다. 이는 '능력 있는 자가 능력 없는 자를 돕는다' 라는 의미이다.

다가 지쳐서 어느새 잠이 들었을 것 같다. 그날 밤에 야곱은 멋진 꿈을 꾸게 되었는데 하늘이 보였고 땅이 보였다. 사닥다리가 보이고 하나님의 사자가 보였다. 하늘과 땅 사이에 위치한 사닥다리는 서로 연결되어 있었다. 그렇기에 '그 사다리'를 통해 하늘에서 내려올 수도 있었고 땅에서 올라갈 수도 있었다. 곧 하늘의 하나님이 내려오실 수도 있고 땅 위의 야곱이 '사다리'를 타고 올라갈 수도 있었다라는 것이다.

'사다리(예수 그리스도의 십자가)'를 통해······.

이런 벧엘에서의 야곱의 꿈은 신약의 요한복음(1:51)에 와서 성취되었다. 구약이 그림자(혹은 그림, 모형)라면 신약은 실체(혹은 실재(reality))이다. 요한복음(1:51)의 말씀은 예수님께서 나다나엘에게 하셨던 말씀이다.

"또 가라사대 진실로 진실로 너희에게 이르노니 하늘이 열리고 하나님의 사자들이 인자 위에 오르락 내리락하는 것을 보리라 하시니라" _요 1:51

결국 하늘과 땅을 잇는 '그 사닥다리'는 하나님과 우리 사이를 잇는 '영적 가교이신 예수 그리스도'를 상징하며 우리를 대신하여(휘페르) 십자가 고난을 당하신 '예수 그리스도의 십자가'를 의미한다. 결국 야곱의 꿈에서는 형상으로 사닥다리를 보여주셨다면 예수님의 초림 이후에는 '사닥다리' 대신에 예수 그리스도를 선명하게 보여주심으로 "인자 위"에서 곧 '예수 그리스도(벧엘의 꿈 속에서의 사다리)를 통하여' 하나님께 오르락 내리락할 수 있게 됨을 보여주신 것이다.

'보혈을 지나 하나님 품으로'

"그러므로 우리가 긍휼하심을 받고 때를 따라 돕는 은혜를 얻기 위하여 은혜의 보좌 앞에 담대히 나아갈 것이니라" _히 4:16

최고의 절정(클라이막스, climax)은 야훼 하나님의 야곱을 향한 말씀(창 28:13-15)이었다.

"또 본즉 여호와께서 그 위에 서서 가라사대 나는 여호와니 너의 조부 아브라함의 하나님이요 이삭의 하나님이라 너 누운 땅을 내가 너와 네 자손에게 주리니 네 자손이 땅의 티끌같이 되어서 동서 남북에 편만할찌며 땅의 모든 족속이 너와 네 자손을 인하여 복을 얻으리라 내가 너와 함께 있어 네가 어디로 가든지 너를 지키며 너를 이끌어 이 땅으로 돌아오게 할찌라 내가 네게 허락한 것을 다 이루기까지 너를 떠나지 아니하리라 하신지라"_창 28:13-15

지난 밤 하나님의 생생한 목소리를 들었던 야곱은 아마도 일찍 잠에서 깼던 듯하다. 그리고는 다시 정신을 가다듬고 지난 밤의 꿈을 되새겨보았을 것 같다. 하나님의 언약에 대한 야곱의 기억은 너무나 또렷했다. 그렇기에 그는 연이어 고백(창 28:16-17)을 한다.

"야곱이 잠이 깨어 가로되 여호와께서 과연 여기 계시거늘 내가 알지 못하였도다 이에 두려워하여 가로되 두렵도다 이곳이여 다른 것이 아니라 이는 하나님의 전(殿)이요 이는 하늘의 문이로다 하고"_창 28:16-17

고백과 동시에 야곱은 자신이 돌 베개를 했던 그 돌을 가져 기둥으로 세우고 그 위에 기름을 붓고 그곳 이름을 벧엘(בֵּית־אֵל, "house of God", a city in Ephraim, also a place in S. Judah, 하나님의 집)이라고 했다. 곧 하나님의 임재가 있는 곳(창 28:16, 여호와께서 과연 여기 계시거늘)이라는 의미이다.

참고로 벧엘은 베이트(בַּיִת, nm, a house)와 엘(אֵל, God, in pl. gods/Mighty One, nm)의 합성어이다.

야곱

29장-37장

29장

괴짜의사 Dr. Araw의 쉽고 바르게 읽는 창세기 장편(掌篇) 강의
태초에 하나님이 천지를 창조하시니라 • 제1권 창세기의 파도타기(Surfing)

야곱과 라반, 레아 그리고 라헬

야곱은 형 에서를 속여 장자권을 탈취한 후 어머니 리브가의 권고대로 집을 떠나 밧단아람에 살고 있던 외삼촌 라반에게로 피신을 갔다. 그곳은 어머니 리브가의 친정이자 고향이었다. 창세기 24장에는 그곳에 살고 있던 처녀 시절의 리브가 이야기가 잠깐 나온다. 당시 아브라함의 신실했던 종 엘리에셀(אֱלִיעֶזֶר, "God is help", the name of several Israelites, also of a Damascene)은 주인의 명을 받들고 밧단아람을 방문했다가 리브가(רִבְקָה, 그물이란 뜻)를 만나 이삭의 아내로 데려왔다.

이런 사실을 야곱은 어머니로부터 들었을 것이다. 지금은 상황이 약간 야릇하기는 하나 아무튼 야곱은 천신만고(千辛萬苦) 끝에 어머니의 고향에 다다르게 되었다(브엘세바에서 밧단아람까지는 약 800Km). 당시 "동방 사람의 땅"은 아랍 유목민인 베드윈(The Bedwins) 족이 살던 곳이다.

양떼들이 모여 누워있던 들판에는 우물이 있었는데 야곱은 그곳에 다

다랐다. 마침 라반의 둘째 딸 라헬이 그 우물로 양을 몰고 왔다. 라반의 여식(女息, one's daughter)이라는 말을 들은 야곱은 얼른 가서 우물 아구에서 돌을 옮겨주고 양떼에게 물을 먹인 후 라헬에게 입맞추고 소리 내어 울며 자신의 신분을 밝혔다.

자초지종(自初至終)을 들은 라헬은 집으로 '달려가서(12)' 아비 라반에게 고하였고 라반이 '달려와서(13)' 야곱을 영접했다. 야곱은 외삼촌 라반에게 전후 사정을 이야기했다. 그리하여 함께 지내게 되었다. 어느덧 눈치밥을 먹은 지 훌쩍 한 달이 지나갔다.

외삼촌 라반이 슬쩍 던졌던 다음의 대사(창 29:15)는 누가 보더라도 이상하다. 뭔가 음흉하면서도 복선(伏線, foreshadowing)이 깔려 있으며 칙칙하기까지 하다. 일한 대가로 '보수'를 정하는 것이 왜 나쁘겠냐마는……. 그러나 특별히 '보수'라는 말을 콕 집어 말한 것에는 깊은 함정이 있었다. 왜냐하면 '삯'이란 '종의 품삯'이라는 의미로 주종(主從, master & servant)의 개념을 담고 있었기 때문이다. 결국 라반은 야곱을 종으로 부려먹고자 하는 속마음을 적어도 한 달 동안은 숨기고 있었던 것이다.

"라반이 야곱에게 이르되 네가 비록 나의 생질이나 어찌 공으로 내 일만 하겠느냐 무엇이 네 보수겠느냐 내게 고하라" _창 29:15

자신의 사랑스러웠던 여동생 리브가의 아들이기에 조카인 야곱을 좀 더 배려하면서 자식처럼 키워주었으면 좋았으련만…….

그리고 보면 라반은 확실히 독특한 인물이었다. 한편 이런 삼촌에 대해 조카였던 야곱 또한 만만치 않은 독특한 인물이었다. 그야말로 둘은 '도긴개긴, 피차일반, 대동소이'였으며 '그 나물에 그 밥'으로 용호상박(龍虎相

搏, diamond cuts diamond)이었다. 야곱의 경우 뭔가를 가지고 싶을 경우 그것에 대한 열정 또한 누구보다도 못지않았기 때문이다. 조금 있다가 언급하겠지만 그는 우물가에서 만났던 라헬이 눈에 쏙 들어왔던 터였다. 아무튼 야곱이 '교활한 뛰는 놈'이라면 라반은 '간교한 나는 놈'이었다.

앞서 언급했던 라반의 제의에 대한 야곱의 대답은 직설적이고 당돌했다. 거기에 더하여 그는 외삼촌 라반에게 우물가에서 만났던 라헬을 달라고 요구했다. 이에 대해 창세기 29장 19절 말씀을 곱씹어 보면 라반은 뭔가 탐탁치 않아 하는 듯하다. 왜냐하면 "그를 네게 주는 것이 타인에게 주는 것보다 나으니"라고 답했기 때문이다.

'타인에게 주는 것보다.'

이 말은 아예 '비교의 대상'이 잘못되어 있다. 결국 라반의 깊은 속내에는 뭔가를 숨겨놓고 있었던 것이 틀림없었다.

야곱은 라헬을 위해 7년 동안 라반을 주인처럼 섬겼다. 드디어 7년이 지나자 라반은 그 속내를 드러냈다. 바로 26절의 말씀이다. 라반은 "형보다 아우를 먼저 주는 것은 우리 지방에서 하지 아니하는 바이라"고 답했다. 그것은 완전한 계약위반이었다. 뒤이어 그는 애초부터 품고 있던 음흉한 계획을 털어 놓았다. 7일 후 라헬을 줄 테니 다시 7년을 더 봉사하라는 것이었다. 결국 라헬을 볼모로 7년을 종으로 더 부려먹으려는 것이었다. 라반은 안력이 부족한(창 29:17, weak(רַךְ, 라크, delicate, soft) eyes or appearance(מַרְאֶה, 마레흐) 레아를 덤터기 씌워(pass the buck) 야곱에게 시집까지 보냈으며 그 대가로 이미 7년을 부려먹었다.

야곱은 라헬을 사랑하는 까닭에 다시 고달픈 종의 처지로 7년을 보내야만 했다. 종의 삶에 대해 창세기 31장(38-41)은 적나라하게 표현하고 있다. 한편 라반으로서는 두 딸을 괜찮은 사람에게 맡겼고 14년이나 종으로 부려먹었으니, 소위 '꿩 먹고 알 먹기(일석이조(一石二鳥))'였던 것이다.

상기의 사건들을 가만히 반추(反芻, rumination)해 보면 우연히 일어난 듯하지만 실상은 역사의 주관자 하나님의 섭리와 경륜 하에 일어났음을 뚜렷하게 알 수 있다. 왜냐하면 성경은 '사람이 무엇으로 심든지 그대로 거두리라(갈 6:7)'고 하셨고 더 나아가 "사람이 마음으로 자기의 길을 계획할지라도 그 걸음을 인도하는 자는 여호와시니라(잠 16:9)"고 하셨기 때문이다. 욥기서(4:8)는 "내가 보건대 악을 밭 갈고 독을 뿌리는 자는 그대로 거두나니"라며 더욱더 적나라하게 말씀하셨다. 아더 핑크는 이를 가리켜 '신적 보응의 원리(출 1:22, 14:28/민 16:2-3, 16:30/삿 1:6-7/왕상 21:19, 22:38/에 7:10/행 14:19)'라고 했다. 곧 야곱은 자신이 뿌린 대로 거두었던 것이다.

세월이 흐르며 야곱에게 자식들이 주어졌다. 야훼 하나님은 남편 야곱의 진정한 사랑을 받지 못하고 있던 레아에게 르우벤(보라 아들이라), 시므온(들으셨다), 레위(연합하리로다), 유다(여호와를 찬송하리로다)라는 4명의 아들을 연달아 주셨다. 31절은 이렇게 말씀하고 있다.

"여호와께서 레아에게 총이 없음을 보시고 그의 태를 여셨으나 라헬은 무자하였더라" -창 29:31

이곳 29장에는 흥미로운 4명의 인물이 등장하고 있다. 그중 레아와 라헬은 다음 장인 30장에서 좀 더 언급하기로 하고 여기서는 야곱과 라반에 대해 나누고자 한다.

지난날 야곱은 아버지 이삭과 형 에서를 속이고 이곳 하란으로 피신해 왔다. 밧단아람의 하란 땅에는 야곱보다 만만치 않은 속임수의 거장 라반이 있었다. 말하자면 야곱이 '복'이라면 사족을 못쓰는 사람이었다면 외삼촌 라반은 세상의 부귀영화에 사족을 못쓰는 사람이었다. 바로 그 라반에게 당대 '속임수의 대가(大家, great master maestro)'라고 여겨졌던 만만치 않은 야곱이 보기좋게 지난날의 '속임수의 대가(代價, price)'를 돌려받게 된 것이다. 일탈(逸脫, deviation)적 말장난(word play)을 해 보았다.

한편 레아와는 달리 자신이 진정으로 사랑했던 라헬은 무자(無子)하였다. 야곱으로서는 4명의 아들을 보며 벅찬 마음이 들었으나 무자한 라헬을 보면서는 다른 표정을 해야 하는 등 전혀 뜻밖의 야릇한 상황에 놓이게 되고야 말았다. 그러다 보니 라헬을 대할 때마다 행여 그가 마음이라도 다칠까 봐 숨을 죽이며 상당히 조심스러웠을 것만 같다.

사실 이 모든 것은 속임의 대가(代價, price)요 자업자득(自業自得, Self-do, self-have)이었다. 그리하여 그 결과는 암담했고 실상은 처절했다. 하나님의 공의는 "레아에게 총이 없음을 보시고" 그녀에게는 계속하여 아들을 주셨다. 결국 사랑을 받던 라헬은 무자했고, 총이 없던 라헬에게는 자녀를 주셨으니 언뜻 보면 공평한 것이었다.

이곳 29장을 통한 하나님의 메시지는 분명하다.

하나님은 세상적으로 보면 쓸모없고 볼품없는 '레아 같은' 우리를 돌아보시고 우리 각자에게 공의를 베푸심은 물론이요 동시에 무조건적인 사랑까지도 베푸시겠다는 당신의 의지를 분명하게 보여주신 것이다.

마치 돌 감람나무인 우리들을 참 감람나무에 접붙여 주셨듯이…….

농부이신 하나님이 포도나무이신 예수 그리스도를 통해 영 쓸모없던 곁 가지인 우리들을 붙여 주셨듯이…….

30장

괴짜의사 Dr. Araw의 쉽고 바르게 읽는 창세기 장편(掌篇) 강의
태초에 하나님이 천지를 창조하시니라 • 제1권 창세기의 파도타기(Surfing)

라헬-빌하, 레아-실바, 그리고 12남 1녀

외삼촌 라반의 집으로 피신했던 야곱은 그의 둘째 딸 라헬을 사랑하여 세월이 가는 줄도 모른 채 알콩달콩 지냈던 듯하다. 어쩌면 부모님과 고향에 대한 향수병을 대치하기 위해 라헬과의 사랑에 더욱더 빠져들었을 지도 모른다. 이른바 '죽음 같은 사랑'이었을 듯하다. 그 사랑이 해피엔딩으로, 야곱과 라헬은 많은 자식을 낳고 종국적으로는 거부가 되어 잘 먹고 잘 살았더라로 끝났으면 그냥 그럴 듯한 이야기가 될 뻔했다.

가만히 보면 모든 인생은 누구라고 할 것도 없이 모두가 다 그리 녹록치 않은 삶을 살아가는 듯 보인다. 그런 인생 가운데 야곱은 한층 더 심했던 듯하다. 그중 하나는 '속임의 달인' 야곱이 '속임의 거장' 라반에게 어둠이 짙게 깔린 첫날 밤의 '신부 바꿔치기'에 보기좋게 당한 것이다. 이런 상황을 야곱이 상상이나 했으랴……. 외삼촌이자 장인어른인 라반이 설

마 이러리라고는 생각지 못했을 것이다.

두근거림과 떨림 속에서 야곱은 첫날 밤을 보냈을 것이다. 청천벽력(靑天霹靂)은 그 다음날 동이 터 오를 시점에 있었다. 신부가 라헬이 아니라 레아였기 때문이다. 되돌아보면 지난 밤의 이상한 느낌이 그제서야 이해가 되었을런지 모르겠다.

야곱은 불같이 화를 내었으나 이미 엎질러진 물이었다. 라반은 그 지방의 풍속 등등 온갖 변명을 둘러대며 '속임의 거장'답게 절충안을 내어 놓았다. 그야말로 One+One으로 한꺼번에 두 딸을 처리한 것이다. 더하여 14년을 종으로 부릴 수도 있게 되었다.

세월이 흘러 상황은 점점 더 야곱의 바람과는 다르게 흘러갔다. 사랑하는 여인 라헬에게서는 아예 자식이 없었다. 반면에 레아로부터는 앞선 29장에서 언급했듯이 연거푸 아들 4명이 나왔는데 르우벤(보라 아들이라), 시므온(들으심), 레위(연합함), 유다(여호와를 찬송하라)이다. 하나같이 듬직한 자식들이었다. 그런 만큼 라헬을 대하는 야곱은 점점 더 조심스러웠을 것이다.

이곳 30장에 들어서자 라헬은 자주 야곱에게 신경질적인 반응을 한다. 소위 히스테리(Hysterie)이다.

"라헬이 자기가 야곱에게 아들을 낳지 못함을 보고 그 형을 투기하여 야곱에게 이르되 나로 자식을 낳게 하라 그렇지 아니하면 내가 죽겠노라" _창 30:1

이 지경에까지 이르면 모르긴 해도 야곱은 죽을 맛이었을 것이다. 참다 못한 야곱은 안타까움 반, 짜증 반으로 "그대로 성태치 못하게 하시는 이는 하나님이시니 내가 하나님을 대신하겠느냐"라고 소리치기도 했다. 그러나 라헬 또한 결코 만만한 여자가 아니었던 듯하다. 그리하여 자신의 여종 빌하를 통해 자신의 품에 아이를 안고자 하는 놀라운 계획을 실행하게 된다. 그렇게 두 아이가 태어났는데 단(억울함을 푸심)과 납달리(경쟁함)이다. 소위 언니 레아와 경쟁하여 억울함을 풀게 되었다라는 것이다.

　이번에는 이러한 일련의 사태를 지켜보고 있던, 그래도 비교적 온순하고 얌전한 줄 알았던 레아가 들고 일어났다. 그리고는 자신의 여종 실바를 통해 두 아이를 얻었다. 갓(복됨)과 아셀(기쁨) 이다. 소위 내 복은 네 복보다 크며 그렇기에 기쁨 또한 네 기쁨보다 크다라는 것이다. 숨가쁜 이상한(?) 경쟁이 시작된 것이다. 계속 그냥 두었더라면 라헬과 레아가 모든 여종들을 다 동원하지 않았을까 싶다.

　이 와중에 레아의 아들 르우벤이 들에 나갔다가 합환채(合歡菜, mandrake, 고대인들은 성욕 촉진, 수태력 증진 효능을 믿음)를 어미 레아에게 갖다 주었다. 이를 알았던 라헬은 언니의 합환채를 빼앗는 대신 그날 저녁 남편을 양보해주었다. 아이러니하게도 그렇게 두 아들과 딸이 또 레아를 통해 주어졌다. 잇사갈(값)과 스불론(거함), 그리고 외동딸 디나이다.

　라헬의 한숨은 날로 더해갔을 것 같다. 아마 미치고 팔짝 뛸 정도가 아니었을까…….

　하나님의 섭리와 경륜은 인간의 상식과 지식, 심지어는 상상까지도 훨씬 초월한다(사 55:8-9). 우리는 유한된 한 번 인생을 살아가며 라헬과 비슷한 유의 상황들을 자주 맞닥뜨리게 될 터인데 그러한 때 우리는 좌고우면

(左顧右眄) 할 필요가 전혀 없다. 성경을 통하여 역사적 사실을 잘 알고 있는 우리는 막다른 골목에 들어서면 앞뒤 가리지 않고 얼른 무릎을 꿇고 기도하며 부르짖어야(렘 33:2-3) 한다. 그렇게 한나는 사무엘을 얻었다. 나 또한 그렇게 지금까지 삶을 이어왔다.

그러나 라헬은 기도하는 대신에 깊은 한숨을 이어갔다. 아마 그냥 두면 그녀의 인생은 그대로 가라앉을 수도 있었을 것이다. 그러자 이번에는 하나님께서 그런 라헬을 권념(창 8:1)하셔서 그의 생각과 소원을 들으셨다. 그리하여 야훼 하나님은 태를 여셔서 요셉(더함)을 주셨던 것이다.

이후 35장 16-17절에 이르러서는 비록 난산이기는 하였지만 요셉의 동생 베냐민(오른손(힘, 행복, 총애)의 아들/베노니, 슬픔의 아들)을 허락하셨다. 대신에 안타깝게도 라헬의 생명은 거두어 가셨다. '베냐민'은 그 이름 뜻 그대로 '슬픔의 아들'이 되고 말았다. 이후 라헬은 레아(창 49:31)와는 달리 열조의 묘에 들어가지 못하고 에브랏 곧 베들레헴 길에 장사되고 만다(창 35:19).

창세기 29-30장을 되돌아보면 야곱은 4명의 여자로 인해 12남 1녀가 주어지는데 아마도 매일 매일의 삶이 무척이나 고달팠을 것 같다.

한편 이를 통하여 성경은 도대체 무엇을 말하려는 것일까?

하나님의 예정과 작정, 섭리와 경륜은 야곱과 4명의 여인들을 통해 하나님의 택한 백성, 곧 선민으로 이스라엘의 12지파가 되게 하셨고 종국적으로는 예수 그리스도 새 언약의 성취를 이루셨다. 이후 예수님의 재림으로 완성을 이루실 것이다. 결국 아담 언약(3:15), 노아 언약(2중 언약, 홍수 전 언약, 방주 언약-6장, 홍수 후 언약, 무지개 언약-9장), 아브라함 언약(3중 언약, 정식 언약-12

장, 횃불 언약-15장, 할례 언약-17장)을 지키시며 이후 야곱을 통해 그리고 요셉을 통해 모세 언약(소금 언약)과 다윗 언약(등불 언약)을 이어 가셨다. 그리고 종국적으로는 유다의 후손을 통해 예수 그리스도의 새 언약이 성취되었고, 장차 예수님의 재림을 통해 완성으로 맺으실 것이다.

더하여 12아들을 통한 12지파의 이름에 들어있는 상징적 의미와 연장자 순서에 담긴 의미, 그리고 각각의 아들들에게 특정 이름이 주어지게 된 이유를 아더 핑크의 〈창세기 강해〉를 참고[101]로 나의 개념으로 바꾸어 표를 만들어 정리하고자 한다.

---

101 〈창세기 강해〉, 아더 핑크/정충하 옮김, 크리스천 다이제스트, 2016, p276-284

12 아들	이름	상징적 & 예언적 의미, 언급된 순서 ; 죄인이 은혜로 구원받는 과정	특정이름이 주어지게 된 이유	특별한 의미	어머니 그룹 별로 나눈 의미
		역사의 주관자 하나님의 주권(롬 11:36)=신적 영감(靈感)			
첫째	르우벤 -보라 아들이라	하나님의 어린 양을 보라	여호와께서 나의 괴로움을 돌보셨으니(29:32)	출 2:25, 3:7 돌보시고 들으셨다 ->레아의 말= 야훼께서 모세에게	레아 ; 애굽과 애굽 사람들로부터 이스라엘의 구원
둘째	시므온 -들음	믿음-들음-말씀 복음영접-구원	여호와께서 내가 사랑받지 못함을 들으셨으므로 (29:33)		
셋째	레위 -연합	Union with Christ	내 남편이 지금부터 나와 연합하리로다(29:34)	출애굽 전날 밤(유월절 밤)에 야훼께서 백성들과 연합 (렘31:31-32)	
넷째	유다 -찬송	찬양과 경배	내가 이제는 여호와를 찬송하리로다(29:35)	홍해도하-구원, 승리의 노래(출 15:11, 시 106:11-12)	
다섯째	단 -판단	죄에 대해 죽고 의에 대해 산 자	하나님이 나를 판단하시려고(God hath judged me, 창 30:6)	광야에서의 불평, 불만	라헬-빌하 ; 광야에서의 그들의 경험
여섯째	납달리 -씨름	기도에 목숨을 걸다	내가 언니와 크게 경쟁하여 이겼다(30:8)	므리바, 맛사->아말렉과의 싸움, 씨름(출 17:11)	
일곱째	갓 -군대 혹은 무리	코이노니아	한 무리가 오도다(a troop comes. 창 30:11)	가나안 입성 시 가나안 7족 속이 대적하러 옴	레아-실바 ; 이스라엘이 가나안을 점령하고 향유할 것
여덟째	아셀 -행복	코이노니아의 결과 행복	기쁘도다(30:13)	대적 가나안을 물리쳤을 때의 기쁨	
아홉째	잇사갈 -값	섬김	하나님이 내게 그 값을 주셨다(30:18)	아름다운 땅 가나안을 주셨다	레아 ; 이스라엘이 가나안을 점령하고 향유할 것
열째	스불론 -거함 (dwelling)	In Christ	하나님이 내게 후한 선물을 부셨다(30:20)		
열한째	요셉 -더함 (adding)	하나님이 주실 복= 미래형 하나님나라에의 입성과 영생	여호와께서 다시 다른 아들을 내게 더하시기를 원하노라(30:24)	한 왕(다윗)-다른 아들(솔로몬) 통일 이스라엘 왕국 완성= 열망의 실현	라헬 ; 통일왕국 다윗과 솔로몬시대에로의 연결
열두째	베냐민 -나의 오른 손의 아들	하나님의 독생자 예수 그리스도	베노니(슬픔의 아들)-> 베냐민(나의 오른손의 아들, 35:18)	솔로몬 통치의 양면성(이스라엘 왕국의 최고 영광과 존귀->이스라엘의 슬픈 타락과 쇠퇴)	

이후 제법 대가족을 이루게 된 야곱은 삼촌 라반에게 경제적, 사회적 독립을 요구하게 된다. 이때 '속임의 명수' 야곱이 '속임의 거장' 라반을 약간 속인다. 가만히 보면 끊임없이 서로를 속고 속이는 싸움의 연속이다. 당시 야곱은 아롱진 양, 점 있는 양, 검은 양과 점 있는 염소, 아롱진 염소를 달라고 했다.

과학(유전)적으로 보면 흰 양과 검은 염소가 우성이다. 결국 야곱은 인간적으로 보기에 열성을 택하였고 소수를 택했다. 이를 바라보는 '잔머리의 거장' 라반은 속으로 쾌재를 불렀을 것이다. 그렇게 딜(deal, 거래, 합의)은 이루어졌고 이후 야곱은 고대근동의 전형적인 미신법까지 동원해가며 처절한 노력을 하게 된다(창 30:37-42). 이런 야곱의 태도나 라반의 모습은 둘 다 결코 바른 신앙적인 모습은 아니었다.

하나님의 작정은 이후 인간의 상식과는 다르게 당신의 방법으로 역사를 이끌어 가신다. 그렇게 역사의 주관자 하나님은 당신의 섭리와 경륜을 이어가심으로 야곱은 점점 더 거부가 된다(창 30:43).

그러나 인생은 그렇게 인간의 뜻대로 끝나지 않게 되는데 바로 돌발변수가 되는 걸림돌이다. 그 '걸림돌'은 다름이 아니라 다가오게 될 귀향길의 복병 '에서'이다.

31장

괴짜의사 Dr. Araw의 쉽고 바르게 읽는 창세기 장편(掌篇) 강의
태초에 하나님이 천지를 창조하시니라 • 제1권 창세기의 파도타기(Surfing)

벧엘 하나님의 약속, 그리고 드라빔

앞선 창세기 30장에서는 야곱이 외삼촌 라반과의 계약에서 독특하게 자신의 몫(품삯)을 정했던 장면을 볼 수 있었다. 그 계약은 과학적(유전적)으로만 본다면 야곱이 훨씬 불리했다. 그는 특정한 양(점, 아롱진 것, 검은 것)과 특정한 염소(점, 아롱진 것)만을 자기 몫으로 정했다. 그러자 라반은 '얼씨구나'라며 속으로 쾌재를 불렀다. 혹여 다른 말이라도 나올세라 얼른 야곱의 제안을 수락했다.

이후 야곱의 수단과 방법을 가리지 않았던 '그 노력'은 가히 쌍둥이 형의 발꿈치를 잡았던(창 25:26) '그 출생' 때와 그리 다를 바 없었다. 또한 아비 이삭과 형 에서를 속이고 '복(장자권)'을 탈취할 때(창 27장)의 '그 상황'과도 흡사했다.

그는 튼실한 양이 새끼를 밸 때에는 버드나무(포플라, Poplar), 살구나무(Almond), 신풍나무(Platanus)의 푸른 가지를 취하여 그것들의 껍질을 벗겨

흰 무늬를 내어 개천에다가 양떼의 눈 앞에 두었다. 고대 근동의 전형적인 미신 방법이었다. 이런 태도에서 우리는 야곱의 부를 향한 집착을 쉽게 볼 수 있다. 과정이야 어떠했든 간에 태어난 야곱의 양떼들은 튼실했다. 점점 더 그 숫자도 늘어갔다.

그러자 이곳 31장에서는 라반의 아들들이 야곱을 힐난하기 시작한다. 그 결과 라반의 안색도 변하기 시작했다. 이러한 상황에서 야훼 하나님은 야곱에게 "네 조상의 땅 네 족속에게로 돌아가라 내가 너와 함께 있으리라 하신지라(창 31:3)"고 말씀하셨다. 그분은 지난날의 그 돌기둥 곧 벧엘에 나타나셨던 "벧엘 하나님(31:13, 28:15)"이셨다. 신실하신 하나님은 지난날 아버지 이삭의 집을 떠나올 때 벧엘의 돌기둥에 기름을 붓고 서원했던 야곱의 '그 기도'를 기억(זָכַר, v, 자카르, 창 8:1, 권념)하셨던 것이다.

야곱은 날을 정하여 자신의 아내인 라헬과 레아를 자기가 양을 돌보던 들판으로 호출했다. 그리고는 장인 라반이 자신에게 행했던 지난날의 불공평과 불공정, 그리고 속임수들을 조심스럽게 하나씩 털어놓았다. 동시에 그렇게 자신을 속였다 할지라도 하나님께서 그 모든 일에 개입하셔서 (31:7, 9, 11) 지금까지 오게 하셨노라고 말했다. 말미에 그 하나님이 바로 '벧엘의 하나님'이라고 밝히며 그분께서 "지금 일어나 이곳을 떠나 네 출생지로 돌아가라(31:13)"고 하셨다고 말했다.

자초지종(自初至終)을 듣고 난 두 아내는 남편 야곱의 모든 생각에 동의하고 일을 감행했다. 문제는 라헬의 처사에 있었는데 아버지의 드라빔을 훔쳤던 것이다. 가만히 보면 이 여인의 욕심은 자신의 남편 야곱의 욕심을 능가할 정도로 놀랍다. 왜냐하면 당시 '드라빔(תְּרָפִים, nm, (a kind of idol) perhaps household idol)'은 가정의 수호신이기도 했지만 재산의 상속권을 의미하기도 했기 때문이다.

참고로 '드라빔(가족신, family gods)'이란 단어에는 '묻다(שׁאל)'를 의미하는 수리아어의 어근이 있는데 이를 유추해 보면 왜 라헬이 훔쳤는지를 대충 짐작할 수 있다. 아마도 라헬은 자식 출산 문제에 있어 상처[102](A & B Trauma)가 있었던 듯하다.

한편 학자들 중에는 드라빔(teraphim)을 그룹(cherubim)이 변조된 것일 수도 있다는 의견[103]도 조심스럽게 내놓고 있다. 성경(삿 17:5, 18:5, 8-20, 삼상 19:13, 왕하 23:24, 겔 21:21, 26, 슥 10:2)은 드라빔이 신탁(神託, 신의 말씀, oracle)을 묻기 위한 용도로 사용되었음을 폭로하고 있다.

한편 일종의 변형된 '드라빔'을 쫒는 작태는 오늘의 한국교회 또한 만만치 않다. 이 말인즉 일부 한국교회가 아직도 '오직 말씀(Sola Scriptura)', '오직 은혜(Sola Gratia)', '오직 믿음(Sola Fide)', '오직 예수(Solus Christus)', '오직 성령(Solus Spiritus)', '오직 성삼위하나님께만 영광(Soli Deo Gloria)'이라는 '6 Sola'보다는 가시적이고 초현실적인 기적을 쫒아간다라는 것이다. 심지어는 점쟁이나 환상 등등 신비한 것들을 쫒아다니는, '드라빔'을 추구했던 라헬과 동일한 '그 길'을 걸어가고 있다는 것이 못내 슬프다.

---

102 상처(Trauma)에는 A형과 B형이 있다. A(Absence)형은 충분히 받아야(사랑, 보호 등등) 함에도 불구하고 받지 못하여 생긴 상처를 말하며 B(Bad)형은 받지 말아야 함에도 불구하고 받게 된 상처를 말한다. 전자의 경우 우울증으로 인해 종국적으로 자살에 이르게 되기 쉽고 후자의 경우 분노가 폭발되기 쉽다.

103 <창세기 강해>, 아더 핑크/정충하옮김, 크리스천 다이제스트, 2016, p289-291

3일이 지나서야 '야곱과 그의 가족들이 떠났다'는 소식이 라반의 귀에 들어갔다. 이에 라반은 곧장 사람들을 모아 7일 길을 쫓아가 야곱이 장막을 치고 있는 길르앗 산에 도달했다. 무서울 정도로 정확하신 하나님의 개입은 야곱이 머물고 있던 곳에 도착하기 전날 밤에 라반으로 하여금 꿈을 꾸게 한 것이다(창 31:24).

　"밤에 하나님이 아람 사람 라반에게 현몽하여 가라사대 너는 삼가 야곱에게 선악간 말하지 말라 하셨더라" 창 31:24

　야곱을 만난 라반은 지난 밤의 꿈을 생각하며 끓어오르는 분노를 감추고는 "너를 해할 만한 능력이 내 손에 있으나 너희 아버지 하나님이 어제 밤에 말씀하시기를 너는 삼가 야곱에게 선악간 말하지 말라(창 31:29)"고 하셨기에 그냥 넘기기로 했다라고 말했다.

　아마 분을 참느라고 얼굴이 붉으락푸르락(turn alternately pale & red)했을 듯하다.

　그러면서 핑계를 대는데, "네가 네 아비 집을 사모하여 돌아가려는 것은 가하거니와 어찌 내 신을 도적질하였느냐(31:30)"라며 전혀 엉뚱한 질책을 했다. 한편 라반의 그 말은 사실이기도 했다.

　자초지종(自初至終)을 전혀 몰랐던 야곱(31:32)은 질세라 라반에게 대들듯이 말했다. 그러면서 만약 드라빔을 찾으면 그 신(神)과 함께 그의 생사여탈권도 라반의 것이 될 것이라고 했다.

　하마터면 큰일 날뻔했다. 설마 라헬일 줄이야…….

　우리는 이곳에서 유유상종(類類相從)의 인간 군상들을 보게 된다. '속임의 명수' 야곱의 부인이었던 라헬 또한 만만치 않은 '속임의 달인'이었기 때문이다. 가만히 보면 라헬은 '속임의 거장' 라반보다도 한 수 위였다. '라헬, 라반, 야곱' 셋 다 만만치 않은 인물로서 '속임의 명장들'인 바 곧 오늘 우리들의 모습이기도 하다.

그러고 보면 사실상 첫날 밤에 라헬인 척했던 레아 또한 오십보백보로 보이기도 한다. 정말 '끼리끼리' 다 모인 것이다.

한편 라반이 끝끝내 드라빔을 찾지 못하자 야곱은 그를 향해 노하며 책망을 했다. 그리고는 지난날 가슴 속에 담아 두었던 응어리들을 폭포같이 쏟아놓았다(31:36-42). 이후 그곳에 돌기둥을 세워 쌍방 언약으로 '증거의 무더기(witness-pile, a memorial of stones East of the Jordan River)'를 쌓게 된다. 이를 가리켜 아람 방언으로 "여갈(רְגַ)사하두다(אֲתוּדְהָ שַׂ), (Aramaic) from an unused word and one corresponding to sahed, nm, שְׂהַד, witness)"라 하고 히브리 방언으로 "갈르엣(גַּלְעֵד)"이라 칭하였다. 또 다른 말로 "미스바(מִצְפָּה, '망대', from tsaphah, צָפָה, v, to look out or about, spy, keep watch)"라고 칭했다.

	증거의 무더기(witness-pile, a memorial of stones East of the Jordan River)
1)아람방언	여갈(רְגַ)사하두다(אֲתוּדְהָ שַׂ), (Aramaic) from an unused word and one corresponding to sahed, nm, שְׂהַד, witness)
2)히브리방언	갈르엣(גַּלְעֵד)
3)다른 명칭	미스바(מִצְפָּה, '망대', from tsaphah, צָפָה, v, to look out or about, spy, keep watch)

가만히 보면 라반은 이교도어인 갈대아어를(여갈사하두다), 반면에 야곱은 히브리어를 사용하고 있는 것을 볼 수 있다. 이 말인즉 그들의 언어로 보아 라반은 불경건한 우상숭배자를 상징하며 야곱은 하나님의 백성을 상징하고 있음을 알 수 있다.

결국 하나님의 의도는 여기에 있었던 것이다.

"벧엘의 하나님"과 "드라빔"

당신은 어느 것을 선택하고 따를 것인가?

벧엘의 하나님	드라빔
야곱 벧엘로 올라가자(35:3)	라반 바벨론의 우상숭배와 연결
비가시적, 영적 하나님의 섭리와 경륜, 작정과 예정	가시적, 현실적 기적을 따라감
진실됨	거짓됨
전능함	초라함

상기의 두 가지는 아무리 보아도 전혀 어울리지 않는 조합이다. 진실됨과 거짓, 전능함과 초라함의 대조가 오히려 애처롭다.

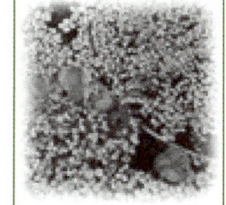

문제는 많은 경우 비가시적(벧엘의 하나님)이냐 가시적(드라빔)이냐의 현실적인 문제가 제한된 인간들에게는 매번 더 크게 다가온다라

는 점이다. 예나 지금이나 죄 많은, 연약한 인간들에게는 면면히 흘러가는 하나님의 섭리와 경륜보다는 눈 앞의 이익을 위해 동분서주(東奔西走)하는 것이 보편적인 양상이다.

참고로 '라반'의 경우 종교혼합주의자(창 31:53)로서 발람(아람 출신, 곧 밧단아람)이 그의 자손일 가능성(민 23:7, 라반의 아들인 브올의 아들, 곧 라반의 손자)을 제기하는 학자[104]도 있다. 아무튼 라반은 스바냐 선지자(습 1:5)가 일갈했던 "여호와께 맹세하면서 말감을 가리켜 맹세하는 자들"과 같은 부류인 것은 확실해 보인다.

---

[104] <창세기 강해>, 아더 핑크/정충하옮김, 크리스천 다이제스트, 2016, p290-291

32장

괴짜의사 Dr. Araw의 쉽고 바르게 읽는 창세기 장편(掌篇) 강의
태초에 하나님이 천지를 창조하시니라 • 제1권 창세기의 파도타기(Surfing)

마하나임, 얍복강, 그리고 야곱이 이스라엘로

미스바를 떠난 야곱은 고향 땅을 향해 계속하여 길을 진행해 나갔다. 노정(路程, itinerary)에서 그는 하나님의 군대(출 12:17, 수 5:14-15, מַחֲנָיִם) 곧 마하나임("two camps", a place East of the Jordan)을 만나게 되었다. 그들은 "하나님(אֱלֹהִים, of God)의 사자들(מַלְאֲכֵי, the angels)"이었다.

'하나님의 사자'에 해당하는 히브리어는 마하네흐(מַחֲנֶה, nm, army)이며 '하나님의 군대'에 해당하는 히브리어는 마하나임(출 12:17, 수 5:14-15, מַחֲנָיִם)이다. 상기 히브리 두 단어 마하나임(מַחֲנָיִם)과 마하네흐(מַחֲנֶה)의 처음과 끝 알파벳 글자를 떼어내면 두개의 알파벳이 남는다. 곧 헨(חֵן, nm, favor, grace)으로서 '하나님의 은혜'라는 의미이다. 결국 야곱이 노정에서 하나님의 군대를 만났다는 것은 이제 후로 야곱은 '그 인생의 전(全)과정 동안 하나님의 은혜 가운데 있게 된다'라는 뜻이 내재되어 있다.

또한 마하나임("two camps", a place East of the Jordan)은 쌍수(雙數)로서 하나님의 군대의 두(연합, 결합, 증인) 무리(사단, group)를 가리키는데 한 무리는 '하나님의 군대'이고 다른 한 무리는 '하나님의 백성(출 12:17, 수 5:14-15)'을 상징하고 있다.

이를 종합하면 신실하신 하나님(혹 하나님의 군대)은 귀향길에 있던 야곱(하나님의 백성)에게 지금까지와 마찬가지로 앞으로도 영원히 함께할 것(창 28:15, 마 28:20)을 약속하신 것으로 '야곱의 인생 전(全)과정은 하나님의 은혜 가운데 있게 될'것을 보여주신 것이다.

그럼에도 불구하고 32장 1-2절에는 '하나님의 군대(마하나임)'인 '하나님의 사자들(마하네흐)'을 바라보는 야곱의 태도는 이상하리만치 무심해 보인다. 야곱은 마치 그들을 경시하기라도 하듯 그냥 아무렇지도 않게 지나쳐 버리는 듯하다.

"야곱이 그들을 볼 때에 이르기를 이는 하나님의 군대라 하고 그 땅 이름을 마하나임이라 하였더라"_창 32:3

지난날 급박했던 시절에는 벧엘에서의 돌기둥을 그렇게나 붙들며 난리를 쳤었던 야곱이었다. 그러나 지금 하나님의 군대를 만난 자리에서 야곱의 태도는 '그냥 그렇더라'고만 기록된 내용으로 비투어 짐작하건대 너무 느긋해 보인다. 모르긴 해도 아마 지난날은 혼자였으니 절박했고 지금은 대가족을 거느린 가장이기에 그만큼 느긋해진 것은 아닐까?

필자의 경우 이 두 구절(창 32:1-2)이 뜬금없이 들어간 이유를 선명하게 파악할 수가 없어 처음에는 당황스러웠다. 결국 하나님의 군대가 야곱을 만나주기는 하였으나 야곱에게는 그다지 실제적 현실적으로 크게 '힘

(power)'으로 다가오지 않았던 듯하다. 모르긴 해도 야곱은 창세기 4장 16-17절의 가인이 아들을 낳고 그 이름을 에녹(내 운명은 내가 지킨다)이라고 했던 것처럼 '자신의 운명은 자신이 지킬 것'이라며 하나님의 군대를 자신으로부터 밀어낸 것이 아닐까 생각된다. 물론 이러한 생각은 그 다음 장인 32-33장에서 형 에서에 대한 두려움이 몰려올 때 산산조각이 나 버리기는 하지만…….

이후 3절부터 8절까지에서는 형 에서의 소식을 들은 야곱이 하나님의 지혜(레브 쇼메아)를 구하기 보다는 지독한 잔꾀 곧 인간적인 잔머리를 빠르게 굴리는 것을 보여주고 있다. 그리고 나서 9-12절까지에서는 태도를 바꾸어 하나님의 약속을 상기시키며 아브라함의 하나님, 이삭의 하나님께 간절하게 간구하고 있는 장면을 보여주고 있다. 그래도 불안했던지 13-20절까지에는 다시 인간적인 잔꾀를 내는 야곱을 보여준다.

이후 얍복강을 건넜다. 그러자 야곱은 더 이상 진행하지 않고 멈추어 버린다.

그날 밤, 날이 새도록 어떤 사람(하나님의 현현)과 씨름을 했다. 하나님께서 먼저 싸움을 걸어오신 것이다. 이는 '하나님이 먼저 찾아오셨다'라는 상징적 의미이다. 싸움에 있어서 당연히 야곱은 하나님의 상대가 될 리가 만무하다.

이때 야곱은 상대와 씨름을 할 것이 아니라 그 하나님께 잘못했노라고 기도하며 울부짖고 매달렸어야 했다. 그러나 야곱은 '자신의 운명은 자신이 지킨다'라는 일념으로 죽기 살기로 싸웠다. 곧 하나님의 주권에 순복하기 보다는 죽기 살기로 대들며 자신의 뜻과 의지를 굽히려 하지 않았던 것이다. 날이 새어갈 때 그 사람이 야곱을 이기지 못함(열정과 고집)을 보고 야곱의 환도뼈(hip joint)를 쳐서 위골(dislocation)되게 하셨다. 이는 하나님이 야곱을 이기지 못한 것이 아니라 야곱이 자신의 고집을 끝까지 꺾지 않으려 하자 그 고집을 하나님 편에서 꺾어버렸다라는 의미이다.

그런 후 하나님은 그곳을 떠나려 했다. 이때 야곱은 자신을 축복하지 않으면 갈 수 없다며 매어 달렸다. 이른바 "매어 달리는 신앙"이다. 나는 이 부분에서 야곱이 최고의 기회를 잡았다라고 생각한다. 에스겔 36장 37절의 말씀이 아른거린다.

"나 주 여호와가 말하노라 그래도 이스라엘 족속이 이와 같이 자기들에게 이루어 주기를 내게 구하여야 할찌라 내가 그들의 인수로 양떼 같이 많아지게 하되" _겔 36:37

특별히 이 부분에서 나는 데자뷔(déjà vu, 기시감(旣視感), already seen)를 많이 느끼게 된다. 지난날부터 지금까지 필자의 경우 실수와 허물이 너무나 많다 보니 줄기차게 하나님께 매어 달릴 수밖에 없었다. 많은 부분에서 '누구처럼' 나의 뜻과 의지를 관철시키려 했다. 그때마다 좋으신 하나님은 기다려 주셨고 '하나님의 군대(마하나임)'로 동행해 주셨을 뿐만 아니라 '하나님의 사자들(마하네흐)'로 지켜 주셨다. 간혹 환도

뼈를 치시기도 했다. 그때마다 아프고 또 아팠다. 많은 날 동안 절고 다녔다. 그만큼 더 많은 땀과 눈물을 쏟아야 소기의 결과가 나오곤 했다. 그러나 필자는 끝까지 하나님을 놓지 않았다.

그리하여 '이스라엘'이 되었고 여기까지 왔다. 창세기를 함께 쓰게 된 공저자들을 포함하여 많은 귀한 멘티들을 얻기도 했다. 그런 나는 성경교사, 청년사역자, 의료선교사이다. 나의 나 된 것은 오직 하나님의 은혜(חֵן, nm, favor, grace)이다.

"오직 은혜(Sola Gratia)"

물론 가끔은 나하흐의 하나님, 에트의 하나님, 할라크의 하나님에 대해 자메뷰(jamais vu, 미시감(未視感))를 느낄 때가 있어 당황스러울 때도 있다. 있다. 참고로 창세기 24장 2절 아브라함의 '환도뼈'는 남성의 생식기를, 야곱의 환도뼈는 Hip joint를 의미한다. 전자의 경우 Luther는 번성의 상징으로 후손에 이르기까지의 충성맹세를, Jonathan은 하나님의 언약의 징표로 엄숙한 서약을, Calvin은 권위의 상징으로 하나님의 주권에 대한 철저한 복종을 의미한다고 했다(연대기 성경 참조).

33장

괴짜의사 Dr. Araw의 쉽고 바르게 읽는 창세기 장편(掌篇) 강의
태초에 하나님이 천지를 창조하시니라 • 제1권 창세기의 파도타기(Surfing)

고관절 탈구(할례), 야곱과 에서의 만남, 엘 엘로헤 이스라엘

얍복강에서 하나님의 사자를 만난 후 '이스라엘(יִשְׂרָאֵל, 이제 후로 나 엘로힘이 네 인생을 통치할 것이다, Ruler)'이 된 야곱은 영적으로나 육적으로나 하나님 없이는 아예 살 수 없는 사람이 되어버렸다. 물론 완벽하지는 않았지만…….

그는 평생을 고관절 탈구의 후유증[105]으로 엄청난 고통 속에서 지내야만 했다. 그렇기에 하루에도 수천 번은 하늘을 향해 울부짖으며 기도했을 것 같다. 차라리 죽여달라고 조르고 또 졸랐을 것이다.

정형외과 의사인 필자는 40여 년의 의사생활을 하면서 고관절 탈구(Hip joint dislocation)를 무수히 치료해왔다. 일단 고관절이 탈구되면 너무 아파

---

[105] 아마도 무혈성 괴사(Avascular Necrosis, AVN)나 외상성 관절염과 함께 노년에 퇴행성 관절염이 겹쳐 발걸음을 뗄 때마다 엄청난 고통으로 인해 무척이나 고생했을 것 같다. 그렇기에 야곱은 애굽왕 바로에게 창세기 47장 9절의 대답을 했을 것 같다.

서 정신이 나갈 정도이다. 게다가 탈구된 고관절을 다시 제자리로 맞추기까지(정복, reduction)의 그 고통은 가히 말로 표현할 수가 없다. 더 나아가 탈구 후 외상의 후유증으로 인해 고관절의 대퇴골 두(Femur head)로 가는 혈행(blood supply)이 불충분해져서 무혈성 괴사(avasculat necrosis)나 관절염(traumatic arthritis)이 빈발해진다. 만약 그런 후유증이 가중되었다면 여생을 훨씬 더 지독한 고통 속에서 살아야만 했을 것이다. 정말 힘들었을 것 같다.

한편 야곱의 이런 상태(고통으로 일그러진 얼굴과 함께 절룩거림)는 형 에서를 만날 때 종국적으로 새옹지마(塞翁之馬)로 작용(측은지심(惻隱之心)때문에)했을지도 모르겠다.

아무튼 야곱은 한시라도 하나님이 보살펴 주지 않으면 죽을 것 같은 고통 속에서 지냈을 것이다. 그렇기에 매사 매 순간 긴장의 끈을 놓지 않았을 것 같다. 이는 고린도후서 12장 7-10절 말씀인 "내 능력이 약한데서 온전하여짐이라~내가 약할 그 때에 곧 강함이니라"는 바울의 고백과 상통하고 있다.

아무튼 고통의 나날을 보내야만 했던 야곱은 창세기 47장 9절에서 이렇게 고백하게 된다.

"야곱이 바로에게 고하되 내 나그네 길의 세월이 일백 삼십년이니이다. 나의 연세가 얼마 못되니 우리 조상의 나그네 길의 세월에 미치지 못하나 험악한 세월을 보내었나이다 하고" _창 47:9

정말 '험악한 세월'이었을 것이다. 필자의 경우 정형외과 의사로서, 성경교사로서 이 구절의 이해는 정말 남다르게 다가온다.

이후 야곱은 400인을 몰고(거느리고) 오는 형 에서를 만나게 된다. 잠시 그 당시의 상황 속으로 들어가 보면 야곱의 경우 고관절 탈구로 인한 심한 고통 때문에 내적인 괴로움이 극심했을 것이다. 그러다 보니 처음에 가졌던, 형 에서에 대한 두려움은 육신적 고통으로 인해 상대적으로 많이 줄었을 것 같다. 어쩌면 자신이 갖고 있는 고통이 너무 심하다 보니 차라리 죽으면 죽으리라는 심정이었을 수도 있겠다. 여기까지는 정형외과 의사로서의 인간적인, 전문 지식적인 견해이다.

이와는 달리 성경교사로서 명확한 성경적 관점으로 해석을 한다면 다음과 같다. 얍복강에서 하나님의 사자를 만난 후 야곱은 '일종의 할례(고관절 탈구를 상징적으로 빗댄 것)'를 통해 이미 자신의 옛 사람은 죽은 상태였다. 또한 야곱에서 이스라엘로 개명된 후에는 그래도 조금은 든든한 뒷배가 생기게 되었을 것이다. 이를 통해 고향으로 돌아가는 길에 지난날의 응어리를 품고 달려들 에서를 만난다 할지라도 조금은 안심되었을 것 같다. 또한 창세기 28장 15절, 31장 3절의 말씀도 붙들었을 것이다.

"내가 너와 함께 있어 네가 어디로 가든지 너를 지키며 너를 이끌어 이 땅으로 돌아오게 할찌라 내가 네게 허락한 것을 다 이루기까지 너를 떠나지 아니하리라 하신지라"_창 28:15

"여호와께서 야곱에게 이르시되 네 조상의 땅 네 족속에게로 돌아가라 내가 너와 함께 있으리라 하신지라"_창 31:3

그러나 그의 신앙은 여기까지인 듯하다. 왜냐하면 야곱의 한계와 조바심은 인간적인 잔꾀를 끝까지 놓지 못했기 때문이다. 그는 하나님을 신뢰하기 보다 형 에서의 마음을 조금이라도 더 누그러뜨리기 위해 예물 곧 뇌물을 준비했다. 그리하여 예물과 더불어 떼(무리들)를 나누고 가나안 풍습에 따른 주종관계를 의미하는 절을 일곱 번이나 했다. 더 나아가 형의 얼굴이 하나님의 얼굴이라고 하며 온갖 아첨을 떨었다.

잠시 장면을 바꾸어 형 에서의 편에서 스토리를 이어가자. 에서 또한 이런 야곱의 전반적인 태도가 싫지는 않았던 듯하다. 더 나아가 지난날의 약삭빠르고 얄밉던 야곱의 모습은 온데간데없는 데다가 오히려 동생이 고통 속에 절뚝거리고 있는 모습을 보게 되자 측은지심(惻隱之心)마저 들었을 것 같다.

지금으로부터 약 4,000년 전인 당시에는 장애(障礙, disability, impairment)를 가진다는 것이 약자 중의 약자를 의미했기에 자신에게 큰 위협이 될 것 같지도 않았을 것이다. 그렇기에 창세기 33장 4절에는 "에서가 달려와서 그를 맞아서 안고 목을 어긋맞기고 그와 입맞추고 피차 우니라"고 되어 있다.

아무튼 에서의 본심은 다 알 수 없으나 동생에 대한 보호본능(protective instinct)이 있었던 탓인지 함께 세일로 가자고 했다. 그러나 야곱의 편에서는 이때까지도 긴장의 끈을 놓지 않은 듯하다. 왜냐하면 8-11절에서 야곱의 이중적 태도를 관찰할 수 있기 때문이다.

"~내 주께 은혜를 입으려 함이니이다~형님께 은혜를 입었사오면~하나님이 은혜를 베푸셨고"

결국 야곱은 '형의 은혜가 너무나 고맙고 내겐 소중하지만'이라고 전제하면서 정중하게 형의 제안을 거절했다. 그러면서 형에게 일침을 가하는 것도 잊지 않았다. 무엇보다도 '나는 하나님의 은혜를 입고 있는 사람'이라는 것을 드러내며 그렇기에 형이라도 나를 건들면 안 된다라는 암시까지 주고 있었던 것이다.

이후 야곱은 세일이 아닌 가나안 땅 세겜으로 그 방향을 틀어 버린다. 끝까지 형 에서의 진심을 신뢰하지 못하고 반신반의(半信半疑)하는 야곱의 태도는 오늘을 그렇게 살아가고 있는 바로 우리들의 모습이기도 하다.

결국 야곱은 세겜 성에 이르러 세겜의 아비 하몰의 아들들의 밭을 사게 된다. 그리고는 "단"을 쌓고 그 이름을 "엘엘로헤이스라엘이라" 하였다.

"엘(אֵל) 엘로헤(אֱלֹהֵי) 이스라엘(יִשְׂרָאֵל)"

언제나 도와주시는 하나님.

필요한 것을 허락하시는 하나님.

놀랍게도 이 말 속에는 하나님에 대한 진정한 주권 인정을 찾아보기가 힘들다. 더 나아가 자신의 삶에 대한 거룩함에로의 몸부림에 대한 결단이 없다. 참으로 놀랍고 기이한 일이다.

그리고 보면 야곱은 지난날부터 지금까지도 '자기 자신', 곧 '나'에게만 관심이 있다. 그런 그의 '적나라함'은 창세기 34장 30절의 "내게, 나로, 나는, 나를, 나를, 나와, 내 집이"라는 일곱 번의 반복된 '나'라는 단어에서 여실히 드러나버린다.

모든 것이 '나 중심'일 뿐이다. 그것도 일곱 번이나 반복하여…….

34장

괴짜의사 Dr. Araw의 쉽고 바르게 읽는 창세기 장편(掌篇) 강의
태초에 하나님이 천지를 창조하시니라 • 제1권 창세기의 파도타기(Surfing)

디나의 호기심, 시므온과 레위의 세겜
(하몰의 아들들) 노략질과 살인

세겜에 머물게 된 야곱과 그의 가족들은 서둘러 장막을 치고 그곳에 정착을 하기 위해 분주한 일상을 보낸 듯하다. 당시 야곱에게는 마지막 12번째 아들인 베냐민(창 35:19, 베노니)을 제외(아직 태어나지 않음)하고 11명의 아들과 외동딸 디나가 있었다.

모든 환경이 낯선 가운데 야곱의 딸 디나의 호기심은 점점 더 커져만 갔다. 제법 시간이 흐른 어느 날 디나는 슬쩍 그 땅 여자들을 보러 나갔다. 마치 시골에서 상경하여 강남의 여자들과 문화를 구경하러 갔던 것과 비슷하다고나 할까. 한편 세겜의 여인들과 확연히 달라서 금방 눈에 띄게 된 디나는 히위 족속 중 하몰의 아들 그 땅 추장 세겜에게 강간을 당하고 만다.

참고로 히위 족속은 가나안 7족속 중 가장 북쪽에 위치해 있었다. 히위

족속이 살던 곳은 밧단아람에서 벧엘로 오는 길목에 있었기에 야곱의 가족들이 머물기에는 적당했을 듯하다. 가나안 일곱 족속은 북쪽에서 차례로 히위 족속, 기르가스 족속, 가나안 족속, 브리스 족속, 여부스 족속, 헷 족속, 아모리 족속을 말한다. 그리고 "세겜"은 지역 이름이자 그 땅 히위 족장의 이름이기도 하다.

한편 족장이었던 세겜은 일회성 연애로 끝난 것이 아니라 디나를 향한 나름의 진실된 사랑이 있어서 그녀를 아내로 달라고 요구를 해온다. 한편 히위 족속은 이방인으로서 유대인들에게는 모든 면에서 상당히 멀리 있던 사람들이었다. 혈통을 중시하던 유대인들에게 이방인이, 그것도 가나안 7족속 중 하나인 히위 족속이 유대인의 딸을 욕보였던 것도 모자라 아내로 달라고 하였으니…….

딸을 가진 아비의 심정이 어떠하였을까? 그것도 외동딸인데…….

디나의 아비 된 야곱의 심정은 갈기갈기 찢기어졌을 것이다. 아니 너덜너덜해졌다고 해야 할 것이다. 고관절 탈구로 인한 고통과 절뚝거림, 겨우 형 에서의 살기(殺氣)로부터 벗어났다 싶었는데 오히려 더욱더 나락으로 떨어져 버린 셈이다.

한편 여동생 디나의 보호자였던 그 오빠들의 분노는 이만저만이 아니었다. 젊은 혈기라는 타오르는 불에 더하여 기름까지 끼얹는 격이었다. 당시 집안의 딸들은 부모의 보호 아래 있는 것이 아니라 오빠들의 보호 아래 있었음을 감안한다면 그 분위기를 가히 짐작할 수가 있다.

한편 창세기 34장인 본문을 찬찬히 읽어 내려가다 보면 이상한 분위기가 감지되는데 그것은 외동딸 디나의 강간 사건에 대한 아비인 야곱의 태도이다.

숨죽인 야곱의 모습.

지나치게 침착한 야곱의 태도.

가해자의 아버지가 찾아와 했던 말들과 모든 행동거지(行動擧止)들에서는 약간의 무례함과 더불어 군림하며 하대(下待, treat inhospitably or disrespectfully)하는 듯한, 마치 무슨 시혜(施惠)를 베풀기라도 하는 듯한 느낌이 든다. 그러나 끝까지 비굴하게 보이는 야곱의 대응방식.

그런 야릇한 상황 속에서 시간이 흐르며 상황은 예상보다 훨씬 나쁘게 흘러갔다. 결국 분노가 극에 달한 야곱의 아들들은 히위 족속보다 더한 짓거리를 계획했고 그것을 실행에 옮겨 버렸다.

그들은 물불을 가리지 않고 먼저는 하나님을 속였으며 더 나아가 하나님의 이름을 빙자(憑藉, make a pretext of, under the pretext of)하면서까지 살인, 노략질, 약탈을 자행했다. 그 일에 주동으로 가담한 자가 디나의 직계 오빠 중의 두 사람인 시므온과 레위였다.

훗날, 장자였던 르우벤은 그 서모 빌하와 통간(창 35:25)함으로 장자의 자리가 박탈되었고 시므온과 레위는 디나 사건 '후처리'에 대한 책임으로 장자의 자리가 박탈되었다.

결국 시원찮았던 넷째 아들인 유다(며느리 다말 임신사건)가 그 장자의 자리를 뒤이었다. 그리하여 유다의 후손으로 오신 메시야가 바로 예수님이시다. 이는 인간의 상식과 윤리를 뛰어넘는 하나님의 섭리요 경륜이다

 괴짜의사 Dr. Araw의 쉽고 바르게 읽는 창세기 장편(掌篇) 강의
태초에 하나님이 천지를 창조하시니라 • 제1권 창세기의 파도타기(Surfing)

우리가 일어나 벧엘로 올라가자(1, 3)
이삭 180세, 나이 많고 늙어 기운이 진하매 죽어 자기 열조에게로(28-29)

"벧(בֵּית)엘(אֵל)"은 '하나님의 집'이라는 의미로 야곱이 지난날 아버지의 집이 있던 곳, 곧 브엘세바(창 26:33, 28:10)를 떠나 밧단아람의 하란으로 향하여 가다가(28:10) 해가 져서 유숙하며 돌을 베개 삼고 잔 후 아침에 일어나 그 돌을 기둥으로 세우고 기름을 붓고 '벧엘'이라고 명명했던 곳이다. 그리고는 3가지 약속의 기도(서원 기도, 창 28:20)를 올렸다. 곧 여호와께서 나의 하나님이 되실 것이요, 소산의 십분 일을 드릴 것이며 장차 기둥으로 세운 이 돌이 하나님의 성전이 될 것(28:22)이라고 했다.

이곳 35장에서 야곱은 우릿간(סֻכָּה, nf, 슈카흐, 막, 덤불, 부스)을 지었던 숙곳[106]

---

[106] 숙곳이란 (סֻכּוֹת, 슈코트, 막들)인데 이는 a city East of the Jordan, also a place in Egypt)을 떠나 세겜(שְׁכֶם, "ridge", a district in Northern Palestine, also a son of Hamor/probably shoulder (saddle?) of mountain, שְׁכֶם, nm, shoulder이다.

(סֻכּוֹת, 슈코트, 막들)에 있다가 디나의 일로 대량살육이 있은 후 지난날의 가장 어려웠던 때 하나님께 기도하며 간구했던 그곳으로 '올라가는' 것을 볼 수 있다. 이것 또한 스스로의 결정이 아니라 하나님의 강권적인 명령(עָלָה, 알라흐, v, to go up, ascend, climb, 올라가라, 영적인 싸움을 하라, go up, in war)때문이었다. 이는 야곱이 아닌 이스라엘(하나님이 네 인생을 통치하기 시작하심, Ruler)의 삶 속에 하나님께서 강권적인 개입을 하시겠다(יָשַׁב, v, 야솨브, to sit, remain, dwell, 거하여, 거주하다, 통치하다)라는 속내를 드러내신 것이다. 동시에 다시는 '내려가지 말라(내려가다, יָרַד, 야라드, to come or go down, descend)'는 말씀이기도 하다.

여기서 우리는 한 번의 유한된 인생을 살아가며 '올라가는(עָלָה, 알라흐, v) 삶'을 살아야지 '내려가는(יָרַד, 야라드) 삶'을 살아서는 안 된다는 것을 다시 결심해야 한다. '위에서 부르신 부름의 상을 위하여' 앞만 보며 좇아가야만 한다. 그날까지…….

이에 야곱은 자기의 집사람과 모든 식솔들에게 이방신상을 버리고 심지어 귀고리까지 포기하며 각자 자신을 정결케 하고 의복을 바꾼 후 벧엘로 올라갈 것을 명한다. 도착하자마자 단을 쌓고는 그곳을 엘(אֵל)벧(בֵּית-)엘(אֵל)이라 불렀다.

그러자 하나님께서는 야곱에게 복을 주셨다(35:9). 동시에 이전에 얍복강 가에서 주셨던 개명(改名)을 통해 온전히 "이스라엘"이 되게 하셨다(35:10). 연이어 말씀하시길, "생육하고 번성하라 국민과 많은 국민이 네게서 나고 왕들이 네 허리에서 나오리라"고 말씀하셨다.

한편 35장 말미에는 '슬픈 족보'와 '안타까운 야곱의 족보'가 슬쩍 언급된다. '슬픈 족보'란 야곱의 12번째, 곧 말째 아들인 베냐민(오른손의 아들)

곧 베노니(슬픔의 아들)가 태어나면서 야곱이 진정 사랑하던 아내 라헬이 죽게 되는 것이다. 곧 베냐민이 라헬과 대치되어버린 것이다. 결국 라헬은 에브랏 곧 베들레헴 길에 장사(35:19)되었다.

한편 '안타까운 족보'란 이상한 사건으로 인해 르우벤이 장자의 지위를 잃어버리게 된 것이다. 사연인즉 장자 르우벤이 그 서모였던 라헬의 여종 빌하와 통간한 것이다. 이스라엘이 "이를 들었더라"고 기록되어 있는데(35:22) 이 말씀을 통하여는 아비로서 야곱의 긴 한숨이 들리는 듯하다.

창세기 35장 27절에는 야곱이 드디어 '아버지 이삭의 집에 이르렀다'라고 기록되어 있다. 문제는 안타깝게도 그 당시 어머니 리브가는 이미 세상을 떠나고 없었다라는 것이다. 그러다 보니 야곱이 천신만고 끝에 집에 돌아왔어도 아버지 이삭은 늙었고(창 35:27-29) 어머니 리브가는 이미 세상을 떠나버려 온 집안은 썰렁한 가운데 적막감만 가득했을 것 같다.

설레는 마음과 함께 아프고 시린 마음을 품은 채 고향 땅 가족 곁으로만 돌아가기를 간절히 바랬던 세월이 20년이었다. 그렇게 아비 이삭과 20년만에 재회(再會, reunion)를 했음에도 불구하고 이에 대해 성경은 일절 언급이 없다. 엄마인 리브가만 살아있었어도 아마 이런 분위기는 아니었을 것이다.

이는 오늘날의 상황과 많이 비슷해 보인다. 일반적으로 대부분의 가정에서 자식들과 아버지의 대화는 참으로 드물다. 마찬가지로 야곱 또한 오랜 만에 만나기는 했지만 아비 이삭과의 대화는 없었던 것이 아니었을까 싶다. 예나 지금이나 자식과 어머니와의 대화는 비교적 원활하다. 결국 이런 부분에서 세상의 아비 된 모두와 필자 또한 정신 바짝 차려야 할 것 같다.

한편 앞서 창세기 33장에서는 한 장 전체를 할애하면서까지 형 에서와의 '진땀나는' 조우(遭遇, encounter)에 대해 기록되어 있었다. 이후 에서와의 관계와 교제에 대하여는 일절 언급이 없다.

34장에는 디나 사건이 기록되어 있고 이곳 35장에는 '이삭이 나이 많고 늙어 기운이 진하매 죽어 자기 열조에게로 돌아가니 그 아들 에서와 야곱이 함께 이삭을 장사(180세)하였다'라고만 되어 있다. 가족과 형제들과의 관계와 교제 등등에 대해 많은 것들을 생각케 한다.

감사한 것이 있다면, 이삭은 병에 걸려 고통을 받았다라든지 노년의 다른 힘든 일로 세상을 떠난 것이 아니라 늙어서 기운이 진하여 죽었으며 자기 열조에게로 돌아갔다라는 점이다. 우리들의 죽음(Well-Dying) 또한 늙어 기운이 진하여 죽되 미래형 하나님나라에로의 귀향을 확신하며 소망을 붙들고 육신적 죽음(이동 혹은 옮김, 아날뤼시스, $\dot{\alpha}\nu\dot{\alpha}\lambda\upsilon\sigma\iota\varsigma$)을 맞이해야 할 것이다.

우리는 지금까지 세 족장 아브라함, 이삭, 야곱을 살펴보았다. 그랜트(F. W. Grant)는 이들 족장들의 순서에 주목했다. 그는 이 세 족장을 가리켜 각각 '하나님의 택하심' 그리고 '아들이 되는 것', 이후 '종으로 섬기는 것'을 함의하는 것으로 성부, 성자, 성령 삼위하나님의 합력사역의 모형을 잘 보여주고 있다라고 했다.

여기서 우리는 하나님의 방식과 인간 방식의 차이점을 발견하게 된다.

인간들은 '자기의 의'를 은근슬쩍 드러내며 먼저 잘 섬겨야 하나님의 선택에 적확(的確, precise, exact)하게 되어 하나님의 자녀가 된다고 주장

한다. 결국 마지막 순간인 '섬김의 삶'에 도달해야만 하나님의 아들이 될 수 있다라며 '행위나 자기 의'를 강조한다. 아주 틀린 말은 아니지만 특별히 조심해야할 말이다.

하나님은 만세 전에 당신의 무조건적 은혜로 우리를 택정하셨다. 그리고는 그런 우리를 아들로 삼아 주셨다. '하나님의 자녀'가 되는 권세를 주신 것이다. 이후 아들로서 아들답게 나를 섬기라고 하셨다. 그렇기에 사도 바울은 먼저 하나님께 속한 후 하나님을 섬겼노라(행 27:23)고 증언했던 것이다.

이 말은 우리가 무엇을 하여야만 하나님의 아들에 이르는 것이 아니라는 것이다. 오히려 하나님의 크신 은혜에 의한 택정하심으로 자녀가 되었기에 하나님을 섬기되 그것조차도 성령님의 능력으로 가능하다는 것을 선명하게 드러내고 있는 것이다. 그저 할렐루야일 뿐이다.

결론적으로 야곱을 향한 '하나님의 신적(神的) 주권(主權)' 곧 성령님의 역사하심은 이미 만세 전에 넘치는 하나님의 은혜에 의한 택정하심으로 시작된 것이다.

이후 야곱을 향한 하나님의 오래 참으심과 더불어 그를 향한 세미한 훈련과정 속에서 신실하신 하나님은 그와 늘 동행하셨다. 매사 매 순간마다 하나님의 변함없는 사랑과 신실하심이 야곱과 함께 했던 것이다.

이를 통해 오늘의 우리에게도 동일하게 행하실 삼위하나님을 마음껏 기대할 수 있음이 그저 감사일 뿐이다. 그저 할렐루야이다.

36장

괴짜의사 Dr. Araw의 쉽고 바르게 읽는 창세기 장편(掌篇) 강의
태초에 하나님이 천지를 창조하시니라 • 제1권 창세기의 파도타기(Surfing)

에서의 족보(תוֹלְדֹה, 톨레도트, nf, generations)

앞서 35장에서는 야곱의 미약한 듯 보이는 간략한 족보가 언급되었다. 반면에 이곳 36장은 에돔 곧 에서의 세상적으로 보기에 화려하게 보이는 족보로 시작된다. '족보'의 히브리어는 톨레도트(תוֹלְדֹה, nf, generations/genealogical registration/order of their birth)인데 이는 동사 얄라드(יָלַד, v, to bear, bring forth, beget)에서 파생되었다.

36장 전체(1-43절까지)를 찬찬히 살펴보면 에서의 족보는 거의 다 족장이거나 왕이었음을 알 수 있다. 누가 보더라도 세상적으로는 화려하고 멋있어 보인다. 반면에 35장에서의 야곱의 아들들은 뭔가 뒤죽박죽이며 어설퍼 보이고 비윤리적일 뿐만 아니라 별 볼일 없기까지 한, 어찌보면 망나니들만 잔뜩 있는 듯 보인다.

그러다 보니 우리는 여기서 잠시 멈칫하게 된다.

이게 뭐지…….

돌이켜보면 야곱은 '하나님의 복'을 얻기 위해 아버지 이삭과 형 에서를 속이면서까지 장자권을 사모했다. 그 결과 타향살이를 하며 밤낮이 따로 없는 고된 환경 가운데 억척스럽게 살아야만 했다.

외삼촌이자 장인이었던 라반은 첫 결혼에서 신부마저 바꿔치기를 하며 야곱을 속였다. 할 수 없이 7년이라는 품삯을 약속한 후 꿈에 그리던 두 번째 결혼에서 진정 사랑하던 라헬을 얻었다. 그러자 이제는 '14년 품삯'이라는 멍에가 야곱의 어깨 위에 얹혀져 버렸다. 더욱 야곱을 힘들게 한 것은 라헬을 얻었으나 그 기쁨도 잠시 그녀와의 사이에 자식이 없자 시시때때로 히스테리를 일으키는 그녀를 달래야만 하는 것이었다.

한편 라헬과 레아 사이의 지독한 자식 경쟁은 두 여종에게까지 확대되었다. 그런 야곱의 삶을 상상해보면 무척이나 피곤했을 것이며 매사가 만만치 않았을 것 같다. 혹자는 농반진반(弄半眞半)으로 아내가 4명이어서 좋았을 것이라고 한다. 이 말은 전혀 팩트가 아님을 모든 남편들은 잘 알고 있다. 야곱은 하루 종일 죽도록 일하고 만신창이가 된 저녁이 될 때마다 고민 아닌 고민으로 '오늘은 어디로 들어가야 하나'를 망설여야 했을 것이다. 더하여 외삼촌 라반의 아들들의 은근하면서도 노골적인 견제와 감시 또한 만만찮았을 것이다.

4명의 아내에게(?) 더부살이를 하며 소리없이 흘러가는 세월 동안 야곱은 알게 모르게 가까운 사람들과의 관계로부터 온갖 종류의 상처를 입었을 것 같다. 놀라운 것은, 그런 고생 속에서도 하나님의 복을 갈망하며 몸부림을 쳐왔던 지독스러운 야곱의 집념과 열정이다.

그렇게 살아온 세월만도 20년이었다. 얼핏 보면 야곱도 지난 세월을 마냥 허송치만은 않고 나름대로 많은 자식들과 부를 축적한 것이라고 생각할 수도 있겠으나 형인 에서의 족보와 비교해보면 여전히 초라해 보인다.

솔직히 객관적으로 보았을 때 한쪽 집안은 막노동을 하며 목동으로 살았을 뿐이다. 게다가 야곱 집안의 경우 장자라는 녀석은 자신의 서모(庶母, concubine)와 통간하는 등 콩가루 집안으로서의 수치까지 드러냈다. 또한 가장인 아버지 야곱은 얍복강 이후로 통증 가운데 절고 다녔기에(limping gait) 모든 활동에 있어 상당한 제약마저 있었다.

그런 가운데 세월이 흘러 더욱더 야곱의 마음을 가라앉히고 그 가정을 우중충하게 만든 것이 있다면 그가 가장 사랑했던 아내 라헬이 막내 베냐민을 낳다가 죽어버린 것이다. 이런 야곱의 일생을 두고 '복 있는 사람'이라고 한다면 이 세상 어느 누가 그런 유의 '복'을 갈망하겠는가?

반면에 형 에서는 세상적으로 보기에 화려한 스펙의 헷 족속의 딸, 히위 족속의 딸, 이스마엘의 딸과 결혼하였으며 소유가 너무 풍부해지자 가나안 땅을 떠나 세일(שֵׂעִיר, 쉐이르) 산(הַר, 하르, nm)[107]에 거하게 될 정도였다.

상기의 사실들을 비교해보면 어느 누가 보더라도 확실히 에서의 족보가 세상적으로는 멋지고 화려해 보인다. 아무리 야곱이 걸어가는 그 길이 '하나님의 뜻'이라고 해도 진정 그리로 가겠다는 그리스도인이 얼마나 될

---

107 שֵׂעִיר, 쉐이르)은 a mountain range in Edom, also its inhab., also a mountain in Judah/ from 쉐아르, שֵׂעָר, nm, hair이다, 한편 산(הַר, 하르, nm)이란 mountain, hill, hill country로서 아마겟돈(하르+므깃도=므깃도 산, the name is compounded of הַר mountain, and מְגִדּוֹ or מְגִדּוֹן, the Sept.)에서의 하르를 가리킨다. 곧 세일산이 므깃도 산이라는 의미가 아니다.

까? 아니, 있기는 할까?

만약 에서의 길을 제시한다면 어떨까?

물론 에서의 후손들은 하나님의 뜻을 위배하면서까지 중혼(重婚, Bigamy)을 했다. 또한 이방인과 통혼(通婚, intermarriage)을 함으로 유대인으로서 선민의 구별됨을 무너뜨리기도 했다. 더 나아가 훗날 에서의 자손들은 이스라엘 백성들이 출애굽 후 에돔 땅을 통과하고자 할 때 막기까지 했다. 형제로서 발벗고 도와주었어도 부족했을 터인데……. 그러하든 어떠하든 에서의 자손들 중에는 그 유명한(?) 아말렉 족장, 고라 족장이 나왔다. 이쯤되면 아무리 그리스도인이라 하더라도 '두 갈래 길' 앞에서 당연히 흔들릴 수밖에 없다.

참고로 아말렉은 출애굽했던 이스라엘과 르비딤에서 한판 싸움(출 17:8)까지 벌였던 민족이다. 물론 이때 모세는 하나님의 함께하심(모세의 손을 들면 이기고 내리면 패배하는 혼전양상)으로 산꼭대기에 올라가 손을 들었다(아론과 훌의 도움 아래). 동시에 여호수아는 전장에 나가 적을 칼로 도륙했다. 그리하여 이스라엘은 승리하게 되는데 이때 모세가 쌓은 단을 이름하여 "여호와(יְהוָה) 닛시(נִסִּי, 출 17:15/נֵס, nm, a standard, ensign, signal, sign/from 나사스, נָסַס, v, perhaps to be high or conspicuous)"라고 했던 것이다.

아말렉의 악행은 유명하여 그들을 향한 출애굽기 17장 16절에서의 야훼 하나님의 맹세는 가히 그들에게는 최악이라고 할 정도이다.

"가로되 여호와께서 맹세하시기를 여호와가 아말렉으로 더불어 대대로 싸우리라 하셨다 하였더라"_출 17:16

여기서 '아말렉(신 3:22, 25:17, 삼상 15:18)'이란 '우리들의 옛 모습의 희미한 그림자'를 상징하는 것으로 '악한 영적 세력'을 예표하고 있다. '대대로 싸우리라'는 것은 우리가 예수님의 초림으로 구원을 얻은 후 그리스도인으로 살아갈 예수님의 재림 전까지인 '종말 시대' 동안에 아말렉은 우리가 대대로 싸워야 할 대상이라는 의미이다.

결국 세상적으로 아무리 멋지고 화려하다고 할지라도 하나님의 대적으로 살게 된다면 무엇이 좋으랴…….

갈멜산의 엘리야의 외침이 우리의 귓전을 울리는 듯하다.

"엘리야가 모든 백성에게 가까이 나아와 이르되 너희가 어느 때까지 두 사이에서 머뭇머뭇 하려느냐 여호와가 만일 하나님이면 그를 좇고 바알이 만일 하나님이면 그를 좇을지니라 하니 백성이 한 말도 대답지 아니하는지라" _왕상 18:21

37장

괴짜의사 Dr. Araw의 쉽고 바르게 읽는 창세기 장편(掌篇) 강의
태초에 하나님이 천지를 창조하시니라 • 제1권 창세기의 파도타기(Surfing)

야곱의 톨레도트, 꿈꾸는 자, 요셉 곧 예수 그리스도의 이야기

앞서 창세기 36장은 43구절로 기록되었는데 전체를 할애하여 에서의 족보(대략)를 소개했다. 이와는 대조적으로 야곱의 족보(약전)는 35장 후반부(23-29)와 함께 이곳 37장으로 이어져 찔끔 소개되고 있다.

여기서 우리는 야곱과 에서의 족보를 보며 의아한 부분을 쉽게 발견하게 된다.

36장에 기록된 에서의 족보는 후손 면면이 족장이나 왕이었다. 이에 반하여 야곱의 족보는 35장 후반부에서 별 볼일 없는 족보에다가 사람 이름 정도로만 소개되어 있기 때문이다. 심지어는 이곳 37장에서조차 정작 야곱에 대해서는 거의 말이 없고 오히려 요셉의 이야기만 긴 부분을 할애하고 있다. 그러다 보니 약간은 '난해한 족보 이야기'가 되어버렸다. 소위 야곱의 족보 이야기인지 요셉의 족보 이야기인지 구별하기가 쉽지

않다라는 것이다.

급기야 37장 2절에는 야곱의 톨레도트를 언급하며 "야곱의 약전이 이러하니라 요셉이 17세의 소년으로서 그 형제와 함께 양을 칠 때에 그 아비의 첩 빌하와 실바의 아들들로 더불어 함께 하였더니"라고 하면서 뜬금없이 야곱의 족보를 언급하는 듯하다가 요셉을 소개하고 있다.

왜 그랬을까?

토라를 연구하는 학자들은 이 부분에 대해 많은 다양한 해석들을 내놓지만 그중에 예수 그리스도를 예표한 요셉의 이야기가 바로 야곱의 이야기이다라고 해석하는 것에 나는 줄을 섰다.

결국 에서가 인간적 관점에서 사람의 족보를 이야기한 것이라면 야곱은 하나님의 시각에서 당신의 작정과 예정, 섭리 하 경륜을 이야기한 것이다. 그리하여 야곱의 톨레도트는 곧장 예수 그리스도를 예표한 요셉의 이야기로 이어진 것이라는 말이다.

이는 가나안의 열두 정탐꾼들의 이야기를 유추해 보면 좀 더 쉽게 이해할 수가 있다.

바란 광야 가데스에서 모세는 각 지파 중 족장된 사 한 사람씩 12명을 뽑아 가나안에 정탐꾼으로 들여보낸다. 40일간 정탐을 마친 그들은 모세에게 보고를 했다.

"거기서 또 네피림 후손 아낙 자손 대장부들을 보았나니 우리는 스스로 보기에도 메뚜기 같으니 그들의 보기에도 그와 같았을 것이니라" 민 13:33

이상과 같이 보고를 했던 10명은 인간적 관점에서 있는 사실을 '그대로 보고'한 것이다. 반면에 눈의 아들 여호수아와 여분네의 아들 갈렙은 하나님의 관점에서 있는 사실을 '바르게 해석'한 것이다.

10명의 정탐꾼	여호수아와 갈렙
인간의 시각 인간의 관점	하나님의 시각 하나님의 관점
듣고 본 바 곧 있는 사실을 '그대로 보고'	듣고 본 바 곧 있는 사실을 '바르게 해석'

"오직 여호와를 거역하지 말라 또 그 땅 백성을 두려워하지 말라 그들은 우리의 밥이라 그들의 보호자는 그들에게서 떠났고 여호와는 우리와 함께 하시느니라 그들을 두려워말라 하나"_민 14:9

이런 맥락을 두고 다시 돌아와 창세기 37장을 보면 야곱의 톨레도트는 결국 하나님의 시각(관점)에서 우리를 구원하실 예수 그리스도의 예표인 요셉의 이야기로서 '의도적인 연결'이었음을 선명하게 드러내고 있다. 곧 야곱도 요셉도 그들의 인간적 족보를 있는 사실 그대로 '소개(보고)'하려고 등장시킨 것이 아니라 예수 그리스도의 예표로서 상징적 인물이었던 그들을 있는 사실을 '바르게 해석'하는 도구로 등장시켰다는 것이다.

당시 요셉은 "십칠 세"였는데 '17'은 히브리어 알파벳(22개) 17번째인 페(פ)를 상징하는 숫자로 '사람 얼굴의 옆 모양(פ)'의 형상을 띠고 있다. 여기에는 '말하다, 전하다'라는 의미가 내포되어 있다. 곧 "요셉이 십칠 세 소년으로서"라는 말은 요셉은 '말하는 사람으로서'라는 의미라는 것이다.

한편 "꿈"의 히브리어는 할롬(חֲלוֹם, nm, a dream/from 할람, חָלַם, v, to be healthy or strong)인데 이는 '회복하다, 세우다, 강하게 하다'라는 의미이다. 결국 요셉은 꿈을 말하는 자로서 우리의 소망이신 '예수 그리스도'라는 꿈을 전하는 자로서 타인을 회복시키며 세우는, 강건케 하는 자라는 의미가 된다.

결론적으로 우리가 어떤 것을 대할 때 혹은 무엇을 바라볼 때 어떠한 시각(관점)을 지녀야 할지를 이곳 37장은 보여주고 있는 것이다.

완전한 하나님의 시각이냐?

불완전한 인간의 시각이냐?

하나님의 관점이냐 인간의 관점이냐, 그것은 바로 당신의 선택이다.

더하여 듣고 본 바를 '바르게 해석'하는 것이 무엇보다도 중요함을 잊지 말아야 한다.

유다

38장

38장

괴짜의사 Dr. Araw의 쉽고 바르게 읽는 창세기 장편(掌篇) 강의
태초에 하나님이 천지를 창조하시니라 • 제1권 창세기의 파도타기(Surfing)

유다와 다말, 그리고 베레스

앞서 창세기 37장은 문맥상 곧장 39장으로 이어져야 그 흐름이 자연스럽다. 왜냐하면 37장 마지막 절인 36절은 "미디안 사람이 애굽에서 바로의 신하 시위대장 보디발에게 요셉을 팔았더라"로 끝이 나고 39장 1절은 "요셉이 이끌려 애굽에 내려가매 바로의 신하 시위대장 애굽 사람 보디발이 그를 그리로 데려간 이스마엘 사람의 손에서 그를 사니라"로 시작되기 때문이다.

그런데 성경은 전혀 생뚱맞게도 38장에서 유다와 그의 며느리 다말, 그리고 며느리와의 사이에서 쌍태가 임신된 후 분만의 과정 속에서 일어난 베레스의 '독특한 출생'을 슬쩍 언급하고 있다.

'독특하다'는 것은 쌍둥이였던 베레스와 세라가 쌍둥이였던 야곱과 에서의 출생과 닮았더라는 것이다. 다른 점이 있다면 야곱은 형 에서보다 뒤늦게 나와 '출생 후' 장자권을 탈취한 것이고 베레스는 '뱃 속에서' 장

자권을 탈취함으로 손에 홍사 있던 자를 누르고 먼저 나왔다는 점이다.

야곱과 에서	베레스와 세라
이삭과 리브가의 쌍둥이	유다와 다말의 쌍둥이
야곱은 출생 후 장자권 탈취	베레스는 뱃속에서 장자권 탈취

이는 다시 룻기 4장 12절로 이어져 베레스의 세계(룻 4:18)가 다윗의 계보(룻 4:22)로 이어져 내려가는 것을 보여주고 있다.

이 또한 성경이 말씀하며 보여주는 일련의 순서를 따르다가 만나게 되는 이해하기 힘든 몇 부분 중 하나이다. 그러나 성경은 일일이 우리의 모든 이해를 구하지 않는다. 성경[108]은 6대 속성 3대 영감을 지닌다. 그렇기에 정확(正確) 무오하다. 많은 경우 우리가 그때 그때 모든 것을 다 이해하지 못할 뿐이다. 더 나아가 성경은 우리의 처지와 형편에 맞게 말씀해주시는 것이 아니라 초지일관(初志一貫)되게 당신의 권위의 말씀(케리그마)을 선포할 뿐이다. 그 말씀을 믿고 안 믿고는 우리의 선택이다.

이곳 38장을 통하여는 야곱의 넷째 아들 유다의 행적을 잘 살펴보는 것이 중요하다. 놀랍게도 유다는 자기 형제들 중에서 가장 먼저 아비 야곱으로부터 떨어져나가 아둘람[109](עֲדֻלָּם, Adullam) 사람 히라에게로 가버린 인물

---

108 6대 속성이란 무오류성, 완전성, 충분성, 명료성, 권위성, 최종성이며 3대 영감이란 유기영감, 완전영감, 축자영감을 말한다. <복음은 삶을 단순하게 한다>, 이선일, 더 메이커, 2018
109 '아둘람'이란 '은신처, 피난처'라는 의미로 베들레헴 남서쪽 20Km지점의 평지이다. 다윗이 사울 왕을 피해 이곳 근처 석회암 동굴에 몸을 숨겼던 곳(삼상 22:1, 대상 11:15)이기도 하다.

이다. 정작 함께 해야 할 사람과는 함께하지 않고 있어야 할 자리를 벗어나 있지 말아야 할 자리로 가버린 것이다. 소위 세상으로 가버린 자였다.

그러다 보니 더 놀랍게도 유다는 거기서 가나안 사람 수아라 하는 자의 딸과 무턱대고 그토록 중요한 결혼을 아무렇지도 않게 해버린다. 가나안 사람이란 '상인(merchant)'을, 수아란 '부(富)'를 의미[110]한다. 이는 유다의 세상적 가치관을 그대로 보여주는 행태였다.

그리하여 그 여인과의 사이에서 세 아들을 두게 되었다. 엘(עֵר, from 우르, עוּר, v, to rouse oneself, awake, 휘젓다, 다툼, 적의(敵意))과 오난(אוֹנָן, vigorous/אוֹן, nm, vigor, wealth, 혈기왕성한, 죄), 그리고 셀라(שֵׁלָה, from 살라흐, שָׁלָה, v, to be quiet or at ease, 속임수, 태만, 싹(유대인의 빈약하고도 연약한 삶))이다. 그들 이름의 의미로 미루어 보건대 하나같이 세상적이며 세속적이고 뭔가 어두침침하다.

결국 영적으로 어두운 상태였던 유다의 아들들 중 여호와의 목전에 악했던 첫째 아들 엘과 둘째 오난은 여호와께서 죽이셨다. 형사취수(兄死娶嫂)제에 의해 졸지에 큰 며느리 다말은 엘에게서 오난으로 갔다가 급기야는 막내인 셀라에게로 갈 처지가 되어버렸다.

그러자 유다는 자신의 아들들을 탓하지 않고 애꿎게(innocent, blameless) 며느리 탓을 하며 막내 셀라가 장성할 때까지 며느리 다말더러 친정에 가 있으라고 한다. 그리하여 다말은 처량한 신세로 그의 친정에 가서 머물게 되었다. 놀랍고도 이상한 유다의 세계관을 또 다시 보게 되는 장면이다.

---

110 <창세기 강해>, 아더 핑크/정충하옮김, 크리스천 다이제스트, 2016, p381

세월이 흘러 수아의 딸인 유다의 아내(이름조차도 언급되지 않음)가 죽었고 그 사이에 막내인 셀라는 장성했다. 유다에게 측은지심(惻隱之心)이 조금이라도 있었다면 얼른 친정에서 홀로 외롭게 기다리고 있던 며느리를 불러와야 했다. 짧지 않은 세월동안 얼마나 힘들었을까를 생각한다면 말이다. 그러나 유다는 다말과의 '약속'을 가볍게 여겼던 듯하다.

얼마 후에 유다는 자신의 친구 아둘람(Adullam, 은신처, 피난처, 베들레헴 남서쪽 20Km지점의 평지 성읍) 사람 히라와 함께 딤나(베들레헴 서쪽15Km지점의 산지 성읍)로 올라가 양털깎기 축제에 참석했다. 그리고는 딤나 길 곁 에나임(עֵינַיִם, 눈이 열리다) 문에 앉은 창녀와 합방했다. 아내와 사별했으니 외로웠을 것이다.

가만히 보면 그는 며느리의 외로움보다는 자신의 외로움에만 급급했던 듯하다. 아무튼 창녀와 합방했다라는 것은 당시 이방신전의 여사제와 몸을 섞었다라는 의미이다.

석 달이 흘렀다(창 38:24). 며느리 다말이 행음한 결과 임신했다라는 소문이 유다에게 들렸다. 조금의 망설임도 없이 유다는 그런 며느리는 필요 없다라는 듯이 "끌어내어 불사르라"고 했다.

사실 젊은 며느리가 과부가 되었다면 시아버지로서는 오히려 그녀를 예전에 자유롭게 해주었어야 했다. 율법에도 남편이 죽으면 그 아내는 남편의 법에서 자유롭게 된다(롬 7:1-3)라고 하지 않았던가? 더 나아가 형사취수(兄死娶嫂)법에 의한 계대혼인을 본인이 요리조리 피해가며 막내 셀라가 장성했음에도 불구하고 며느리 다말에게 주지 않았던 것은 정작 유다였다.

지금까지 아무 소식도 전하지 않고 있다가 어느 날 며느리의 행음을 들게 되었다면 자신의 잘못에 대해 먼저 되돌아본 후 비록 며느리가 실수를 저질렀다고 하더라도 관용을 베풀었어야만 했다.

그러나 유다는 공평하게 판단하지 않았고 며느리 다말에게 공정하게 행동하지 않았다. 그런 유다를 보면 예수님이 그의 후손으로 오셨다는 것에 고개를 갸웃거릴 지경이다. 아마 모르긴 해도 유다는 이때까지도 가나안 풍속에 젖어 있었던 듯하며 더 나아가 영안이 어두운 상태로 그런 세상적 가치관과 세속적 세계관 속에서 산 듯하다.

나중에 자초지종(自初至終)을 알게 되자 유다는 비로소 눈이 뜨여졌다. 하나님께서 영안을 열어 주신 것이다. 그러자 통렬하게 회개하며 자신을 탓했다. 그리고는 26절을 통해 외쳤다.

"유다가 그것들을 알아보고 가로되 그는 나보다 옳도다 내가 그를 내 아들 셀라에게 주지 아니하였음이로다 하고 다시는 그를 가까이하지 아니하였더라"_창 38:26

이곳 38장에서는 유다와 다말, 그리고 그들의 반(反) 인륜에 의해 태어난 베레스의 계보(룻 4장)로부터 하나님의 언약이 계속하여 이어지게 됨을 보여주고 있다.

참고로 쌍둥이(창 38:27) 중 큰 아들 베레스(פֶּרֶץ, from פָּרַץ, v, to break through, 터침, 창 38:29)는 '불화'라는 의미인데 죄인으로서 하나님과의 화목이 깨어진, 곧 불화(不和)된 상태를 상징한다. 반면에 그 손에 홍사가 매여 있던 둘째 아들 세라(זֶרַח, from זָרַח, v, to rise, come forth, 창 38:30)는 '나오다, 오르다, 광휘'라는 의미인데 이는 여리고 성의 기생 라합 이야기에 나오는 붉은 줄

(수 2:18, 21)을 연상시킴과 동시에 구원받을 경건한 남자들을 상징하고 있다라고 아더 핑크는 해석[111]했다. 약간 부담스러운 해석이기는 하나 놀라운 것은 죄인 된 베레스의 계보로 완전한 신이시자 역사상 유일한 의인이신 구속주 예수님께서 오셔서 모든 죄인들의 수치와 저주를 몽땅 안고 가셨다라는 것이다.

한편 시아버지와 며느리를 통해 자손의 계보가 이어졌다라는 것은 언뜻 인간의 상식으로는 이해가 되지 않을 뿐만 아니라 당황스럽기도 하다. 다른 한편으로는 유다의 허물과 실수, 다말의 자신의 몸을 통한 '약속의 자손'에 대한 집요함 등등을 보며 이들과는 비교도 되지 않게 형편없이 살아온 필자에게 상기의 사실은 이해의 문제가 아니라 은혜의 문제이기에 한없는 하나님의 위로와 자비의 은총이 다가와 자꾸 코끝이 시려진다.

가만히 보면 온전한 주권자이신 역사의 주관자 하나님의 섭리와 경륜, 작정과 예정은 정확하고도 놀라우며 신비롭기까지 하다. 그래서 오늘도 그분의 이끄심에 필자는 온 힘을 빼고 그 흐름에 역행하지 않으려고 몸부림치며 자연스레 온몸을 맡긴다.

---

111 <창세기 강해>, 아더 핑크/정충하옮김, 크리스천다이제스트, 2016, p381-382

요셉

37장, 39장–50장

39장

괴짜의사 Dr. Araw의 쉽고 바르게 읽는 창세기 장편(掌篇) 강의
태초에 하나님이 천지를 창조하시니라 • 제1권 창세기의 파도타기(Surfing)

여호와께서 요셉과 함께 하심으로
(2, 3, 21, 23)

37장에서 요셉의 형제들은 자신의 동생인 요셉을 죽이려고 모의를 하지만 맏형인 르우벤은 죽이지는 말자라고 했고 유다 또한 요셉의 목숨만은 어떻게든 살리려고 음으로 양으로 노력을 했다. 그리하여 르우벤은 요셉을 물이 없는 구덩이에 넣었다가 나중에 다시 돌아와서 살려주려는 계획(창 42:22)을 세웠다. 그러나 결과적으로는 그 형제들에 의해 무산되고 말았다. 그리고 유다 또한 그래도 형제인데 피를 묻히지는 말자라고 하며 요셉을 살리려는 의도로 차라리 미디안 사람 상고들인 이스마엘 사람[112]에게 은 20개를 받고 팔아버리자라며 그 형제들을 설득한다. 그리하여 요셉은 종국적으로 애굽까지 내려와 시위대장 보디발의 집으로 팔려가게

---

112 미디안은 아브라함의 후처 그두라의 넷째 아들(창 25:1-6)로서 미디안 족속의 조상이다. 그들은 요단동편, 사해, 아라바 남쪽에 정착했다가 모세시대에는 시내반도의 남부, 동부까지 점령했다. 낙타를 이용하는 상인들을 이스마엘 족속(이스마엘 후손)으로 칭하다가 나중에는 미디안 사람(미디안 땅에 살고 있는 사람)으로 불리게 된다. 라이프 성경사전, 지식백과

된다.

한편 당시 요셉으로서는 자신의 삶이 너무나 이상하게 꼬여버린 것에 대해 전혀 이해할 수가 없었을 뿐만 아니라 엄청 당황스러웠을 것만 같다. 한창 부모의 사랑을 받을 17세에 형들의 미움을 사 억울하게 애굽까지 팔려왔으니…….

이집트로 끌려온 요셉에게는 매일매일의 순간이 절망과 한숨이었을 것이다. 끊임없이 밀려오는 많은 일들로부터의 육체적 고됨은 차치하고라도 형제들의 배신과 그들로부터의 거절감, 심리적인 공허함, 향수병(homesickness), 아버지와 자신의 유일한 동생 베냐민('오른손의 아들', 어머니 라헬이 없는 상태의)에 대한 그리움은 살을 후벼파는 통증으로 다가왔을 것이다. 사별이 아닌 어쩔 수 없는 타의에 의한 이별로 겪어야 했던 사무치는 그리움이기에 더욱더 말로 표현하기 힘들었을 것이다.

아무튼 이 모든 처절한 상황과 환경에도 불구하고 요셉의 일거수일투족(一擧手一投足)을 이끈 견인차가 있었으니 곧 앞서가시는 하나님의 인도하심(나하흐의 하나님), 언제나 두 손을 붙드셨던 하나님의 함께하심(에트의 예수님), 요셉의 등 뒤에서 방향을 잡아주시며 늘 격려하며 밀어주셨던 하나님의 동행하심(할라크의 성령님)이었다.

그렇기에 요셉은 언제나 어디에서나 일관되게 면전의식(Coram Deo)과 섭리의식(Providence)으로 살아갈 수 있었다.

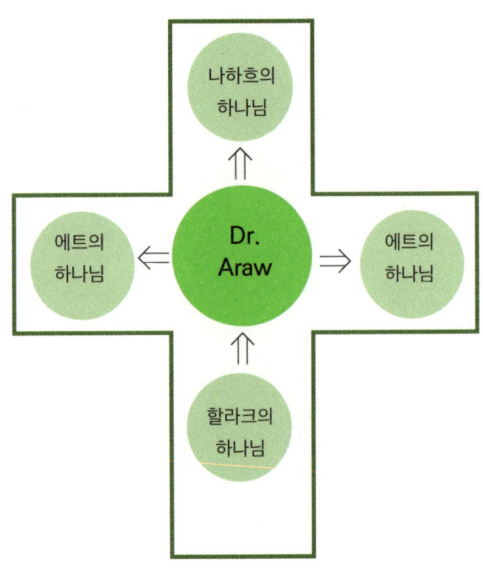

　그가 처음 시위대장 보디발의 집에 갔을 때 자신의 보스였던 보디발의 아내가 요셉을 지속적으로 유혹했다. 일반적으로 피가 펄펄 끓는 청년에게는 집요한 여인의 그 유혹을 계속하여 물리친다는 것이 정말 쉽지 않았을 것이다. 게다가 누이 좋고 매부 좋은 경우가 될 수도 있었을 텐데…….
　그러나 요셉은 지속적으로 잘 피해 다녔다. 그리고 보면 정말 요셉은 누가 보더라도 예수님의 모형인 것은 틀림없어 보인다.
　그러나 요셉 이야기를 여기에서 그친다면 하나님의 동행하심과 은혜는 묻히게 된다. 성경은 결코 인간을 드러내어서는 안 된다. 오로지 하나님만 드러내야 한다.
　결국 요셉 이야기에서 중요한 것은 요셉의 멋진 태도나 자격이 아니라는 것이다. 오히려 요셉을 통해 드러내고자 한 것은 변함없는 하나님의 함께하심과 형통케 해주심, 동행하심, 인도하심이다. 또한 그런 구별된 삶을 살아가는 요셉을 주변의 사람들이 단박에 알아보았다라는 점이다.

가만히 보면 하나님의 섭리와 경륜은 택한 백성의 삶에서 일방적으로 고난을 제거해 주는데 있지 않다는 것을 알 수 있다.

참고로 성경에는 '형통함(창 39:2-3, 23)'이라는 단어가 자주 나오는데 이에 해당하는 두 히브리어 단어가 있다. 그 의미를 알게 되면 하나님의 섭리와 경륜에 따른 여러가지 돌발상황들에 대해 고개를 쉽게 끄덕일 수가 있게 된다.

'형통함'에는 세상적 형통함(시 30:6, 세상적 잘 나감, 세상적 번영, 풍요, 승승장구함)이 있는가 하면 하나님의 형통함(2, 3, 23, 하나님의 계획이 나(me)를 통해 진행(~ing)되고 완성되는 것)이 있다. 전자를 쉘레우(שָׁלֵו, nm, ease, prosperity/שָׁלָה, v, 솰라흐, to be quiet or at ease, prosper, deceive, 욥 12:6)라 하고 후자는 짤라흐(צָלַח, v, to rush, 하나님의 권능이 강력하게 임하다, 돌파하다/Aramaic צְלַח, 쩰라흐)라고 한다. 전자가 승승장구(乘勝長驅), 전도양양(前途洋洋)이라면 후자의 경우는 하나님의 계획이 나를 통해서 그 과정 과정이 진행되어 종국적으로 결과가 도출되는 것을 말한다. 그러다 보니 하나님의 형통은 그 과정이 몹시 아플 수도 있다. 그렇기에 삶을 살아가며 혹여라도 돌발상황이 생긴다 할지라도 너무 당황해할 필요가 없다. 그 돌발상황조차도 '하나님의 형통'의 과정일 수 있기 때문이다.

그러므로 고난이나 심지어 인간적으로 볼 때 실패처럼 보인다 할지라도 그것은 나를 정금 같은 사람으로 만들기 위한 하나님의 훈련임을 알고 기도로 나아가야 한다. 더 나아가 그것이 하나님의 형통이라면 틀림없이 아름다운 결과로 인도하실 것을 믿고 감사하며 나아갈 수 있어야 한다.

40장

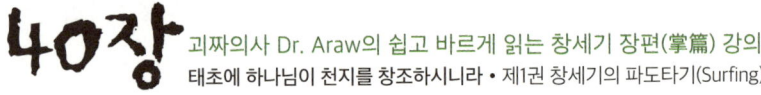

괴짜의사 Dr. Araw의 쉽고 바르게 읽는 창세기 장편(掌篇) 강의
태초에 하나님이 천지를 창조하시니라 • 제1권 창세기의 파도타기(Surfing)

술 맡은 관원장, 떡 맡은 관원장, 그리고 하나님의 Hidden Time

창세기 39장까지를 통하여는 요셉이 노예로 팔려 애굽에까지 내려가 애굽의 시위대장 보디발의 집으로 팔려 갔음을 보았다. 그곳에서 요셉은 누가 보든 보지 않든 간에 '하나님 앞에서(Coram Deo)' 열심히 일하다가 오히려 불의를 행하지 않은 대가로 엉뚱한 누명을 쓰게 된다.

이후 39장 말미를 통하여는 요셉이 감옥에 갇히게 되는 것을 볼 수 있다. 그런데 이때 우리의 상식과는 영 동떨어진 생뚱맞은 표현이 등장하기에 너무나 당황스럽다. 왜냐하면 성경(39:21, 23)은 "여호와께서 요셉과 함께 하시고 그에게 인자를 더하사"라는 말씀과 더불어 "여호와께서 요셉과 함께하심이라 여호와께서 그의 범사에 형통케 하셨더라"고 말씀하셨기 때문이다.

'함께하심, 인자를 더하사, 형통케 하셨다'

'이건 또 뭐지?'

갑자기 숨이 막혀오는 듯하다. 아무리 생각해도 인간의 상식으로는 상기의 말을 수용하기가 어렵다. 심지어는 쌍욕마저 나올 듯한데…….

그러나 요셉의 결과를 익히 잘 알고 있는 우리는 그 말씀을 아멘으로 받아들인 후 역사를 거슬러 올라가보면 그 모든 과정 과정들이 분명한 '하나님의 형통'임을 쉽게 납득할 수가 있다. 더 나아가 앞서 두 가지로 분류하여 언급했던 '형통함' 중 '하나님의 형통'을 되새겨보면 더욱더 고개가 끄덕여지게 된다.

물론 인간적으로 볼 때 '그러면 너도 그런 하나님의 형통의 과정 속으로 들어 갈래'라고 말한다면 연약한 육신을 가진 인간으로서는 당연히 '노(No)'이거나 한참을 기도하며 깊은 고민에 빠져야만 할 것이다. 그럼에도 불구하고 진실된 그리스도인이라면 점점 더 '예스(Yes)'쪽으로 나아가게 됨은 물론이요 오히려 '하나님의 형통'을 은근히 바랄 수도 있게 될 것이다.

이곳 40장에서는 요셉이 감옥에서 당대 애굽의 최고 관리였던 떡 굽는 관원장과 술 맡은 관원장을 만나게 되는 것을 보여주고 있다. 시위대장이었던 보디발이 그들을 특별히 요셉에게 맡겼기 때문이다. 그렇기에 4절에는 "시위대장이 요셉으로 그들에게 수종하게 하매"라고 되어 있는 것이다.

이로 보아 당시 두 관리는 감옥에 갇혔으나 최고의 VIP였고 함부로 대할 수 없는 사람들이었기에 보디발로서는 자신이 가장 신임할 수 있는 요셉을 적임자로 선정했던 것이리라.

더 나아가 요셉을 향한 이런 그의 조치로 보아 보디발은 요셉이 아무런 죄가 없이 누명을 썼고 완전히 무죄라는 사실을 알고 있었던 듯하다. 그럼에도 불구하고 요셉을 감옥에 가둔 것은 아내의 체면 때문이 아니었을까 싶다. 물론 이 또한 역사의 주관자 하나님의 허용 하에서 이루어진 것이지만…….

그렇게 제법 세월(יוֹם, day, 욤, day of Yahweh, of long time/plural in specific sense, apparently = year, literal 1 יָמִים, 야밈)이 흘렀다.

어느 날 두 관원장은 전날 밤에 꾸었던 꿈 때문에 깊은 근심에 잠겼다. 잠이 깬 그들의 얼굴에는 수심이 가득했다(얼굴빛이 약해졌다). 그들을 지근거리에서 살뜰하게 모시고 있던 요셉은 얼른 눈치를 채고 자신에게 그 꿈을 이야기하면 하나님께서 해석을 알려주실 것이기에 당신들에게 그 꿈 해석을 '전달'해 주겠노라고 말했다.

그리하여 하나님이 주신 요셉의 해석대로 떡 맡은 관원장은 목이 매달렸고 술 맡은 관원장은 바로 복직되었다. 문제는 그 술 맡은 관원장이 득의(得意)했음에도 불구하고 바로에게 요셉의 사정을 알리지 않았다라는 것이다. 성경은(40:23) "요셉을 기억지 않고 잊었더라(וַיִּשְׁכָּחֵהוּ, 바이이쉬카헤후, but forgot him)"고 말씀하고 있다. 여기서 '잊었더라'의 히브리어는 샤카흐(שָׁכַח, to forget)인데 이는 '무시했다'라는 의미이다. 결국 복직된 그 관원장은 요셉과의 약속을 하찮게 여겼던 것이다.

가만히 보면 요셉의 일생은 자신을 둘러싼 사람들이나 그들의 상황과 환경으로 인해 자주자주 의도치 않게 고난을 받게 되는 것을 알 수 있다. 형들의 배신이 그러했다. 보디발의 아내의 누명이 그러했고 술 맡은 관원장의 철저한 무시가 그러했다.

이와는 달리 요셉 자신은 비록 그런 극한 상황에 처해졌다 할지라도 그의 주변만큼은 자신으로 인해 매번 형통함과 복이 주어지고 있음을 알 수 있다. 결국 요셉은 언제 어디서나 선한 영향력을 발휘했음을 알 수 있다. 그런 요셉은 예수 그리스도의 그림자였으며 확실히 오실 메시야의 사역을 예표한 인물이었다.

이리하여 요셉은 다시 2년 동안 감옥에 갇혀 잊혀진 사람이 되고 말았다. 사람들에게서, 동시에 자신으로부터마저도……

그러나 당연히 하나님은 잊지 않고 또렷이 기억(창 8:1, 제코르, 권념)하셨다. 왜냐하면 우리 하나님은 신실하시고 정확하시며 좋으신 분이기 때문이다. 혹자는 요셉의 '감옥에서의 2년'을 가리켜 하나님의 'Hidden Time'이라고 하며 반드시 거쳐야 할 필요하고 중요한 기간이었다라고 말하곤 한다. 그럴 수도 있겠다. 충분히 그렇다.

그러나 필자의 경우 이런 단어를 사용하는 것에 아주 민감하다.

'Hidden Time'이란 결과적으로 보면 정말 아름다운 단어임에는 틀림없다. 누가 보더라도 그렇다. 그러나 그 과정을 지나는 동안은 고통과 아픔, 눈물과 땀이 배(倍, double)가 되기에 약간은 잔인한 말이기도 하다.

나는 지난날 긴 긴 암흑의 터널을 지나 보았다. 그때 주위에는 아무도 없었다. 적어도 그렇게 아무도 없는 듯 느끼곤 했다. 칠흑같은 어둠 속에서 숨을 쉬지 못해 금방이라도 죽을 것만 같을 때가 많았다. 차라리 죽는 것이 낫겠다고 수없이 생각했다. 제발 죽여달라고 기도하기도 했다.

당시 하나님은 아무런 응답도 하지 않으셨다. 부르짖고 외치고 하늘을 향해 삿대질을 해보아도 전혀 묵묵부답(默默不答)이셨다. 자주자주 하나님께서 온전히 나를 떠난 듯한 느낌마저 받기도 했다. 그런 연유로 'Hidden Time'이라는 단어는 내게 매우 민감하게 다가온다. 그럼에도 불구하고 하나님은 때때로 우리를 사용하시기 전에 그런 시간 곧 'Hidden Time'을 가지길 원하시는 것 같다.

언젠가 'Dr. Araw의 Hidden Time'이라는 책을 쓰고 싶다.

그렇게 2년의 세월이 흘러갔다. 복직된 술 맡은 관원장에게는 짧은 시간이었겠으나 요셉에게는 정말 긴 시간이었다. 그러나 하나님편에서는 가장 적당한, 가장 적합한 시간이었다.

41장

괴짜의사 Dr. Araw의 쉽고 바르게 읽는 창세기 장편(掌篇) 강의
태초에 하나님이 천지를 창조하시니라 • 제1권 창세기의 파도타기(Surfing)

요셉, 총리가 되다, 그리고
에브라임(Fruitful), 므낫세(Forgettable)

이곳 창세기 41장은 "만 이년 후에"라는 말로 시작한다. 왜냐하면 하나님의 Hidden Time이라고 여겨지는 2년 동안, 곧 술 맡은 관원장의 복직일로부터 요셉은 감옥에 2년 더 갇혀 있었기 때문이다. 사실 요셉으로서는 복직이 된 술 맡은 관원장에 대한 일말(一抹)의 기대가 있었다. 그리하여 이제나저제나 좋은 소식이 오기만을 기다렸을 것이다. 아침에 일어나면 '혹시나……' 하면서 들뜬 마음을 억누르며 하루를 보냈을 것이다. 그러다가 저녁이 되면 '내일이면 좋은 소식이 오겠지'라며 꿈속에서라도 석방되는 꿈을 꾸며 잠이 들었을 것이다. 그렇게 하루 이틀이 지나며 겪었을 그의 가슴앓이는 아마도 상상을 초월하는 것이었으리라…….

차라리 기다림이 없었다면 훨씬 고통이 적었을지도 모르겠다.

가만히 보면 요셉은 평생에 걸쳐 계속하여 트라우마가 쌓이고 있는 것을 볼 수 있다. 훈련의 과정치고는 상당히 빡쎈 것이 틀림없다. 요셉에게 겹겹이 쌓여가던 그 상처[113]는 A형과 B형이 복합된 트라우마로서 자신의 문제보다는 상대로부터인 형들에게서, 보디발의 아내로부터, 그의 보스였던 보디발에게서, 심지어는 감옥 안의 VIP였던 복직된 술 맡은 관원장에게서였다.

이런 상황 가운데 왕궁에 있던 애굽 왕 바로가 어느 날 꿈을 꾸게 된다. 언뜻 보면 그것은 감옥에 있던 요셉과는 전혀 무관하게 보일 수도 있다. 그러나 우연인 듯 보였던 바로의 이 꿈은 역사의 주관자 하나님의 정확한 손길로서 바야흐로 하나님께서 매듭을 풀려는 시작점이었다. 매개자로 쓰인 사람이 바로 복직된 술 맡은 관원장이다.

놀랍게도 역사적 배경을 보면 감옥에서의 2년 연장기간은 하나님께서 요셉을 들어 쓰셔서 '역사'를 이끌어가시기 위한 정밀한 작업기간이기도 했다. 왜냐하면 이때에 애굽 왕조는 정변이 일어나 왕이 함족(본래 애굽 왕조는 함족)에서 셈족(힉소스 왕국)으로 바뀌었던 시기[114]였기 때문이다.

우리는 유한되고 제한된 한 번의 직선 인생을 살아가며 우연인 듯 보이

---

113 상처(Trauma)에는 크게 두 가지가 있다. A(Absence) Trauma와 B(Bad) Trauma이다. 전자의 경우 충분히 받아야 함에도 불구하고 받지 못하여 생기는 상처이다. 그렇기에 A형 상처가 깊어지면 기분이 가라앉게 되고 우울해지며 급기야는 자살로 이어질 수가 있다. 후자의 경우 받지 말아야 함에도 불구하고 받게 되어 생기는 상처로서 B형 상처가 깊어지면 욱~하게 되고 폭력적이 되며 급기야는 엄청난 대형사고로까지 이어질 수가 있다.

114 <복음은 삶을 단순하게 한다>, 이선일, 더메이커, 2018, p56-57재인용

는 많은 '야릇한 상황들'과 더불어 전혀 뜻밖의 '돌발상황들'을 수없이 겪게 된다. 어떤 경우에는 나와 전혀 무관한 듯한 상황들이었지만 시간이 지나고 보면 어느새 내 곁으로 와서 나의 문제가 되곤 했던 일들이 제법 많은 것 또한 사실이다.

아무튼 애굽 왕 바로가 꾼 꿈은 독특했다. 당시 왕궁에는 꿈을 해몽하는 애굽의 술객들과 박사들이 많았다. 그러나 어느 누구도 바로의 꿈을 해석하지 못해 전전긍긍(戰戰兢兢)하기만 했다. 화가 치밀어 오른 바로는 노발대발(怒發大發) 야단이었다. 왕의 가장 지근거리에 있던 최측근인 '그' 술 맡은 관원장은 그때서야 비로소 지난날의 감옥에서 있었던 바로 '그 일'이 또렷이 기억났다.

그는 급히 바로에게 조아리며 "내가 오늘날 나의 허물을 추억하나이다"라고 말했다. 그리고는 감옥에서 있었던 일과 히브리 소년의 꿈 해석대로 자신은 복귀되어 지금 이곳에 서게 되었노라고 말했다.

이리하여 요셉은 졸지에 애굽 왕 바로 앞에 서게 되었다. 왕 곁에 서 있던 술 맡은 관원장과의 조우(遭遇, encounter)에 대한 어색함은 차치하고라도 왕 앞에 선 하나님의 사람 요셉은 언제나 그렇듯이 당당했다.

바로 왕은 말하기를, "들은 즉 너는 꿈을 들으면 능히 푼다더라"고 했다. 사실 이 말은 '애굽의 박수와 술객들이 해몽을 못하였는데 너는 가능하냐'라는 말이었다. 계속하여 왕은 네가 나의 꿈을 잘 풀어서 내게 대령하라는 투로 말했다. 그러니 요셉으로서는 이중부담(二重, double burden)이었을 것이다.

그럼에도 불구하고 요셉은 거침없이 말하기를, "가로되 이는 내게 있는 것이 아니라 하나님이 바로에게 평안한 대답을 하시리이다(41:16)"라고 선명하게 동시에 확신을 가지고 대답했다. 이런 부분에서 우리는 요셉의 곧은(straight) 그리고 굳은(sound, strong, firm) 신앙을 보게 된다.

'평안한(שָׁלוֹם, nm, completeness, soundness, welfare, peace) 대답(עָנָה, v, 아나흐, to answer, respond)'

'평안한 대답(빌라다이 엘로힘 아나흐 에트 살롬 파로흐)'이란 곧 '당신에게 준 꿈'을 통한 '하나님의 계획'을 내가 아니라 하나님께서 '나'를 통해 당신에게 전달할 것이다라는 의미이다. 이 말인즉 당신은 곧 '하나님의 형통'을 보게 될 것이라는 말이기도 하다. 이는 마치 계시록 1장 1절의 말씀을 듣는 듯하다.

"예수 그리스도의 계시라 이는 하나님이 그에게 주사 반드시 속히 일어날 일들을 그 종들에게 보이시려고 그 천사를 그 종 요한에게 보내어 지시하신 것이라"_계 1:1

더하여 예수님께서 하셨던 말씀, 곧 "나는 아버지께서 내게 주신 말들을 그들에게 주었사오며(요 17:8)", "나는 오직 아버지께서 가르치신 대로 말하노라(요 8:28)", "내가 내 자의로 말한 것이 아니요 나를 보내신 아버지께서 내가 말할 것과 이를 것을 친히 명령하여 주셨으니(요 12:49)"라는 말씀이 연상되기도 한다.

그렇게 요셉은 "하나님이 하실 일(41:25, 28)" 곧 "하나님이 정하신 일(41:32)"을 애굽 왕 바로에게 보였다. 이후 요셉은 자연스럽게 '술객들과 박사들'의 머리가 되었을 뿐만 아니라 애굽 온 나라를 통치하는 국무총리가 되었다.

하나님의 신실하심!

하나님의 정확하심!

그리하여 '하나님의 형통(2, 3, 23, 하나님의 계획이 나(me)를 통해 진행(~ing)되고 완성되는 것)' 곧 '짤라흐(חָלַצ, v, to rush, 하나님의 권능이 강력하게 임하다, 돌파하다/Aramaic חַלְצ, 쩰라흐)'가 요셉을 통해 그대로 이루어지는 것을 애굽 왕 바로와 술 맡은 관원장, 술객들과 박사들, 그리고 애굽의 크고 작은 모든 치리자들로 하여금 보게 하셨다. 역사의 주관자 하나님의 신실하시고 정확하신 섭리와 경륜 아래 일련의 과정들이 그대로 이루어진 것이다.

이후 애굽 왕 바로는 요셉에게 '사브낫(צָפְנַת)바네아(פַעְנֵחַ)'라는 이름("the god speaks and he lives", Joseph's Eg. Name, 세상의 구주)을 주고 온(אוֹן, a city in N. Eg, 태양신 레가 택한 사람) 제사장 보디베라의 딸 아스낫(אָסְנַת, perhaps "belonging to Neith(애굽 여신 느잇에게 속한 자)", the wife of Joseph)을 주어 아내로 삼게 한다.

7년 풍년 후 막 흉년이 들기 전(前)에 하나님은 요셉에게 두 아들을 주셨다. 장자의 이름이 므낫세(מְנַשֶּׁה, "causing to forget", a son of Joseph, also a tribe desc. from him, also a king of Judah, also two Israelites)이며 차자의 이름은 에브라임(אֶפְרַיִם)이다. '에브라임'에 해당하는 히브리어는 히페라니(הִפְרַנִי, has caused me to be fruitful)인데 이는 동사 파라흐(פָּרָה, v, to bear fruit, be fruitful)에서 파생되었다.

돌이켜보면 하나님께서는 요셉을 약관 17세에 부모님과 고향 땅을 떠나 머나 먼 이국 땅 애굽에서, 그것도 모자라 노예로 살게 하셨고, 더 많은 시간을 감옥에서 온갖 상처 속에 살게 하셨다. 그후 '때가 되매' 완전히 인생 역전을 시키셔서 국무총리가 되게 하셨다. 이른바 '하나님의 형통하심'이다. 가만히 보면 이는 '그리스도의 승귀(昇貴, Ascension of Christ)'를 연상케 한다. 즉 비하(卑下)와 고난의 기간이 지난 후 주권자가 된 것과 맥이 통하고 있는 것이다.

하나님은 요셉에게 가정까지 허락하셔서 아내와 두 아들을 주셨다. 두 아들의 이름을 보면 요셉의 지난날을 짐작케 한다.

"요셉이 그 장자의 이름을 므낫세라 하였으니 하나님이 나로 나의 모든 고난과 나의 아비의 온 집 일을 잊어버리게 하셨다 함이요"_창 41:51

"차자의 이름을 에브라임이라 하였으니 하나님이 나로 나의 수고한 땅에서 창성하게 하셨다 함이었더라"_창 41:52

괴짜의사 Dr. Araw의 쉽고 바르게 읽는 창세기 장편(掌篇) 강의
태초에 하나님이 천지를 창조하시니라 • 제1권 창세기의 파도타기(Surfing)

요셉과 우리의 꿈 성취,
우리는 다 한 사람의 아들들이라

바로의 꿈을 통해, 그리고 하나님께서 요셉에게 허락하신 꿈 해몽을 통해 보여주신 그대로 애굽은 7년 동안 대 풍년(41:47)이 있었다. 이때 요셉은 각 성에 창고를 수없이 많이 지어 곡물을 거두고 또 거두어 모든 창고에 저장하고 또 저장했다. 오죽 많았으면 저장한 곡식이 바다 모래같이 많았고 그 수가 한이 없었다(41:49)라고 했을까…….

세월이 흘러 일곱 해 풍년이 그치고(41:53) 요셉의 꿈 해몽 그대로 일곱 해 흉년이 들기 시작하매 각국에는 기근이 있으나 애굽 온 땅에는 식물이 풍성했다.

기근이 조금씩 깊어가자 요셉은 저장해 놓았던 곡식을 애굽 온 땅은 물론이요 기근이 닥친 온 지면에 팔기 시작했다. 각국의 백성들은 너도 나도 양식을 사려고 애굽으로 몰려와 곡식을 다스리던 요셉 앞에 머리를 조아리기에 이르렀다.

때에 가나안 땅에도 기근이 심하게 들었는데 그곳에 기거하던 야곱은 아들들에게 애굽으로 가서 양식을 사오라고 명한다. 이에 베냐민을 제외한 요셉의 형 10인이 애굽으로 곡식을 사기 위해 내려갔다.

바야흐로 놀라운 '역사적 반전'이 시작되는 순간이다.

요셉의 형들은 애굽의 총리 앞에 나아가 땅에 엎드려 절했다. 한편 이곳 42장의 '엎드려 절하다'라는 말은 창세기 37장 7, 9절의 요셉이 꾸었던 꿈 이야기 중 "절하더이다"라는 말과 묘하게 상통하고 있다. 두 부분에서 미묘한 차이가 있다면 그때는 숫자가 11(열한 별이 내게 절하더이다)이었다면 지금은 숫자가 10인 것이다.

요셉은 형들을 단박에 알아보았다. 그럼에도 불구하고 짐짓 모른 체했다. 한편 형들의 경우 애굽의 총리 앞이라 감히 얼굴을 들고 쳐다볼 엄두를 내지 못했다. 이때 요셉은 지난날에 자신이 꾸었던 꿈(창 37:5-11)을 잠시 회상한다. 다시 정신을 차리고는 그 형제들에게 집요하게 묻기 시작했다. 동시에 짐짓 혐의를 뒤집어씌웠다.

"너희는 정탐들이라 이 나라의 틈을 엿보려고 왔느니라" 창 42:9

이에 10명의 형제들은 한목소리로 "종들은 곡물을 사러 왔나이다, 종들은 정탐이 아니니이다"라고 읊조렸다(recite chant).

앞서 언급했지만 사실 요셉은 처음부터 형들을 단번에 알아보았다. 얼마나 그리웠던 가족들인데……. 물론 애증(愛憎, love and hatred)은 교차되었 겠지만…….

문제는 형제들 가운데 자신의 유일한 혈육인 동생 베냐민이 없었던 것에 있었다. 그러다 보니 처음에 요셉은 몹시 당황했던 듯하다. "혹시라도 형들이 베냐민마저도 나처럼"이라는 생각이 들자 형들을 사정없이 다그쳤던 것이리라…….

형들은 얼른 "말째 아들은 아버지와 함께 있으며 다른 하나는 없어졌나이다"라고 답했다. 그제서야 요셉은 안도의 한숨과 함께 놀란 가슴을 쓸어내렸을 것 같다.

요셉은 3일간 형들을 옥에 가둔 후 시므온만 볼모로 남겨두고 9명의 형들은 가나안 땅으로 돌려보냈다. 곡식 자루에는 그들의 돈이 고스란히 담겨 있었으나 형들은 그러한 사실을 전혀 몰랐다. 중간에 이르러서야 비로소 곡식을 위해 지불했던 돈이 다시 그대로 곡식 자루 안에 들어있는 것을 발견했다. 상황이 난처해지고 말았다. 애굽으로 다시 돌아가기도 만만치 않고 자신들을 기다리고 있는 가나안 땅으로 가기에도 마땅찮은 진퇴양난[115](進退兩難, betw Scylla & Charybdis)이 되고 말았다.

모든 형제들의 어깨는 축 내려앉았고 발걸음은 천근만근(千斤萬斤, heavy & sluggish)이 되어버렸다. 가장 힘든 것은 모든 형제들의 마음을 계속하여

---

[115] 진퇴양난(Scylla & Charybdis)이란 바다에 사는 여자 괴물인 Scylla(스퀼라)가 자신의 동굴과 Charybdis(카뤼브뒤스)라는 소용돌이 괴물 사이를 지나가는 선원들을 잡아먹으려 했다는 고대 그리스 신화에서 유래된 표현, <벌핀치의 그리스 로마 신화>, 토마스 벌핀치, 창해, 2009

짓눌러왔던 지난날의 기억이었다. 그들은 작금의 상황이 일어난 것이 요셉을 그렇게 대했던 것에 대한 '벌(罰)'이라고 생각했던 듯하다. 그렇기에 그들은 아무 말없이 각각 깊은 상념에 잠긴 채 가나안으로 무거운 발길을 끌어야만 했을 것이다.

가나안에 도착한 이후에도 그렇게 무거운 시간은 하염없이 흘러갔다. 아무도 먼저 말을 꺼내려고 하지 않았다. 서로 간의 대화는 점점 더 줄어들어 야곱의 가정에는 무거운 침묵만이 가득했을 것만 같다.

이후 창세기 43장 1절에는 '기근이 더 심해졌다'라고 말씀하고 있다. 더 이상 머뭇거릴 수 없게 되었던 가장인 야곱은 오랜 침묵을 깨고 다시 아들들에게 애굽에 가서 식량을 사 오라고 재촉한다.

한편 42장 말미에서는 르우벤이 베냐민을 데려가 '자신들이 애굽을 정탐하지 않았다'라는 진심을 보여준 후 시므온을 찾고 베냐민도 반드시 데려오겠다라고 말했다. 야곱은 차마 그것만은 안 된다라고 거절한다. 그러자 이번에는 43장에서 유다가 나섰다. 그리고는 총대를 메며 만에 하나 베냐민이 잘못되면 자신이 책임을 지겠노라고 그 일에 저주를 자청하며 이미 두 번이나 식량을 살 기회를 놓쳤음을 아버지에게 주지시켰다.

결국 야곱은 "죽으면 죽으리라"는 말처럼 자신의 목숨과도 같은 라헬의 유일한 혈육 베냐민을 놓았다. 결과적으로 '죽으면 살리라'가 되었다. 사실 야곱은 그 자신의 지독한 편애로 인해 온 가족들을 두 번 죽이고 있었던 것인데 그러한 사실은 전혀 몰랐던 듯하다.

종국적으로 야곱은 막다른 골목에서 '드디어' 전능하신 하나님을 찾아 부르짖고 또 부르짖었다(렘 33:2-3). 일생에 가장 잘한 선택이었다. 그리고는 외쳤다. "내가 자식을 잃게 되면 잃으리로다" 곧 '죽으면 죽으리라'고 외쳤다. 이에 대한 하나님의 응답은 우리가 익히 알고 있듯이 '죽으면 살리라'이다.

42장 전체에서는 일관되게 반복되는 단어가 하나 있는데 우리는 그것에 주목해야 한다. 곧 '하나, 한 사람"이라는 말이다. 이는 '대표성'을 지닌 말로서 로마서 5장의 말씀과 상통한다. 곧 연합의 원리와 대표의 원리로서 예수 그리스도 안에서 우리 모두는 하나가 되고 예수 그리스도로 말미암아 우리 모두는 영 단번(once for all)에 구원을 얻게 되었음을 상징하고 있다.

43장

괴짜의사 Dr. Araw의 쉽고 바르게 읽는 창세기 장편(掌篇) 강의
태초에 하나님이 천지를 창조하시니라 • 제1권 창세기의 파도타기(Surfing)

내가 자식을 잃게 되면 잃으리로다

41-42장에 이어 기근은 점점 더 심해져 온 땅이 주리게 되었다. 특히 41장 56-57절에는 '기근'이라는 말이 3번이나 반복되고 있다. 그러다가 43장 1절에는 '기근'이 더 심해졌다라고 했다. 전자의 '기근'을 히브리어로 라아브(רָעָב, nm, famine, hunger)라고 한다면 후자의 기근은 '한층 더 심해진 기근'으로서 '베하라브(וְהָרָעָב, and there was a famine) 하자크(חָזַק, mighty, 왕상 18:2)' 혹은 '베하라브(וְהָרָעָב, Now the famine) 카베드(כָּבֵד, severe, 창 43:1, 47:13)'라고 한다. 슬쩍 넘어갈 수 있는 이 부분을 통해 우리는 야훼 하나님의 섭리 하(下) 경륜이 보다 더 구체적이고 의도적으로 진행되어가고 있음을 볼 수 있어야 한다.

역사의 주관자 하나님은 모든 것에 빈틈이 없으시고 한 치 오차가 없으신 정확하신 분이시다. 우리 가운데 일어나는 크고 작은 모든 것은 하나

님의 허락 하에서만 일어난다. 역사도 사건도 마찬가지이다. 그렇기에 우리 그리스도인들은 뭔가 이해할 수 없는 돌발상황이나 급작스러운 환경이 닥칠 때마다 일희일비(-喜-悲)하지 말고 먼저 하나님께 바싹 무릎을 꿇고 엎드려 '찰지게(차지다, It's so nice)' 기도해야 한다.

야곱이 그랬던 것처럼(창 43:14).

사무엘을 얻었던 한나처럼(삼상 1:9-11).

엘리야가 그랬던 것처럼(왕상 18:42-44).

먼저는 하나님의 뜻을 보여 달라고, 동시에 하나님의 뜻을 분별케 해 달라고 부르짖으며 간구해야 한다. 하나님의 뜻을 잘 분별할 수 있도록 지혜(智慧, 레브 쇼메아, sagacity)와 명철(明哲, understanding)을 구해야만 한다. "내가 자식을 잃게 되면 잃으리로다"라는 일사각오(-死覺悟)가 있어야 한다. 그럼에도 불구하고 하나님의 뜻이 정녕 이해되지 않을 때에는 '하나님을 신뢰'함으로 그냥 하나님만을 붙들고 나아가면 된다.

결국 하나님의 경륜 하 배려하심은 야곱이 베냐민을 놓을 때까지의 '기다림'이라는 또 다른 얼굴이었던 것이다. 결국 기근이 점점 더 심해지자 야곱은 드디어 베냐민을 놓게 되었다. 가만히 보면 하나님은 사람이 꼭 붙들고 있는 무언가를 스스로(자의적으로) 놓지 않으려고 하면 타의에 의해서라도 결국은 놓게 만드시는 것을 볼 수 있다. 결국 야곱이 하나님 앞에서 모든 것을 포기하자 이번에는 하나님께서 야곱에게 모든 것을 더하여 주셨다.

"그런즉 너희는 먼저 그의 나라와 그의 의를 구하라 그리하면 이 모든

것을 너희에게 더하시리라"_마 6:33

그리하여 야곱과 요셉, 베냐민, 그리고 형제들의 해후(邂逅, reunion)가 주어지게 되고 더 나아가 기근과 흉년 속에서도 풍성한 의식주와 더불어 애굽에서 안전한 보금자리까지 얻게 된다.

하나님의 뜻(델레마 데우)과 하나님의 때(카이로스)!

그리고 나와 우리, 그리고 대한민국!

2022년 3월 9일.

20대 대통령 선거가 있었다. 지금까지도 구린내가 진동하는, 태동 때부터 문제가 많았고 아직도 이해하기 어려운 것이 '부정선거'이자 '사전선거'이다. 지난 대통령 사전선거(3월 4-5일) 또한 너무나 많은 선거부정이 있었을 것으로 예상된다. 동일하게 2020년 4월 15일의 국회의원 선거에도 그랬을 것이라 생각된다. 혹자는 음모론(陰謀論, conspiracy theory)이라고 하나 정황상 아무리 보아도 그렇지 않아 보인다. 필자는 지난 총선이나 올해의 대선, 지방 선거 등등 대부분의 선거가 확실한 부정선거라고 생각하기에 속 시원하게 검증이라도 했으면 하는 갈망이 누구보다도 크다.

이 땅에 부정선거가 더 이상 발을 붙이지 못하도록…….

필자는 올해의 대선 전에 정말 간절하게 기도했다. 역대하 7장 13-14절을 묵상하며 지속적으로 간구하며 부르짖었다.

'찰지게.'

성령의 바람이 강력하게 불기를 절절하게 울며불며 매어 달렸다. 특별히 '진노적 허용 혹은 분노적 허용(호 13:11)'만은 거두어 달라고 하나님께 간구하고 또 간구했다. 징계의 막대기를 거두어 주실 것을 간곡히 아뢰고 또 아뢰었다. 그리고는 종국적으로 결과를 받아들이고 그 결과에 대한 아버지의 뜻을 알려주실 것을 요청했다.

시간이 흐르고 필자가 원했던 결과가 주어졌다. 감사하고 또 감사했다. 그러다 보니 전혀 들뜨지 않았고 오히려 냉정해지고 차분해졌다. 이제는 하나님 앞에서 해야 할 일들의 우선순위를 통해 과정을 밟아가는 것만 남았을 뿐.

'오직 말씀.'

"죽으면 죽으리라."

"내가 자식을 잃게 되면 잃으리로다."

이곳 43장에서는 특별히 '절실했던 야곱'의 심정이 아주 가깝게 다가온다. 나의 가슴은 쥐어짜듯 아프다. 온 몸은 저리고 또 저려 견디기가 어렵다. 호흡이 가빠지고 머리는 깨어질 듯하다. 언제부터인가 이런 현상이 잦아졌다. 빈도와 더불어 강도와 크기, 세기가 점점 더 증가하고 있다. 그러다 보니 나와 함께하고 있는 공저자들이 큰 힘으로 다가온다.

최용민 전도사와 이상욱 전도사는 나의 뒤를 이어갈 소중한 동역자이자 멘티이다. 그들은 내가 미래형 하나님나라에 먼저 들어간 후 계속하여 창세기의 말씀을 업그레이드하고 업데이트 할 것이다. 그래서 축복하고 또 축복한다. 마음껏 축복하고 싶다.

이런 가운데 좋으신 하나님은 매사 매 순간 풍성한 말씀으로 재삼재사

(再三再四, over and over again) 당신의 선명한 뜻을 확인시켜 주신다.

"죽으면 살리라"

43장은 그렇게 요셉, 베냐민 그리고 모든 형제가 눈물의 상봉(相逢, reunion), 기쁨의 재회(再會, reunion), 감사의 상봉을 하게 되었다. 물론 형들의 마음에는 지난날의 실수와 허물에 대한 두려움이 상존했을 것이지만……

44장

괴짜의사 Dr. Araw의 쉽고 바르게 읽는 창세기 장편(掌篇) 강의
태초에 하나님이 천지를 창조하시니라 • 제1권 창세기의 파도타기(Surfing)

담보를 자청하고 자청하는 유다(43:8-9), "주의 종으로 아이를 대신하여 주의 종이 되게 하옵소서(44:33)"

앞서 43장에서 야곱은 드디어 금쪽같은 베냐민(라헬의 생명을 대신하여 얻은 유일한 아들)을 애굽으로 보내게 된다. 아비의 애끓는 심정을 하나님께 올려드리며 전능하신 하나님의 은혜를 간절히 구하며 간절히 바라며······.

그리하여 베냐민을 포함한 10명의 형제가 애굽에 도착하여 요셉 앞에 섰다. 그동안 시므온은 애굽에 볼모로 잡혀 있었다. 요셉은 도착한 형제들로부터 아비 야곱이 평안하다는 말을 들었다. 요셉이 무엇보다도 기뻤던 것은 그토록 오매불망(寤寐不忘) 그리워하던 동생 베냐민이 그들과 함께 있는 것을 본 것이었다. 요셉의 얼굴은 뜨겁다 못해 벌겋게 달아올랐을

것만 같다. 아마 그의 가슴은 쉴 새 없이 콩닥콩닥 아니 쿵덕거려 주변 사람들에게 크게 들렸지 않았을까 싶다.

"마음이 타는 듯하므로 급히 울 곳을 찾아 안방으로 들어가서 울고" 창 43:30

이는 요셉의 숨길 수 없는 마음이었다.

당시 유대인들은 관습상 상대를 가족으로 여긴 후에라야 함께하는 식탁 공동체를 베풀었다. 요셉은 그때까지 자신의 정체를 밝히지 않았음에도 불구하고 그들과 식사를 하기 위해 그 형제들을 장유(長幼)의 순서대로 앉혔다. 그러다 보니 애굽의 총리가 말없이 자기들을 장유유서(長幼有序)대로 앉게 하는 것을 보며 그 형제들은 "이상히 여겼더라"고 성경은 기록하고 있다.

사실 당시 애굽인들은 히브리 사람과 같이 먹으면 '부정을 탄다'라고까지 여겼던 때였다(창 43:32). 그래서 당시 정체를 밝히지 않았던 요셉은 다만 배식과 식사 등등은 일정거리를 유지한 채 따로 했다.

또한 애굽인들의 관습대로 요셉은 각 형제들에게 자기 식물을 주되 특별히 베냐민에게는 자기 식물을 다른 형제들보다 5배나 더 주었다(43:34). 그때까지도 요셉은 자신의 정체를 드러내지 않았으니 그 형제들로서는 애굽 총리의 베냐민에 대한 특별한 관심을 이해할 수가 없었을 것이다. 아무튼 요셉은 지난 세월 동안 형제들의 변화된 모습을 살피고 또 살폈다. 좀더 성숙되게 달라졌을 형제들의 실상을 정확하게 알기 원하는 요셉의 주도면밀(周到綿密)함이 모든 일련의 과정 속에 묻어 있었다. 요셉은 속으로 여러가지를 생각하며 일을 하나씩 진행해나갔다.

종국적으로는 자신의 유일한 혈육 베냐민을 우선 확보하기 위해 그의 곡식 자루에 자신이 애지중지(愛之重之)하던 은잔을 슬쩍 집어넣었다(44:2).

형제들이 애굽을 떠난 지 얼마 못되어 요셉의 청지기가 따라붙었다. 그리고는 베냐민의 자루에서 은잔을 찾게 된다. 그들에게는 청천벽력(靑天霹靂, a bolt from the blue)이었다. 당시 모든 형제들에게 아버지 야곱의 얼굴이 일제히 떠올랐을 것 같다. 그렇기에 그들로서는 집으로 돌아갈 엄두가 나지 않았을 것이다. 결국 '유다와 그의 모든 형제들(44:14)'은 다시 애굽의 총리 요셉이 머물고 있는 성으로 되돌아왔다. 베냐민을 위시하여 모두가 다 함께 온 것이다.

그런데 창세기 44장 14절의 말씀이 약간 이상하다. 그냥 지나칠 수도 있지만 '이 말씀'에는 뭔가 복선이 있음을 알 수 있다.

당시 형제들의 장자는 르우벤이었다. 히브리어나 헬라어는 순서가 아주 중요하다. 그렇기에 '르우벤과 그의 모든 형제들'이라고 되어 있어야 함에도 불구하고 "유다(37:26-27)와 그의 형제들(44:14)"이라며 유다가 대표격으로 언급되어 있는 것이다. 당연히 당시 장자였던 '르우벤과 그의 형제들'이라고 언급되었어야 했건만…….

필자의 생각에는 앞선 창세기 37장 26-27절과 더불어 43장 8-9절 말씀을 서로 연결하여 추론해보면 그 연결이 자연스러울 것 같아 보인다. 즉 유다는 매번 애매한 상황이나 위급한 상황이 생기면 마치 자신이 장자이기라도 하듯 자신의 모든 것을 걸고 희생하는 솔선수범(率先垂範, taking the initiative & setting an example)과 책임감을 보여왔다. 그것은 실로 장자다운 모습이자 책임감 있는 리더의 모습이었다.

당시 날아가는 새도 떨어뜨렸던 권세를 가진 애굽의 총리인 요셉 앞에서 모든 형제는 숨죽이고 엎드려 머리를 조아렸다. 이때 장자였던 르우벤이 앞서서 모든 일에 대한 책임을 지고 나서는 것이 순리였다. 그런데 정작 목숨 걸고 나선 것은 넷째 아들 유다였던 것이다.

그는 43장(43:8-9)에서 가나안을 떠나기 전에 아버지 야곱을 향해 자신의 아들들을 담보하면서까지 베냐민을 책임지고 다시 안전하게 데려오겠다고도 했었다. 그랬던 유다는 지금 애굽 총리인 요셉 앞에서 목숨을 걸고 장자인 양 나서서 자초지종(自初至終)을 설명하고 있는 것이다. 특이한 것은 이런 일에 첫째인 르우벤이 앞서지 못했다면 그 다음은 당연히 둘째 셋째인 시므온과 레위가 앞서는 것이 당연지사(當然之事)일듯 한데…….

여기서 필자는 역사의 주관자 하나님의 손길이 서서히 넷째인 유다에게로 향하는 것을 느끼게 된다. 그리하여 결국 예수님은 유다의 후손으로 오셨던 것이리라. 물론 유다가 다른 형제들보다 '잘했기때문에'라는 의미는 아니다. 나의 의도는 하나님의 은혜 가운데 유다를 이끄시는 세미한 손길을 잘 살피자라는 것이다.

무엇보다도,
하나님의 하시는 모든 일은 다 옳기 때문이다.
한편 유다는 자신들의 결백을 차근차근 설명하는 동시에 지난날 자신들의 죄악에 대한 하나님의 정직한 심판에 대해 "하나님이 종들의 죄악을 적발하셨으니(창 44:16)"라며 고백하고 있다. 더 나아가 유다는 자신은 어떻게 되든 상관없이 아비인 야곱에 대한 진정한 걱정만을 토로하고 있다.

"아비가 아이가 없음을 보고 죽으리니 이같이 되면 종들이 주의 종 우리 아비의 흰머리로 슬피 음부로 내려가게 함이니이다"_창 44:31

"내가 어찌 아이와 함께 하지 아니하고 내 아비에게로 올라 갈 수 있으리이까 두렵건대 재해가 내 아비에게 미침을 보리이다"_창 44:34

넷째 아들 유다의 절규하다시피 하는 그의 간절한 호소는 이미 목숨을 포기한 사람의 그것이었다. 유다의 인물됨이나 성정은 지난 과거의 사건에서도 나타난다. 지난날 형제들이 요셉을 죽이려 할 때에 그는 그래도 목숨만큼은 살리기 위해 '팔자'라고 반대 의견을 냈었다. 물론 르우벤도 어떻게든 요셉을 살려보려고 물이 없는 구덩이에 집어넣었다가 기회를 보아 놓아주려고 하기는 했었다(창 37:21-22). 아무튼 지금 절체절명의 순간에도 유다는 죽기를 각오하고 모든 총대를 메려고 하는 것이다.

자신이 아버지에게 약속한 그대로…….

그는 자신의 말(43:8-9) 그대로 베냐민 대신에 종이든 노예든 무엇이든 기꺼이 자청(44:33)하겠노라고 했다.

"청컨대 주의 종으로 아이를 대신하여 있어서 주의 종이 되게 하시고 아이는 형제와 함께 도로 올려 보내소서"_창 44:33

참고로 "담보하다"에 해당하는 히브리어는 아라브(עָרַב, v. to take on

pledge, give in pledge, exchange)인데 이는 '보증과 맹세로 교환하다, 교제하다, 참여되다'라는 의미를 가지고 있다. 결국 넷째 아들이었던 유다의 이런 모습은 예수 그리스도의 모습과 유사한 것으로 예수님께서 바로 우리의 담보되셨음에 대한 예표이기도 하다.

창세기 44장 13절에는 "그들이 옷을 찢고"라는 말이 나온다. 이는 지난날 창세기 37장 29, 33절에서 요셉의 옷을 찢어 짐승의 피를 묻혔던 형제들의 태도와 오버랩된다. 동시에 그 소식을 들은 야곱이 자기 옷을 찢고(창 37:34) 굵은 베로 허리를 묶었던 것 또한 연상된다. 결국 이들 모두는 예수 그리스도의 십자가 상에서 몸을 찢고 피를 흘려 주심으로 우리의 죄를 사하여 주실 것을 예표한 것이다.

그러므로 이곳 44장을 통하여는 '담보를 자청했던 유다'는 상징적으로 우리를 위하여 대신 죽으신 예수 그리스도를 예표한 것임을 알아야 한다. 동시에 "주의 종이 되게 하시고"라고 했던 유다의 고백은 오늘을 살아가는 하나님의 종 된 우리들의 진정한 고백이 되어야 할 것이다.

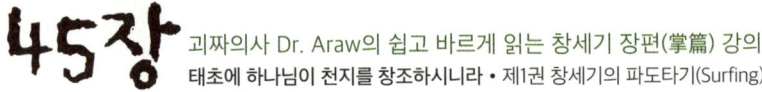

하나님이 생명을 구원하시려고
나를 당신들 앞서 보내었나이다

이곳 창세기 45장에서 요셉은 더 이상 자신의 감정을 억제하지 못하고 형제들 앞에서 울음을 터트리고 만다.

대성통곡(大聲痛哭)!

방성대곡(放聲大哭)!

"나는 요셉이라"

"나는 당신들의 아우 요셉이니 당신들이 애굽에 판 자라"

여기까지의 말을 들은 요셉의 형들은 소스라치게 놀랐을 것이고 동시에 닥쳐올 두려움으로 인해 멘붕(mental breakdown)이 되었을 것 같다. 그 순간 그들에게는 지난날의 잊고 싶고 감추고 싶었던 생생한 기억들이 파노라마처럼 떠오르지 않았을까 싶다.

이런 어색하고도 숨막히는 야릇한 상황에도 아랑곳하지 않고 요셉은 격정에 쌓여 계속 말을 이어갔다. 아마도 주변의 분위기를 파악할 여유가 없었던 듯하다. 그만큼 쌓이고 쌓였던 그 무엇이 있었는데 지금 마치 봇물(보(洑)물, sluicelike, watercourse) 터지듯 흘러나오고 있는 것이다.

가슴 속에 맺힌 것들이 얼마나 많았으면······.

요셉은 계속 말을 이어 나갔다. 아마 모르긴 해도 요셉도 인간인지라 흥분에 더하여 여러가지 복잡한 감정이 섞여 문맥도 문법도 엉망이었을 모습이 상상된다.

"당신들이 나를 이곳에 팔았으므로 근심하지 마소서 한탄하지 마소서 하나님이 생명을 구원하시려고 나를 당신들 앞서 보내셨나이다"_창 45:5

요셉은 이렇게 말했으나 그 소리가 형제들의 귀에 들리기나 했을까 싶다. 이런 경우를 가리켜 '소 귀에 경 읽기' 곧 우이독경(牛耳讀經)이라고 할 것이다. 왜냐하면 당시의 형들은 거의 정신이 나간 상태였을 것이기 때문이다. 그럼에도 불구하고 요셉은 계속하여 말을 이어갔다.

"하나님이 큰 구원으로 당신들의 생명을 보존하고 당신들의 후손을 세상에 두시려고 나를 당신들 앞서 보내셨나니"_창 45:7

"그런즉 나를 이리로 보낸 자는 당신들이 아니요 하나님이시라 하나님이 나로 바로의 아비를 삼으시며 그 온 집의 주를 삼으시며 애굽 온 땅의 치리자를 삼으셨나이다"_창 45:8

아마 요셉으로부터 내가 바로 '온 집의 주, 바로의 아비, 온 땅의 치리자'라는 그 말을 듣는 순간 그의 힘과 권력 앞에 또 다시 자신들이 저지른 지난날의 과오가 생각나서 아예 새파랗게 질렸을 듯하다. 그러나 요셉은 이런 형들의 상황을 살필 여유가 전혀 없었던 듯하다. 그렇기에 지금까지 계속 자신만 말하고 있는 것이다. 창세기 45장 9-14절이 지나고 15절이 되어서야 겨우 "형들이 그제야 요셉과 말하니라"고 되어 있다.

사실인즉 형들로서는 요셉의 말에 안심이 되기는 고사하고 두려움에 얼어붙어 요셉의 음성이 겨우 귀에 들렸을 뿐이다. 그렇기에 대화가 아니라 그저 잠깐잠깐 반응한 것뿐이었을 것이다. 이는 또한 창세기 50장을 보면 확연하게 알 수 있다.

요셉이 그 아비 야곱과 가족들을 애굽으로 초청했을 그때를 기준으로 17년간 고센 땅에 살다가 야곱은 자신을 선영(先塋, a family burial ground)에 장사하라고 유언한 후 147세(창 47:28)에 "그 발을 침상에 거두고 기운이 진하여 그 열조에게로(창 49:33)" 돌아갔다. 당시 형제들의 대화를 보면 요셉에 대한 형들의 여전한 두려움을 잘 알 수 있다.

요셉과 형제들이 그 아비 야곱을 장사한 후에 창세기 50장 15-21절에는 그 형들의 요셉에 대한 두려움 가득한 속마음을 이렇게 기록하고 있다.

"요셉이 혹시 우리를 미워하여(창 50:15)"

"당신의 아버지가 돌아가시기 전에 명하여 이르시기를(창 50:16)",

"네 형들이 네게 악을 행하였을찌라도 이제 바라건대 그 허물과 죄를 용서하라(창 50:17)"

"우리는 당신의 종이니이다(창 50:18)"

상기의 말들을 통해 우리는 요셉에 대한 형들의 속마음을 적나라하게 알 수 있다. 반면에 이런 형제들에 대한 요셉의 대답은 자못 감동적인데 이는 오늘을 살아가고 있는 우리들의 신앙고백과 일치되고 합쳐져야 한다. 바로 창세기 45장 5-8절과 50장 19-21절이다.

"당신들이 나를 이곳에 팔았으므로 근심하지 마소서 한탄하지 마소서 하나님이 생명을 구원하시려고 나를 당신들 앞서 보내셨나이다 이 땅에 이년 동안 흉년이 들었으나 아직 오년은 기경도 못하고 추수도 못할찌라 하나님이 큰 구원으로 당신들의 생명을 보존하고 당신들의 후손을 세상에 두시려고 나를 당신들 앞서 보내셨나니 그런즉 나를 이리로 보낸 자는 당신들이 아니라 하나님이시라 하나님이 나로 바로의 아비를 삼으시며 그 온 집의 주를 삼으시며 애굽 온 땅의 치리자로 삼으셨나이다"_창 45:5-8

"요셉이 그들에게 이르되 두려워 마소서 내가 하나님을 대신하리이까 당신들은 나를 해하려 하였으나 하나님은 그것을 선으로 바꾸사 오늘과 같이 만민의 생명을 구원하게 하시려 하셨나니 당신들은 두려워 마소서 내가 당신들과 당신들의 자녀를 기르리이다 하고 그들을 간곡한 말로 위로하였더라"_창 50:19-21

46장

괴짜의사 Dr. Araw의 쉽고 바르게 읽는 창세기 장편(掌篇) 강의
태초에 하나님이 천지를 창조하시니라 • 제1권 창세기의 파도타기(Surfing)

내가 너와 함께 애굽으로 내려가겠고 다시 올라올 것이며

당시 역사의 주관자 하나님은 엄청난 기근을 동원하셔서 야곱으로 하여금 그토록 그리던 아들 요셉과의 상봉을 계획하셨다. 그 일을 요셉과 형제들로부터 시작하셔서 종국적으로 야곱에까지 이르게 하셨다.

요셉과 천재일우(千載-遇, golden opportunity)의 기회로 약간은 어색한 상봉으로 시작했던 형제들은 애굽 땅의 많은 아름다운 것들과 기름진 것들을 선물로 받은 후 가나안으로 돌아왔다. 돌아가는 형들을 향해 요셉은 두 가지 당부를 했다. 첫째는 "아버지와 아버지의 가속과 아버지의 모든 소속을 데리고 이곳 애굽으로 오시라는 것(45:11-13)이었고 둘째는 노중(路中)에서 서로 다투지 말라(45:24)"는 것이었다.

아들들로부터 요셉의 소식을 들은 야곱은 너무나 황당하여 처음에는 귀

를 의심했을 뿐만 아니라 아예 믿지도 않았다. 시간이 흐르며 마음이 차분해지자 점차 현실에 대한 인식이 들기 시작했다. 게다가 "요셉이 자기를 태우려고 보낸 수레를 보고" 모든 것이 사실임을 확신하게도 되었다. 그 수레는 아버지 야곱을 예우하기 위한 '버금수레(the second(מִשְׁנֶה, 미쉬네흐) in chariot(מֶרְכָּבָה, 메르카바흐), 41:43)'였다.

일단 요셉에 대한 확신이 들자 마음이 조급해진 야곱은 죽기 전에 아들을 반드시 보아야겠다는 일념(-念, determination)으로 모든 소유물과 가족들(애굽에 이른 야곱의 집 사람 66명, 신 10:22, 창 46:26-27, 4명은 애굽에 있던 요셉, 아스낫, 므낫세, 에브라임, 도합 70명)을 이끌고 미련없이 가나안을 떠나게 된다. 물론 야곱의 출발 배경에는 그를 향한 하나님의 음성이 먼저 있었다(창 46:2-4).

"밤에 하나님이 이상 중에 이스라엘에게 나타나 불러 가라사대 야곱아 야곱아 하시는지라 야곱이 가로되 내가 여기 있나이다 하매 하나님이 가라사대 나는 하나님이라 네 아비의 하나님이니 애굽으로 내려가기를 두려워 말라 내가 거기서 너로 큰 민족을 이루게 하리라 내가 너와 함께 애굽으로 내려가겠고 정녕 너를 인도하여 다시 올라올 것이며 요셉이 그 손으로 네 눈을 감기리라 하셨더라"_창 46:2-4

지난날 야곱은 4명의 아내로부터 12명의 아들과 외동딸을 얻었다. 그 중 가장 사랑하던 아들 요셉[116]이 형들의 미움을 사 이집트에 노예로 팔려 갔다. 짐승에 찢겨 죽었다는 아들들의 말에 속아 야곱은 지금까지도 사랑

---

[116] 야곱이 가장 사랑했던 아내 라헬의 첫 소생이며 야곱의 열한 번째 아들로 야곱의 장자권을 계승한다.

하는 아들 요셉이 짐승에게 찢겨 죽은 줄로 알고 있었다.

그 당시 요셉의 나이는 17세였다. 그로부터 13년이라는 세월이 흘렀다. 그 기간 동안에 하나님의 열심은 노예였던 요셉을 당대 최강대국인 애굽의 총리(창41:43)가 되게 하셨다. 동시에 역사를 움직여 가나안을 포함하여 온 땅에 기근(창42:5)이 들게 하셨다. 결국 기근으로 인해 야곱은 죽은 줄 알았던 요셉이 살아있음을 알게 되고 더 나아가 애굽의 총리가 되었다는 소식에 70명(실은 66명)의 식구들과 함께 부랴부랴 가나안 땅에서 애굽으로 내려갔던 것이다.

"브엘세바"[117]에 이르자 야곱은 그 아비 이삭의 하나님께 제단을 쌓아 희생(犧牲)을 드린다. 그 밤에 하나님이 이상 중에 이스라엘에게 나타나 "야곱아 야곱아"라고 부르셨다. 그리고는 말씀을 주셨는데 창세기 46장 2-4절이다.

"하나님이 가라사대 나는 하나님이라 네 아비의 하나님이니 애굽으로 내려가기를 두려워 말라 내가 거기서 너로 큰 민족을 이루게 하리라 내가 너와 함께 애굽으로 내려가겠고 정녕 너를 인도하여 다시 올라올 것이며 요셉이 그 손으로 네 눈을 감기리라 하셨더라" 창 46:3-4

할렐루야!

"브엘세바"는 대대로 내려오던 야곱 가문의 영적장소 곧 신앙의 중심지이기도 했다. 아브라함이 바로 이곳에서 아비멜렉과 서로 맹세하며 '브

---

117 브엘세바(창 21:31)는 '일곱 우물', '맹세의 우물'이라는 의미로 가나안 땅의 최남단(단~브엘세바, 삿 20:1, 삼하 3:10, 17:11, 24:2) 지역이다.

엘세바'라 명명했다(창 21:22-34). 이삭은 우물 문제로 이곳에서 아비멜렉과 다투다가 서로 맹세한 후 '브엘세바'라고 했다(창 26:26-33). 지금 야곱은 이곳 브엘세바에서 하나님으로부터 이상 중에 하나님의 음성을 듣고 있는 것이다(창 46:1-4).

참고로 "브엘세바(well of seven, a place in the Negev)"란 '우물'이라는 브엘(בְּאֵר, 베에르, a well, pit/from בָּאַר, 바아르, to make distinct or plain)과 '맹세하다 혹은 일곱'이라는 세바(שֶׁבַע, seven/from שָׁבַע, 쇼바, v, to swear, 맹세하다)의 합성어로서 '7개의 우물' 혹은 '맹세의 우물'이라는 의미이다.

또한 야곱의 가족 70명이란 레아가 낳은 아들인 르우벤과 자손들, 시므온과 자손들, 레위, 유다, 잇사갈, 스불론의 자손등 33명, 실바가 낳은 갓, 아셀의 자손 16명, 라헬이 낳은 자손 14명, 빌하가 낳은 단, 납달리의 자손 7명등 도합하여 야곱의 자부 외에 66명과 당시 애굽에 있던 요셉과 그의 아내 아스낫, 그리고 두 아들인 므낫세, 에브라임을 합한 숫자이다.

그들은 애굽으로 내려가 고센 지역(the land of 해노두, 창47:1)의 라암셋(Rameses)에 정착하게 된다. 이후 출애굽하기까지 신분의 부침(浮沈, ups and downs, rise & fall)을 겪으며 430여 년의 세월을 지내게 된다.

가만히 보면 하나님의 열심은 한 개인을 들어 쓰시기도 하시지만 때로는 공동체를 들어 쓰시기도 한다라는 것이다. 이런 사실을 두고 보면 내가 누구와 함께 하는가와 내가 속한 공동체는 영육 간에 건강한가라는 것에 세심한 주의를 기울여야함을 알 수 있다.

47장

괴짜의사 Dr. Araw의 쉽고 바르게 읽는 창세기 장편(掌篇) 강의
태초에 하나님이 천지를 창조하시니라 • 제1권 창세기의 파도타기(Surfing)

내 나그네길의 세월이
일백 삼십년이니이다(47:9),

야곱 147세(47:28), 그 발을 침상에 거두고
기운이 진하여 열조에게로(49:33)

    이리하여 야곱의 온 가족은 가나안 땅에서 애굽의 고센 땅으로 이주하였다. 그리고 그곳에서 애굽 왕의 짐승들을 주관하며 살았다.

    요셉은 형제들 중 5명을 택하여 아버지 야곱과 함께 바로 앞에 서게 했다. 애굽 왕 바로는 야곱에게 나이를 물었다. 야곱은 대답하기를, "내 나그네 길의 세월이 일백 삼십년이니이다 나의 연세가 얼마 못되니 우리 조상의 나그네 길의 세월에 미치지 못하나 험악한 세월을 보내었나이다(창47:9)"라고 했다.

그런데 그 다음 장면이 약간 의아하다.

"야곱이 바로에게 축복하매(47:7)"

"야곱이 바로에게 축복하고 그 앞에서 나오니라(47:10)"

야곱은 당대 최강대국이었던 애굽에서 그것도 신(神)으로 추앙받던 바로에게 복을 빌고 나왔던 것이다. 히브리서 7장 7절은 "폐일언하고 낮은 자가 높은 자에게 복 빎을 받느니라"고 했다. 그렇다면 지금의 상황은 과연 누가 왕이고 누가 실질적인 지배자라는 것인가?

그 대답은 자명하다. 인간적으로나 표면적으로 보기에는 바로가 비교할 수도 없이 높다. 그러나 하나님의 시각으로 보면 당연히 하나님의 종인 야곱이 높은 것이다. 그렇기에 야곱이 바로에게 축복을 한 것(47:10)이고 그에 대하여 바로는 헌물을 바쳤던 것이다. 그리하여 바로는 야곱에게 고센 땅의 라암세스를 주어 대대로 기업을 삼게 했다(창 47:11). 이는 일종의 헌물 혹은 선물로서 낮은 자가 높은 자에게 바치는 그런 유의……

그렇게 시간은 흘러갔다. 기근은 점점 더 심하여져서 애굽과 주변 사람들은 곡식을 얻기 위해 처음에는 돈을 지불했다. 그러다가 짐승 곧 말과 양떼와 소떼와 나귀를 주었다. 급기야는 전지와 그들의 몸을 드려 토지와 함께 바로의 종이 되겠노라고 했다. 그리하여 요셉으로 인해 바로와 그 왕궁은 최고의 번영을 누리게 되었다.

이런 와중에 하나님의 사람 요셉의 원칙은 선명하고 반듯했다. 첫째, 그는 제사장의 전지(田地)는 결코 사지 않았다. 둘째, 그는 애굽에 토지법을 만들어 1/5은 바로에게, 나머지 4/5는 백성들이 먹도록 했다. 이러한 정책은 바로에게도 그 백성들에게도 윈윈(win-win)이었다. 이를 통해 요셉의 지위는 더욱더 견고해지고 그를 향한 칭찬은 그치지 않았을 것이다.

그렇게 세월은 흘러갔다. 17년을 고센 땅에서 살아가던 이스라엘 족속의 자손들과 그들의 산업은 하나님의 보호하심 가운데 점점 더 번창해갔다. 그렇기에 창세기 47장 27절은 "이스라엘 족속이 애굽 고센 땅에 거하며 거기서 산업을 얻고 생육하며 번성하였더라(창 47:27)"고 말씀하고 있는 것이다.

어느덧 야곱의 나이 147세가 되었다. 애굽에 온지도 어언 17년이 지났다. 그리하여 야곱 또한 앞서갔던 모든 사람이 가던 그 길(히 9:27)로 들어서고야 말았다. 그렇게 야곱은 그 발을 침상에 거두고 기운이 진하여 열조에게로(49:33) 돌아갔다.

야곱은 하늘나라로 가기 전에 요셉을 불러 맹세를 시키며 유언을 전했다(47:29-31).

"애굽에 장사하지 않기를 맹세하라(47:29)"

"내가 조상들과 함께 눕거든 너는 나를 애굽에서 메어다가 선영에 장사하라(47:30)"

"나를 헷 사람 에브론의 밭에 있는 굴에 우리 부여조(아브라함, 사라, 이삭, 리브가, 레아, 창 49:31)와 함께 장사하라(29-30)"

이후 야곱은 창세기 49장에서 12아들을 불러 한 명 한 명에게 유언과 더불어 축복기도를 한다. 그런 후 그 발을 침상에 거두고 기운이 진하여 그 열조에게로 돌아갔다(창 49:33).

48장
괴짜의사 Dr. Araw의 쉽고 바르게 읽는 창세기 장편(掌篇) 강의
태초에 하나님이 천지를 창조하시니라 • 제1권 창세기의 파도타기(Surfing)

야곱의 축복, 우수-차자 에브라임, 좌수-장자 므낫세

성경에 면면히 흐르고 있는 차자(次子) 주제는 너무나 유명하다. 가인과 아벨, 에서와 야곱, 세라와 베레스, 므낫세와 에브라임 등등에는 순서를 뒤집어서라도 차자(次子)를 들어 쓰셨던 역사의 주관자 하나님의 섭리와 경륜이 들어있다. 비록 겪는 그 당시의 인간들은 하나님의 뜻을 다 모른다 할지라도…….

애굽의 고센 땅에 정착하여 살던 중 야곱은 나이가 많아 병들게 되었다. 공사다망(公私多忙)했던 요셉의 귀에 이런 소식이 들어갔다. 그는 즉시 두 아들 므낫세와 에브라임을 데리고 아버지 야곱을 방문했다.

아들 요셉이 손자들과 왔다는 소리에 야곱은 병상에 누웠다가 힘을 내어 그 침상에 앉아 요셉에게 지난날의 이야기를 꺼내기 시작했다. 그리고

는 루스 곧 벧엘에서의 하나님의 말씀을 들려주었다.

"요셉에게 이르되 이전에 가나안 땅 루스에서 전능한 하나님이 내게 나타나 복을 허락하여 내게 이르시되 내가 너로 생육하게 하며 번성하게 하여 네게서 많은 백성이 나게 하고 내가 이 땅을 네 후손에게 주어 영원한 기업이 되게 하리라 하셨느니라"_창 48:3-4

그리고는 애굽에서 낳았던 요셉의 두 아들 에브라임과 므낫세를 야곱의 족보에 넣는다(창 48:5)라고 선언했고, 우수를 펴서 차자인 에브라임의 머리에, 좌수를 펴서 장자인 므낫세의 머리에 얹고 축복했다. '우수'라는 것에는 '능력, 힘, 권능'이라는 상징적 의미가 담겨있다. 동시에 '갑절의 은혜를 허락하겠다(왕하 2:9)'라는 의미도 담겨있다. 야곱은 "이들로 내 이름과 내 조부 아브라함과 아버지 이삭의 이름으로 칭하게 하시오며 이들로 세상에서 번식되게 하시기를 원하나이다"라고 안수하며 에브라임을 므낫세보다 앞세웠다(창 48:19-20).

한편 요셉은 아들의 순서가 바뀐 것을 보고 기뻐하지 아니하여 아비 야곱의 오른손을 들어 에브라임의 머리에서 므낫세의 머리로 옮기고자 했다(창 48:17). 그러자 야곱은 "나도 안다 내 아들아 나도 안다"라고 하며 그 고집을 꺾지 않았다(창 48:19).

역사의 주관자 하나님은 언제 어디서나 모든 일들에 한치 오차가 없으시고 정확하시다. 동시에 좋으시고 신실하시다. 그러나 간혹 인간의 상식과 동떨어진 곳으로 인도할 때가 있기도 하다. 더 나아가 정말 아닌 듯싶은 곳으로 몰아가실 때도 있어 당황스럽기도 하다. 그럼에도 불구하고 분명한 것은 하나님의 주권적 선택을 받아들여야 한다라는 것이다.

하나님은 인간적으로 볼(판단할)때 옳은 일만을 하시지 않는다. 그러므로 하나님은 '옳은 일만 하신다'라는 전제는 틀린 것이다. 오히려 하나님이 하시는 모든 일들은 그 일이 어떤 일이든, 무슨 일이든 간에 '언제나 다 옳다'라고 해야 한다. 그러므로 나의 판단, 나의 시각을 버리고 '하나님의 뜻'이라면 하나님을 신뢰함으로 무조건 따라가는 것이 마땅하다.

그런 의미에서 창세기 22장의 아브라함의 태도는 바람직한 것이었다. 상식적인 인간의 편에서는 아무리 할 말이 많다고 할지라도…….

역사의 주관자 하나님은 택하실 권세도 있으시고 버릴 권세도 있으시다. 모든 것은 그분의 주권영역이기에 인간은 그 어떤 것에도 가타부타할 수가 없다. 우주를 통치하시는 주권자 앞에 우리는 겸허히 그분의 뜻을 분별하며 그분을 신뢰함으로 잠잠히 순복해야 할 뿐인 것이다. 그러므로 많은 경우에 하나님의 뜻이 이해되지 않을 때에는 하나님을 신뢰함으로 그냥 따라가면 된다.

그렇게 에서가 아닌 야곱이 장자권을 가지게 되었고 므낫세가 아닌 에브라임이 장자권을 가지게 되었다. 차이가 있다면 전자는 속임을 통한 야곱의 지독한 갈망의 복이었다면 후자는 아무런 이유도 없이 에브라임을 선택하신 하나님의 주권적 복이었다는 점이다.

이처럼 하나님의 섭리와 경륜은 너무 커서 제한된 인간의 눈으로는 다 볼 수 없고 함량 미달의 머리로는 그 전체를 다 깨달을 수가 없다.

"여호와의 말씀에 내 생각은 너희 생각과 다르며 내 길은 너희 길과 달라서 하늘이 땅보다 높음 같이 내 길은 너희 길보다 높으며 내 생각은 너희 생각보다 높으니라"_사 55:8-9

"만군의 여호와께서 맹세하여 가라사대 나의 생각한 것이 반드시 되며 나의 경영한 것이 반드시 이루리라"_사 14:24

"만군의 여호와께서 경영하셨은즉 누가 능히 그것을 폐하며 그 손을 펴셨은즉 누가 능히 그것을 돌이키랴"_사 14:27

"너의 행사를 여호와께 맡기라 그리하면 너의 경영하는 것이 이루리라"_잠 16:2

그러므로 우리가 해야 할 일은 분명하다. 하나님의 뜻(델레마 데우)이라면 기쁨으로, 감사함으로, 즐겨 자원함으로 그 일을 묵묵히 행하는 것뿐이다. 왜냐하면,

"나 여호와가 말하노라 너희를 향한 나의 생각은 내가 아나니 재앙이 아니라 곧 평안이요 너희 장래에 소망을 주려는 생각이라"_렘 29:11

그러므로 하나님의 자비로운 손길을 간구하면서 우리가 할 일은,

"너희는 내게 부르짖으며 와서 내게 기도하면 내가 너희를 들을 것이요 너희가 전심으로 나를 찾고 찾으면 나를 만나리라"_렘 29:12-13

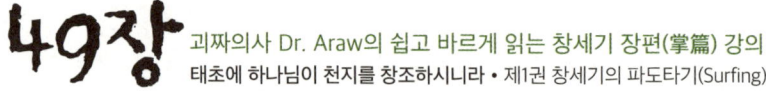

야곱의 12아들들에의 유언적 축복

이곳 창세기 49장을 가만히 묵상하다 보면 야곱의 유언적 축복기도는 '축복(blessing)'이라는 단어에 어울리지 않게 뭔가 조금은 뛰끝작렬(a grudging, reluctant)을 보는 듯한 느낌이 살짝 들어온다. 그러다 보니 얼핏 보기에도 야곱의 마지막 유언적 축복의 내용은 약간 이상하고 의아스럽다.

1절을 보면 당대가 아닌 "후일에 당할 일"이기에 현재의 내가 직접적으로 당하지는 않는다. 그러므로 '나의 관점'이라는 이기적인 시각으로 보면 부정적인 것을 피할 수 있어 약간은 축복처럼 느껴질 수도 있다. 오늘을 뒤덮고 있는 대한민국의 헛된 정치꾼들의 사고방식이 연상된다.

그러나 건강한 상식을 지닌 사람이라면 '야곱의 유언적 축복기도'는 후손들이 당할 '후일에 일어날 일'이기에 가슴 아픈 내용이어서 그것이 과연 축복인지 저주인지조차 헷갈린다. 물론 28절의 경우를 문자적으로만 본다면 '그들 각인의 분량대로 축복하였더라"고 되어있기는 하다.

아무튼 야곱은 마지막 임종을 앞두고 12명의 아들들을 모두 다 불러모았다. 그리고는 지난날 있었던 모든 사건들의 분석과 아울러 자신이 관찰했던 무섭도록 예리한 아들들의 성품을 자세히 언급하며 하나씩 유언을 겸한 축복기도를 해나갔다.

야곱이 특별히 사랑했던 열한 번째 아들인 요셉의 경우 이미 48장에서 에브라임과 므낫세를 향해 축복을 했다. 그렇기에 이곳 49장에서는 축복의 대상이 직접적으로 요셉을 향하고 있음을 볼 수 있다. 22-26절까지에 이르는 요셉을 향한 야곱의 유언에는 그 자신의 마음이 오롯이 담겨 있다. 특히 25-26절에는 "네 아비의 하나님, 네 아비의 축복"이라는 말을 통해 '요셉의 아비' 곧 '야곱 자신'을 지칭하며 "요셉아, 너는 내 부여조의 축복보다 나은, 나보다 더 많은, 나보다 더 큰 복을 받을 것"이라고 유언하고 있다.

"요셉은 무성한 가지 곧 샘 곁의 무성한 가지라 그 가지가 담을 넘었도다 활쏘는 자가 그를 학대하며 그를 쏘며 그를 군박하였으나 요셉의 활이 도리어 견강하며 그의 팔이 힘이 있으니 야곱의 전능자의 손을 힘입음이라 그로부터 이스라엘의 반석인 목자가 나도다 네 아비의 하나님께로 말미암나니 그가 너를 도우실 것이요 전능자로 말미암나니 그가 네게 복을 주실 것이라 위로 하늘의 복과 아래로 원천의 복과 젖먹이는 복과 태의 복이리로다 네 아비의 축복이 네 부여조의 축복보다 나아서 영원한 산이 한없음 같이 이 축복이 요셉의 머리로 돌아오며 그 형제 중 뛰어난 자의

정수리로 돌아오리로다"_창 49:22-26

넷째 아들 유다를 향한 아비 야곱의 마음은 화들짝 더 놀랍기만 하다. 그는 아들들 중 요셉과 더불어 가장 많은 복을 받았다. 그 내용이 8-12절까지이다. 특히 10절을 보면 "홀이 유다를 떠나지 아니하며", "실로(메시야)가 오시기까지 미치리니"라고 유언하였는 바 이는 유다의 후손으로 오실 예수 그리스도(메시야)를 예언하고 있는 것이다.

"유다야 너는 네 형제의 찬송이 될찌라 네 손이 네 원수의 목을 잡을 것이요 네 아비의 아들들이 네 앞에 절하리로다 유다는 사자새끼로다 내 아들아 너는 움킨 것을 찢고 올라갔도다 그의 엎드리고 웅크림이 수사자 같고 암사자 같으니 누가 그를 범할 수 있으랴 홀이 유다를 떠나지 아니하며 치리자의 지팡이가 그 발 사이에서 떠나지 아니하시기를 실로가 오시기까지 미치리니 그에게 모든 백성이 복종하리로다 그의 나귀를 포도나무에 매며 그 암나귀 새끼를 아름다운 포도나무에 맬 것이며 또 그 옷을 포도주에 빨며 그 복장을 포도즙에 빨리로다 그 눈은 포도주로 인하여 붉겠고 그 이는 우유로 인하여 희리로다"_창 49:8-12

첫째 아들 르우벤을 향한 야곱의 마음은 다음과 같다. 창세기 35장 22절에 의하면 그는 서모 빌하와 통간했다라고 기술하고 있다. 그러나 당시 이스라엘은 그 소문을 듣기만 했을 뿐 아무런 말도 하지 않았었다. 그랬던 야곱이었다. 이제 야곱은 전혀 예측 불가능한 아들인 르우벤을 향해 다음과 같이 유언하고 있다.

"르우벤아 너는 내 장자요 나의 능력이요 나의 기력의 시작이라 위광

이 초등하고 권능이 탁월하다마는 물의 끓음 같았은 즉 너는 탁월치 못하리니 네가 아비의 침상에 올라 더럽혔음이로다 그가 내 침상에 올랐었도다" _창 49:3-4

둘째와 셋째 아들인 시므온과 레위를 향하여는 한꺼번에 묶어 유언함으로 어느 특정 사건을 상기시키면서 유언하고 있다. 아마 결코 잊을 수 없었던 세겜 사건이 야곱의 머리 속에 깊이 각인되었던 듯하다. 그들을 향한 유언은 다음과 같다.

"그들은 형제요 그들의 칼은 잔해하는 기계로다 내 혼아 그들의 모의에 상관하지 말찌어다 내 영광아 그들의 집회에 참여하지 말찌어다 그들이 그 분노대로 사람을 죽이고 그 혈기대로 소의 발목 힘줄을 끊었음이로다 그 노염이 혹독하니 저주를 받을 것이요 분기가 맹렬하니 저주를 받을 것이라 내가 그들을 야곱 중에서 나누며 이스라엘 중에서 흩으리로다" _창 49:5-7

이어 스불론, 잇사갈, 단, 아셀, 납달리, 베냐민에 이르기까지 한 명도 빠짐없이 "그들 각인의 분량대로 축복하였더라(창 49:28)"고 기술하고 있다.

한편 야곱은 자신이 살아왔던 험악한 삶(창 47:9)에 비하여 말년을 장식하는 육신적 죽음은 제법 깔삼해 보인다. 약간 부럽기까지 하다. 창세기 49장 33절에 의하면 "야곱이 아들에게 명하기를 마치고 그 발을 침상에 거두고 기운이 진하여 그 열조에게로 돌아갔더라"고 되어있기 때문이다.

가만히 보면 야곱은 험악한 인생을 살았음(47:9)에 비하여 그 마지막은 놀랍게도 너무나 잘 준비되었고 아름다운 임종이었음을 알 수 있다.

'임종(臨終, pass away)'

죽음을 '맞이한다'라는 의미이다. 그렇다. 육신적 죽음은 그저 죽음으로 끝이 나는 것이 아니라 뭔가를 새롭게 시작하기 위한 임종 곧 '맞이함'이라는 것을 알아야 한다. 결국 모든 인간에게 반드시 다가오는 육신적 '죽음'은 끝이 아니라 이동[118](옮김, 딤후 4:6, 아날뤼오/아날뤼시스) 곧 현재형 하나님나라에서 미래형 하나님나라에로의 '이동(옮김)'인 것이다.

모든 그리스도인들은 예수님으로 인해 구원을 얻은 이후 곧장 현재형 하나님나라를 누리게 된다. 그러다가 누구나 한 번은 죽게 되는 육신적 죽음(히 9:27)을 맞이한다. 바로 그 관문을 지나게 되면 미래형 하나님나라에 들어가 영생을 누리게 된다. 그렇기에 그리스도인들에게 있어서 육신적 죽음이란 끝이 아니라 천국 입성에로의 첫 발걸음이며 미래형 하나님나라에로 들어가는 첫 관문을 통과하는 것일 뿐이다.

'육신적 죽음'에 대한 바른 개념이 정립되었다면 이후에는 모든 인간에게 주어진 제한되고 유한된 한 번의 직선 인생(삶)을 되돌아볼 필요가 있다.

하나님께서 우리에게 허락하신 일 회 인생!

우리는 부르심(Calling, 소명)을 따라 보내신 곳(Mission, 사명)에서 충성되고 알차게 살아가야 한다.

'거룩함'으로 하나님의 뜻을 따라 하나님의 기쁨으로 살아가야 한다.

---

118 모든 인간은 육신적 죽음을 통과한 후 미래형 하나님나라에 들어간다. 이를 아날뤼시스(ἀνάλυσις, 딤후 4:6)라고 한다. 반면에 에녹, 엘리야의 경우처럼 육신적 죽음을 보지 않고 현재형 하나님나라에서 미래형 하나님나라에로 이동(옮김)한 것을 메타데시스(μετάθεσις, 히 11:5)라고 한다.

반드시 다가올 육신적 죽음을 깔삼하게 맞을 수 있도록 쉬지 말고 기도하며 철저하게 준비해야 한다.

바로 이것이 지혜로운 삶이다.

한 번 인생! 어떻게 살다가 죽을 것인가?

유한되고 제한된 직선 인생! 무엇을 하다가 죽을 것인가?

당신은 어떤 임종을 맞이하고 싶은가?

50장

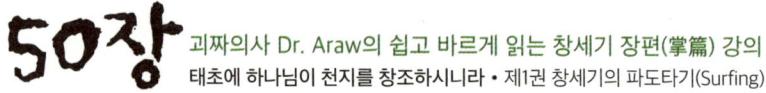

괴짜의사 Dr. Araw의 쉽고 바르게 읽는 창세기 장편(掌篇) 강의
태초에 하나님이 천지를 창조하시니라 • 제1권 창세기의 파도타기(Surfing)

하나님은 그것을 선(טוֹב, 토브, beautiful, best, bountiful)으로 바꾸사(50:20), 요셉이 110세에 죽으매(50:26)

드디어 창세기(רֵאשִׁית, Γένεσις) 대단원의 막을 내리게 되는 50장이다. 되돌아보면 창세기의 마지막 장까지 숨가쁘게 달려왔다. 매사 매 순간 주인 되신 성령님의 동행하심(할라크)이 있었다. 진리의 영이신 성령님은 1,534 구절이나 되는 창세기의 말씀을 하나하나 가르쳐 주셨고 다른 정경들과 연관시켜 생각나게 해주셨다. 그렇기에 설레는 순간순간의 연속이었고 짜릿하기까지 했다. 지금도 감동이지만 되돌아보면 벅차기까지 하다. 공저자인 멘티들과의 교제 또한 그저 감사였다.

함께 감림산 기도원의 승리제단에 가서 찬양하고 기도하며 말씀을 나누었다. 언양의 모처에서 식탁 공동체를 통해 삶을 나누기도 했다. 모든 것이 그저 감사이다. HRC 빌딩의 7층에 위치한 성경연구소에서 밤늦게까지 함께 성경말씀을 나누고 토론하고 말씀을 연구했다.

정경 66권이 다 그러하지만 이곳 창세기 또한 성경적 세계관의 4기둥으로 이루어져 있음을 볼 수 있다.
  첫째, '삼위하나님의 공동 창조'
  둘째, '인류의 죄, 그리고 타락'
  셋째, 하나님의 은혜로 인한 예수 그리스도의 구속과 구원 곧 '예수 그리스도 새 언약의 성취'
  넷째, 개인적 종말과 역사적 종말의 끝인 완성 곧 '예수 그리스도 새 언약의 완성'이다.

한편 창세기 46장 4절에서의 "요셉이 그 손으로 네 눈을 감기리라"는 말씀 그대로 야곱은 오매불망(寤寐不忘) 그리워하던 그 아들 요셉의 품에서 하나님의 부르심을 따라 천국으로 불리어 갔다. 그리고 육신은 미이라의 형태로 장사되었다. 성경에 미이라의 형태(이렇게 준비하는데 40여일 걸림)로 장사된 인물이 바로 야곱(창 50:2-3)과 요셉(창 50:26)이다. 그리고는 창세기 47장 29-30절의 말씀대로 애굽 땅이 아닌 가나안 땅의 선영에 묻히게 된다. 참고로 각 족장의 수명은 다음과 같다.

아브라함	175세	창 25:7
이삭	180세	창 35:28
야곱	147세	창 47:28
요셉	110세	창 50:26

창세기 50장 5-9절까지에는 계속하여 반복되어 나오는 단어가 있는데 "올라가다(עָלָה, v, 알라흐, to go up, ascend, climb)"라는 말이다. 이는 '애굽에서 가나안으로'라는 의미가 내재되어 있는 것으로 마치 애굽을 떠나 가나안으로 들어가는 '출애굽의 여정'이 연상되는 단어이다.

참고로 '출애굽의 여정'이란 애굽(세상나라, 사단나라, 영적 죽음)에서 예수 그리스도를 믿어 영적 부활된 후 홍해(세례, 4가지 의미, 고전 10:2)를 지나 광야(현재형 하나님나라-주권, 통치, 질서, 지배, 히 4장, 지금 안식)에서 40년이라는 제한된 기간(유한된 인생, already~not yet, 종말시대)을 살다가 요단강(육신적 죽음, 히 9:27, 아날뤼시스, 이동 혹은 옮김)을 건너 가나안(미래형 하나님나라-장소, 히 4장, 나중 안식, 남은 안식, 내 안식)에 이르러 영생을 누리게 되는 과정을 말한다.

다시 반복하지만 '내려가다(יָרַד, v, 야라드, to come or go down, descend)'라는 말과 반대어인 '올라가다'라는 단어에는 '출애굽'이라는 의미가 내재되어 있음을 알아야 한다. 이 모든 것은 창세기 15장(12-16)에서 하나님이 아브라함을 깊이 잠들게 하신 후 그에게 임하셔서 500년 후에 있게 될 출애굽에 대해 말씀해 주셨던 바로 그때의 상황인 것이다(창 15:12-16, 출 12:40-41, 갈 3:17).

요셉은 가나안 땅에서 아비 야곱의 장례를 마치고 다시 애굽으로 돌아왔다(창 50:14). 이후 아무것도 아닌 듯한 코끝이 찡한 사건이 애굽에서 일어났다. 그것은 형제들의 긴 한숨소리로서 그들의 지워지지 않는 지난날 과오에 대한 소위 '업보(業報, karma)'였다.

사연인즉 그 형제들은 아비 야곱이 죽었으므로 요셉이 돌변하여 자기들을 죽일까 염려되기 시작했던 것이다. 일반적으로 의심이 염려가 되면서 증폭되기 시작하면 그것은 현실이 되어 자신에게 직통으로 다가오게 된다. 그리하여 형제들은 고민고민하다가 먼저 요셉에게로 조심스럽게 찾아왔다. 그리고는 "당신의 아버지가 돌아가시기 전에 명하여 이르기를 (창 50:16)"이라고 하면서 아버지 야곱의 말을 포장하여 자신들의 두려움에 대한 속마음을 다음과 같이 전했다.

"너희는 이같이 요셉에게 이르라 네 형들이 네게 악을 행하였을찌라도 이제 바라건대 그 허물과 죄를 용서하라 하셨다 하라 하셨나니 당신의 아버지의 하나님의 종들의 죄를 이제 용서하소서 하매"_창 50:17

입장을 바꾸어 보면 요셉으로서는 약간 화가 날 법하다. 뻔한 거짓말에다가 아직도 자신을 속이려는 형들의 모습이 보이기 때문이다. 물론 다른 한편으로는 '오죽하면 그럴까'라는 생각이 들기도 했겠지만……. 그러나 형들로 인한 지난 17년을 생각하면 아무리 요셉이라도 심적인 갈등이 있었을 것이다. 그러나 무엇보다도 요셉은 하나님의 섭리(Providence)를 믿었고 하나님의 주권에 순종했다. 더 나아가 "요셉이 그 말을 들을 때에 울었더라"는 말씀으로 보아 요셉의 심성도 잘 엿볼 수 있다.

그리고는 요셉이 "내가 하나님을 대신하리이까"라는 다소 모호한 말을 50장 19절에서 한다. 그런 다음 "당신들은 나를 해하려 하였으나 하나님은 그것을 선으로 바꾸사 오늘과 같이 만민의 생명을 구원하게 하시려 하셨나니(창 50:20)"라고 말을 이어가며 역사의 주관자 하나님을 드러냈다. 이 모든 것은 하나님의 섭리 하 경륜이었다라고 말한 것이다. 더 나아가 그런 하나님을 신뢰하는 나는 형들을 인간적으로 처리하지 않겠다라고 약속하며 요셉은 "두려워 마소서"라는 확실한 답을 준다. 동시에 하나님의 뜻을 분명하게 전하는 것도 잊지 않았다.

하나님의 섭리(Providence)!

그리고 섭리 하(下) 경륜(Administration)!

하나님의 작정(Decree)과 예정(Predestination)!

나 또한 이를 굳게 믿고 있다. 앞으로도 그럴 것이다. 내 인생에서 어떤 일이 일어나더라도…….

그럼에도 평안한 길을 주시고 형통한 길을 열어 주시라고 계속 간구한다.

에필로그 (나가면서)

창세기(רֵאשִׁית, Γένεσις)를 떠올릴 때마다 필자는 자연스럽게 태양(sun)을 공전(revolution)하는 행성(Planet)인 수성(Mercury), 금성 (샛별, Venus), 지구(Earth), 화성(Mars) 그리고 목성(Jupiter), 토성(Saturn), 천왕성(Uranus), 해왕성(Neptune)이 생각나며 특히 목성형 행성(jovian planet)의 고리를 두른 모습이 많이 상상된다. 우리가 살아가는 지구는 하루에 한 번씩 지축을 중심으로 자전(rotation, 1 태양일 기준 24시간, 1항성일 기준 23시간 56분 4초, 지구의 공전 때문에 차이가 남)한다.

또한 행성을 공전하는 위성(Satellite), 항성(fixed star)인 태양 그리고 태양계(Solar system) 곧 저 하늘의 별들과 은하계(銀河系, Galaxy)가 떠오르며 오직 '하나님의 말씀'에 의해 창조되어 정교하게 움직이는 광활한 우주의 대향연이 펼쳐지는 상상을 하곤 한다.

특별히 저자의 경우 어릴 적부터 천체에 대한 관심이 많았고 우주를 여행하고픈 갈망이 컸다 보니 때로는 우주에 대한 상상이 구체적인 그림으로까지 보이곤 했다. 마치 VR(Virtual Reality, 가상현실(假想現實))로 보기라도 하듯이…….

나는 이런 신묘막측함을 말씀(가라사대)으로 창조하신 창조주 하나님이 너무나 쉽게 믿어진다. 동시에 이 모든 것을 '운행하시는' 하나님의 손길이 너무나 생생하게 느껴진다.

"태초에 하나님이 천지를 창조하시니라 땅이 혼돈하고 공허하며 흑암이 깊음 위에 있고 하나님의 신은 수면에 운행하시니라"_창 1:1-2

아멘!

"하나님이 가라사대~가라사대~그대로 되니라~하나님의 보시기에 좋았더라"

아멘!

그리고 "심히 좋았더라"

할렐루야!

참고로 허블 망원경(Hubble Space Telescope)이라는 것이 있다. 이는 1923년에 만들어졌다. 그것에 의해 대기권 밖에서 발견된 은하계만 해도 지금까지 1,000억 개가 넘는다는 것은 천체에 약간이라도 관심이 있는 사람이면 그저 경외스러운 것이다. 저절로 Amazing Grace가 터져 나올 수밖에 없다.

은하계의 중심에는 블랙홀(Black hole, 검은 구멍)이 있는데 태양보다 400만배의 질량을 가지고 있다. 한편 지금까지 발견된 1,000억 개의 은하계 중 하나인 우리가 살고 있는 은하계에는 태양과 같은 별이 대략 2,000억개 있으며 지구 같은 행성은 1조 개 정도이다. 우리가 살고 있는 은하계에서 가장 가까운 곳이 안드로메다(Andromeda) 성운이다. 그곳까지는 240만 광년이 걸린다. 다시 말하면 우리가 살고 있는 은하계를 1번이라고 했을 때 2번인 안드로메다까지는 빛의 속도로 240만 년을 가야 도달한다라는 것이다. 게다가 그곳 안드로메다에도 항성인 태양과 같은 별이 4,000억 개 정도 있다.

저자가 말하고자 하는 의도는 이것이다. 소위 천지가 '진화되었다'라고 말하는 것이 얼마나 '우스꽝스럽냐'는 것이다. 오히려 전능(Omni-Potent)하신 창조주 하나님께서 '말씀으로', '가라사대' 천지를 '창조'하셨고 '운행'하셨다라는 것은 너무나 믿기 쉽고 깔끔하기까지 하다. 물론 진화론이든 창조론이든 둘 다 증명의 문제가 아니라 믿음의 문제이자 선택의 문제이기는 하다.

나와 공저자는 창세기 1장에서 50장까지의 흐름을 '파도타기'에 비유하며 서로의 생각을 공유하며 한 장씩 써왔다. 그때마다 우리는 창조, 타락, 구속, 완성의 프레임을 통한 과정과정을 밟으며 살아계신 하나님의 임재를 똑똑히 느낄 수 있었다. 창조주 하나님, 역사의 주관자 하나님을 순간순간 생생하게 느낄 수 있었음이 못내 감사할 뿐이다.

독자들 또한 이러한 감동을 느끼길 원하는가? 그렇다면 한 가지 팁을 드리겠다. 먼저 우리 몸의 요소요소에 들어있는 '모든 힘들'을 빼야 한다는 것이다.

온전히 힘을 빼라.

그리고 그분의 이끄심에 몸을 맡기라.

이로써 창세기 장편(掌篇) 주석 〈태초에 하나님이 천지를 창조하시니라〉

의 제1부 〈창세기의 파도타기〉를 은혜 중에 마치게 되었다. 그저 은혜이며 아멘이고 그저 할렐루야이다. 곧 이어 창세기 장편(掌篇) 주석 〈태초에 하나님이 천지를 창조하시니라〉의 제2부 〈창세기의 디테일 누리기〉를 기도한 후에 성령님의 인도하심을 따라 그렇게 또한 누리고 즐기려는 갈망이 있지만 그분의 허락하심을 기다리려 한다.

 벌써부터 벅찬 감동이 밀려온다. 설레이고 가슴 박동마저 힘차게 느껴진다. 제2부의 경우 50장까지의 디테일이라는 어마어마한 분량 때문에 그것이 거대한 벽으로 다가오기도 하지만 동시에 한 단계씩 올라가게 될 암벽 등반으로 느껴짐이 감사할 뿐이다. 그렇기에 긴 한숨 쉬며 숨을 고르며 잘 준비함으로 한 걸음씩 나아가고자 한다.

 가장 먼저는 주인 되신 성령님의 지배 하에 그분의 인도하심을 철저히 따라갈 것이다. 그런 후 나와 공저자는 영육 간의 체력을 단련하면서 등반용 로프와 확보기, 암벽화와 안전벨트, 초크, 볼트와 퀵드로(Quick draw), 카라비너(Carabiner) 등등 결심과 더불어 만반의 준비를 갖추고자 한다.

 감사한 것은 2022년 5월 9일 이후로 조국 대한민국의 상황이 느리기는 하나 바야흐로 바뀌어 가는 듯하여 몹시 기분이 좋고 설렌다. 엔도르핀이 나오는 듯하다. 이런 상황을 허락하신 하나님을 찬양하며 그분께만 영광을 돌려드릴 것이다. Soli Deo Gloria!

 되돌아보면 지금까지의 모든 삶은 늘 삼위하나님과 함께였다. 앞으로도 영원히 그럴 것이다. 그러고 싶다.

'다른 하나님, 한 분 하나님'이신 삼위하나님은 내겐 든든함이요 나의 뒷배이다. 그런 나는 언제 어디서나 삼위하나님만을 찬양하고 경배한다. 육신의 장막을 벗는 그날까지 삼위하나님께만 영광 돌릴 것을 다시 결심한다.

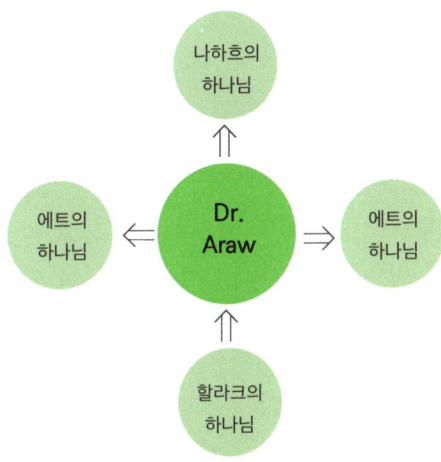

매사 매 순간 앞서가시며 인도하시는

나하흐(엑사고, ἐξάγω, נָהָה)의 성부하나님!

매사 매순간 함께하시는

에트(אֵת, עִמָּנוּאֵל, "with us is God", the name of a child/엠마누 Ἐμμανουήλ, "God with us", Immanuel, a name of Christ)의 성자하나님!

매사 매순간 뒤에서 밀어주시며 당신의 의도대로 가게 하시는

할라크(הָלַךְ)의 성령하나님!

요한계시록, 갈라디아서(개정판), 요한복음, 히브리서, 로마서의 장편(掌篇) 주석의 출간을 마쳤다. 지금은 창세기(제1부, 창세기의 파도타기)와 사도행전의 원고(초고)를 마쳤다. 이제 창세기 제2부 〈창세기의 디테일 누리기〉만 남았다. 나의 여생에 반드시 쓰고 싶었던 7권의 주석들이다.

계속 밝혀왔듯이 각 권의 주석을 쓸 때마다 그에 해당하는 몇몇 주요 참고도서들은 몇 번이고 꼼꼼하게 읽으며 묵상하며 많은 영감을 얻곤 했다. 완전히 소화하여 내 것으로 만들기도 했다.

나의 달란트 중 하나는 개념화(conceptualization)에 익숙한 것이다. 한편 주석을 쓰는 입장에서 최고의 누림은 말씀에의 풍성함이다. 각 권을 쓸 때마다 나의 머리와 가슴, 눈과 귀에는 진리의 금덩이들이 쌓여가곤 했다. 그렇게 세월이 흐를수록 금맥은 쉽게 발견되었고 풍성하게 가질 수 있게 되어 종국적으로는 풍성하게 누릴 수 있게 되었다. 그 결과 하나님의 은혜로 인한 기쁨과 감사는 언제나 풍성했다.

사실 나는 어느 누구보다도 실수와 허물이 많은 사람이다. 그러다 보니 지난날부터 오랜 시간을 죄책감에 시달려왔다. 꿈속에서도 가위눌림(sleep paralysis, 수면마비) 가운데 힘들어하곤 했다. 그러던 내가 성경교사가 되고 주석을 쓰며 말씀으로 풍성한 은혜를 누리다 보니 말씀 안에서 점점 더 자유로워지게 되었다.

매번 고백하지만 성경교사로서의 나를 향하신 아버지 하나님의 부르심(소명, Calling)과 보내심(사명, Mission)은 생각만 해도 눈물이 저절로 흐른다.

그저 감동이다.

내게 인격적으로 다가오신 그분은 나의 온전한 주인이시다. 나는 그분의 통치와 질서, 지배 하에 들어가기를 즐겨한다. 그런 나는 온전히 그분께 나의 주권을 드렸다.

지금도 앞으로도 영원히…….

"나의 나 된 것은 오로지 주의 은혜라"_고전 15:10

References (참고도서)

1) 아더 핑크의 창세기 강해, 정충하 옮김, 크리스천다이제스트, 2016. p5-430
2) 두란노 HOW주석 1권, 목회와 신학 편집부, 두란노 아카데미, 2012(11쇄). p6-490
3) 그랜드 종합주석 1권, 1993. p297-911
4) 김남국 목사의 창세기 파헤치기 1(너의 본질을 아느냐), 2, 두란노, 2014. p4-255
5) 김남국 목사의 창세기 파헤치기(네가 믿음을 아느냐), 2, 두란노, 2014. p4-255
6) 엑스포지멘터리 모세오경개론, 송병헌, 국제제자훈련원, 2012. p3-324
7) 메시지 신약, 유진 피터슨, 복 있는 사람, 2009
8) 게제니우스 히브리어 아람어사전. 이정의 옮김, 생명의 말씀사, 2007.
9) 스트롱코드 헬라어사전, 로고스편찬위원회, 로고스, 2009.
10) 로고스 스트롱코드 히브리어 헬라어사전(개혁개정4판), 로고스편찬위원회, 2011.
11) 핵심 성경히브리어, 김진섭, 황선우 지음, 2012.
12) 핵심 성경히브리어, 김진섭, 황선우 지음, 크리스챤출판사, 2013.
13) 직독직해를 위한 히브리어 400 단어장, 박철현, 솔로몬, 2016.
14) 직독직해를 위한 헬라어 400 단어장, 박철현, 솔로몬, 2017.
15) 성경 히브리어, PAGE H. KELLEY, 류근상, 허민순 옮김, 크리스챤출판사, 1998.
16) 신약성경 헬라어 문법, S. M. BAUGH, 김경진 옮김, 크리스챤출판사, 2003.
17) 하나님나라, George Eldon Ladd, 원광연 옮김, CH북스(리스천 다이제스트), 2018
18) 하나님나라, 헤르만 리델보스, 오광만 옮김, 솔로몬, 2012
19) 하나님나라 복음, 김세윤, 김회권, 정형구 지음, 새물결플러스, 2017
20) 예루살렘, 토마스 이디노풀로스, 이동진 옮김, 그린비, 2005
21) 창세기의 족보, 박윤식, 휘선, 2011

22) 기타 참고 도서

Oxford Learner's THESAURUS, A dictionary of synonyms, OXFORD, 2008/ 아가페 성경사전, 아가페성경사전편찬위원회, 아가페출판사, 1991/ 네이버 지식백과(라이프성경사전) / 구글(위키백과)/ Bible Hub app/ 복음과 하나님의 의(로마서강해1), 존 파이퍼 지음, 주지현 옮김, 좋은 씨앗, 2013/ 복음과 하나님의 은혜(로마서강해2), 존 파이퍼 지음, 주지현 옮김, 좋은 씨앗, 2013/ 복음과 하나님의 구원(로마서강해3), 존 파이퍼 지음, 주지현옮김, 좋은 씨앗, 2013/ 복음과 하나님의 사랑(로마서강해4), 존 파이퍼 지음, 주지현 옮김, 좋은 씨앗, 2013/ 복음과 하나님의 주권(로마서강해5), 존 파이퍼 지음, 주지현 옮김, 좋은 씨앗, 2013/ 복음과 하나님의 백성(로마서강해6), 존 파이퍼 지음, 주지현 옮김, 좋은 씨앗, 2013/ 복음과 하나님의 나라(로마서강해), 존 파이퍼 지음, 주지현 옮김, 좋은 씨앗, 2013/ 복음과 하나님의 나라, 그레엄 골즈워디, 김영철 옮김, 성서유니온, 1988/ 복음과 하나님의 계획, 그레엄 골즈워디, 김영철 옮김, 성서유니온, 1994/ 내가 자랑하는 복음, 마틴 로이드 존스, 강봉재 옮김, 복있는 사람, 2008/ 바이블 키(신약의 키), 송영목 지음, 생명의 양식, 2015/ 바이블 키(구약의 키), 김성수 지음, 생명의 양식, 2015/ 최신 구약개론(제2판), 트렘퍼 롱맨,레이몬드 딜러드, 박철현 옮김, 크리스챤다이제스트, 2009/ 구약 탐험, 찰스 H. 다이어 & 유진 H. 메릴지음, 마영례 옮김, 디모데, 2001/ 성경 배경주석(신약), 크레이그 키너, 정옥배외 옮김, IVP, 1998 /성경배경주석(창세기-신명기), 존 월튼, 빅터 매튜스, 정옥배 옮김, IVP, 2000/ 한권으로 읽는 기독교, 앨리스터 맥그래스, 황을호, 전의우 옮김, 생명의 말씀사, 2017/ 성경해석, 스코트 듀발-J.다니엘 헤이즈 지음, 류호영 옮김, 성서유니온, 2009/ 성경을 어떻게 읽을 것인가?, 고든 D 피-더글라스 스튜어트 지음, 오광만, 박대영 옮김,성서유니온, 2014/ 책별로 성경을 어떻게 읽을 것인가?, 고든 D 피-더글라스 스튜어트 지음, 길성남 옮김, 성서유니온, 2016/ 성경파노라마, 테리 홀지음, 배응준 옮김, 규장, 2008/ 넬슨성경개관, 죠이선교회, 2012/ 이 책을 먹으라, 유진 피터슨, 양혜원 옮김, IVP, 2006/ 성경통독(통박사 조병호의), 조병호, 통독원, 2004, 2017/ 성경해석학, 권성수 지음, 총신대학출판부, 1991/ 현대신학연구, 박아론저, 기독교문서선교회, 1989/ 기독교강요(상,중,하), 존 칼빈 지음, 김종흡,신복윤,이종성,한철하 공역, 생명의 말씀사, 1986/ 프란시스 쉐퍼전집(1-5), 기독교철학 및 문화관, 프란시스 쉐퍼, 생명의 말씀사, 1994/ 바벨탑에 갇힌 복음, 행크 해네그래프 지음, 김성웅 옮김, 새물결플러스, 2010/ 복음의 진수, 프란시스 쉐퍼 지음, 조계광 옮김, 생명의 말씀사, 2014/ 첫째는 유대인에게, 대렐보크-미치 글래이저 공동편집, 김진섭 옮김, 이스트윈드, 2009/ 한눈에 보는 성경 조직신학, 안명준 지음, 성경말씀사관학교, 2014/ 순례자의 노래, 스탠리 존스 지음, 김순현 옮김, 복있는사람, 2007/ 영성을 살다, 리처드 포스터, 게일 비비 지음, 김명희,양혜원 옮김, IVP, 2009/ 하나님 나라를 욕망하라, 제임스 스미스 지음, 박세혁 옮김, IVP, 2016/ 성령을 아는 지식, 제임스 패커 지음, 홍종락 옮김, 홍성사, 2002/ 쉽게읽는 진정한 기독교, 윌리엄 윌버포스 지음,조계광 옮김, 생명의 말씀사, 2001.2009/ 세계개혁교회의 신앙고백서, 본문 및 해설, 이형기 교수, 한국장로교출판사, 1991, 2003/ 복음은 삶을 단순하게 한다. 이선일 지음, 더메이커, 2018/ 복음은 삶을 선명하게 한다, 이선일 지음, 더메이커, 2019/ 예수 그리스도 복음의 계시라, 이선일/이성진 지음, 2022, 산지/ 은혜 위에 은혜러라, 이선일, 이성진 지음, 산지, 2022/ 예수 믿음과 하나님의 계명을 붙들라, 이선일, 황의현 지음, 산지, 2022/ 오직 믿음, 믿음, 그리고 믿음, 이선일, 이성혜 지음, 산지, 2021/ 살아도 주를 위하여, 죽어도 주를 위하여, 이선일, 이선호, 윤요셉 지음, 산지, 2022/ 요한계시록 신학, 라챠드보쿰 지음, 이필찬 옮김, 한들출판사, 2013(7쇄). P15-133/ 요한계시록 어떻게 읽을 것인가, 이필찬 지음, 성서유니온, 2019(개정 2판 2쇄). P7-198/ 요한계시록 40일 묵상 여행, 이필찬 지음, 이레서원, 2018(4쇄)/ 신천지 요한계시록 해석 무엇이 문제인가, 이필찬 지음, 새물결플러스, 2020(5쇄)/ 내가 속히 오리라, 이필찬 지음, 이레서원, 2006/ 평신도를 위한 쉬운 요한계시록 1, 양형주 지음, 브니엘, 2020. P12-382/ 요한계시록 Interpretation, 유진 보링 지음, 한국장로교출판사, 2011/ 요한계시록, 이달 지음, 한국장로교출판사, 2008/ 만화 요한계시록 1, 2, 백금산 글, 김종두 그림, 부흥과 개혁사